Gerhard Oberlin
Goethe, Schiller und das Unbewusste

IMAGO
Psychosozial-Verlag

Gerhard Oberlin

Goethe, Schiller und das Unbewusste

Eine literaturpsychologische Studie

Psychosozial-Verlag

Bibliografische Information Der Deutschen Nationalbibliothek
Die Deutsche Nationalbibliothek verzeichnet diese Publikation in der Deutschen
Nationalbibliografie; detaillierte bibliografische Daten sind im Internet
über <http://dnb.ddb.de> abrufbar.

Originalausgabe
© 2007 Psychosozial-Verlag
Goethestr. 29, D-35390 Gießen.
Tel.: 0641/77819; Fax: 0641/77742
E-Mail: info@psychosozial-verlag.de
www.psychosozial-verlag.de
Umschlagabbildung: Linde Salber: »Göthe spielt Hamlet«. © Linde Salber
Umschlaggestaltung: Psychosozial-Verlag
Gesamtherstellung: Majuskel Medienproduktion GmbH, Wetzlar
www.majuskel.de
Printed in Germany
ISBN 978-3-89806-572-6

Inhalt

»Man weicht der Welt nicht sicherer aus als durch die Kunst,
und man verknüpft sich nicht sicherer mit ihr als durch die Kunst.«
Johann Wolfgang von Goethe, *Maximen und Reflexionen*, Nr. 737

Vorwort

Dieses Buch über das literarische Unbewusste verdankt sich dem Dialog mit anderen Kulturen. Von meiner asiatischen ›Warte‹ aus lasen und lesen sich die Werke der deutschen Literatur anders als auf europäischem Boden. Das gilt besonders für Werke des 18. und 19. Jahrhunderts. Die eruptive, in vieler Hinsicht gewaltsame Industrialisierung in den Megastädten Asiens scheint dort präludiert, indem die Veränderungen von heute den Werken von damals aktuellen Hintergrund verleihen. Auch hier (in Asien) sind noch vorbürgerliche und vorindustrielle Lebensformen zu beobachten, deren baldiger Untergang zu betrauern ist. Auch hier lässt sich ermessen, wieviele Posten bereits auf der Verlustliste des Fortschritts, der Verbürgerlichung und der Verstädterung stehen und wieviele Außenposten offen bleiben. Dazu zählen nicht nur Kulturwerte und von innen strahlende Gesichter, sondern auch Fertigkeiten, persönliche Zeit, Bindung und geborgenes Aufwachsen – mit einem Wort: psychische Gesundheit.

Aber das Weniger an Armut scheint nur denen teuer erkauft, die keine Armut kennen. Der buchstäbliche Hunger nach Veränderung ist nicht wählerisch. Zur Nahrung zählt ›Bildung‹: ›know how‹. Meine Studenten aus Peking, Urumchi oder der 30-Millionen-Stadt Quonqing gehen nach dem Germanistikexamen nach Deutschland zum Zweitstudium oder stehen als Übersetzer auf der Gehaltsliste deutscher Firmen. Goethe und Schiller, Li Bai und Pú Songlíng sind für sie sekundär.

Für mich wurden sie wichtiger. Ich fragte mich, wer diesen Menschen das Unbewusste spiegelt, das sich auch im konfuzianischen Asien gewaltsam Bahn bricht, wenn es nicht ventiliert wird. Wer bietet die Stoffe, in denen die Nachtseiten nicht nur erlaubt, sondern kanonisiert sind? Welche Kunst verarbeitet die Verluste und das Pathologischwerden im ökonomischen Rennen zu (kathartischem) Identifikationsmaterial?

Ich habe C.G. Jungs Satz im Ohr: »Die menschliche Ganzheit besteht nämlich aus einer Vereinigung der bewußten und der unbewußten Persönlichkeit.« (Jung 2003, S. 130) Von der asiatischen ›Warte‹ aus war mir Goethes und Schillers Heiligsprechung im ›Bürgerlichen Zeitalter‹ nicht länger unheimlich. Sie war ein Mittel der psychischen Integration, zu der bekanntlich das Unbewusste in »Szene« gesetzt wird. Der Pulverturm *muss* in den eigenen Mauern stehen, sonst werden diese früher oder später von seinem brisanten Inhalt zerstört. Und es gehört auch dazu, dass man einen großen Bogen um ihn herum macht und ihn vielleicht nicht einmal wahrhaben will.

Goethe, Schiller und das Unbewusste hätte ich auf europäischem Boden so nicht schreiben können trotz der gründlichen Vorarbeiten meiner deutschen Kolleginnen und Kollegen, die ich hier würdigen will, soweit ich es vermag und die Gegebenheiten es erlauben.

Zu danken habe ich den Chinesen, Japanern, Laoten und Kantonesen, die mich beherbergt haben und beherbergen. Carl Pietzcker und Jochen Schmidt danke ich für wichtige Anmerkungen zu den Kapiteln über *Werther* und *Die Räuber*.

Hongkong, im Sommer 2006

Gerhard Oberlin

I.
Einleitung

Eine Veröffentlichung wie diese beginnt gewöhnlich mit einem Frage-Antwort-Spiel, das der Rechtfertigung des Titels dient. Das scheint besonders hier angebracht. Warum das ungleiche Duo Goethe/Schiller im Fokus einer literaturpsychologischen Studie? Warum »das Unbewusste« in einem Atemzug mit dem Weimarer Dichterpaar? Gibt es das überhaupt: ›das Unbewusste‹ – und wenn, was ist mit dem Begriff gemeint, der zwar in aller Munde, aber doch so umstritten ist, dass jüngst die Zeitschrift *Der Spiegel* eine Rehabilitation des Freud'schen Unbewussten durch die Neurowissenschaften für nötig und gekommen hielt: »Hatte Freud doch recht?« (Lakotta 2005, S. 176)

Darf das ›Unbewusste‹ unter solchen Voraussetzungen überhaupt im historischen Kontext postuliert werden, zumal es Stimmen gibt, die dessen Entdeckungsgeschichte erst um 1800 mit Schellings *System des transcendentalen Idealismus* beginnen lassen (Marquard 1987)?

Es muss. Denn die Frage nach der Entdeckung psychischer Abgründe und Dunkelzonen, aber auch geheimnisvoller Schatzkammern führt in die Aufklärungsepoche zwischen Leibniz und deutschem Idealismus und damit in eine Zeit zurück, in der bürgerliche Subjektivität sich konstituierte und die empirischen Wissenschaften vom Menschen entstanden, darunter auch die Psychologie (Ellenberger 1973; Behrens 1994). Wie sehr Goethe und Schiller am empirisch-anthropologischen Diskurs teilnahmen und zur Förderung tiefenpsychologischer Menschenkenntnis beitrugen, soll diese Untersuchung zeigen.

Am Beginn dieser Arbeit stand die theoretische Beschäftigung mit Phänomenen der Persönlichkeitsstörung, darunter auch der narzisstischen. Da die psychoanalytische Fachliteratur, gleich welcher Provenienz, seit Sigmund Freud häufig zur Bestätigung, Veranschaulichung oder Erprobung ihrer Theorien auf die Literatur zurückgreift, fehlt es nicht an psychologischen Deutungen, deren erste ›Generationen‹ – Rutschky (1981) spricht mit Blick auf die engere Freud-Schule (Otto Rank, Hanns Sachs, Theodor Reik) vom »Heroenzeitalter« – sich zuweilen durch eine gewisse hermeneutische Nonchalance, wenn nicht einen handfesten ›Grobianismus‹ hervortaten. Das war einer der Gründe, weshalb die deutsche Literaturwissenschaft solche Deutungen bis zum Zweiten Weltkrieg und auch danach wieder bis hoch in die 60er Jahre hinein nicht glaubte ernst nehmen zu müssen. »Die deutsche Germanistik war – pauschal gesprochen – nicht willens und auf Grund ihrer Prädispositionen nicht im Stande, die Freudsche Analyse des Unbewussten zu akzeptieren.« (Schrey 1975, S. 79) Das Gebot der Werkimmanenz und Textgeschichtlichkeit tat ein Übriges zur Aufrechterhaltung der Blockade. Die Psychoanalyse – Freuds *Hamlet*-Deutung ist ein berühmtes Beispiel –

hatte sich auf die Suche nach Paradigmen gemacht und sie im Text oder im Autor prompt auch gefunden. Das sah nach einer wohlfeilen Zurechtdeutung aus, wenn nicht nach methodischer Schwindelei. Das Hauptproblem aber war, dass die Deutungsverfahren zu mechanistisch, die Ergebnisse bei allem Scharfsinn oft zu reduktionistisch, zuweilen auch fehlerhaft waren, wofür auch wiederum Freud ein Beispiel lieferte. (Würker 1993, S. 168f.) Das Interesse der Analytiker unterschied sich naturgemäß von dem der Literaturwissenschaftler, von fachlichen Voraussetzungen einmal ganz abgesehen. Texte wurden z.T. wie Tonbandprotokolle von Patientenmonologen gelesen und diagnostisch evaluiert oder »auf die persönliche Anamnese« des Dichters reduziert. (Jung 1950, S. 16) Als die beiden Seiten sich annäherten, wurden die Verfahren bald reflektierter und kontrollierter. Jetzt fiel umgekehrt an der psychoanalytisch orientierten literaturwissenschaftlichen Fachliteratur auf, dass sie in den gleichen Fehler des Deutungsdeterminismus verfiel und oft zu schnell und wiederum zu mechanistisch Ergebnisse lieferte, ohne die Grundlagen der Psychoanalyse hinreichend zu beherrschen, geschweige denn klinisch erprobt zu haben.

Das Problem stellte sich im Resultat als mangelnde interdisziplinäre Zusammenarbeit dar. Da es den Forschungsdialog auf Kongressen und über Fachzeitschriften zwar gab, aber sonst in der Regel wenig Gelegenheit zum Disput oder Teamdialog vorhanden war, schien die plötzlich modisch ausgeübte germanistische Literaturpsychologie ein gewisser Ausweg aus dem Dilemma zu sein. Auch zeigte sich in Umkehrung der historischen Situation seit Freud, dass das Erkenntnisinteresse an psychoanalytisch geschulter Hermeneutik wohl größer war als das an hermeneutisch geschulter Psychoanalyse.

An dieser Situation gemessen, die in glücklichen Fällen, wie z.B. bei Marthe Robert oder Julia Kristeva, durch fachliche Personalunionen auf hohem Niveau kompensiert werden konnte, waren die Erträge auf beiden Seiten bewundernswert. Das Erfordernis der akademischen Doppelbildung hatte einen neuen Gelehrten- und vielleicht sogar Intellektuellentypus hervorgebracht, der allein schon deshalb wichtig war, weil ›psychologisierende‹ Deutungen ohne wissenschaftliches Bezugssystem auch in Zeiten der Werkimmanenz an der germanistischen Tagesordnung gewesen waren (und sind)[1]. Ähnlich Bewundernswertes wurde auf psychoanalytischer Seite erbracht, auch wenn diese sich z.B. durch C.G. Jung (1950) oder Jean Starobinski (1966/1973) wiederholt zur hermeneutischen Feinfühligkeit aufrufen lassen musste. Dass der fachliche Doppelauftrag manchmal mit Informationsdefiziten oder Methodenproblemen einhergeht, gehört zur neuen Tagesordnung dazu. Man sollte sie als Wachstumssymptome betrachten.

Was die Autorenwahl für diese Untersuchung anbelangt, so stellten sich mir Goethe und Schiller gewissermaßen zwangsläufig in den Weg, und zwar aus mehreren Gründen. In dem ungleichen Dichterpaar hatte man einen Prototyp überfachlicher Zusammenarbeit vor sich, sowohl von der rezeptiven als von der produktiven Seite her. Beide nahmen bereits als junge Männer am anthropologischen Diskurs der Aufklärung teil und schenkten der empirischen Psychologie darin ein besonderes Augenmerk. Im Fall Schillers war die Beschäftigung mit der »Experimentalphysik der Seele« (Sulzer 1759, § 204) gar ein Teil der medizinischen und allgemeinbildenden Ausbildung an der Stuttgarter Karlsschule. Sein Lehrer Abel sorgte aber nicht nur für die akademische Vermittlung der psychologischen Avantgarde. Er forderte auch dazu auf, den ›erfahrungsseelenkundlichen‹ Diskurs in die Literatur hineinzutragen (Riedel 1995, S. 381f., S. 450). Das war ein Auftrag, dem Schiller, ebenso wie auch Goethe und Karl Philipp Moritz, Folge leistete, als er sich in den *Räubern* dem »innern Räderwerk« (SW V, S. 733²) der menschlichen Seele widmete. In solcher Konstellation war der Auftrag zum interdisziplinären Lesen und Schreiben also schon angelegt.

Ein anderer, kultur- und rezeptionsgeschichtlicher Grund für die Wahl gerade dieser Autoren kam hinzu: Beide Schriftsteller gaben seit je ein Rätsel auf, das auch dann noch ein Rätsel blieb, als es gelöst zu sein schien. Wie war es möglich, fragte man sich, dass Literatur von derartiger Brisanz – es geht im Werk beider Autoren um Phänomene äußerster Destruktivität – zum Bildungskanon des Bürgertums und der Menschen bis heute wurde? Doch nur, so war zu vermuten, weil sie diesen erlaubte, ihr Unbewusstes in einer Nische des Kulturraums wohlverwahrt und wohlverborgen zu wissen. Mit ihren affektprallen Jugendwerken, dem *Werther* und den *Räubern*, schienen gerade Goethe und Schiller einer ›Kultur des Unbewussten‹ Vorschub zu leisten, indem sie dazu aufforderten, Verstecktes, Verborgenes, Unerlaubtes bei der Lektüre oder im Theatersaal auszuagieren. Als die am stärksten kanonisierten Autoren deutscher Zunge mussten sie auch die besten Hüter und Wahrer der bürgerlichen ›Nachtseiten‹ sein, waren sie doch regelrecht bewusstseinsprägende Instanzen, die allem ›Subkulturellen‹ eine psychische Heimat boten. Mit ihrer fulminanten Fähigkeit, Bilder zu schaffen, Imaginationen zu entzünden, brachten sie zum Ausdruck, was nicht zu sagen war und nicht gesagt werden sollte. Sie waren das ›öffentliche Unbewusste‹ – und bestätigen in dieser Eigenschaft die Formel von Ernest Jones: »Nur was verdrängt ist, bedarf der symbolischen Darstellung.« (Jones 1987, S. 82)

Ein weiterer Grund, mich auf Goethe und Schiller zu konzentrieren, war die analogische Verklammerung jenes Aufbruchs und Anbruchs der künstlerischen Moderne mit den Brennpunkten der psychoanalytischen Forschung der letzten Jahrzehnte. Die Werke der beiden Autoren widmen sich dem Schicksal der Seele nicht nur inhaltlich, sondern sie entwickeln zu dessen Darstellung auch eine neue Formensprache, die die literarische Moderne begründet. Ich sehe in beiden Merkmalen Parallelen zur Gegenwart, die mir ein solches Arbeitsprojekt gerade heute gerechtfertigt erscheinen lassen. Die gesamte Literatur der Goethezeit fällt durch ein neues Interesse an Charakterstörungen auf, deren innovative Durchdringung und öffentlich wirkungsvolle Thematisierung in der forcierten Narzissmusforschung der vergangenen vier Jahrzehnte eine Entsprechung hat.

Der interdisziplinäre Brückenschlag als solcher und die Beschäftigung mit einigen Hauptwerken Goethes und Schillers bietet sich also schon durch eine Wiederholungskonstellation an, wenn man die Kriterien Gegenstand, Innovation und wissenschaftlicher Diskurs zugrunde legt. Dabei soll unter Innovation eine erkenntnisfördernde Neuerung verstanden werden, die einen Gegenstand in bis dahin ungewohntem Licht beleuchtet und expliziert. Auf der Seite der Forschung sind das heute (relativ) neue psychoanalytische Theorien zur Psychodynamik, Ätiologie und Therapie des pathologischen Narzissmus und der gestörten Objektbeziehung. Auf der Seite der Literatur waren es damals neben einer verfeinerten Figurenpsychologie eine Fülle darstellungstechnischer Errungenschaften, namentlich eine Ästhetik des Imaginären, aber auch neue expressive Stilfarben und erzähltechnische Varietäten.

Doch gibt es noch einen weiteren Grund dafür, Goethe und Schiller im Zusammenhang einer Diskussion des Unbewussten an exponierter Stelle abzuhandeln. Auch er basiert auf einer Wiederholungs- oder Parallelkonstellation: Die Werke der beiden Autoren entstammen einem Zeitraum, in welchem die großen sozialen, wirtschaftlichen und geopolitischen Umbrüche stattfanden, die unsere heutige industrielle Welt im Westen wie im Osten präludieren. Außerdem entstand in jener Spanne von 80 Jahren im Zug der Forcierung der empirischen Wissenschaften, darunter der Psychologie – dazu gehört das zunehmende Bewusstsein der Eigendynamiken und ›blinden Stellen‹ im Motivationssystem des Menschen sowie die stärkere Beachtung des Traums – eine dualistische Anthropologie, die für die moderne Psychologie tragend wurde. Man kann hier von einem wachsenden Bewusstsein des Unbewussten sprechen, das in jener Zeit Nahrung erhielt und das weitere 80 Jahre später in die Entdeckung der Psychoanalyse durch Sigmund Freud und damit freilich auch in eine terminologische Einengung mündete. Das Interesse am individuell-einzigartigen Menschen mit seiner im somnambulen oder psychedelischen Zustand steigerungsfähigen Intuitionskraft einerseits und seinen ›Exzessen‹, ›Aberrationen‹, aber auch ganz normalen ›Schattenseiten‹ wie Trieben und Leidenschaften andererseits wuchs in dem Maße, wie diese Phänomene zur anthropologischen Ausstattung gezählt und für eine Moralphilosophie oder Morallehre ins Kalkül gezogen werden mussten. (Adler 1988, S. 208; Jacob 1992; Bell 2005) Psychologische Spekulationen und erste auf Empirie, d.h. damals noch auf Selbstbeobachtung gestützte Überlegungen, die sich auf die dunklen Seiten der Seele, den »fundus animae« (Baumgarten 1739, § 511), richteten, waren noch zur Zeit von Kants *Streit der Fakultäten* (1798) eine Domäne der Philosophie, in der sich die Naturwissenschaften (= *philosophia naturalis*) noch nicht als Sonderdisziplinen ausdifferenziert hatten. John Locke (1632–1704) und Anthony Ashley Cooper Shaftesbury (1671–1713) hatten ein Menschenalter davor die empirische Wissenschaftsmethode begründet. In ihrer Nachfolge entwarfen die ›philosophischen Ärzte‹ an Epikur gemahnende materialistische Modelle des Zusammenspiels von Soma und Psyche als einem berechenbaren, physiologisch-mechanischen Vorgang. Der wohl bedeutendste Psychologe der Jahrhundertmitte, der Berliner Naturwissenschaftler und Philosophieprofessor Johann Georg Sulzer, erlaubte sich »die Erweiterung der empirischen Psychologie den Liebhabern der Weltweisheit bestens zu empfehlen« und ihnen besonders die Erforschung des mentalen Schattenreichs ans Herz zu legen: »Insonderheit möchten wir sie erinnern, die genaueste Aufmerksamkeit auf die dunkeln Gegenden der Seele (wenn man so reden kann) zu richten; wo sie durch sehr undeutliche und dunkle Begriffe handelt.« (Sulzer 1759, S. 159, § 206)

Dieser Appell wurde von der Literatur aufgenommen, deren wachsende Vorliebe für das Schauerliche, Nicht-Schöne, Unheimliche, Perverse und Kriminelle dem Zeitgeschmack Nahrung lieferte, indem es ihn prägte. Walpoles *Castle of Otranto* (1764) gab das Signal zu einer Flut der viel gelesenen *Gothic Novels*, Gottlieb Meißner (1753–1807) begründete die »Kriminalgeschichte«, Christian Heinrich Spieß' (1755–1799) *Biographien der Selbstmörder* (1786–89) folgten die *Biographien der Wahnsinnigen* (1795–96), der düstere Ossianismus machte die Runde und die melancholische Mode salonfähig. Jacob und Wilhelm Grimms *Kinder und Hausmärchen* (1812–15) wendeten schließlich die Bannkraft des Archaisch-Kulturanthropologischen ins Volkstümlich-Naturmystische und sekundierten dabei der romantischen Bewegung. Dem Interesse für Psychopathologie, soziale Devianz, Okkultismus und Paranormalität kam so die Literatur mit ihren Schauervisionen und Gewaltszenarien, aber auch ihrer ästhetisierten Realistik und Fallkasuistik entgegen. (Riedel 1995, S. 449f.) »Die damalige Dichtkunst und Seelenkunde waren demnach nicht [...] einander fundamental entgegengesetzt, sondern tendenziell konvergent und homogen.« (Reuchlein 1986, S. 203)

Indem ich mich im Rahmen dieser Arbeit einer kleinen Auswahl von Werken widme, die das Verdienst haben, auf psychologischem und ästhetischem Gebiet Pionierarbeit zu leisten, möchte ich die Frage nach den Ursachen des pathologischen Narzissmus im Hinterkopf behalten, die der US-amerikanische Psychoanalytiker Stephen M. Johnson (1988, S. 14f.) wie folgt aufgeworfen hat:

> Diese Form des Narzißmus ist ein integraler Bestandteil unserer lebensfeindlichen Kultur, die Leistung höher bewertet als Lust, Status höher als Liebe und den äußeren Schein höher als die Wirklichkeit. Sie ist die häufigste Folge des materiellen Vollkommenheitswahns unserer Kultur. Sie hemmt einen sehr erheblichen Prozentsatz unserer Bevölkerung und lähmt manche unserer begabtesten und fähigsten Persönlichkeiten. Doch obwohl die Kultur den Narzißmus verstärkt, ist seine Brutstätte die Familie. Obwohl die Werbewirtschaft seine Existenz nutzt und seine Entwicklung fördert, reichen seine Wurzeln viel tiefer.

Ich werde versuchen, die Frage nach den »Wurzeln« des heute Alltag gewordenen Narzissmus in die Goethezeit mitzunehmen und im Rahmen der hier zu untersuchenden, kulturgeschichtlich überaus relevanten Texte von Goethe und Schiller zu erörtern. Ich lese diese Werke als künstlerische Bewusstseinsdokumente jener Zeit und zähle sie zu den ersten literarischen Aussagen deutscher Zunge, in denen narzisstische Leidensgeschichten im Sinne eines explorativen und bewältigenden Abarbeitens zur Sprache kamen. »Zu einem solchen Abarbeiten in der Selbstbeobachtung berechtigte [...] die aufwachende empirische Psychologie«, sagte im Rückblick auf seine Anfänge der 63-jährige Goethe selbst. (HA 10, S. 7) Und Goethe war es auch, der angesichts seiner Faust-Figur, deren typischer »Geist [...] nach allen Seiten hin sich wendend, immer unglücklicher zurückkehrt«, die Thematik des kranken Bewusstseins in den Horizont der Neuzeitlichkeit stellte, so im zweiten Entwurf zu einer Ankündigung der *Helena* im Dezember 1826: »Diese Gesinnung ist der modernen so analog, daß mehrere gute Köpfe die Lösung einer solchen Aufgabe zu unternehmen sich gedrängt fanden.« (HA 3, S. 440) Solche »gute Köpfe«, die sich der Problematik widmeten, gab es zu Goethes eigener Zeit genügend, auch wenn sie nicht (wie hier gemeint) den Fauststoff als solchen bearbeiteten.

Die hier analysierten Werke zeichnen sich neben einer qualitativ neuen psychologischen Wahrnehmungsschärfe und Durchdringungsintensität dadurch aus, dass sie die jüngsten Anthropologien aus dem zeitgenössischen

Diskurs jener Zeit einholen, vertiefen und in selbstdynamische Charakterbilder und Szenarien verwandeln, so dass es den Nachgeborenen oft so vorkam, als hätten sie spätere psychologische, ja sogar tiefenpsychologische Erkenntnisse ›vorweggenommen‹.

Nahezu obligatorisch steht Goethes Romanerstling *Die Leiden des jungen Werthers* von 1774 am Anfang dieser Untersuchung. In ihm vollzieht sich literatur- wie bewusstseinsgeschichtlich der Paradigmenwechsel zu einem neuen bürgerlichen Subjektbild und Kunstverständnis, so dass man wie Gerhard Neumann (2001, S. 142) hier mit Fug von »der Geburt des modernen Romans« sprechen kann.

Schillers *Räuber* müssen sich sodann als wahres Sammelbecken für Textphänomene anschließen, die der Linguist Algirdas Julien Greimas (1971, S. 87) als »unvorhergesehene[] Seme« bezeichnete, von denen die Frage ist, ob sie »nicht der bewussten Kontrolle des Schriftstellers ebenso entgehen wie der des Lesers«. Die *Räuber* stecken gerade in ihrem Oszillieren zwischen Drastik und Gefälligkeit, Barbarei und Bürgerlichkeit voller Überraschungen, die das Bewusstsein des Publikums gleichermaßen ›dehnen‹ wie kathartisch entspannen.

Wenn Goethes *Faust* hier nachfolgt, dann werden 60 von insgesamt 80 Jahren Goethe-Zeit überspannt. Der *Faust* ist das erste Doppelgänger-Drama deutscher Zunge, das eine Persönlichkeitsspaltung in 2 mal 5 Akten gestaltet und beim Interpreten gleichwohl den Anschein erweckt, alles gehe mit ordentlichen (bürgerlichen, religiösen) Dingen zu. Kaum ein Werk der Weltliteratur dürfte so oft und so gern verharmlosend missverstanden worden sein wie dieses. Kaum ein Werk, scheint mir, dürfte auch deshalb so oft missverstanden worden sein, weil es unbewusst sehr wohl verstanden wurde.

Wenn ich Goethes Marienbader *Elegie* ans Ende dieses literarischen Quartetts stelle, dann hat das nicht nur mit der Entstehungszeit zu tun, die ins vorgerückte 19. Jahrhundert fällt. Das berühmte Langgedicht zeigt neben der Hartnäckigkeit und Eskalation narzisstischer Konflikte im Alter ein Stück sublimatorischer Goldschmiedekunst des alten Goethe und stimmt deutlich die melancholische Musik unserer Tage an, in der das Alter durch den Mangel an Jugend definiert und nicht viel mehr als eine biologische Panne ist.

II.

Die Literatur und das Unbewusste

»Das Mächtigste im Dichter, welches seinen Werken die gute und die böse Seele einbläset, ist gerade das Unbewußte.«
Jean Paul, *Vorschule der Ästhetik*, § 13

1.

Das »innere Afrika«
Kolonisierung der Seele

Wenn Heinz Kohut seine »Hypothese der künstlerischen Vorwegnahme« formuliert, nach der »das Werk des großen Künstlers die dominierenden psychologischen Gegebenheiten seiner Epoche [spiegelt]«, dann nennt er neben Beispielen aus der Bildenden Kunst und Musik vor allem die Namen von Schriftstellern, darunter: Sophokles (*Ödipus auf Kolonos*), Shakespeare (*König Lear*), Goethe (*Faust*), Kleist (*Michael Kohlhaas*), Melville (*Moby Dick*), Dostojewskij (*Der Idiot*), Kafka (*Die Verwandlung, Das Schloß, Der Prozeß*), Proust (*Auf der Suche nach der verlorenen Zeit*), O'Neill (*Der Eismann kommt, Der große Gott Brown*). Bei ihnen findet er die »Themen, die als größte psychologische Aufgaben unserer Zeit damals längst in das Werk bahnbrechender Künstler eingegangen waren, lange bevor sie Ziel der Untersuchungsbemühungen des wissenschaftlichen Psychologen wurden«. (Kohut 1981, S. 118, 157, 279ff., 287)

Bereits Sigmund Freud hatte beim Ödipuskomplex und Narzissmus die Literatur beliehen und auf die Frage, wer seine Lehrer gewesen seien, auf seine Bibliothek gewiesen: Sophokles, Shakespeare, Goethe, Dostojewskij. Als er über Wilhelm Jensens Novelle *Gradiva* (1903) nachdachte, erstaunte ihn am meisten, dass dieses Werk auf sämtlichen bis dahin vorhandenen psychoanalytischen Theoremen aufzubauen schien, obwohl deren Autor doch seinem glaubwürdigen Bekunden nach sich mit Freud nicht im Geringsten beschäftigt hatte. Freuds Resümee lautete:

> Wir schöpfen wahrscheinlich aus der gleichen Quelle, bearbeiten das nämliche Objekt, ein jeder von uns mit einer anderen Methode, und die Übereinstimmung im Ergebnis scheint dafür zu bürgen, daß beide richtig gearbeitet haben. Unser Verfahren besteht in der bewußten Beobachtung der abnormen seelischen Vorgänge bei anderen, um deren Gesetze erraten und aussprechen zu können. Der Dichter geht wohl anders vor; er richtet seine Aufmerksamkeit auf das Unbewußte in seiner eigenen Seele, lauscht den Entwicklungsmöglichkeiten desselben und gestattet ihnen den künstlerischen Ausdruck, anstatt sie mit bewußter Kritik zu unterdrücken. (SA X, S. 82)

In einem späteren Interview mit Philip R. Lehrman sagte er dann kurz und

bündig: »Not I, but the poets discovered the unconscious.« (Freud 1940)[1]
Damit meinte er nicht nur die für ihr intimes Verhältnis zum Unbewussten
bekannten Romantiker, die als »Bahnbrecher für die Entwicklung der Tiefenpsychologie« gelten dürfen (Nyborg 1981, S. 62) und als deren »Urtypus«
Hermann A. Korff (1940, S. 22) Werther bestimmt hat.

Dass indes nicht nur die Dichter, sondern alle Künstler aus dem Unbewussten schöpfen und es so auch »entdeckten«, davon ist auszugehen.
Allerdings wird man kaum sagen können, sie hätten es als wissenschaftliches
Abstraktum und Teil einer anthropologischen Theorie der Seele ›entdeckt‹.
Auch wenn Jean Paul (1959ff., VI, S. 1182) im vierten Kapitel von *Selina oder
die Unsterblichkeit der Seele* die Psyche als »dieses wahre innere Afrika«
bezeichnete und ihr damit im Stil der Entdeckerzeit, wie übrigens auch der
junge Dr. Freud, den Charakter einer erforschbaren *terra incognita* verlieh,
wohin sich das kulturell Unbewusste projizieren ließ (Assmann 1997,
S. 173–186); auch wenn die deutschen Romantiker, die sich von Gotthilf
Heinrich Schuberts *Ansichten von den Nachtseiten der Naturwissenschaft*
oder seiner *Symbolik des Traums* (1814) belehren ließen, vom Unbewussten
als einem somnambulen ›Oberbewussten‹, einer Art Superbewusstsein sprachen, sofern sie es nicht gar für ein Fenster zur Transzendenz hielten oder es
im Sinne einer Tiefenschicht verstanden, in der sich das Gedächtnis der
Menschheit aufbewahrt (Hansen 1994; Assmann 2001, S. 145–158), halte ich
dafür, dass es den Künstlern doch immer in erster Linie um ihr eigenes inneres
Selbst zu tun war, ob mit oder ohne Konzept des Unbewussten, aus dessen
Brunnen sie u. a. schöpften. In diesem Sinne erfüllen die Dichter von Jonathan
Swift über Victor Hugo bis Raymond Roussel das Kriterium der »sprudelnde[n] Quelle«, das der Erfinder des Surrealismus, André Breton, neben
der »freien Gedankenassoziation« geltend machte und in einer langen Liste
von Dichternamen exemplifizierte. (Breton 1993, S. 27; S. 127f.)

Heute, wo neurophysiologische Forschungen erstmals Hinweise auf
Abdunklungsmechanismen im Gehirn erbringen und die ›Entdeckung‹ des
biologischen Unbewussten nur noch eine Frage der Zeit zu sein scheint, ist
das Pionierfieber von einst, das die ›Eroberung‹ dieses Bewusstseinsbereichs
stimulierte, wieder zu spüren. Die Erwartungen mögen sich weniger unterscheiden, als es den Anschein hat, geht es doch auch heute noch um die Ent-
rätselung solcher Phänomene wie Schlaf, Traum, Intuition oder Kreativität.
Die Faszination der Aufklärung scheint ungebrochen. Ob mit der Vervollständigung der physiologischen Landkarte des Gehirns auch ein sozialpsychologischer und kulturanthropologischer Paradigmenwechsel bevorsteht,
wie er in den menschenbildlichen Ganzheitsvisionen eines Hamann oder

Herder enthalten war, bleibt abzuwarten. An der Rolle und am Impetus der Kunst dürfte sich dadurch wenig ändern. Seit den Tagen der Geniezeit gilt sie als Versuch, das rational gefesselte Denken zu übersteigen und den ›Geist‹ einer unwillkürlichen Selbstaussprache – Kafka (1958, S. 385) sagt später: der »Selbstvergessenheit« – zu überlassen und mit den antriebsreichen Ressourcen des Unbewussten zu verbinden. Wenn Goethe am 3. April 1801 an Schiller schreibt, »daß alles, was das Genie, als Genie, tut, unbewußt geschehe« (Seidel 1984, II, S. 364f.), impliziert das nicht nur einen neuen Künstlertypus und eine neue Kunst, sondern auch ein neues Subjektparadigma, das Individualität an Sensualität bindet und der imaginativen Innen-›Schau‹ eine bevorzugte Erkenntnisfunktion zumisst.

2.

Quelle der Inspiration
Verschwörung mit dem Unbewussten

Die Flut der Einfälle und Bilder aus dem Inneren kann desto lustvoller erlebt werden, als sie sich der Bewusstseinskontrolle entziehen *darf* und so mit Neuem aufzuwarten scheint, ja mit Fremdem aus einer anderen Welt, ob von einem »Fond aus der Urzeit« genährt wie bei Fritz Saxl (1932, S. 425) oder von unbewussten Erinnerungen an eine anthropologische »Naturzeichensprache« wie bei dem Arzt und Philosophen Schubert. Seit das Unbewusste als eine Art archaisches Speicherarchiv gilt – Herder nennt die darin wurzelnde Sprache »Schatzkammer des Geistes« –, ist Kunst geradezu deckungsgleich mit der Kunst, diesen Speicher anzuzapfen, möglichst unter Ausschaltung des Verstands. Friedrich Hebbel bezeichnete jegliche dichterische Inspiriertheit als einen »Traum-Zustand« und hielt dessen ›Unbewusstheit‹ für eine Voraussetzung des Schaffens: »Es bereitet sich in des Dichters Seele vor, was er selbst nicht weiß.«

Rilke ist ein modernes Beispiel, wenn er auf Muzot nach langer Schreibkrise das Gefühl hat, nach »Diktat« aus dem Weltraum zu schreiben, ein Ausdruck, den übrigens auch Breton (1993, S. 24f.) verwendet, wenn er vom »Gedanken-Diktat« spricht oder vom »Denk-Diktat ohne jede Kontrolle durch die Vernunft«. Aber auch schon Goethe gehört dazu, wenn er im *Tasso* (V. 3433) und später noch einmal in seiner ›Marienbader‹ *Elegie* einen »Gott« als den *deus ex machina* der Kunst aufruft, damit sagbar werde, »was« bzw. »wie« der Mensch leide: »Und wenn der Mensch in seiner Quaal verstummt|Gab mir ein Gott zu sagen, was ich leide.« (1991, S. 67; HA 5, S. 166)

In diesem Lustgefühl, das eine stark narzisstische Antriebskomponente besitzt – die Rolle narzisstischer Konflikte im schöpferischen Prozess ist in der Psychoanalyse seit je unterstrichen worden (Grunberger 1971; Chasseguet-Smirgel 1981) –, schöpft der Künstler aus einem Reservoir, das ihm zu seiner eigenen Überraschung Bilder ›diktiert‹, die, wie Thomas Mann (1974, S. 617) einmal sagte, zugleich »mehr und weniger als Denken« sind. Wenn er sie manchmal selbst nicht versteht und trotzdem für richtig hält, mag es ihm wie dem Träumer ergehen, der, so Freud in den *Vorlesungen zur Einführung in die Psychoanalyse*, wahrscheinlich »doch weiß, was sein Traum bedeutet, nur weiß er nicht, daß er es weiß, und glaubt darum, daß er es nicht weiß«. (GW XI, S. 98)

Aber nicht nur das verschwommene narzisstische Wiedererkennen in diesen literarischen Bildern steigert das kompensatorische Lustgefühl, sondern insgesamt das Erlebnis der visionären Erkenntnisdynamik, der Bewusstseinsintegration und psychophysischen Ganzheit. Ermöglicht wird es durch die Kommunikation mit dem Unbewussten oder, um es mit Habermas (1973) zu sagen, der Zurücknahme der Exkommunikation, häufig metaphorisch als ›Durchbruch‹ oder ›Ausbruch‹ beschrieben, wodurch die inspiratorische, aber auch therapeutische Qualität zum Ausdruck kommt. Ich-psychologisch wird hier in Analogie zum analytischen ›setting‹ eine »regression in the service of the ego« (Kris 1953, S. 177) angenommen: »Artists have easier access to ›id-material‹ and also are able to subject this material to an ego synthesis.« (Rapaport 1954, S. 363) Auch bei Matt (1972; 1978, S. 203) findet sich die psychische Integration als Stimulus und Ertrag neben der Beleihung von »Fremdfantasien« in sog. »literarischen Prototypen«. George Stuart Klein (1976, S. 232) schreibt in seiner posthum veröffentlichten psychoanalytischen Kunsttheorie:

> An important aspect of aesthetic pleasure is that it involves an active integration. [...] The conditions of what we call pleasure in synthesis derive from this momentum. This tie-in with a requirement for an actively sustained identity is what links aesthetic pleasure so much more closely to the act of discovery than to sensual contact and tension reduction.

Was hier im Blick auf den Leser gesagt wird, gilt erst recht für den Autor. Für diesen ist das künstlerische Medium eine spezielle Form des szenischen Ausagierens im perspektivischen Figurenspiel, die an die reine psychoanalytische Erkenntnis heranreicht – oder sie sogar, wie Kafka (1966, S. 122) meint, übertrifft: »Psychologie ist Lesen einer Spiegelschrift, also mühevoll, und was das immer stimmende Resultat betrifft, ergebnisreich, aber wirklich geschehen ist nichts«. Da der Zugang zu den Krypten der Psyche an den Wächtern des Über-Ich vorbei auch als esoterisches Vorrecht, ja sogar als Unrecht empfunden werden mag, kann der Eindruck des Verstohlenen, Brisanten, Subversiven entstehen. Dieser mag sich verstärken, wenn die Ursache der Verdrängung in sakrosankten Realitätsstrukturen erkannt wird, was einen Tabubruch impliziert (man denke hier wiederum an Kafka und seinen nie abgeschickten *Brief an den Vater*). In diesem Fall tritt der Künstler in geheime Komplizenschaft mit sich selbst, was nicht nur sein Gefühl der Renitenz verstärkt, indem es einen (heimlich willkommenen) Über-Ich-Konflikt heraufbeschwört, sondern auch den kreativen ›Nachschub‹ individuell kostbarer und öffentlich bedeutsamer macht. Aus dieser Konstellation heraus bestimmt der Schriftsteller seit den Präludien der literarischen Moderne um die Mitte des 18. Jahrhunderts mehr und mehr seine öffentliche Rolle. Dass mit dieser »Archäologie des Verdrängten« (Meyer-Kalkus 1989, S. 105), auch wenn sich die Kunst darin nicht erschöpft, ein Gefühl der Befreiung verbunden war und damit die Mobilisierung progressiver Identitätsstützen – statt ausschließlich Regression, wie z. B. auch noch Ernst Bloch (1959, S. 61) sie mit dem psychoanalytischen Unbewussten verband –, beweisen die vielen gelungenen Kunstwerke gerade jener Aufbruchszeit.

In der subversiven Komplizenschaft mit sich selbst war und ist auch das Verhältnis von Autor und Publikum kommunikativ vorgeprägt. Das Unbewusste treibt in einem Prozess der Gestaltung hervor, in welchem das Künstler-Ich die persönlichsten Spuren in dem Augenblick und in dem Maße ›verhehlt‹, wie es sich an konventionalisierte Mitteilungsformen anschließt und seine eigene Rolle als Erstleser anonymisiert. »Die Form mildert das Anstößige des verbotenen Wunsches; er ist abgeändert und tritt im Gewand des Erlaubten auf.« (Pietzcker 1990, S. 10) In der heuristischen Personalunion von Autor und Leser – Eco (1990, S. 74ff.) spricht vom Leser als »Textstrategie« – profitiert der Schriftsteller dabei auch von jenem vorgreifenden »Lustgewinn, der uns geboten wird, um mit ihm die Entbindung größerer Lust aus tiefer reichenden psychischen Quellen zu ermöglichen«. Er hat also teil an jener »Vorlust«, die Freud darauf zurückführt, »daß der eigentliche Genuß des Dichtwerkes aus der Befreiung von Spannungen in unserer Seele hervorgeht« (SA X, S. 179), ohne dass die Triebzensur dagegen Einspruch erhebt. Darin präfiguriert sich die öffentliche Rezeption, die die Psychoanalyse allgemein durch einen triebentlastenden Nachvollzug des dichterischen Produktionsvorgangs charakterisiert sieht, wobei Primär- und Sekundärprozess, frühkindlich amorphe, nicht-sprachliche Kognitionsprozesse und spätere strukturgebende Bewusstseinsarbeit sich durchmischen.

Nicht die Lehren eines Werkes wühlen unsere Gefühle auf, sondern der verborgene und tiefe Sinn, der in der Darstellung unserer verbotenen Triebwünsche besteht. Die eigentliche Aussage erfassen wir unbekümmert um alle Belehrungen unmittelbar auf der Gefühlsebene, indem das pure Geschehen, das sich vor unseren Augen abspielt, als Reiz auf unsere unterdrückten Triebwünsche einwirkt. Aber diese emotionale Aneignung des Textes bleibt unbewusst: wir sind zwar ergriffen und erschüttert, aber wir wissen nicht wovon. Unsere Situation gleicht der eines Phobikers: er hat z.B. panische Angst, einen offenen Platz zu überqueren, aber er kann nicht sagen, wovor er sich eigentlich fürchtet. So ergibt sich für die Rezeption von Dichtung eine merkwürdige Paradoxie: wir verstehen, ohne ergriffen zu sein, und sind ergriffen, ohne zu verstehen. Diese Aufspaltung des Rezeptionsvorgangs wird von der Triebzensur erzwungen: würden wir den wahren Sinngehalt des Textes bewusst und voll erfassen, dann wären wir direkt mit unseren unerträglichen Triebwünschen konfrontiert; die Zensur wäre überrumpelt und außer Kraft gesetzt. (Bartels 1981, S. 22)

Carl Pietzcker (1992, S. 20) hat diese Situation als »Übertragungs-Gegenübertragungsszene« beschrieben: ein Interaktionsmuster, bei dem die unbewussten, primärprozesshaften Energien vor den bewussten Kognitionsanteilen die spontane Auseinandersetzung mit einem Werk steuern (die freilich durch Gegenübertragungsanalyse objektiviert werden sollte)[2].

Wenn nun das Unbewusste zur Konstitution, ja zur Institution der literarischen Kunst in den letzten 250 Jahren beitrug und seine Repräsentanz zu einem Merkmal der Moderne geworden ist – Freud (1955, S. 97) erwähnt als Verbindendes von Psychoanalyse und literarischer Moderne ausdrücklich das »Ergriffensein von der Wahrheit des Unbewußten«[3] –, dann manifestiert sich darin auch die Tatsache, dass man anscheinend über das individuelle Unbewusste von Mensch zu Mensch, ja sogar von Kultur zu Kultur sinnvoll kommunizieren kann. Dies legt nicht nur die Existenz eines überindividuellen Symbolvorrats nahe, wie sie dann der später abtrünnige Freud-Schüler C.G. Jung (2003, S. 8ff.) in seiner Theorie der Archetypen dem so genannten »kollektiven Unbewußten« zurechnete, sondern setzt auch gewisse intrapsychische Strukturen als anthropologische Konstanten voraus, wobei freilich kulturspezifische Unterschiede in der Determinierung des Unbewussten nicht geleugnet werden können. Zum Beispiel müssten die imaginären Kompromissbildungen zwischen Wunsch und Wirklichkeit, als die Freud die Fantasien des Traums erklärt, auf vergleichbare Mechanismen der »Verschiebung«, »Entstellung«, »Verdichtung« usw. zurückgehen, wenn »Traumarbeit« intersubjektiv kompatibel sein soll.

Auch wenn den individuellen Symbolvarietäten im Einzelfall eine nicht zu unterschätzende Bedeutung zukommt, die Kommunizierbarkeit von Seele, um es neudeutsch zu sagen, sprach schon lange vor den Entdeckungen der Psychoanalyse für gewisse tiefenpsychologische Gesetzmäßigkeiten, also Bewusstseinsstrukturen und -dynamiken, die von Mensch zu Mensch vergleichbar sind. Es ist dann nicht verwunderlich, wenn Freud die Dichter als »wertvolle Bundesgenossen« bezeichnet, »die mehr von Dingen zwischen Himmel und Erde zu wissen [pflegen], von denen sich unsere Schulweisheit noch nichts träumen läßt« (SA X, S. 14). Er würdigt hier nicht zuletzt auch die Tatsache, dass gerade literarische Kunstwerke des 18. und 19. Jahrhunderts ganz erheblich zum psychologischen Diskurs beigetragen haben, allen voran die Weimarer Klassiker: »The importance of Weimar classicism for the German tradition of psychology should not be underestimated.« (Bell 2005, S. 86) Nicht verwunderlich ist es aber auch deshalb, weil das Medium dieser Kunst die Sprache selbst ist, also der wichtigste Träger symbolischer Kommunikation überhaupt, deren sich Freud auch in der Wissenschaft durchaus im narrativen Sinne bediente. Allerdings war für ihn das im Primärsystem Gespeicherte inkommensurabel und daher auch mit Sprache nicht zu messen. Die Transformationen des ›setting‹ konnten nur das versprachlichen, was bereits in Sprache kodiert gewesen war, also das Vorbewusste. Für die psychoanalytische Ästhetik nach Freud hatte das zur Folge, dass der absolute Unterschied zwischen Primär- und Sekundärsystem an Bedeutung verlor und das Augenmerk sich auf die Leistungen des (kreativen) Ich richtete, das offenbar zu seinem (Lust-)Gewinn in der Lage war, den Primärprozess zu kontrollieren. Anton Ehrenzweig (1967, S. 5) bezeichnete den solcherart zugänglich gemachten Primärprozess als »a precision instrument for creative scanning«. Der Strukturalist Jacques Lacan (1973, S. 182) schien Freud schließlich auf den Kopf zu stellen, als er behauptete, »dass das Unbewusste radikal die Struktur von Sprache hat«, insofern sich nämlich in deren Metaphern, Metonymien und Polysemien die Fähigkeit manifestiere, *mehr* als das Gesagte oder Sagbare auszudrücken und damit dem »Es« doch noch eine Stimme zu verleihen.

Dass es große Unterschiede auch noch zwischen den indirekten Manifestationen des Unbewussten, z. B. im Traum[4], und denen in der (literarischen) Kunst gibt, bleibt natürlich unbestritten. Wenn beide verglichen werden oder wenn, wie im Fall Kafkas, das eine gar am anderen gemessen wird, dann müssen neben den Gemeinsamkeiten die Differenzen bestimmt werden. Arno Schmidt (1985, S. 26) hat die Dinge bei aller Affinität auseinander gehalten: »Denn was der Nacht der Traum, das ist dem Tag das LG [Längere Gedankenspiel]: die via regia ins Menscheninnere.« Und der Maler Jean Bazaine (1959) hielt den Surrealisten und ihrem blinden Vertrauen in die ›automatische Arbeitsweise‹ Selbsttäuschung vor. Das spontane Produkt enthalte eher selten auch das Tiefste des Seelenlebens.

Der grundsätzliche Unterschied zwischen Primär- und Sekundärsystem, die doch beide in diesem ›Spiel‹ aktiviert sind, lässt zum mindesten eine ›mélange‹ aus beidem erwarten, wenn nicht Phänomene der Interferenz oder gar eine ganz neue ›Chemie‹, deren Elementarbestandteile nicht mehr zu erkennen sind. Dabei darf sich das Augenmerk nicht allein auf die von Freud etablierte Trieb- oder Übergangszensur richten, also das, was klinisch als »Verdrängung« rangiert. Gerade die Forschungen Ehrenzweigs (1967, S. 268) heben auf Unterschiede ab, die die transformatorische ›Unübersetzbarkeit‹ der Systeme nicht mit Zensureingriffen erklären, sondern mit der affektiven und kognitiven Eigensubstanz:

> The quality of being unconscious is not dependent on the superego's censorship directed against certain contents, but automatically follows from a change in the formal structure of image making, i.e. from the ego's dedifferentiation of conscious Gestalt.

Während sich hier bereits eine Aufwertung des Unbewussten im Sinne einer produktiven Materialschicht für die Kunst abzeichnet – auch Ehrenzweig bleibt indes wie Freud noch bei der Vorstellung einer undifferenzierten Matrix –, hatte der englische Psychologe Frederick Myers in spätromantisch anmutender Tradition dem »subliminalen Selbst« eine herausragende Rolle im kreativen Prozess zuerkannt, nämlich

> superior functions, revealed in certain works of genius, which could be understood as the subliminal uprush of rich storehouses of information, sentiment and reflection, that lie beneath the consciousness of the creative thinker. (zit. n. Hansen 1981, S. 196)

Keinesfalls wird man behaupten können, dass das ›Unbewusste‹ als Gegenstand der Künste oder auch der Wissenschaft erst in den letzten 300 Jahren seit Malebranches »idées confuses« oder Leibniz' »petites perceptions« ans Licht der Öffentlichkeit gebracht worden wäre. (Herbertz 1905) Und auch nicht erst in den surrealistischen Bilderwelten eines Hieronymus Bosch, Matthias Grünewald oder Pieter Brueghel des Älteren zeigen sich deutliche Spuren einer Wahn- und Traumfantastik, die einen Sinn für die große Bedeutung dieses Nachtbereichs bezeugen, den Freud in der *Traumdeutung* von 1900 als »das eigentlich reale Psychische« bezeichnete (SA II, S. 580).

Davor schon hatten magische Formeln und Zeichen, alchimistische Geheimschriften und Praktiken, mündliche Erzähltraditionen wie die der Volkssagen, Märchen, Legenden einen Austausch des individuellen mit dem kollektiven Unbewussten ermöglicht und waren neben musikalischen und szenischen Spielformen ungezählten Generationen ein wichtiges kathartisches

Ventil gewesen. Waren die Abenteuerfantastik in Homers *Odyssee* oder die Höllenfratzen in Dantes *Divina Comedia* nicht schon als psychische Reparatur- und Befreiungsversuche angelegt gewesen ebenso wie die obsolete Ritterromantik in Cervantes *Don Quijote?* Hatte nicht Aristoteles in seiner Dramentheorie einen ausgeprägten Sinn für ›Seelenarbeit‹ und Volksgesundheit bewiesen? Auf Dante (neben Shakespeare) beruft sich André Breton in seinem *Ersten Manifest des Surrealismus* von 1924, wo er dann sogar die Brücke bis zu den antiken Orakeln schlägt und »die surrealistische Stimme, die Cuma, Dodona und Delphi erschütterte«, beschwört. Mit seiner Forderung nach einer »Alchimie des Wortes« stellt er die »magische Kunst« des Unbewussten später auch *expressis verbis* in eine historische Reihe mit mittelalterlichen Geheimschriften. (Breton 1993, S. 27; S. 42; S. 89–92)

Wenn man wie Freud davon ausgeht, dass »jede einzelne Phantasie [...] eine Wunscherfüllung, eine Korrektur der unbefriedigenden Wirklichkeit« ist (SA X, S. 174)[5], dann spiegelt nicht nur die »Traumarbeit« im Besonderen, nicht einmal nur die Kunst im Allgemeinen, sondern vielleicht jede Art kulturschaffender Wirklichkeitsbewältigung die unbewussten Agonien der Seele wider, und zwar von den vorgeschichtlichen Geisterbeschwörungs- und Heilungsritualen über die religiösen Opferkulte bis hin zur Astrologie, zu den Religionen und zu philosophischen Lebensbewältigungssystemen. In *Totem und Tabu* unterscheidet er drei psychische Stadien der individuellen Weltbegegnung, von denen lediglich die letzte, wissenschaftliche, als ungebundene Reifephase bezeichnet werden kann, während in den anderen beiden das Bedürfnis nach Bindung dominiert. Erst in dieser letzten Phase scheint die Realität als Objekt völlig angenommen und damit das Subjekt als unabhängige Größe konstituiert zu sein. Die früheste animistische (narzisstische) und die darauf folgende religiöse Phase sind dagegen selbstdominierte Entwicklungsperioden, die sich in Abhängigkeit von der Allmachtsvorstellung durch verschiedene Qualitäten des Ich-Ideals und damit der Fantasietätigkeit unterscheiden. (GW IX, S. 108f.; Chasseguet-Smirgel 1987, S. 223f.) Heute besteht wohl kein Zweifel mehr an der Beteiligung (und Notwendigkeit) der kreativen Fantasie auch in Bereichen der nüchternsten Forschung. Selbst die klassische Domäne des Realitätsprinzips scheint eine Welt der Bindung an (Übergangs-)Objekte zu sein. Wie wirkmächtig das Unbewusste auch die ›kontrollierten‹ Bereiche unserer geistigen Produktivität bestimmt, hat wiederum keiner deutlicher und keiner früher gezeigt als Freud. »Wir neigen wahrscheinlich in viel zu hohem Maße zur Überschätzung des bewußten Charakters auch der intellektuellen und künstlerischen Produktion.« (SA II, S. 581)

3.

Überlebens-Kunst
»… sagen, was ich leide«

Wenn Kant die empirische Auslotung des »fundus animae« Baumgartens und damit die Komplettierung der anthropologischen Weltkarte für längst überfällig hielt, wird er doch nicht übersehen haben, dass die Literatur bereits seit einigen Jahrzehnten auf dieses Ziel hin unterwegs war und mehr und mehr Anschauungsmaterial zum psychologischen Diskurs lieferte. Der Prozess, den Odo Marquard (1989, S. 43) noch ausschließlich der Romantik zuordnet, bahnte sich bereits Jahrzehnte davor mit der Ausbreitung des medizinischen Diskurses an:

> So tritt bereits innerhalb der Romantik neben das philosophische Zentralinteresse am Ästhetischen das am Medizinischen; auch die Dichtung wird wachsend aufmerksam nicht nur auf sich selbst, sondern auch auf Krankheit und Arzt. Kunst begreift sich zunehmend selber als Therapie oder Symptom oder […] als stimulierende oder sedative Droge und artifizielles Paradies. Genie wird zum Symptom unter Symptomen, Ästhetik zur Spezialität diagnostischer Praxis. Das vormals ästhetisch artikulierte Problem artikuliert sich – wenigstens notfalls – medizinisch.

Was aber, so ist zu fragen, lässt die frühe Moderne, insbesondere die literarische mit ihren tatsächlichen Anfängen in der Genieästhetik des Sturm und Drang, Wege und Formen finden, das Unbewusste in bis dahin nie dagewesener Weise zur Darstellung zu bringen?

Man kann durchaus die Meinung vertreten, dass gerade die Anschauungsarmut solcher moralistischen Schriften wie die Malebranches, in denen die »perceptio confusa« konstatiert wird, letztlich die »Narrativierung« des Unbewussten bewirkt oder begünstigt und damit die Literatur, wie Schillers Lehrer Abel das gefordert hatte, zur Einschaltung in die Debatte veranlasste. »Das Unbewußte bedarf zur Sichtbarmachung der temporalen erzählerischen Dimension.« Dessen Entdeckung sei dann »eigentlich die literarische Entdeckung des Körpers auf dem Wege coenästhetischer [ganzheitlicher, Vf.] Selbstwahrnehmung.« (Behrens 1994, S. 565)

Damit der Diskurs aber überhaupt geführt werden konnte, musste eine andere, grundsätzliche Bedingung erfüllt sein: »Der Entdeckung des Unbewussten in der Romantik musste notwendig die Entdeckung des Ich, des Subjekts, vorausgehen.« (Dischner 1979, S. 289) Hartmut Böhme (1981, S. 135f.) bemerkt zu diesem Gedankengang erhellend:

> Subjektkonstitution durch Aufklärung ist [...] zweifelsohne die Produktion des autonomen, selbstbewussten, moralischen und kognitiv entwickelten Menschen – und in einem damit die Erzeugung des Unbewussten als des Anderen der Vernunft, welches nachdrücklich die Romantik zur Sprache bringt. Romantik aber verdeutlicht darin nur, was in der Melancholie Werthers oder Anton Reisers schon greifbar ist; nämlich die notwendige Opferung bzw. Polizierung aller jener ›irrationalen‹ Regionen, die das Arsenal neuer Krankheiten, Psychopathologien und Sonderlichkeiten bestimmen. Die Romantik formuliert also das Unbewusste der Aufklärung. Sie ist nicht deren Opposition, sondern die Komplettierung der bürgerlichen Subjektproduktion, die literarische Repräsentanz und Rehabilitation der allererst durch die Rationalitätsentwicklung des 18. Jahrhunderts wahrgenommenen Chaotiken und Wildnisse menschlicher Natur.

Ähnlich wie Böhme lässt Jochen Schmidt (1985, S. 322, 325) mit *Werther* die künstlerische Dokumentation der »Pathologie des genialischen Subjektivismus« beginnen und sieht gerade »durch das Medium dieses Werks die Genie-Ästhetik als ein ideologisches Epiphänomen der so viel allgemeineren und tiefer reichenden Subjektivismus-Problematik«.

Die Entstehung des bürgerlichen Intellektualismus, indem dieser den Weg nach innen (und damit auch die Kunst) kultiviert, fordert also ein ›Ausspracheorgan‹ für das dunkel Empfundene, das nun umso mehr ausgeleuchtet wird, als die psychophysische Homöostatik im Menschenbilddiskurs der Spätaufklärung eine wichtige Rolle spielt. Hans Rudolf Vaget (1985, S. 48) hat am *Werther*-Beispiel dargestellt, wie das Realitätsverhältnis der Stürmer-und-Dränger-Generation sich zugunsten des Imaginären veränderte und ein regelrechtes »Apperzeptionsproblem« ans Licht brachte. Mit den Instrumenten der Psychoanalyse lässt sich heute jener Eskapismus der Innerlichkeit als Derealisationsneurose darstellen, die auch früher schon nach einer Form der Verarbeitung verlangt hatte. Wenn Einigkeit darüber bestand, dass, wie ein leider anonym gebliebener *Werther*-Rezensent schrieb, »die Menschen [...] zu ihren jedesmaligen Handlungen durch die zusammengesetzte Wirkung der Umstände und ihres Charakter unwiderstehlich bestimmt [sind]« (HA 6, S. 531f.), dann bedurfte es zur Durchdringung dieser Gesetzmäßigkeiten des Vorstoßes in tiefere Bewusstseinsregionen. Umso besser, wenn die Gefährdeten jener Generation, die ›neuen Sensiblen‹ (Schiller zählte sie zu den sentimentalischen Charakteren), selbst die Mittel aufbrachten, dies zu tun. Imagination war so gut ihre Stärke, wie das Imaginäre in seiner obsessiven Überhandnahme ihr Fluch sein konnte. Beides wollte dargestellt werden: das Kranke im Gesunden und das Gesunde im Kranken. Soweit beides konglomerierte, musste das Missverständnisse heraufbeschwören, war das eine doch manchmal nur schwer vom anderen zu unterscheiden.

Ähnlich wie vor ihm schon der Göttinger Mathematikprofessor und Physiker Georg Christoph Lichtenberg wird Hegel (1986, S. 315) z.B. später wenig Sympathie für diese Entwicklung zur impliziten Pathografie aufbringen, die er für eine »Vertiefung in die gehaltlose Subjektivität der eigenen Persönlichkeit« hält, ohne ihren bewusstseinserweiternden und manchmal therapeutischen Vorteil zu erkennen. Er tadelte, dass bei Autoren wie Goethe, Jacobi, Kleist und Hoffmann »der Krankheit des Geistes das Wort geredet und die Poesie in das Nebulose, Eitle und Leere hinübergespielt« werde. Darin verriet sich jedoch nicht nur sein idealistischer Kunstgeschmack, sondern auch seine eigene – *nota bene* unbewusste – Anfälligkeit für die Existenz- und Bewusstseinskrisen, die die Moderne präludierten, als wollten sie jenen Satz aus Büchners *Leonce und Lena* vorwegnehmen: »es gibt Menschen, die unglücklich sind, unheilbar, bloß weil sie sind« (II, 3). Mit dem Dichter des *Werther* und des *Faust*, den er hier u.a. verurteilt, scheint ihn die gleiche Angst vor jenen »schwankende[n] Gestalten« zu verbinden, die dieser »aus Dunst und Nebel« um sich aufsteigen sah. Man darf annehmen, dass sie ihn im selben Maße beunruhigten, wie der junge Goethe einst von ihrem »Zauberhauch« (*Faust* V. 1–8) fasziniert war, was den Weimarer Dichter dann freilich nicht daran hinderte, sie wie jener aus Gründen der Selbstabgrenzung und Selbstbewahrung aus der Gefahrenzone zu bannen. Nicht nur erweist sich der große Dialektiker hier als bemerkenswert undialektisch, sondern auch als reichlich ungnädig, hatte Goethe ihm doch zur Honorarprofessur in Jena verholfen[6].

Über die empirische Neuformierung der anthropologischen Wissenschaften im Allgemeinen und der Psychologie im Besonderen hinaus spielt die Zuspitzung psychischer Bewältigungsnöte im Zuge der Herausbildung der bürgerlichen Subjektivität eine entscheidende Rolle. Sie ist gewiss eine der bewusstseinsgeschichtlichen Vorausbedingungen für die Thematisierung des Unbewussten in der Kunst. Die »andere Seite der menschlichen Vernunft«, wie es Foucault (1969) pointierte, massiert sich durch Reaktionen, die auf die Durchrationalisierung der Lebensvollzüge, die Pragmatisierung der Sozialformen und die als denaturierend empfundenen Einschränkungen der Lebensqualität antworten, wie sie z. B. durch das ökonomische Zeitkalkül, die Monetisierung der Arbeit und die städtische Lebensweise bedingt sind. Hinzu kommt: Dem wachsenden bürgerlichen Individualismus und Entfaltungsanspruch stand als konfligierender Kontrapunkt die sich bald schon anbahnende Massenuniformierung der bürgerlichen Industriegesellschaft gegenüber. Wenn der *Prozess der Zivilisation* insgesamt, wie Norbert Elias ihn beschrieben hat, nur durch Triebsublimierung überhaupt erst möglich war und ist, dann gilt das für den Zeitraum der letzten 200 Jahre in besonderem Maße. Verbürgerlichung, Urbanisierung, der Umbau der Lebensformen und Arbeitsprozesse, die Herausbildung der konfliktreichen Kleinfamilie mit dem väterlichen Gewalt- und mütterlichen Affektmonopol, der Ausbau des Schulwesens bei gleichzeitiger Ausprägung der strafenden Subjekterniedrigung als Erziehungsprinzip (vgl. Böhme 1981, S. 163): Das alles erforderte Höchstleistungen an Anpassung, auf welche die Psyche mit Abwehr antwortete. Eigil Nyborg (1981, S. 65f.) hat im Hinblick auf das Marx'sche Axiom vom gesellschaftlichen Sein, welches das menschliche Bewusstsein bestimme, angemerkt, dass unter solchen Umständen, wenn »die Psyche quasi wie ein Epiphänomen der Soma betrachtet wird [...] das Unbewusste nach diesem Dogma gar nicht existiert«.

Wie immer jedenfalls, wenn das Soll das Haben übersteigt, gerät dieses in Misskredit und zweifelt an seinem Wert. Mit den hohen Anforderungen einer uniformierenden Sozialisation gehen Über-Ich-Dominanzen einher, die den Spielraum der Triebe einengen und das Terrain der Wunschfantasien ausdehnen, die narzisstischen Erfüllungsfiktionen inbegriffen. Die Verminderung der Selbsttoleranz und nötigenfalls adaptive Zwangshandlungen (wie z. B. Überpünktlichkeit oder Geiz) können die Folge sein. Zwischen beiden Polen, den Triebimpulsen und den patriarchal vermittelten Anpassungserwartungen, hat das Ich die bisweilen unlösbare Aufgabe der Konfliktdiplomatie wahrzunehmen. Wie immer aber, wenn von außen auferlegte Ich-Leistungen das Mögliche übersteigen, verschlechtert sich unter anderem auch die Selbstwertbilanz. Das Unbewusste, indem es Ich-Ideal und unterdrückte Triebwünsche auf engem Raum beherbergt, antwortet mit Aufteilung, Spaltung, Aggression. In dieser Situation wächst mit den seelischen Konflikten und Krankheiten auch die Wahrnehmung der ›Nachtseiten‹ oder, wie Jung sagen würde, der »Schatten«.

Während Selbstverwirklichung noch in der Renaissance das Privileg weniger gewesen war, allen voran des künstlerischen Genies, stieß man also ausgerechnet jetzt, da alle sie einfordern zu können schienen, auf ihre größten

Hindernisse. Das war ein Grund mehr, über die Voraussetzungen psycho-physischer Harmonie nachzudenken und die Phänomene der Disharmonie ergründend darzustellen. Gerade in der Kunst, wenn sie die unbewussten Spannungszustände in ihren verschiedenen ›Spiel‹-Arten ausagierte, konnte die Integration, zumindest die Konfrontation verdrängter Bewusstseins-inhalte gelingen. Was das künstlerische Spiel (z. B. das Schau-›Spiel‹) betrifft, so war es dann Freud, der in *Der Dichter und das Phantasieren* (1908) aus-drücklich auf die Verwandtschaft des dichterischen Schaffens mit dem Spiel des Kindes hinwies (SA X, S. 171f.). Seinem Konzept der »Traum*arbeit*« war Goethe nicht fern gewesen, als er Eduard in den Wahlverwandtschaften sagen ließ: »Nun *arbeitet* meine Phantasie durch, was Ottilie tun sollte« (HA 6, S. 353, Hervorhebung v. Vf.). In solcher spielerischen Konfliktbearbeitung lag aber nicht nur ein erahnbares Therapiepotential für Künstler und Rezi-pienten, sondern für letztere auch ein überaus großes ›Entdeckungspoten-tial‹ (um wiederum auf Freuds Metapher zurückzukommen). (Vgl. Bollas 1997; Meltzer 1988)

4.

Offene Verstecke
Formen des Unsagbaren

Wenn für den Leser zutrifft, »daß der eigentliche Genuß des Dichtwerkes aus der Befreiung von Spannungen in unserer Seele hervorgeht« (SA X, S. 179), dann gilt das für den Autor in besonderem Maße. Die Befähigung zu symbolischer Konfliktbearbeitung nahm in jener Zeit in dem Maße zu, als die Kunst nach Formen suchte (und sie auch fand), die sich eigneten, psychische Spannungskonstellationen und Pathologien in fiktionalen Szenarien nachzustellen und in ihrer zum Teil paradoxen Gesetzlichkeit zu simulieren (man denke hier z.B. an das scheinbar absurde Phänomen, das Anna Freud die »Identifikation mit dem Aggressor« genannt hat). Dazu gehörten nicht nur besondere Erzählformen wie z.B. die mit dem Märchen verwandte Groteske, die durch die »unauflösliche Diskrepanz zwischen der scheinbaren festen Wirklichkeit der Dinge und ihrem schwankenden Sein im menschlichen Bewusstsein« charakterisiert ist. (Kassel 1969, S. 55) Auch Techniken, die den weltanschaulichen wie bewusstseinsgeschichtlichen Verlust der Zentralperspektive und der Wahrheitserkenntnis, insgesamt die Ohnmacht des Bewusstseins angesichts der heimlich-unheimlichen Herrschaft des Unbewussten unterstreichen, gehörten dazu. Nicht nur Introversion und Subjektivismus, Spaltung und Ambivalenz, Entfremdung und Selbstverlust, Existenzangst und Bodenlosigkeit wollten dargestellt sein, sondern insgesamt die Erscheinungen des Unbewussten, die wir heute als neurotische Abwehrmaßnahmen kennen einschließlich der entsprechenden psychischen oder psychosomatischen Zustände und Erkrankungen. Dazu war nötig, was Jurij Lotman (1972) eine »Ästhetik der Opposition« nannte (im Unterschied zu einer »Ästhetik der Identität«). Das heißt vor allem neben stärkerer (expressiver) Abstraktion, figural gebundenen Erzählperspektiven und einer Verfremdung der – gleichwohl alltäglichen oder im Alltäglichen angesiedelten – Geschehensinhalte bis hin zum Absurden eine Vorliebe für Brüche und alogische, traumlogische, manchmal anachronistische Handlungsabläufe und Episoden sowie Erzählhaltungen, denen nicht mehr zu trauen war. Die aus der Sphäre des Rationalen verdrängten und daher (mit Habermas' Worten) »exkommunizierten« Botschaften des Unbewussten mussten als »geheime Motive«[7] oder »unspoken motives« (Kaplan/Kloss 1973) in den Text integriert werden. Die Zeit des (buchstäblich) seelenruhigen Erzählens ist damit zwar noch nicht vorbei – auch der Realismus wird immer wieder eine Rehabilitierung versuchen (vgl. Wünsch 1990)[8] –, doch kommt der Erzählfluss entweder ins Stocken, wie z. B. in der Form des Briefromans, der ja bereits keine objektivierbare Handlung mehr hat, sondern eine Art psychischen Stationenweg aufzeigt, ja eine Passionsgeschichte *in actu* zu präsentieren scheint (*Die Leiden des ...*), oder aber das Fabulatorische nimmt überhand und enthüllt in seinem arabesken Schwung eine triste Tragödie, die zu camouflieren war.

Ich verweise hier, um ein Beispiel aus der Romantik zu nennen, auf E. T. A. Hoffmanns fantastische Erzählungen. (Vgl. Oberlin 2007b) Nicht zufällig hatte Freud sich gerade an einem dieser Texte, *Der Sandmann*, in psychoanalytischer Literaturbetrachtung geübt, d. h. er hatte sie als psychische Oberfläche betrachtet, in der sich im Wechselspiel mit dem Leser Unbewusstes aktualisiert nach einem Gesetz, das bereits Novalis für die Ästhetik der Romantik formuliert hatte: »Alles Äußere ist ein in Geheimniszustand versetztes Inneres.« Dabei wurde wohl zum ersten Mal ein tiefenpsychologisches Konzept des Doppelgängers vorgestellt: »als Spaltungen der Vater-Imago, d. h. sowohl der Mechaniker [Spalanzani, Vf.] als auch der Optiker [Coppola, Vf.] sind Vater der Olimpia wie des Nathanael«. Auch wenn er in *Das Unheimliche* von der Puppe Olimpia sagt, sie »kann nichts anderes sein als die Materialisation von Nathanaels femininer Einstellung zu seinem Vater in früher Kindheit« (SA IV, S. 255f.), wird eine neue Dimension der Figurenkonstellation eruiert, deren Schöpfer nicht der bewusste Autor, sondern der Leser ist, der hier das Unbewusste eines fiktiven Autors konstruieren muss, will er werkästhetisch tiefer dringen. Die Doppelgängerthese macht eine Bewusstseinsstruktur denkbar, die sonst verborgen bliebe, ungeachtet dessen, ob der Autor diese ›intendierte‹ oder nicht. Von Hoffmann führt eine Linie zu Kafka, der in seiner Erzählung *Das Urteil* zwei Selbstaspekte einer Person in zwei Figuren aufteilt: Georg Bendemann und den Petersburger Freund.

Insgesamt begünstigt die nötige Selbstdistanz des Autors bei gleichzeitiger Nähe zum Primärprozess verfremdende Formeffekte, wie sie für den fantastischen Realismus in Literatur und Malerei typisch sind. Die ›Poetisierung‹ der Wirklichkeit verlangte nach neuen Techniken, die es erlaubten, Objektivierung durch Distanz und Distanz durch Perspektivenwechsel und changierende identifikatorische Artefakte zu erreichen. Treffend schreibt Goethe im Zusammenhang seines *Werther*-Rückblicks über die »Poesie«, die dies leisten kann:

Wie ein Ballon hebt sie uns mit dem Ballast, der uns anhängt, in höhere Regionen, und läßt die verwirrten Irrgänge der Erde in Vogelperspektive vor uns entwickelt daliegen. Die muntersten wie die ernstesten Werke haben den gleichen Zweck, durch eine glückliche geistreiche Darstellung so Lust als Schmerz zu mäßigen. (HA 9, S. 580f.)

5.

»Geheimnis der Schöpfertat«
Angst vor Entdeckung

Die Künstler selbst, das ist inzwischen ein Gemeinplatz, vermeiden in der Regel die direkt objektivierende Analyse ihres Unbewussten, sowie sie seit je Selbstdeutungen oder sogar Fremddeutungen mehr oder weniger entschieden auswichen. Diese Angst vor der Introspektion – Kafka (1967a, S. 242) spricht gar von »Haß gegenüber aktiver Selbstbeobachtung« und geißelt »Seelendeutungen« – muss einer noch viel tieferen Angst, einer Art geistiger Spiegelangst entspringen, die mit der Materialisierung der Gedanken in Worte und deren vernunftgeleiteten Anordnung einen Substanzverlust verbindet: ein Indiz für die Inkommensurabilität des Unbewussten, das in (verbaler) Sprache, die ja ein Normensystem darstellt, niemals aufzugehen scheint. Schiller drückt das in seinem Distichon *Sprache* aus:

> Warum kann der lebendige Geist dem Geist nicht erscheinen?
> Spricht die Seele, so spricht, ach! schon die Seele nicht mehr.

Für Breton (1993, S. 127f.) ist es »die Trommel der räsonierenden Räson«, die den »Urstoff« übertönen kann, und er warnt vor Manipulationen an jener »sprudelnde[n] Quelle [...], deren Lauf man nicht zu bestimmen vermöchte, ohne sie mit Sicherheit sogleich versiegen zu sehen«. Vermutlich war es Rilke (1933–35, S. 180f.), der sich am klarsten dazu äußerte, als er, vor die Wahl einer Psychoanalyse gestellt, an Lou Andreas-Salomé schrieb: »Ich weiß jetzt, daß die Analyse für mich nur Sinn hätte, wenn der merkwürdige Hintergedanke nicht mehr zu schreiben [...] mir wirklich ernst wäre.« Den Grund für diese Vermeidung der analytischen Introspektion nannte Thomas Mann beim Wort, als er sagte: »Wird doch der Künstler von Freuds Ideen wie von einem Bündel X-Strahlen durchleuchtet, und das bis zur Verletzung des Geheimnisses seiner Schöpfertat.« Seine Befürchtung: »Die Kunst wird unmöglich, wenn sie durchschaut ist« (zit. n. Wysling 1995, S. 224), teilten und teilen viele Künstler, nicht zuletzt Hermann Burger (1986, S. 51), um ein Beispiel aus der Gegenwart zu zitieren: »Bei literarischen Einfällen ist es wichtig, dass man merkt, dass etwas los ist, aber nicht genau weiß, was, sonst stirbt die Idee auf dem Weg vom Schreibtisch zum Buch.«

Die Scheu vor der Rationalisierung des Schaffensvorgangs und der Schaffensinhalte hat noch weitere Gründe. Das sind zum einen die natürlichen Widerstände gegen jedwede Zerlegung eines als ganzheitlich Wahrgenommenen, das obendrein ein Teil des eigenen Selbst und damit einer noch größeren Wahrnehmungseinheit ist, die ja nicht selten bei pathologischer Konstellation als problematisch und damit von Zerfall bedroht empfunden wird. Dann kommt zusätzlich zu der allgemeinen Scheu vor den – nicht umsonst exkommunizierten – Inhalten des eigenen Unbewussten wesentlich die Angst vor der Fortsetzung der unbewussten Zensur durch die bewusste (Über-Ich-)Zensur hinzu. Hier scheint ein der Traumzensur analoger Mechanismus am Werk zu sein, der ja im Augenblick des Kunstschaffens seinen Einfluss zur Geltung gebracht hatte. Wenn das Kunstwerk als solches die Überwindung dieser Angst bezeugt, dann gehört zu seiner Wirkung, »daß uns der Dichter in den Stand setzt, unsere eigenen Phantasien nunmehr ohne jeden Vorwurf und ohne Schämen zu genießen« (SA X, S. 179). Für Grunberger (2001, S. 104) entspricht die »Angst mancher Künstler, durch die Analyse ihre Eingebung zu verlieren […] dem gleichen Schuldgefühl gegenüber ihrem strengen archaischen Überich, von dem sie sich nicht zu befreien wagen, um sich in der Analyse zu engagieren«.

Der entscheidende Grund dürfte aber schließlich der sein, dass die Semantisierung der präsentativ-symbolistischen Bildersprache diese als solche zu erübrigen scheint[9]. Delacroix soll gesagt haben, dass ein Gemälde, welches man ›erklären‹ könne, nicht wert sei, überhaupt gemalt zu werden. Für Breton (1993, S. 36) ist »das stärkste Bild […] das, für das man am längsten braucht, um es in die Alltagssprache zu übersetzen«. Vielleicht lässt sich hier auf das dichterische Werk übertragen, was C.G. Jung in seiner Schrift *Psychologische Typen* zur Lebensdauer und zum Wesen des Symbols sagt:

> Solange ein Symbol lebendig ist, ist es der Ausdruck einer sonstwie nicht besser zu kennzeichnenden Sache. Das Symbol ist nur lebendig, solange es bedeutungsschwanger ist. Ist aber sein Sinn aus ihm geboren, d.h. ist derjenige Ausdruck gefunden, welcher die gesuchte, erwartete oder geahnte Sache noch besser als das bisherige Symbol formuliert, so ist das Symbol tot […] Ein Ausdruck, der für eine bekannte Sache gesetzt wird, bleibt immer ein bloßes Zeichen und ist niemals Symbol. Es ist darum ganz unmöglich, ein lebendiges, d.h. bedeutungsschwangeres Symbol aus bekannten Zusammenhängen zu schaffen. Denn das so Geschaffene enthält nie mehr, als was darein gelegt wurde. (zit. n. Nyborg 1981, S. 58)

6.

Schreibstrategien
»… wie in einen Tunnel«

Naturgemäß ist es dem Autor, der doch auf ein hohes Maß an anhaltender ›Schöpfung‹ aus den Ressourcen seiner Fantasie angewiesen ist, kaum dauerhaft vergönnt, in traumnahen Zuständen wie in Trance, unter Drogen oder auch nur in halbwachem Zustand sinnvoll zu arbeiten. Indes (oder gerade deshalb) war die *écriture automatique*, lange bevor André Breton und Philippe Soupault sie 1919 als solche benannten und anwandten, eine als ekstatisch empfundene, wenn auch natürlich nicht ausschließliche Arbeitsform (und gewiss noch keine Garantie für eine ›zensurfreie‹ Widerspiegelung des Unbewussten, die es nach Freud bekanntlich nicht einmal im Traum gibt). Conrad Ferdinand Meyer, dem sich bereits 1898 Freud und ausführlich 10 Jahre später auch Isidor Sadger mit Betrachtungen widmeten, beschrieb stellvertretend für viele andere den inspirierten Schreibprozess, wenn er über die Entstehung seiner Novelle *Die Richterin* berichtete: »[beim Schreiben daran, Vf.] schloß ich klüglich die Augen und ließ das Saumroß […] meiner Einbildungskraft den Fuß setzen, wie es für gut fand« (Schönau 1999, S. 224).

In der idealistischen Variante Bretons (1993, S. 24) geht es nicht viel anders um »einen so rasch wie möglich fließenden Monolog, der dem kritischen Verstand des Subjekts in keiner Weise unterliegt, der sich infolgedessen keinerlei Zurückhaltung auferlegt und der so weit wie nur möglich gesprochener Gedanke wäre«. (Vgl. Kyora 1999, S. 170f.) Breton, dessen erste surrealistische Schrift *Les Champs magnétiques* (1919) den Einfluss Arthur Rimbauds verriet, der beim Experimentieren mit halluzinogenen Drogen die Gedichte der *Illuminations* geschrieben hatte, geht sogar so weit, dass er den pathologischen Wahnsinn seiner psychiatrischen Pflegepatienten zum künstlerischen Vorbild erklärt. Seinem Mentor Guillaume Apollinaire, der – *nomen est omen* – das Prinzip der eher ›apollinischen‹ Gestaltung, auch der bewußten Fragmentierung vertritt, gesteht er: »Rien ne me frappe tant que les interprétations de ces fous. […] Mon sort est, instinctivement, de soumettre l'artiste à l'épreuve analogue« (Cardinal 1981, S. 305).

Wenn Kafka alles tat, um den »Sinn für die Darstellung meines traumhaften innern Lebens« zu stimulieren (Kafka 1967a, S. 300) und wiederholt konstatierte:»Man muss ins Dunkel hinein schreiben wie in einen Tunnel« (Brod 1966, S. 349), dann stellte er sich damit in die Reihe der Romantiker, deren künstlerische Arbeitsverfahren die Suche nach einer ›reinen‹ inneren Inspirationsquelle bei gleichzeitiger Beherrschung der poetischen Ingenieurkunst reflektierten. Wie diese bevorzugte er die Nachtarbeit, ja er möchte, um »in einem solchen Zusammenhang, mit solcher vollständigen Öffnung des Leibes und der Seele« arbeiten zu können, »die Nächte mit Schreiben durchrasen […] und daran zugrundegehn oder irrsinnig werden«. Stolz berichtet er, er habe *Das Urteil* in einer Nacht geschrieben und hält ein Leben lang gerade diese Erzählung über alles andere hoch. (Kafka 1967a, S. 209f.; 1967b, S. 427)

Tatsächlich mögen sich kleinere Texte wie Gedichte, selbst noch Langgedichte und kurze Erzählungen wie im Falle Rilkes und Kafkas in einem tranceähnlichen Zustand »fast bewußtlos« schreiben lassen (Binder 1983, S. 18). Aber was ist mit längeren Texten oder bei völlig anderen Arbeitsverfahren, die ja auch, wie das Beispiel Gertrude Stein beweist, von Temperament und anderen Persönlichkeitsfaktoren abhängen? Auch hier gibt es immer wieder Erstaunliches: Jack Kerouac z.B. schrieb seinen lyrisch-assoziativen Roman *On the Road* (1957) in 20 Tagen. Goethe berichtete mit 40 Jahren Altersabstand über seinen Romanerstling *Werther* in genialischer Selbststilisierung, er habe »dieses Werklein ziemlich unbewußt, einem Nachtwandler ähnlich, geschrieben« und dafür nicht länger als vier Wochen benötigt (HA 9, S. 587f.).

Grundsätzlich aber hat der Schriftsteller ein Problem der besonderen Art: Einerseits ist er auf unbewusste oder vorbewusste Inspirationsquellen angewiesen, andererseits muss er aber auch auf der Höhe seiner ich-bewussten, intellektuellen Leistungsfähigkeit sein, um die Transformation in Sprache und Form zu ›schaffen‹. »Die Kunst hat das Handwerk nötiger als das Handwerk die Kunst«, so formuliert Kafka das Dilemma in einem Schreiben an Oskar Pollack. (Nagel 1983, S. 247) Er muss also sowohl nach Plan arbeiten und die Fäden in der Hand behalten als auch seine intuitiven ›Reserven‹ Tag für Tag von neuem anzapfen können. Auch deshalb sind Schriftsteller für Störungen wie den sog. ›writer's block‹ so anfällig. Deshalb sind gerade sie es, die sich besonders pedantisch an einmal bewährte Arbeitsrhythmen und -orte halten, um angesichts der ohnehin schwierigen Bedingungen nicht auch noch durch andere Erschwernisse abgelenkt zu werden.

Das Dilemma ist also: Die künstlerische Produktion muss absichtlich auf etwas zurückgreifen können, was ihr vorzugsweise nur unabsichtlich zur Verfügung steht. Kleist zeigt diese Aporie in seiner Schrift *Über die allmäh-*

liche Verfertigung der Gedanken beim Reden auf, wobei die Kunst nur als Sonderfall einer allgemeinen Problematik erscheint: dass nämlich die »dunkle« oder »verworrene Vorstellung« nur unter Bedingungen zu Tage tritt, die dafür sorgen, »dass uns die Sprache mit Leichtigkeit zur Hand sei«. Die Crux dabei ist, dass »nicht *wir* wissen, es ist allererst ein gewisser *Zustand* unsrer, welcher weiß«, weswegen jeder manipulative Eingriff diesen »Zustand« verflüchtigen kann: »es ist so schwer, auf ein menschliches Gemüt zu spielen und ihm seinen eigentümlichen Laut abzulocken, es verstimmt sich so leicht unter ungeschickten Händen« (Kleist 1993, S. 319–324).

7.

Szenenspiel
Neue Deutungswege

Was bedeutet diese Situation für den Leser im Allgemeinen und den Deutungsvorgang im Besonderen? Wenn die Kunst nicht nur aus dem Unbewussten als Intuitionsquelle und Antrieb schöpft, sondern dieses implizit oder gar explizit ins Zentrum der künstlerischen Arbeit rückt und in der Folge die ästhetische Erwartungshaltung des Rezipienten beeinflusst, dann muss der Literaturdeuter zusätzliche Voraussetzungen des Verstehens erbringen, um dem Gegenstand gerecht zu werden. Der »Öffnung« des Autors muss die Öffnung des Lesers entsprechen.

Kafka formuliert auch das in einem berühmten Bild, wenn er von der Maßgabe spricht, ein gutes Buch müsse die Axt sein für das gefrorene Meer in uns. Dass das für beide Seiten, die produktive und die rezeptive, nicht so einfach ist, ist in dem Bild schon enthalten, spricht es doch von einem wahren Eismeer »in uns« und deutet damit die kollektive Dimension der ›Vereisung‹ schon an.

Der ›optimale‹ Leser müsste sich, wie z. B. in der Kabbala üblich, in eine Tradition von Deutern stellen, die ihr historisches und exegetisches Wissen sowie ihre Erfahrungen mit symbolischen Lesarten solcher Texte weitergeben. Darüber hinaus sollte er sich in den interdisziplinären Dialog begeben, wo ihm Kenntnisse aus anderen Wissenschaften, also hier besonders der Psychologie, Psychiatrie und Psychoanalyse, möglichst auch der Neurowissenschaften samt Neuro-Psychoanalyse zufließen. In diesem Kommunikationszusammenhang

> muss [man] sich auf ungewohnte Themenstellungen und Methoden einstellen; es müssen Regeln der Kooperation entwickelt werden, die für beide Seiten fremd sind und von beiden Seiten verlangen, ein Stück weit die eigene Perspektive zu relativieren. Interdisziplinarität verlangt die Fähigkeit, Grenzen zu überschreiten und Grenzüberschreitungen zu ertragen: d. h. zu akzeptieren, dass es andere Weltsichten gibt und dass andere mit dem, was für die eigene Perspektive zentral ist, relativierend [...] umgehen. (Schülein 1998, S. 96)

Dem Deutenden wird es dann darum gehen, den Text in seiner sozial-, ideen- und kulturgeschichtlichen Historizität zu verstehen, *nicht ohne* die dargestellten psychischen Konflikte in ihrer Psychodynamik und Genetik im Rahmen eines theoretischen und möglichst klinisch bewährten psychologischen Bezugssystems würdigen zu können. Dazu bedarf er neben einer fachgerechten (metapsychologischen) Diskurssprache der bewusstseins- und entwicklungspsychologischen Modelle und Forschungsstände der mit der Psyche befassten Wissenschaften.

Gegen die totalisierende Vereinnahmung durch eine Einzelwissenschaft – dazu gehört auch die Unsitte des Biografismus – soll er sich jedoch vorsehen, besonders gegen das psychoanalytische ›Plattmachen‹, ›Ausfantasieren‹ oder Funktionalisieren künstlerischer Texte zum pathologischen, ja medizingeschichtlichen Beweismaterial. Ausdrücklich mahnte Adorno in seiner *Ästhetischen Theorie*, dass auch die Psychoanalyse »nicht an das Phänomen Kunst heran[reicht]« (was sich Freud bei aller Tendenz zur Theorieprojektion und Pathologisierung auch niemals angemaßt hatte):

> Kunstwerke sind unvergleichlich viel weniger Abbild und Eigentum des Künstlers, als ein Doktor sich vorstellt, der Künstler einzig von der Couch her kennt. Nur Dilettanten stellen alles in der Kunst aufs Unbewusste ab. […] Im künstlerischen Produktionsvorgang sind unbewusste Regungen Impuls und Material unter vielem anderen. Sie gehen ins Kunstwerk vermittelt durchs Formgesetz ein; das buchstäbliche Subjekt, welches das Werk verfertigte, wäre darin nicht mehr als ein abgemaltes Pferd. (Adorno 1970, S. 21)

Der heutige Interpret liest und deutet den Text mit seinem modernen Verständnis der Psyche, indem er die darin gestalteten Konfliktstrukturen nicht nur mit wissenschaftlichem Begriffsinstrumentarium zu erfassen versucht und in den Diskurs der jeweiligen Fachwissenschaft einbettet, sondern dessen Unbewusstes empathisch und reaktionsbewusst durch sich hindurchgehen lässt.

Wenn das Werk, so schreibt Janine Chasseguet-Smirgel (1987, S. 115) vereinfachend, ähnlich »wie ein Taucher in der Tiefe ein untergegangenes Reich entdeckt«, indem es »schlagartig das Unbewusste [erhellt]«, dann »können wir, indem wir es in seine Elemente zerlegen, wieder die Verschiebungen, die sukzessiven Symbole und die verdichteten Bilder auffinden, die in den unbewussten endgültigen Ausdruck einmündeten«.

Marianne Wünsch (1977, S. 55) hat zwei Formen der Anwendung der Psychoanalyse auf die Literaturdeutung unterschieden: die »nomenklatorische« und die »explanatorische«. Während erstere die fachwissenschaftliche

Nomenklatur auf im Text erzählte psychische Sachverhalte projiziert (wie Freud selbst z. B. in seiner Analyse von E. T.A. Hoffmanns *Der Sandmann*), liest diese einzelne Strukturen heraus und bedient sich »spezifisch psychoanalytischer Theoreme und/oder Verfahren als zusätzlicher Prämisse«. Ich stimme zu, wenn Wünsch nur das letztere, das explanatorische Verfahren als eines bezeichnet, das Psychoanalyse und Literaturwissenschaft im Sinne eines wissenschaftlich ergiebigen Arbeitsbündnisses miteinander verbinden kann.

Dass der Leser, ob er zur bewussten Deutung gelangt oder nicht, ähnlich wie der Analytiker mit dem Patienten, in einer »Szene« mit dem Text agiert, ist eine von Walter Schönau (1991) und Carl Pietzcker (1992) ausgearbeitete Theorie, die Licht in den Deutungsvorgang und Methode in die Wahrhabung der darin wirkenden Subjektinteressen gebracht hat. Freilich ist sie nicht unumstritten. Die Analogie zur analytischen Behandlungssituation mit ihren Mechanismen der Übertragung/Gegenübertragung lässt sich auch dann nicht restlos durchhalten, wenn man wie Achim Würker (1993, S. 240, Anm. 53) deren Interaktionsdynamik »nicht zwingend« durch die Reaktion »auf lebende Personen, sondern auf Vorstellungen« charakterisiert sieht. Da auf der einen Seite der »Szene« in der Regel nur Sprache, nur Text ist, welcher sich durch eine Strategie des enthüllenden Verbergens und der Anonymisierung des Persönlichen auszeichnet, kann von einer wirklichen Analogie nicht gesprochen werden.

Ob man die psychoanalytische Szene nun zugrunde legt oder nicht: Zur objektivierenden Auseinandersetzung mit einem literarischen Text gehört unabdingbar das Gewahrwerden des ›psychischen Eigeninteresses‹, sprich der Identifikationen, ohne die Lesen reine Kenntnisnahme bliebe. Gegenübertragungen, d. h. Projektionsleistungen auf der psychogenetischen Subjekt-Objekt-Achse, steuern die beim Lesen aufkommenden Emotionen. Es sind also Reaktionen, die ebenso selbstverständlich ablaufen, wie sie aus der Distanz einer bewusst erlebten Subjektivität heraus vom Leser selbst in gewissem Maße objektiviert werden können. Der Begriff ›Interesse‹ muss hier im wörtlichen Sinne eines Agierens nach zwei Seiten hin verstanden und daher im Blick auf beide Pole hin reflektiert werden: die psychische Nachfrage des Lesenden einerseits und das physische Angebot des Textes andererseits, hinter dem sich freilich wiederum ein Subjekt (und eine Psyche) verbirgt. »Mutato nomine de te l fabula narratur«, bedichtete Horaz diesen Sachverhalt, der die eigentliche Faszination des Lesens erst verständlich macht.

Hermann Hesse (1970), der in Freuds und Jungs »Auffassung des seelischen Geschehens fast alle [s]eine aus Dichtern und eigenen Beobachtungen gewonnenen Ahnungen bestätigt [fand]«, verteilt die Rollen in bewusster

Simplifikation (und mit einem gewissen vorempirischen Psychologieverständnis) wie folgt: »[Der Dichter] war der Träumer, der Analytiker war der Deuter seiner Träume [...] Das dichterische Erfassen seelischer Vorgänge blieb nach wie vor eine Sache des intuitiven, nicht des analytischen Talents.« Bei diesem Vorgang mag dem psychoanalytischen Deuter die Aufgabe zufallen, nicht nur den Text im Rahmen seiner Theorien zu deuten, sondern der Intuition des Dichters Erkenntnisse für die psychologische Theoriebildung abzugewinnen. Indem er ein Werk in einer der »Traumarbeit« verwandten Funktion würdigt und in seinem Bedeutungspotential aufzuschließen versucht, vergrößert er sein eigenes fachliches Interpretationswissen. Der Text zeigt sich ihm als Weg eines Autors, sein eigenes Psychodrama zur Sprache zu bringen, obwohl ihm und *weil* ihm diese Sprache den diskursiven Weg dazu verweigert. Der Interpret lernt also das Nichtgesagte aus dem Gesagten herauszulesen und gerade die »Leerstellen« als Kristallisationszentrum künstlerischer Ästhetik zu würdigen. Er trägt dabei der Tatsache Rechnung, dass dem Autor nur diese eine und keine andere Sprache, dieses eine und kein anderes symbolisches System zur Verfügung stand, und zwar vollkommen unabhängig davon, ob er in einer Zeit schrieb, die der Entdeckung der Psychoanalyse vorausging oder nicht, ob er (wie frühestens seit der Aufklärung) am psychologischen Diskurs teilnahm bzw. teilnehmen konnte/wollte oder nicht[10]. Die künstlerische Gestaltung wird in jedem Fall als Selbstdarstellungs-, wenn nicht als Selbstobjektivierungsversuch in einer öffentlichen Szene erachtet, der einer Verarbeitung oder vielleicht sogar Durcharbeitung seelischer Inhalte mit befreiender Wirkung entspricht.

Auch hier mag Goethes Erinnerung an die *Werther*-Niederschrift als eine kommunikative Szene für viele andere stehen: »Ich fühlte mich, wie nach einer Generalbeichte, wieder froh und frei, und zu einem neuen Leben berechtigt« (HA 9, S. 588). Es scheint nicht unwahrscheinlich, dass Goethe im Altersrückblick auf sein Lebenswerk auch aus dieser Erfahrung heraus seine Rolle als »Befreier« sah. Die jungen Dichter, schreibt er in seinem *Wort für junge Dichter*, seien an ihm »gewahr geworden, dass, wie der Mensch von innen heraus leben, der Künstler von innen heraus wirken müsse, indem er, gebärde er sich wie er will, immer nur sein Individuum zutage fördern wird« (HA 12, S. 360).

Da der Schriftsteller sich darüber hinaus nicht sinnvoll explizieren kann, ja oft genug seine eigenen Produktionen zwar für richtig hält, aber nicht zu erklären vermag (Rilke, Kafka), muss man, wie erwähnt, davon ausgehen, dass er das künstlerische Produkt in seinem ehemals unbewussten Gehalt zwar würdigen, aber nicht mit seinem bewussten ›Wissen‹ über sich selbst vollständig abgleichen und ›versöhnen‹ kann. Das ist umso mehr der Fall, als das eigene Innere, obwohl es ja nun als das Äußere ›hinausgestellt‹ ist – »Poetischer Gehalt aber ist Gehalt des eigenen Lebens« (HA 12, S. 361) –, naturgemäß nicht oder nicht leicht als solches erkannt werden kann, sofern es sich dabei um Unbewusstes handelt[11].

Das psychologische oder psychoanalytische Fachinteresse auf der anderen Seite gilt den Texten als Symbolsystemen, als Bildweisen seelischer Konflikte und Krankheiten, die in ihrer Mitteilungs- und Selbstwahrnehmungsstruktur zu objektivieren sind. Darüber hinaus wird angesichts des spontanen und nachhaltigen Erfolgs eines bestimmten Textes, in dem ein kollektives Reaktionsmuster am Werk gesehen werden kann, nach Faktoren im soziokulturellen Milieu und Zeithintergrund zu forschen sein, die die Rezeptionsbreite erklären helfen. Vielleicht auch ergäbe sich dann sogar im Falle zeitgenössischer Texte eine Möglichkeit zur Therapie bzw. Bekämpfung bestimmter unerwünschter sozialpsychologischer Phänomene im großen Stil. Das war zumindest die Vision keines Geringeren als des Freud-Schülers Otto Gross. (Zanasi 1999)

Nicht zuletzt wird man sich fragen, welche Ausweichstrategien in den szenischen Darstellungen in ihrer spezifischen Form enthalten sind, ja welche Abwehr- und Vermeidungsstrategien (z. B. Tabus) möglicherweise dafür sorgten, dass der psychologische Gehalt so und nicht anders dargestellt werden konnte.

Das Paket an Aufgaben und Gegenständen, das hier aufgeschnürt wurde, kann die psychologieorientierte Literaturwissenschaft – es ist gesagt worden – nur im Verein mit anderen Forschungsdisziplinen abarbeiten. Nicht zur Abschreckung, sondern zur Ermunterung und methodischen Disziplinierung bei der weiteren Arbeit diene dabei der Satz Theodor W. Adornos: »Nur Dilettanten stellen alles in der Kunst aufs Unbewußte ab.«

III.

Goethe 1774:
Die Leiden des jungen Werthers.
Eine psychische Inszenierung

»Große Leidenschaften sind Krankheiten ohne Hoffnung.
Was sie heilen könnte, macht sie erst recht gefährlich.«
J. W. Goethe, *Maximen und Reflexionen* (HA 12, S. 533)

1.

Das Problem der »Lotte«-Figur
Die Frau als Fantasie des Mannes

»Und, darf ich's sagen? Warum nicht, Wilhelm, sie wäre mit mir glüklicher geworden als mit ihm! O er ist nicht der Mensch, die Wünsche dieses Herzens alle zu füllen.« (98[1]) – Hat »Werther« Recht? Wäre »Lotte« mit ihm »glüklicher« geworden als mit »Albert«, ihrem Mann? Hätte er ihre Herzenswünsche erfüllt?

Der spätere, der nachitalienische Goethe, der den *Leiden des jungen Werthers* aus über zwanzig Jahren Abstand eine skurrile Vorgeschichte mit dem ursprünglichen Titel *Werthers Reise* gab, war offenbar nicht dieser Meinung. So wie er seinen »Werther« dort als Malerdilettanten karikierte, hätte dieser in einem anderen Szenario nicht nur als Künstler-, sondern auch als Liebhaber versagt, gesetzt, »Lotte« hätte ihn überhaupt genommen. Für Letzteres aber gibt es, wie Goethes nachgeborener Dichterkollege Wystan H. Auden beobachtete, keinerlei Anhaltspunkte: »Never once does she show any signs of wishing she had married Werther instead« (Auden 1973, S. 127).

Werther hätte nach jenen *Briefen aus der Schweiz. Zweite Abteilung* von 1796 (vgl. Saße 1999, S. 247f.) zu jenen gerechnet werden müssen, die, wie Goethe dann den Freund Johann Heinrich Merck in *Dichtung und Wahrheit* sagen lässt, »das sogenannte Poetische, das Imaginative zu verwirklichen [suchen], und das gibt nichts wie dummes Zeug« (HA 10, S. 128)[2]. Demnach repräsentierte »Lotte« einen imaginativen Aspekt der »Werther«-Figur im Sinne des Gestalt gewordenen »Poetische[n]« und stünde zu dieser in einem ähnlichen Verhältnis wie die sagenhafte Galathea zu ihrem bildhauernden Schöpfer Pygmalion, d.h. in einem Verhältnis der Selbstbeziehung[3].

Schon 1775, im Jahr nach Erscheinen des Buches, setzte Friedrich Nicolai den *Leiden* seine *Freuden des jungen Werthers* entgegen. Darin tritt Lottes Mann Albert kurzerhand als vermeintlich einziges Beziehungshindernis von seinen Ansprüchen zurück, und aus der ›Seelenverwandschaft‹ der beiden Liebenden wird ohne große Umstände eine glückliche Ehe (vgl. HA 6, S. 529f.). Goethe nahm das als Affront und revanchierte sich auf grobianische

Weise. Er bedichtete Nicolais Satire als »Stuhlgang« und seinen Autor als Grabschänder, den er über Werther urteilen lässt:

Der gute Mensch, wie hat er sich verdorben!
Hätt er geschissen so wie ich,
Er wäre nicht gestorben! (HA 1, S. 496f.)

Wer so reagiert, gibt nicht nur zu erkennen, dass an eine wunde (und bezeichnende) Stelle gerührt wurde (Pietzcker 1985, S. 30f.), sondern dass das zugrunde liegende Missverständnis gar nicht größer sein könnte. Dass ihm Varietäten seines Werkgedankens auch in parodistischer Absicht nicht einleuchten wollten, mag ein Hinweis auf eine fixierte psychische Konfiguration sein, die der eigenen Schöpfung wie ein invariables Prägemuster zugrunde lag: »Lotte« und »Werther« können kein glückliches Fantasiepaar sein, weil sie *eine* aporetische Bewusstseinsfigur sind, ein strukturelles Paradox im Bindungskomplex. Auf die große psychische Relevanz gerade dieses dichterischen Materials für Goethe weist auch Wolfgang Kayser (1994, S. 145) hin, wenn er schreibt: »Der Mythus erwuchs aus zu tiefen Schichten des Daseins, als dass wir seine Wandlung aus minder tiefen Schichten ableiten dürften.«

Es wäre müßig, über Glück oder Unglück eines Romanhelden Spekulationen anzustellen, wenn es dabei nicht um die ideen- und bewusstseinsgeschichtliche Figuration, die stoffliche Adaption, das kompositorische Grundgerüst des Werks ginge. Sobald man im Fall des *Werther*-Romans von der These ausgeht, dass die Lottefigur als eine Art ästhetischer Spiegelreflex die unbewusste Seelenlage ihres Mitspielers repräsentiert, wird die Frage für die *Werther*-Interpretation heuristisch bedeutsam und die tiefenpsychologische Würdigung zum hermeneutischen Komplement. Ich stimme daher Peter Fischer (1986, S. 540) zu, wenn er sagt: »Das *punctum saliens* bei der Interpretation von Goethes ›Werther‹ ist das Problem der Lotte-Figur.«

Die psychologische Konzeption dieser Figur (Konzeption hier im Wortsinn einer kreativen ›Empfängnis‹ verstanden) und damit auch die erzählerische Gesamtkonstruktion erhellt daraus, dass Werthers weibliches Pendant mit ihm, dem Ich-Erzähler, eine psychodynamische Szene bildet – »Szene« im Sinne Alfred Lorenzers (1970, S. 114f.) definiert als »Übertragung intrapsychischer pathogener Kommunikations- und Handlungsmuster auf die Situation«. »Lotte« ist demnach mehr als eine perspektivisch erzählte Gestalt, mehr auch als eine idealisierte Frauenfigur im Hirn eines Mannes. Sie reflektiert das Unbewusste ihres fiktiven Gegenübers; ja sie *ist*, als ästhetische Größe, dieses Unbewusste in psychologischer Spiegelschrift. Das heißt freilich nicht, dass sie aufhört, Figur zu sein und gewissermaßen nur als Phantom Werthers zu betrachten wäre. Obwohl sie sich nicht einmal im letzten Fünftel des Romans, der von Wilhelm erzählt ist, zu einem wirklichen ›Charakter‹ profiliert, eignet ihr rezeptionsästhetisch doch der gleiche ontologische Seinsstatus in der erzählten Binnenrealität der Geschichte wie dem Erzähler und den von ihm geschilderten Begebenheiten. Lediglich auf der Ebene des (theoretischen) Textsubjekts ist sie eine reine, erst durch Projektion sichtbar werdende *Bewusstseinsfigur*, die mit »Werther« eine psychodramatische Einheit bildet[4]. Von dort her, dem genetischen Mittelpunkt des Werks, muss sie auch gedeutet werden. Noch deutlicher als die Wertherfigur entstammt sie produktionsästhetisch jener Zwischenwelt, die Donald W. Winnicott als »intermediären Raum« bezeichnet und im Grenzbereich zwischen primärem bzw. subjektivem Objekt und Realität ansiedelt, dort, wo die Schnittmenge zwischen imaginärer und realer Welt die psychische Progression des Selbst definiert. »Lotte« ist als das Produkt einer Bewusstseinswelt zu betrachten, die sich im Konflikt zwischen Individuation und Regression in einem Übergangsstatus und auf der Suche nach einem »Übergangsobjekt« befindet[5]. (Winnicott 2002, S. 11ff.)

Dass mit »Lotte«, dass mit »Werther« überhaupt eine psychische Konstellation »abgearbeitet« werden sollte, ergibt sich u.a. aus den werk- und kulturgeschichtlichen Begleitumständen der ›Geburtsstunde‹ des *Werther* und nicht zuletzt aus den Reaktionen eines bald zur Masse anschwellenden Publikums.

2.

Das »Werther«-Syndrom
»Furor Wertherinus« und Kulturpathologie

Die Leiden des jungen Werthers nehmen am Menschenbilddiskurs der Aufklärung vornehmlich dadurch teil, dass Goethe einen jungen Menschen darstellt, der »mit einer tiefen reinen Empfindung und wahrer Penetration begabt« ist (HA 6, S. 525), wie er am 1. Juni 1774 an Ernst Schönborn schreibt. Allein aus dieser Konstellation heraus: Gefühlstiefe und Verstandesschärfe, konstruiert er eine Versuchsanordnung, die das Scheitern eines Menschen und Zeitgenossen unter bestimmten Umständen im poetischen Experiment simulieren und ergründen will. Es handelt sich um eine heuristische Anordnung, nicht um die Pathografie eines gelösten ›Falls‹, der unglücklicherweise »zum Todte« (61) führt. Man kann m.E. nicht davon ausgehen, dass mit Johann Christian Kestners »Fabel« (HA 9, S. 585), wie Christian Wagenknecht (1977, S. 7) behauptet, »das psychologische Rätsel, das der Selbstmord Jerusalems aufgeworfen hatte und das Goethe zunächst nur oberflächlich, durch eine Verdächtigung des Vaters [Johann Friedrich Wilhelm Jerusalem, Vf.], hatte lösen können, wirklich und zugleich derart gelöst [war], dass diese Lösung nun zum Sujet eines Romans werden konnte«. Mit der »Glut […] welche keine Unterscheidung zwischen dem Dichterischen und dem Wirklichen zuläßt« (HA 9, S. 587), muss der 24-jährige Autor vielmehr die Glieder der Kausalkette erst zusammenschweißen, damit die Geschichte in ihrem eskalierenden Verlauf den nötigen inneren Zusammenhalt bekommt. Das dabei abzuarbeitende Verfahrensprogramm ist dem Buch in der Form vernunftethischer Appelle beigegeben, die allerdings unüberhörbar psychologisches Erkenntnisinteresse an den Tag legen:

> Daß ihr Menschen […] um von einer Sache zu reden, gleich sprechen müßt: Das ist thörig, das ist klug, das ist gut, das ist bös! Und was will das all heissen? Habt ihr deßwegen die innern Verhältnisse einer Handlung erforscht? Wißt ihr mit Bestimmtheit die Ursachen zu entwikkeln, warum sie geschah, warum sie geschehen mußte? Hättet ihr das, ihr würdet nicht so eilfertig mit euren Urtheilen seyn. (58)

So wie Goethe den Zeitgenossen von Anfang an eine kollektive Mitschuld am Selbstmord Jerusalems gab, wobei er den drei Jahre Älteren als Vertreter seiner Generation ansah – »die Teufel, welches sind die schändlichen Menschen [...] sind schuld an diesem Unglück an unserm Unglück«, schreibt er an Kestner Ende Oktober 1772 (Fischer-Lamberg 1963, III, S. 7) –, so macht er die »Leiden« seiner Wertherfigur zu einer exemplarischen Passion, die diese gewissermaßen stellvertretend für seine Generation – eine Art Literaturopfer – erleiden soll. »Somit übernimmt mit Goethes Buch die schöne Literatur zum ersten Mal ausdrücklich die Aufgabe der seelischen Entlastung der Leser.« (Perels 1998, S. 63) Diesem Zweck dient auch das Bemühen, individuelles seelisches Leiden nicht nur zu durchdringen, sondern als gesellschaftliches Epiphänomen möglichst unmittelbar, man möchte fast sagen ›life‹ mit gewissen Hintergründen darzustellen. Der psychologische Gewährshelfer solcher Unternehmung und Vermittler zwischen Kunst und Wissenschaft wird im Brief vom 17. Mai genannt. Es ist derselbe, auf den sich kurze Zeit später auch der junge Karlsschüler Schiller stützen wird: der Berliner Philosophieprofessor Johann Georg Sulzer.

Der Wolff-Schüler Sulzer hatte der empirischen Psychologie seit der Jahrhundertmitte entscheidende Impulse gegeben. Zuletzt hatte er ein mehrbändiges rezeptionsästhetisches Werk mit dem Titel *Allgemeine Theorie der Schönen Künste* (1771–74) verfasst, das Goethe rezensiert hatte. Wichtiger indes war eine Sammlung von Abhandlungen mit dem Titel *Vermischte Philosophische Schriften* von 1773, darunter auch Schriften zur Empfindungspsychologie wie die bedeutsame *Theorie der angenehmen und unangenehmen Empfindungen* (1752–53). In ihnen begründete Sulzer seine Erfahrungspsychologie, indem er einen Dualismus von Denken und Empfinden und somit eine seelische Konfliktstruktur in Vorwegnahme eines topologischen Bewusstseinsantagonismus konzipierte. Nachdem bereits Leibniz mit seinen »idées innées« und »petites perceptions« das neue Forschungsfeld abgesteckt hatte (Herbertz 1905, S. 40–51), sensibilisierten Werke wie diese die psychologische Wahrnehmung und gaben ihr bereits eine im Ansatz tiefenpsychologische Richtung. Sie ließen erstmals eine autonome Antriebskraft jenseits der rationalen Bewusstseinskontrolle erahnen, ja sie erlaubten, »im Vorgriff auf die spätere Psychologiegeschichte seelische Konflikte als Konflikte zwischen Bewusstem und Unbewusstem zu denken« (Riedel 1993, S. 218; 1995, S. 381f.).

Insofern daraus künstlerische Experimente erwuchsen (zu denen beispielsweise Schillers Lehrer Jacob Friedrich Abel ermunterte), waren sie, so sah es Goethe später mit 40 Jahren Altersabstand und so entsprach es generell dem Empiriekonzept der 1750er Jahre, aus der Introspektion abgeleitet:

> Zu einem solchen Abarbeiten in der Selbstbeobachtung berechtigte jedoch die empirische Psychologie, die nicht gerade alles, was uns innerlich beunruhigt, für bös und verwerflich erklären wollte, aber doch auch nicht alles billigen konnte; und so war ein ewiger nie beizulegender Streit erregt. (HA 10, S. 7f.)[6]

Thomas Mann bewunderte am *Werther* eben diese ›Einblicke‹ als »die decouvrierende Weise [...], in der seine Technik besteht, und die mit ihren Tiefblicken ins Unterbewusste etwas fast humoristisch Verräterisches hat« (Mann 1967, S. 16).

Der unmittelbare und nachhaltige Erfolg des Romans (Jäger 1994), seine von Anfang an kontroverse Resonanz in der Öffentlichkeit, von Georg Christoph Lichtenberg als »*Furor Wertherinus*« bzw. »*uterinus*« verspottet (Flaschka 1987, S. 239ff.), sprechen sowohl für die darin enthaltene »Zeitgesinnung« (HA 10, S. 8) als auch für eine erhöhte ›Empfangsbereitschaft‹ der jungen Gebildeten für psychische Szenarien. Von diesen weiß der junge Jakob Michael Reinhold Lenz in seinem *Brief über die Moralität der ›Leiden des jungen Werthers‹* (1775), dass sie »uns mit Leidenschaften und Empfindungen bekannt mach[en], die jeder in uns dunkel fühlt, die er aber nicht mit Namen zu nennen weiß.« (HA 6, S. 533)

Goethe selbst, über Nacht »als ein literarisches Meteor angestaunt« (HA 9, S. 596), hat die Breitenwirkung des Buches später nicht ausdrücklich aus dem neuen Sentimentalismus und einer pietistisch forcierten Psychozentrik abgeleitet, sondern aus einem Syndrom, das er mit dem englischen Melancholiekult in Verbindung brachte. Weit verbreitet gewesen seien »Symptome des Lebensüberdrusses, der nicht selten in den Selbstmord ausläuft, und bei denkenden in sich gekehrten Menschen häufiger war, als man glauben kann«. »Jener Ekel vor dem Leben« (HA 9, S. 578) habe sich aus innerer Teilnahmslosigkeit entwickelt, der Unfähigkeit, die sich wiederholenden Dinge des Lebens zu genießen:

> [...] in der einzigen Aussicht, uns in einem schleppenden, geistlosen, bürgerlichen Leben hinhalten zu müssen, befreundete man sich, in unmutigem Übermut, mit dem Gedanken, das Leben, wenn es einem nicht mehr anstehe, nach eignem Belieben allenfalls verlassen zu können, und half sich damit über die Unbilden und Langeweile der Tage notdürftig genug hin. Diese Gesinnung war so allgemein, dass eben ›Werther‹ deswegen die große Wirkung tat, weil er überall anschlug und das Innere eines kranken jugendlichen Wahns öffentlich und faßlich darstellte. (HA 9, S. 583)

An anderer Stelle in *Dichtung und Wahrheit* unterstreicht er diesen Befund einer Kulturpathologie[7]:

> Denn wie es nur eines geringen Zündkrauts bedarf, um eine gewaltige Mine zu entschleudern, so war auch die Explosion, welche sich hierauf im Publikum ereignete, deshalb so mächtig, weil die junge Welt sich schon selbst untergraben hatte [...]. (HA 9, S. 589f.)

Wie sich diese junge Welt »untergraben« hatte, belegt Goethe in der ausführlichen Charakteristik des jungen Lenz. Er ist für ihn, wie erwähnt, das Paradebeispiel für den Versuch, »das Imaginative zu verwirklichen« – konkret: »seine Liebe wie sein Haß waren imaginär, mit seinen Vorstellungen und Gefühlen verfuhr er willkürlich, damit er immerfort etwas zu tun haben möchte« (HA 10, S. 8).

Schiller wird mehr als 20 Jahre später genau diesen Zug an der Wertherfigur als den eigentlich pathologischen hervorheben und ihn mit der Etikettierung »Extrem des sentimentalischen Charakters« gleichfalls einem Syndrom zuordnen. Werthers Hauptmerkmal sei, so schreibt er in der Schrift *Über naive und sentimentalische Dichtung* (1795), dass er »mit glühender Empfindung ein Ideal umfaßt und die Wirklichkeit fliehet«, bis ihm »nur seine Träume das Reelle« sind. (HA 6, S. 536)

In einer späteren Bemerkung gegenüber Eckermann hält Goethe die Wertherpathologie schließlich weder für eine zeit- noch für eine alterstypische Krankheit:

> Gehindertes Glück, gehemmte Tätigkeit, unbefriedigte Wünsche sind nicht Gebrechen einer besondern Zeit, sondern jedes einzelnen Menschen, und es müßte schlimm sein, wenn nicht jeder einmal in seinem Leben eine Epoche haben sollte, wo ihm der *Werther* käme, als wäre er bloß für ihn geschrieben.

Diese Bemerkung fällt jedoch am 2. Januar 1824, kurz nach seiner Genesung von der schweren Krise, in die ihn die Marienbader bzw. Karlsbader Ulrike-Episode versetzt hatte. Noch steckte ihm mit dieser unglücklichen Altersliebe der noch einmal aufgefrischte »vielbeweinte Schatten« im Leibe, den er jetzt aus verständlichen Gründen weder historisch noch biografisch fixieren wollte. Wie intensiv er diese ›Zeitreise‹ erlebte, macht die beigefügte Formulierung deutlich: »Es sind lauter Brandraketen! Es wird mir unheimlich dabei, und ich fürchte den pathologischen Zustand wieder durchzuempfinden, aus dem es hervorging.« (HA 6, S. 540) Die in dieser Zeit zusammengestellte *Trilogie der Leidenschaft* enthält als Kernstück die ›Marienbader‹ *Elegie* und wie selbstverständlich zur Eröffnung das eigens für eine Jubiläumsausgabe verfasste Gedicht *An Werther*, das auf 50 Jahre *Werther*-Geschichte zurückblickt (HA 1, S. 380–386)[8].

Aus heutiger Sicht erklärt sich der damalige Bucherfolg auch durch die tiefenpsychologische Stimmigkeit dieses in seiner Intensität schon fast surrealistischen Psychodramas. Für viele wurde es zu einem *déjà-vu*, ja zum Seelenspiegel, der ihnen einige Wahrheiten über die komplizierte Natur des Menschen und die Möglichkeiten seelischer Dysfunktion unter gewissen (zivilisatorischen?) Vorzeichen erahnbar machte. Goethe hatte mit seinem kulturpathologischen Befund nicht nur buchstäblich den Nerv der Zeit getroffen, sondern ein Dokument vorgelegt, wie es in dieser Authentizität und psychologischen Kohärenz bis dahin nicht dagewesen war. Natürlich musste es pathografische Deutungsvarianten bis in die heutige Zeit hinein begünstigen. Wenn Wilhelm von Humboldt in einem Brief an seine Braut Caroline von Dacheröden am 30. Mai 1789 die »meisterhafte Zeichnung des Charakters bis in seine kleinsten Züge hinein« rühmt (HA 6, S. 535), dann sagte er die Karriere dieser fein gearbeiteten Figur voraus, wohl ahnend, dass hier eine neue introspektive Qualität, vielleicht sogar ein neuer ästhetischer Gestaltungsraum gefunden worden war.

Zum Faszinosum dieses ungewohnten ›Psychorealismus‹ trugen auch die expressiven Stilfarben bei. Viele Züge dieser Porträtskizze scheinen buchstäblich ›von der Seele weg‹ gestaltet, wirken spontan und erscheinen ›wie aus einem Guss‹. Vielleicht war Goethe der erste Autor überhaupt, der stolz und in diesen Worten von sich sagen konnte, er habe »dieses Werklein ziemlich unbewusst, einem Nachtwandler ähnlich, geschrieben« (HA 9, S. 587f.). Zwar ist das eine jener ›genialischen‹ Selbststilisierung des 63-Jährigen und gehört zur Rhetorik des biografischen ›Lebensromans‹ mitsamt dem darin waltenden Juvenilitätskult. Doch entsprach es seiner Überzeugung, »daß alles, was das Genie, als Genie, tut, unbewußt geschehe«, eine Bemerkung, die er ein Vierteljahrhundert nach dem *Werther* am 27. März 1801 Schiller erwiderte, als dieser schrieb: »die Poesie, deucht mir, besteht eben darin, jenes Bewußtlose aussprechen und mitteilen zu können, d.h. es in ein Objekt zu übertragen«. (Lütkehaus 1995, S. 73f.) Im Übrigen erlaubt, wie immer bei einem Kunstwerk, nur die Annahme eines unbewussten ›Vorlaufs‹ (man könnte von einer ›Prädisposition‹ sprechen) die Erklärung der Koinzidenz von produktiver Spontaneität und Werkvollkommenheit, Jugendfrische und Reife. Allein der von Goethe berichtete Entstehungsvorgang legt ja nahe, dass das Werk bis zu seiner Entstehung »in der Zwischenzeit voll ausgereift« war. (Kayser 1994, S. 145f.)

In dieser Überzeugung scheint mir, wie anfangs bemerkt, nicht nur ein Bekenntnis enthalten zu sein für das bis zu einem gewissen Grad unbewusste, gleichsam automatische Schreiben, das sich der Seele ganz anders nähern kann als der rational überwachte Schreibakt, sondern auch für die Psyche als ›Gegenstand‹ der Literatur. Dass damit insbesondere die konfligierende Psyche gemeint war, liegt auf der Hand. »So etwas«, so Goethe in einem Gespräch mit dem französischen Schauspieler Talma am 15. Oktober 1808, »schreibe sich [...] nicht mit heiler Haut« (HA 6, S. 538f.).

Mag man auch wie Robert Musil (1978, S. 1346) zu der Ansicht gelangen, »dass es ›psychologische Dichtungen‹ überhaupt nicht gibt«, und zwar weil dieser Ausdruck entweder tautologisch ist oder aber das *Thema* ›Psychologie‹ voraussetzt, so plädiere ich doch dafür, diesen wohletablierten Begriff beizubehalten und Goethes Briefroman als das Debüt moderner psychologischer Literatur in Deutschland zu erachten[9].

3.

»Wenn wir uns selbst fehlen …«
Die »Lükke« und das Unbewusste des Texts

Nach Lotte ist zu fragen, jener Figur, die ich eingangs als imaginativen Spiegel-reflex auf die Wertherfigur beschrieben habe, wobei ich hinzufügte, dass ich diese Deutungskonstruktion nur im Hinblick auf ein gedachtes Textsubjekt vornehmen kann, in dem die Partialideen des Werks als dessen Bewusstseins-facetten konvergieren. Es handelt sich hier also um eine rezeptionsästhetische Hilfskonstruktion, ähnlich der des »Modell-Autors« von Eco (1987), mit dem entscheidenden Unterschied allerdings, dass zum hermeneutischen Beobachtungsinstrumentarium ein (wiederum theoretisches) auktoriales Subjekt gehört, das sowohl das Unbewusste als auch das Bewusste eines Texts vereinigt. Indikatoren eines reflexiven Figurenverhältnisses, das uns erlaubt, in der Bewusstseinskonstruktion »Lotte« die Bewusstseinskon-struktion »Werther« und in beiden Aspekte des auktorialen Subjekts zu erkennen, finden sich in Fülle im Text und lassen sich freilich auch ohne diese scheinbar komplizierte Hilfskonstruktion ausmachen.

Einer dieser Indikatoren ist bereits in der Formkonvention des modischen Briefromans die Instanz des Ich-Erzählers, die den Autor zwingt, ein hypo-thetisches Ich aus sich herauszustellen. Sie bedingt damit ein poetologisches Spiegelverhältnis, das voller Tücken, ›fantastischer‹ Chancen und therapeuti-scher Funktionen sein kann. Seine maximale Potenz liegt darin, dass das fiktive Ich es dem Autor erlaubt, eine projektive Selbstsetzung vorzunehmen, die eine gewisse Distanzierung, ja Ironisierung erlaubt[10].

Die Art, wie Goethe diese im deutschen Briefroman sowie bei Rousseau und Richardson gepflegte Form abwandelt, indem er nämlich in Verfolg einer »Strategie des sentimentalen Erzählens« (Lange 1994, S. 195) aus-schließlich den Ich-Erzähler an fast ausschließlich eine Person schreiben lässt, unterstreicht die hermetische Innenweltsituation, die durch keine Stimme von außen relativiert werden kann. Der Werther'sche Ich-Erzähler impliziert zuallererst, dass in »Lotte« nicht eine wirkliche Frau, sondern das Bild einer Frau die Bühne betritt, also eine Vorstellung, die Imagoqualitäten besitzt, indem sie mit der Psyche des Helden kurzgeschlossen ist. Dazuhin ist in diesem Modell des über eine Frau und sich selbst schreibenden Ich eine Selbstspiegelung des Schreibenden (also auch des Autors) enthalten, in welcher sich der Akt der Textproduktion (also auch die Kreation des Kunstwerks) *coram publico* bricht. Damit wird wiederum eine Konstellation bespiegelt, in der sich die heuristische Funktion der Bewusstseinsbilder (Imagines) des Autors erweist, deren Transformation in Figuren als Bestandteil der Werkgenese erscheint. Wenn wir aber bereits auf der naturgemäß stark verblassten ›Handlungsebene‹ vor allem psychische statt physische Wirklichkeit kennen lernen, um wieviel ›psychischer‹ muss dann die eigentlich ›innere‹ Handlungsrealität des Romans selbst sein!

Ich habe die Lottefigur als Fenster zu Werthers Seele, als Bildfantasie oder Imago[11] im Unbewussten der Ich-Figur bzw., um genauer zu sein, als das figürlich Gestalt gewordene Unbewusste des auktorialen Subjekts bezeichnet. Nun wird man einwenden, dass der Roman ja tatsächlich eine objektive ›Handlungsebene‹ hat, nämlich dort, wo der so genannte »Herausgeber«, also Wilhelm, die Federführung übernimmt, weil noch das Vor- und Nachspiel des Selbstmords zu schildern ist. Aber bis zu diesem letzten Romanfünftel ist das affektive Bild Lottes längst auf den Leser übergegangen. Er ist es, der es konserviert und der nun sogar bereit wäre, es nötigenfalls auch gegen eine plötzlich anders erzählte »Lotte« zu behaupten. Doch wird Lotte gar nicht wesentlich anders erzählt, was natürlich daran liegt, dass Wilhelm Lotte wiederum nur aus Werthers Briefen kennt. So ist die neue Erzählerrolle erneut zu ›parteiisch‹ besetzt, um objektive Akzente zu setzen, auch wenn Goethe ihr in der überarbeiteten, zweiten Fassung dann mehr Beschreibungs- und Deutungsraum zugesteht. Der Konflikt mit dem Leser wird so elegant vermieden.

Der absurd distanzierte Intimus, der jetzt Werthers letzte Tage fast voyeuristisch zu bezeugen scheint, kann Lotte also auch nicht mehr unverwechselbar machen. Als fiktiver Adressat und Empfänger der Briefe hat er Werthers Lottebild im Kopf, und es ist nur konsequent, dass Goethe sich keinerlei Mühe gibt, das zu verschweigen[12]. Für eine eigendynamische Identität im Kontrast gar zum Vorausgegangenen ist es für die Lottefigur im Abgesang des Romans ohnehin zu spät. Auch wenn sie in der Schlussbegegnung mit Werther noch einmal einen fulminanten Auftritt hat, der diesmal aus dem Erzähler-, sprich: ›Herausgeber‹-Winkel beobachtet wird – es handelt sich also im strengen Sinn nicht um eine auktoriale Perspektive, wie behauptet wurde –, bleibt sie mit ihrer Imago-Vorgängerin weithin identisch.

»Lotte« weckt beim Leser schon früh den Verdacht, dass ein »Werther« mit solch einer Frau gar nicht ans Ziel seiner Wünsche kommen kann, ja dass vielleicht gar keine Frau in der Lage wäre, seinen seelischen Monolog aufzubrechen, so wie ja auch der Briefadressat, Wilhelm, nichts daran zu ändern vermag, dass die Titelfigur letztlich nur mit sich selbst kommuniziert. Wäre es nicht besser gewesen, denkt er, Werther hätte gar keine Frau, zumindest keine Frau dieser Art kennen gelernt, bei der er »[s]o viel Einfalt bey so viel Verstand, so viel Güte bey so viel Festigkeit, und die Ruhe der Seele bey dem wahren Leben und der Thätigkeit« (23) zu finden glaubt? Der scheinbar paradoxe Schluss drängt sich auf: Werther hätte seinem *Typ* nicht begegnen dürfen: diesem Madonnentyp aus Mutter und Mädchen, Hausfrau und Schöngeist, Erzieherin und Gespielin: einer Charaktermélange, wie sie artifizieller (und brisanter) kaum denkbar ist und wie sie in dieser Eigenschaft seine enormen psychischen Spannungsgegensätze widerspiegelt[13]. Dann freilich hätte es auch keinen *Werther* gegeben.

Versucht man diesen Frauentyp im Verhältnis zu den Symptomen und ihren Ursachen zu verstehen, die Werthers »Krankheit zum Todte« (61) bedingen, darf man eine Antwort auf die Frage erwarten, wie genau »Lotte« und »Werther« tiefenpsychologisch zusammenwirken und wie sie ästhetisch aufeinander bezogen sind.

Schon auf den ersten Seiten wird klar, dass »Lotte« mit einem bestimmten Mangel in der männlichen Figur korrespondiert, der inoperabel tiefer liegt als jede (also auch ihre) Möglichkeit ihn zu beheben. Dabei wirkt sie wie ein pathografischer Gradmesser: Sie macht Tiefenstrukturen sichtbar, bringt Konturen ans Licht – ein literarischer Spiegeltrick, der Werther als psychologische Figur überhaupt erst möglich und vollständig macht, indem er es erlaubt, dessen Unbewusstes zu materialisieren[14]. Insofern sie das physische Äquivalent des Mangels in ihm ist und defiziente Strukturen ans Licht bringt, könnte man auch sagen: Sie stellt den prothetischen Ersatz für ein fehlendes Element seiner Persönlichkeit dar.

Um den Mangel als solchen und die (theoretische) Möglichkeit seiner Behebung physikalisch bildhaft zu machen, legte Goethe seiner Wertherfigur den Begriff der »Lükke« ausdrücklich in den Mund:

> Ach diese Lükke! Diese entsezliche Lükke, die ich hier in meinem Busen fühle! ich denke oft! – Wenn du sie nur einmal, nur einmal an dieses Herz drükken könntest. All diese Lükke würde ausgefüllt seyn. (104)

Das Wort »Lükke« hat man bisher im Roman noch nicht gelesen – und nun gleich drei Mal hintereinander! Eine Seite später dann ein viertes Mal, jetzt mit einem Gestus der Selbstvergewisserung. Nunmehr steht der Existenzanspruch des Menschen und damit »seines Daseyns eigentliche Gewißheit«

in der affirmativen Spiegelung durch den andern auf dem Spiel. Die Klage wird verbunden mit einem generalisierenden Lamento:

> [...] wie lange würden sie [die Freunde, Vf.] die *Lükke* fühlen, die dein Verlust in ihr Schiksal reißt? wie lang? – O so vergänglich ist der Mensch, daß er auch da, wo er seines Daseyns eigentliche Gewißheit hat, da, wo er den einzigen wahren Eindruk seiner Gegenwart macht; in dem Andenken in der Seele seiner Lieben, daß er auch da verlöschen, verschwinden muß, und das – so bald! (105)

Einen Tag später offenbart sich dann der enttäuschte Daseinsanspruch in heftiger Autoaggression. Die entlastende Projektion des Leidens ins Universelle (»der Mensch«) tritt zurück. Das unpersönliche »man« vermag jetzt kaum mehr das singuläre Krankheitsschicksal zu beschönigen: »Ich möchte mir oft die Brust zerreißen und das Gehirn einstoßen, daß man einander so wenig seyn kann.« (105) Für die Wertherfigur relativiert sich angesichts dieses Ungenügens – es handelt sich um ein ›Testwägen‹ des eigenen Selbstwerts – der Sinn menschlicher Bindung überhaupt. Eikenloff (2003) hat gezeigt, dass die Bindungsproblematik als solche in Goethes Roman nicht nur in der individuellen Beziehungsnot anklingt, sondern in einer Reihe von familialen Bruch- und Rumpfstrukturen sowie Vorkommnissen, die die sozialhistorischen Umbrüche widerspiegeln[15]. Gelockerte oder zerbrochene Bindungen an Werte, Menschen, Natur oder Gott sind nicht die Ausnahme, sondern die Regel. Sie tauchen die Romankulisse in ein apokalyptisches Untergangslicht, das in der *Ossian*-Szene am düstersten ist.

Eine Beziehung, das scheint diese Wertherfigur zu wissen, scheitert, wenn die Partner sich allein zur wechselseitigen Bespiegelung brauchen:

> Ach die Liebe und Freude und Wärme und Wonne, die ich nicht hinzu bringe, wird mir der andre nicht geben, und mit einem ganzen Herzen voll Seligkeit werd ich den andern nicht beglükken der kalt und kraftlos vor mir steht. (105)

Wenn der Sprecher feststellt, »daß in der Welt den Menschen nichts nothwendig macht als die Liebe« (64), beklagt er zugleich, dass sein Verlangen größer ist als die Liebe, die es stillen kann, ein Merkmal, wie es für Heinz Kohut (1981, S. 120ff.) den »tragischen Menschen« kennzeichnet. Goethe brachte das auf eine Formel, als er unmittelbar nach Fertigstellung des Romans, am 1. Juni 1774, an Gottlieb Friedrich Ernst Schönborn schrieb, dass Werther »besonders eine endlose Liebe zerrüttet«. (HA 6, S. 525) Hier ist die Liebe als Trieb gesehen, der in der Objektwelt nicht befriedigt werden kann und sich deshalb unendlich reproduziert. Die »endlose Liebe« entspricht also endlosem Liebesbedarf. Das ist die Struktur eines narzisstischen Mangelleidens wie es im Übrigen auch in einem Brief des 23-jährigen Goethe an Sophie von La Roche anklingt, wenn er Ende November 1772 schreibt: »Sie klagen über Einsamkeit! Ach daß das Schicksal der edelsten Seelen ist, nach einem Spiegel ihres selbst vergebens zu seufzen.« (Fischer-Lamberg 1963ff., III, S. 10)

Hat man in dem Wort »Lükke«[16] ein erstes metaphorisches Indiz für ein Syndrom vor sich, das auf psychische Mangelerscheinungen im Bereich von Emotionalität und Selbststruktur hindeutet, so festigen bald weitere Hinweise im Roman diesen Eindruck. Die beiden Adjektive »kalt und kraftlos« (105) kennzeichnen im obigen Zitat den Charakter der Defizite, für die jene »Lükke« ein Bild ist. Ihnen steht dort eine Majorität von (mütterlichen) Wärmeeigenschaften gegenüber, die keinen Zweifel daran lassen, dass es in diesem Buch nicht um die Steigerung von sentimentaler Empfindsamkeit, sondern um elementares Sein oder Nichtsein, Leben und Tod geht: »Liebe und Freude und Wärme und Wonne«. Vom gegenteiligen Zustand, dem Gefühlstod, ist gleich darauf die Rede: »Und das Herz ist jezo todt, aus ihm fließen keine Entzükkungen mehr« (106).

Im ganzen Buch gibt es einen Überfluss an Metaphern zur Beschreibung von Gemütswerten. Am buntesten, ja theatralischsten häufen sie sich in den berühmten Briefen vom 10. Mai, 18. August (1. Teil) und 3. November (2. Teil), deren zahlreiche Parallelen ihre wechselseitige Kontrastfunktion unterstreichen, darunter auch die jeweilige Auftaktformulierung mit ihrer Blickrichtung auf die Psyche: »Eine wunderbare Heiterkeit hat meine ganze Seele eingenommen« (11) – »Mußte denn das so seyn? daß das, was des Menschen Glükseligkeit macht, wieder die Quelle seines Elends würde?« (65) – »Genug daß in mir die Quelle alles Elendes verborgen ist, wie es ehemals die Quelle aller Seligkeiten war.« (106)

Das Datum ist auch hier kein Zufall: Der Novemberbrief handelt von Gefühlskälte und Entkräftung, die Briefe im Frühling und Sommer dagegen in Klopstock'scher Diktion von gesteigerter Empfindungspotenz und Vereinigungslust, wie sie in Goethes wohl gleichzeitig mit dem *Werther* entstandenem Gedicht *Ganymed* auf die Formel »Umfangend umfangen!« (HA 1, S. 46f.) gebracht sind:

> am 18. Aug. [...] Wenn ich sonst vom Fels über den Fluß bis zu jenen Hügeln das fruchtbare Thal überschaute, und alles um mich her keimen und quellen sah, wenn ich jene Berge, vom Fuße bis auf zum Gipfel, mit hohen, dichten Bäumen

bekleidet, all jene Thäler in ihren mannichfaltigen Krümmungen von den lieblichsten Wäldern beschattet sah, und der sanfte Fluß zwischen den lispelnden
Rohren dahin gleitete, und die lieben Wolken abspiegelte, die der sanfte Abend-
wind am Himmel herüber wiegte, wenn ich denn die Vögel um mich, den Wald
beleben hörte, und die Millionen Mükkenschwärme im lezten rothen Strahle
der Sonne muthig tanzten, und ihr lezter zukkender Blik den summenden Käfer
aus seinem Grase befreyte und das Gewebere um mich her, mich auf den Boden
aufmerksam machte und das Moos, das meinem harten Felsen seine Nahrung
abzwingt, und das Geniste, das den dürren Sandhügel hinunter wächst, mir alles
das innere glühende, heilige Leben der Natur eröfnete, wie umfaßt ich das all
mit warmen Herzen, verlohr mich in der unendlichen Fülle, und die herrlichen
Gestalten der unendlichen Welt bewegten sich alllebend in meiner Seele. (65f.)

Der syntaktische Kraftakt des artistisch überdehnten, ja ›überspannten‹
Wenn-Satzes, der den Leser durchs Panoptikum der projektiv beseelten,
zum Liebesobjekt idealisierten Natur führt, kann knapp 50 Seiten und ein-
einhalb Jahre später nur noch in einer erschlafften, elliptischen Parallelfügung
angedeutet werden, deren fehlender Hauptsatz das Fehlen der *Hauptsache*
markiert: der »Fähigkeit zu lieben« (so Goethe 50 Jahre später in der Marienbader *Elegie*). Das letzte Wort hat jetzt nicht die narzisstisch stimulierte
»Seele«, die die Natur buchstäblich zur (eigenen!) ›Seelenlandschaft‹ macht,
sondern ein Blechgegenstand: der profane »Eymer«. Werthers Blickpunkt ist
jetzt weit von aller Natur entfernt. Sie erscheint ihm wie ein »lakirt Bildgen«,
in dem er nicht vorkommt, wie ein von ihm undurchdrungenes und losgelöstes
Objekt, ein Gegenüber, das ihm fremd ist.

Am 3. November [...] Wenn ich zu meinem Fenster hinaus an den fernen Hügel
sehe, wie die Morgensonne über ihn her den Nebel durchbricht und den stillen
Wiesengrund bescheint, und der sanfte Fluß zwischen seinen entblätterten
Weiden zu mir herschlängelt, o wenn da diese herrliche Natur so starr vor mir
steht wie ein lakirt Bildgen, und all die Wonne keinen Tropfen Seligkeit aus
meinem Herzen herauf in das Gehirn pumpen kann, und der ganze Kerl vor
Gottes Angesicht steht wie ein versiegter Brunn, wie ein verlechter Eymer!
(106)

Das Resümee dieses Eintrags lautet: »Ich leide viel, denn ich habe verlohren
was meines Lebens einzige Wonne war, die heilige belebende Kraft, mit der
ich Welten um mich schuf. Sie ist dahin!« (106) Als er an anderer Stelle darüber
klagt, dass er »kein Gefühl an der Natur« habe, gelangt er zu der überra-
schenden Bilanz: »Wenn wir uns selbst fehlen, fehlt uns doch alles.« (68) In
diesem Chiasmus, dessen syntaktische Spiegelachse durch die interne Satz-

grenze markiert ist, drückt sich der Zwang aus, sich im Fall des Objektverlusts selbst zum Objekt werden zu müssen und dadurch dem ›Nichts‹ (statt dem »alles«) konfrontiert zu sein, wobei das ›Alles‹ ein totalisiertes Sehnsuchtsziel bleibt.

Jochen Schmidt (2004, S. 325) schlägt von hier eine Brücke zur Rousseau'schen Entfremdungstheorie: »Gerade, dass er ganz bei sich selbst sein möchte, verrät, wie sehr er ›außer sich‹ ist, ›hors de lui‹«. Da es sich beim Selbstverlust um eine Erfahrung der Nicht-Existenz handelt, lässt sich auch aus der Sicht der Selbstpsychologie diese Deutung des *Werther* »als die intensivste Wendung des Genie-Themas aus dem Ästhetischen ins Existentielle« unterstützen.

Das »Selbstgefühl« (»self-feeling«), ein Begriff, den Edith Jacobson (1973) eingeführt hat, ist ein fundamentaler Stabilitäts- und Identitätsindikator. Sein Fehlen bedeutet die Unfähigkeit, sich als kohärentes Subjekt empfinden zu können. So wenig man einen Lichtstrahl ohne einen ihn reflektierenden Gegenstand wahrnehmen kann, so wenig kann sich ohne die Resonanz eines Objekts ein Selbstgefühl einstellen[17]. Die implizite Aussage Werthers, er fehle sich »selbst«[18], deshalb fehle ihm »alles«, umfasst diese defizienten Erlebnisweisen. Am dramatischsten kommen sie in diesen Sätzen zum Ausdruck:

> Ist es da nicht die Stimme der ganz in sich gedrängten, sich selbst ermangelnden, und unaufhaltsam hinabstürzenden Creatur, in den inneren Tiefen ihrer vergebens aufarbeitenden Kräfte zu knirschen. Mein Gott! Mein Gott! warum hast du mich verlassen? (108)

Das Golgathafinale der biblischen Passionsgeschichte, das hier zitiert wird, lässt keinen Zweifel an der subjektiven Schwere des Leidens, das nun gar in einen allgemeinen apokalyptischen Horizont gestellt ist. Alles ist hoffnungslos, alle Anstrengung umsonst, vergebens bemühen wir uns aufzuarbeiten, was uns mangelt, vergeblich suchen wir, »was hienieden nicht zu finden ist« (15). Faust wird aus demselben Mangel heraus später resigniert-polemisch fragen: »Hier soll ich finden, was mir fehlt?« (V. 662)

4.

»Krankheit zum Todte«
Der unerfüllte Regress

Dies alles auf die Tatsache zurückzuführen, dass Lotte die Frau eines andern sei, wird dem Werk und seinem »psychologische[n] Reichtum« natürlich nicht gerecht. (Mann 1967, S. 15) Darauf hat Horst Flaschka (1987, S. 212) hingewiesen und vor einer »Trivialisierung des Romans« gewarnt. »Werther« leidet aus Gründen, die mit »Lotte« zunächst nichts zu tun haben. Diese verstärkt zwar seine Symptome, indem sie das archaische Sehnsuchtsmuster reaktiviert und ›die Richtige‹ zu sein scheint, von der eine nachträgliche narzisstische Wiedergutmachung gleichsam als Wunderheilung zu erwarten ist, jedoch gehört sie nicht zu den Ursachen jener »Krankheit zum Todte«,

> wodurch die Natur so angegriffen wird, daß theils ihre Kräfte verzehrt, theils so außer Würkung gesezt werden, daß sie sich nicht wieder aufzuhelfen, durch keine glükliche Revolution, den gewöhnlichen Umlauf des Lebens wieder herzustellen fähig ist. (61)[19]

Die Erwartung, dass Lotte eine tiefe Lücke in ihm füllen werde, gibt ihr die Funktion eines hedonistischen Erlebnisschlüssels zu einer erträumten »Welt, wo ich für mein Herz alle die Nahrung, alle den Genuß hoffte, dessen Ermangeln ich so oft in meinem Busen fühlte« (94). Eben diese Hoffnung schickt ihn auf eine Zeitreise in die Vergangenheit seiner Entwicklung, wo dieser Mangel, gänzlich unabhängig von Lotte, seinen Ursprung hat. Die narzisstische ›Regressforderung‹ bedingt, wenn man so will, die Regression. In der Interaktion mit Lotte werden Szenen evoziert, in denen die psychische Grundstörung wurzelt. Werther reagiert auf sie deshalb wie auf ein längst erwartetes Stichwort. Wenn Peter Pütz (1983, S. 67) feststellt: »Die Liebe ist geweckt, bevor er die Geliebte überhaupt gesehen hat«, dann entspricht das nicht nur dem Textbefund – Werther hört die unglückliche Liebesgeschichte eines Bauernjungen und empfindet dann selbst eine tiefe Sehnsucht nach Liebe –, sondern beschreibt treffend das Mangelsyndrom, das die

Suche nach einem archaisch-unpersönlichen, idealisierten Liebesobjekt bedingt, das mit einer »Lotte« nicht das Geringste zu tun hat.

Immer geht es dabei um elementare Objektbeziehung, um Spiegelung also: »Man weiß erst daß man ist wenn man sich in andern wieder findet«, schreibt Goethe an Gräfin zu Stolberg am 13.02.1775. (Fischer-Lamberg 1963ff., V, S. 9) Dasselbe Muster geht auch aus Werthers Beziehung zu jener ominösen »Freundin meiner Jugend« hervor, einer offenbar wesentlich älteren Frau, über die noch zu reden sein wird[20]. Wenn er ihren Tod beklagt, dann bezeichnenderweise nur in Bezug auf den eigenen Verlust, der ein erneuter Selbstverlust ist: »Aber ich hab sie gehabt, ich habe das Herz gefühlt, die große Seele, in deren Gegenwart ich mir schien mehr zu seyn als ich war, weil ich alles war was ich seyn konnte.« (15)

Werther ist auch ein Roman über das Gefälle zwischen dem subjektiven und dem objektiven Wert eines Menschen. Wie konstitutiv dieses Moment für das Werk ist, drückt sich schon im Namen des Titelhelden aus. Geht man davon aus, dass es in einem Kunstwerk keine oder aber umso weniger Zufälle gibt, je tiefer dieses im Unbewussten wurzelt (wo es bekanntlich keinerlei Zufälle mehr gibt), muss man auch kleinste Details würdigen. An zwei Stellen im Text wird der Komparativ »werther« gebraucht. Dabei geht es um die – stets wertsensible – Selbstimago als Reflex der Partnerimago. Einmal ist von den »Gefälligkeiten der Freundschaft« die Rede – Werther hat eben ein Geschenk von Lotte geöffnet –, »die tausendmal *werther* sind als jene blendende Geschenke, wodurch uns die Eitelkeit des Gebers erniedrigt« (69). Ein andermal spricht er von einem »Brunnen, der mir so werth ist, und nun tausendmal *werther* ward, als Lotte sich auf's Mäuergen sezte« (44)[21].

Einer von Werthers glücklichsten Augenblicken, der einer Wiedergeburt gleichkommt, ist der, als ihm Lotte beim Andenken ihrer Mutter ihre Wertschätzung offenbart: »Wenn sie sie [die Mutter, Vf.] gekannt hätten! sagte sie, indem sie mir die Hand drükte, – sie war werth, von ihnen gekannt zu seyn. – Ich glaubte zu vergehen, nie war ein größeres, stolzeres Wort über mich ausgesprochen worden« (75). Hier ist der narzisstische Erwartungshorizont vielleicht am deutlichsten zu sehen, wie ja Schamgefühle (»ich glaubte zu vergehen«) in solchem Kontext überhaupt auf Störungen im Selbstwertgefüge und einen entsprechenden Primärschuldkomplex hinweisen.

Ein anderes Beispiel findet sich im Brief vom 15. März 1772. Dort schildert er seinen »Verdruß« am Hofe des Grafen v. C. und seine anschließende Ausfahrt aufs Land, wo er sich wie öfter mit der Homer-Lektüre tröstet. Diesmal ist es ausgerechnet die Szene im 20. Gesang der Odyssee, »wie Ulyß von dem treflichen Schweinhirten bewirthet wird« (90)[22]. Therapeutisch wirkt hier der Aschenputtel-Effekt. Nicht die Identifikation mit dem »Schweinhirten« ermöglicht die Bewältigung der Ehrenrührigkeit, sondern die imaginäre Umkehrung der hierarchischen Verhältnisse in Verbindung mit dem bürgerlichen Paradigma, das menschliche Auszeichnung ins Verhältnis zu Tüchtigkeit und Natürlichkeit setzt. Der Rang des Schweinehirts drückt seine Demütigung aus, die Rangdifferenz das hohe Maß seiner Vulnerabilität. In »Ulyß« (mit dem er sich identifiziert) kommt ihm eine Größenfantasie zu Hilfe, die ihm seinen Wert bestätigen soll. Es handelt sich also, ähnlich wie bei der Lotte-Imago, um eine Selbstaufwertungsfantasie, die seinen permanenten Komparativstatus (»werther«) unterstreicht.

Die geringe Schätzung des eigenen Werts und das mangelnde Selbstgefühl bedingen im Zuge der Größenfantasien insgesamt eine verzerrte Selbstwahrnehmung. Diese erstreckt sich auch auf den eigenen Körper, für dessen vitale Bedürfnisse jedweder realistische Sinn fehlt. Werther kann so seinen eigenen *Leiden* gar nicht gerecht werden, ja kann sie nicht einmal wirklich als solche empfinden, noch kann er künftige Leiden vor sein geistiges Auge bringen. Auch in dieser Hinsicht ist er sich fremd, weil kein realistisches Selbstkonzept ihn leitet.

So wird z.B. auch das eigene Sterben unvorstellbar, unantizipierbar und zum Gegenstand euphorischer Verharmlosungen im Zeichen von Jenseitserwartungen. »Sterben! Was heist das?« ruft Werther aus. Oder auch: »Vergehen! – Was heißt das? das ist wieder ein Wort! ein leerer Schall ohne Gefühl für mein Herz.« (141) In den emphatischen Zeilen: »Ich träume nicht, ich wähne nicht! nah am Grab ward mir's heller. Wir werden seyn« (143) zeigt sich seine apperzeptive ›Blindheit‹ auf dem Höhepunkt. Nunmehr fallen Vergangenheit, Gegenwart und Zukunft (auch stilistisch als Tempora) zusammen und heben die Zeitstruktur als letztes Gerüst der Wirklichkeit auf. Zu dieser wahnhaft-egokosmischen Aufhebung von Realität gehört auch die Umkehrung der genealogischen Abfolge, wenn Werther Lottes Mutter als »Dein Ebenbild« (143) beschwört.

In solchen und anderen ›Derealisationen‹ – stilistisch bedingen sie durchaus surrealistische Textmomente – spiegelt sich die absurde Aufhebungsstruktur, die in der Formel ›Zerstörung der Zerstörung‹ begründet liegt. Tatsächlich zerstört Werther mit dem »zerstörten Herzen« den wahren Grund seiner Gefühllosigkeit. Die Kugel gilt dann nicht umsonst seinem »zerrütteten Gehirne«, war dort doch, ganz neuropathisch gedacht, der Sitz seines Elends ausgemacht: »Du fühlst nicht! Du fühlst nicht! daß in deinem zerstörten Herzen, in deinem zerrütteten Gehirne dein Elend liegt, wovon alle Könige der Erde dir nicht helfen können.« (113)

Wie Eduard aus den *Wahlverwandtschaften*, für den »der Mensch [...] ein wahrer Narziß« ist (HA 6, S. 270), war Werther schon einmal auf dem Weg der Zerstörung: »Ich wollte in Krieg!« (96). Am Ende führt er den Krieg gegen so viele und vieles: den Vater, die Mutter, Albert, Lotte, die ›Gesellschaft‹, gegen sich selbst. (Faber 1973, S. 259)

Die narzisstische Thematik des Buches ist früh im psychoanalytischen Sinne bestimmt worden, allerdings nicht von Freud selbst, der das Buch bei aller Liebe zu Goethe entweder übersah oder aber, wie Elisabeth Auer (1999, S. 69) waghalsig vermutet, aus unbewussten Abwehrgründen ignorierte, sondern von dem Adler-Schüler Ernst Feise (1989, S. 50). Dieser brachte die Wertherkrankheit 1926 erstmals auf den Punkt: »Nicht auf das Objekt also geht sein Gefühl, sondern auf narzisstische Selbstbetrachtung«[23].

Aus der Sicht der heutigen psychoanalytischen Narzissmustheorien, die alle Entwicklungstheorien sind, ist das hier vorliegende Pathologieszenario mit unterschiedlichen Akzenten zu beschreiben, die im Rahmen dieser literaturpsychologischen Arbeit nicht zum Tragen kommen können. Ein konsensfähiges analytisches Resümee dürfte sich aber, allerdings ohne Rücksicht auf Nuancierungen, mit dem Kohut'schen Theorievokabular herstellen können. Danach wird in der Szene mit Lotte ein dyadisches Urszenario aktiviert. Es kommt zur unbewussten Übertragung archaischer Triebimpulse und damit der Remobilisierung narzisstischen Primärbedarfs. Die in der Lottefigur anvisierten bzw. auf sie projizierten Idealeigenschaften sind Ausdruck des Verlangens nach der »lebenserhaltende[n] Matrix empathischen Widerhalls von Seiten des Selbstobjekts«, einer »intensive[n] Form von Objekthunger« also, die ihrerseits ein verzerrtes Subjektideal, das »Größen-Selbst«, mit sich führt. Dieses ist ein Abwehrkonstrukt, das kompensatorisch auf die narzisstische ›Entleerung‹ (etwa durch eine traumatische Deprivation) antwortet. Es enthält impulsstarke Selbstbehauptungs- und Allmachtsinhalte, die sich in narzisstischer Wut äußern können, aber auch in Selbstzerstörung. Das Krankheitsmodell »Werther« umfasst insgesamt eine Reihe von Merkmalen, die vermuten lassen, dass eine narzisstische Symptomatik repräsentiert wird. Dazu gehören neben Schuld- und Minderwertigkeitsgefühlen vor allem Existenzangst, Antriebsschwäche, Unrast, Stimmungsschwankungen, Realitätsverlust, der Drang zum Idealisieren, unerfüllbarer Kreativitätsdrang, Melancholie, Megalomanie, extreme Vulnerabilität, »Exzesse«[24], Psychose- und (euphorische) Suizidneigung. (Kohut 1981, S. 113; 1976, S. 66, 45)

Es ist aufschlussreich, wenn man in Grunbergers (2001, S. 291) Ausführungen über den destruktiven Narzissmus, insbesondere das Cotard-Syndrom, eine Beschreibung von suizidalen Faktoren liest, die an Werther erinnern.

Aus der charakteristischen Mischung von Unterbesetzung (des Körpers) und narzisstischer Überbesetzung (des Ich) »ergibt sich eine Art abstraktes globales Ich, das zur totalen Starre verurteilt ist«. Fantasien der Unsterblichkeit verbinden sich mit solchen einer ›Heilung durch Destruktion‹ im Sinne des ›Ausrottung des Unheilbaren‹. Antonin Artaud bezeugt das in seinem von Grunberger zitierten Satz: »Wenn ich mich töte, so nicht um mich zu zerstören, sondern um mich wiederherzustellen.«

Zu fragen ist, ob es von diesen Theorien her generell möglich ist, Phänomene wie das »große Selbst« der Geniezeit bewusstseinsgeschichtlich erklären zu helfen, jenes gesteigerte Selbst, das in der Charakteristik Emil Staigers (1962, S. 99) »gottähnlich in seiner Mächtigkeit und Einsamkeit« ist und »in seiner Größe sich von allem ausgestoßen fühlt«. Es wäre gewiss wert zu untersuchen, inwieweit über die augenscheinlichen Analogien hinaus die Narzissmussymptome in Lebens- und Leidensbildern wiederkehren, wie sie sich im geistigen Umfeld des ›Genietreibens‹, des romantischen Idealismus und der Naturmystik mit ihren pantheistischen (und gelegentlich okkultistischen) Erscheinungsformen darstellen oder sich auch in gewissen Formen ekstatisch-mystischer Religiosität von Novalis bis Eichendorff sowie insgesamt in der radikalen Neigung zu lebensfernen Abstraktionen bekunden, seien sie politischer, philosophischer oder ideologischer Art. Gerade die »Stürmer und Dränger«, wie sie uns historisch in jenen vom Rationalismus der Aufklärung und dem beginnenden Ökonomismus bestimmten Jahren (und periodisch vielleicht immer wieder) begegnen, sind ja auffällig besessene Kreative, die aus ihren Erzeugnissen immer wieder zwanghaft ihr Spiegelbild schöpfen. Wenn Werther sagt: »Ich kehre in mich selbst zurük, und finde eine Welt!«, dann tritt in dieser Erfahrung ein Grundzug der Zeit und mit ihm der prometheische Antrieb hinter all diesem Schaffen-Müssen zu Tage, dem wir unzählige künstlerische Werke verdanken. In seinem sich selbst blockierenden monomanischen Schaffenszwang (der möglicherweise auch an seinen Talenten vorbeiführt) scheint »Werther« seine eigene Welt tatsächlich erst erschaffen zu müssen, da er sich auf die äußere Realität nicht als Objekt beziehen bzw. das Objekt (also z.B. Lotte) nicht zur Beziehungsrealität werden kann. Man könnte auch sagen: Die narzisstische Besetzung der eigenen bildproduktiven Innerlichkeit und ihrer Hervorbringungen erzeugt bei ihm zu wenig progressive Momente (etwa über eine stärkere psychische Integration), um das Verharren auf oder Zurückgehen zu der frühkindlichen Subjektstufe durch neue Schritte der Ichorganisation zu dynamisieren. Seine hermetisch abgeschirmte Vorstellungswelt entspricht dem Festhalten am archaisierenden Ideal der Mutter-Kind-Symbiose, wie es sich ja in der Übertragung auf

»Lotte« ausagiert. In dieser totalisierenden Eigenschaft allein aber kann die Fantasie noch nicht zum »Übergangsobjekt« bzw. Übergangsprozess werden, der in die Unabhängigkeit als Voraussetzung echten Künstlerseins weist [25]. Werther ist und bleibt der Dilettant, mit dem sich Goethe das *alter ego* des ambitionierten Malers vom Leibe schreibt, womit ihm zugleich ein psychisches Modell des künstlerischen Scheiterns gelingt.

Die Frage der gescheiterten Kreativität ist wesentlich komplizierter, als sie in diesem Zusammenhang erörtert werden kann. Zu warten ist auf eingehendere Analysen, die den *Werther* z. B. als Modell für sublimatorische Hemmnisse lesen. In der Tat sehen wir die Figur eine Art Hervorbringungsneurose repräsentieren, ohne sie als genuine Künstlerfigur zu fassen zu bekommen. Dass ihre Fantasien nur um sie selbst zirkulieren, ist offensichtlich und gehört freilich zur Romankonstruktion. Die Figur kann diese Fantasien also nicht (wie Goethe) so weit aus sich herausstellen und ›verschieben‹, dass sie in transformierter Form ihr gegenübertreten und jenes Maß an Alterität aufweisen, das für eine integrative Bewusstseinsrepräsentation nötig ist. Werthers Briefe als solche sind Spiegelungs-, aber keine Objektivierungsversuche. Auch in ihnen bleibt er narzisstisch gefangen. Nicht umsonst sind die Briefe ja ohne Erwiderung. Befunde wie die von Feise (1989, S. 53): »Werther befreit sich nicht in seiner Lyrik, sie ist nur ein Aufschrei seiner Seele« – ein Statement von 1926 – oder von Pütz (1983, S. 59), Werther sei zwar ein Kreativer, aber eine »Künstlerexistenz ohne künstlerische Produktion«, verlangen nach weiterführender Forschung.

Medizin- bzw. psychiatriegeschichtlich sind die erwähnten Pathologien wiederholt der Melancholie zugeschlagen worden, so z. B. dem Syndrom des »manisch-melancholischen Irreseins« (Kraepelin 1909/15). Feise lehnt den Begriff für die Beschreibung der Werther-Symptomatik strikt ab. Thorsten Valk (2002, S. 61) hat indes darstellen können, dass das Melancholiesyndrom im *Werther*, ja im gesamten Werk Goethes eine zentrale Rolle spielt. Sein Untersuchungsansatz ist pathologiegeschichtlich orientiert, seine Symptombeschreibung bleibt historisch gebunden:

Werther leidet […] an der Melancholie und an dem, was die Medizin im 18. Jahrhundert gemeinhin mit ihr assoziiert: psychische Labilität, häufige und starke Stimmungsumschwünge, ständiger Wechsel zwischen depressiver Niedergeschlagenheit und ekstatischer Exaltation, überhitzte Fantasie und hypertrophe Einbildungskraft, Entscheidungsunfähigkeit und depressive Handlungshemmung, Eigenliebe und narzisstische Selbstbespiegelung, Hypersensibilität und Hypochondrie, Vereinsamung und soziale Desintegration, Weltverlust und Derealisation, Inkludenz und Suizidneigung.

Balint (1988, 1994) sprach im Zusammenhang der Symptome der Grundstörung, wie z. B. der schizoiden Ambivalenz zwischen Objekthunger und Objektscheu – man könnte auch sagen: ›Weltsucht‹ und ›Weltflucht‹ –, von den »furchterregenden Leerräumen« des Inneren, die der Schizoide in seiner abgrundtiefen Einsamkeit überbrücken wolle, wobei es das utopische Ziel sei, »bedingungslos lieben zu können«. Dieser psychoanalytischen Symptombeschreibung könnte man viele der Melancholiemerkmale, wie sie oben genannt wurden, subsummieren. Sie liest sich stellenweise fast wie eine Paraphrase des *Werther* im Allgemeinen und des »Lükke«-Befunds im Besonderen. Auch in der heutigen Psychoanalyse werden Metaphern aus dem Motivkreis des Mangels häufig zur Symptombeschreibung herangezogen. So z. B. bezeichnen Cohen und Kinston (1984) die strukturellen Deformationen bei frühen Störungen als »Loch in der Seele« (»hole in mind«), oder Fritz Morgenthaler (1987) spricht von »Plombe« oder »Pfropf«, wenn er Perversionen beschreibt, die als prothetische Überbrückung von Lücken in der Selbststruktur dienen sollen.

Im Licht des großen historischen (und nachhaltigen) Erfolgs des Romans erscheint die Wertherproblematik als »*identity theme*«[26] einer ganzen Generation, das freilich eine psychosoziale Dimension freilegt; dies umso mehr, als sich in der dramatischen, ja frenetischen Werther-Rezeption auch ein Hilfsappell vernehmen lässt. Wenn viele Menschen in einem sozialen Gewebe von mangelnder Bindungsfähigkeit, ja Bindungsflucht geprägt sind, leidet nicht nur die Gemeinschaft als solche, sondern es fehlt auch an Abwehrenergien, die zur Reparatur der sozialen Strukturen und der Restituierung von Bindungsaufgaben vonnöten wären. Modelle des harmonischen Zusammenlebens erscheinen von Auflösung bedroht. Die Polarisierung von Wirklichkeit und Fantasie belastet das Sozialklima mit Konfliktspannung und sorgt dafür, dass soziale Werteprioritäten durch zweckpragmatische Notwendigkeiten und symbolische Äußerlichkeiten ersetzt werden. Forcierter ökonomischer und territorialer Expansionsdrang gehören zu den möglichen Folgen ebenso wie die eingeschränkte Fähigkeit zu versöhnlichem Kompromiss und Konfliktdiplomatie. So erhalten die Wurzeln der Pathologie mehr und mehr Nahrung, statt beseitigt zu werden. Der *circulus vitiosus* wird zum Fakt. »Werthers tödliches Begehren, das schließlich zum Begehren des Todes wird, besitzt für die bürgerliche Lebensform par excellence, die empfindsame Familie, einen Symptomcharakter, dessen Aufschlusswert die berühmten Invektiven gegen die ›fatalen bürgerlichen Verhältnisse‹ übertrifft.« (Meyer-Kalkus 1989, S. 132)

Kurt Robert Eissler (1981, S. 62f.) ist zuzustimmen, wenn er sagt: »Die

Leiden des jungen Werther zählen zu den großen Dokumentationen eines totalen Weltpessimismus.« Doch wäre der Erfolg des Buches nicht erklärbar, wenn es dem Leser nicht das Wahrhaben einer konfligierenden Seelenverfassung ermöglichte, die zwar tragisch, aber nicht ohne therapeutische und (weitergedacht) sozialpsychologische Lösung ist. Je mehr er liest, umso mehr liest er mit ärztlichen Augen. Dabei blickt dieser »psychische Arzt« (HA 9, S. 590) fortwährend in den Spiegel seines Unbewussten, der Quelle seiner Empathie. Er vergrößert so nicht nur sein intuitives Psychologiewissen, sondern bestenfalls auch den objektivierenden Abstand zu sich selbst, während er gleichzeitig sein Bewusstes und Unbewusstes einander näher bringt.

Es ist letztlich diese Möglichkeit zur integrativen Katharsis, die dem Buch Recht gibt und seinen Erfolg erklärt. »Ich fühlte mich«, schreibt Goethe über den Abschluss des *Werther*, »wie nach einer Generalbeichte, wieder froh und frei, und zu einem neuen Leben berechtigt.« (HA 9, S. 588) Die überstandene Gefahr lässt ihn aufatmen. *Werther* ist gewissermaßen der sublimierte Nachfolger jenes Dolches, den er neben seinem Bett liegen hatte, um ihn sich vor dem Einschlafen in die Brust zu stoßen.

Da dieses aber niemals gelingen wollte, so lachte ich mich zuletzt selbst aus, warf alle hypochondrische Fratzen hinweg, und beschloß zu leben. Um dies aber mit Heiterkeit tun zu können, mußte ich eine dichterische Aufgabe zur Ausführung bringen, wo alles, was ich über diesen wichtigen Punkt empfunden, gedacht und gewähnt, zur Sprache kommen sollte. (HA 9, S. 585)

Wenn das daraus entstandene Werk dann wie später der *Faust* tatsächlich »zu männiglicher Verwunderung und Entsetzen« führte (HA 3, S. 428), wie Goethe an Schiller am 1. Juli 1797 schrieb, so galten wohl beide Affekte der ebenso rätselhaften wie bedenklichen Wirklichkeit der kranken Seele in einem pathogenen Kulturmilieu.[27]

5.

Der Mutterkomplex
»Lottes« Mütterlichkeit als Übertragungsprojektion

Was bedeutet überhaupt eine solche doch real vorgestellte »Lotte« tiefenpsychologisch für einen Menschen, wie ihn »Werther« repräsentiert? Ich möchte meine diesbezüglichen Ausführungen hier noch etwas weiter vertiefen. Ihr Verlobten- bzw. Verheiratetenstatus signalisiert die Tabuschranken in einem Dreieckskonflikt, der im subjektiven Horizont der Wertherfigur ein Analogon zur Ödipuskonstellation darstellt. Indem ein »Werther« es mit einem »Albert« nicht aufnehmen kann und will und auch eine »Lotte« es nicht will, vermeidet er den Konflikt, gerät damit aber in eine psychische Sackgasse, in der Progression durch Regression verhindert wird. Die Verlockung zur Aufhebung des Subjektstatus und damit der Ich-Grenzen ist stärker als die Maßnahmen zur Kohärenzstärkung[28].

Ob nun Modell oder Wiederholung der infantilen Leidengeschichte: Die Werthertragödie zeigt mustergültig die Mechanismen der Übertragung, die das Ausagieren von psychischen Defiziten wie z.B. beim unbewältigten Ödipuskonflikt kennzeichnen. Lottes Mütterlichkeit ist eine Imagoqualität, die ihr aus eben der Übertragung zuwächst. Sie wirkt auf ihn wie eine Droge, die auf seinen narzisstischen Bedarf zugeschnitten ist. Sie kann diesen also zwar scheinbar durch quasi psychodelische Zustände lindern und den Schmerz narkotisieren, letzten Endes aber leistet sie der für Suchtverhalten typischen Toleranzentwicklung Vorschub, die immer höhere Dosierungen erforderlich macht. Sobald er diese ›Droge‹ absetzt oder vorübergehend nicht zur Verfügung hat, stellen sich Entzugserscheinungen ein. »Was ist unserem Herzen die Welt ohne Liebe!« (49) klagt er nach nur einem Tag Lotte-Abstinenz. Ohne es zu wollen, treibt diese zurechtfantasierte »wahre Mutter« (56) die Archaisierung des Konflikts voran. Sie bereitet ihm ein symbiotisches Verschmelzungsmilieu, das letztlich nach der Auslöschung der Erwachsenenpersönlichkeit in der Psychose verlangt. Sie wirkt also im Verhältnis zu Werthers Erwartungen kontraindikativ: nicht als Heilerin, sondern als »femme fatale« (Dollinger 2000, S. 105). Hier wird die Schaukeldialektik evident, die Goethe in einer seiner *Maximen und Reflexionen* in die Zeilen fasst:

Große Leidenschaften sind Krankheiten ohne Hoffnung.
Was sie heilen könnte, macht sie erst recht gefährlich. (HA 12, S. 533, Nr. 1253)

In diesem Figurenspiel muss »Werther« also selbst spüren, dass ihm diese »Lotte«, in der gegebenen Gestalt doch das unbewusste Produkt seiner Fantasie, nicht gut tut. Jedoch bedingt das Wechselverhältnis von Lust und Unlust eine masochistische Antriebskomponente, die jede Abstoßung zur Attraktion, jede Attraktion zur Abstoßung macht: »Sie sieht nicht, sie fühlt nicht, daß sie einen Gift bereitet, der mich und sie zu Grunde richten wird. Und ich mit voller Wollust schlurfe einen Becher aus, den sie mir zu meinem Verderben reicht.« (109) Immer wieder schwingt die Furcht vor dem Selbstverlust in oder zwischen den Zeilen, wenn das Vereinigungsszenario aufgerufen ist. Immer mehr begreift dabei auch der Leser, dass Werther sein Glück auf ein Phantom setzt:

> Und das macht mir denn so manche glükliche Stunde – Bis ich mich wieder von ihr losreißen muß […] wozu mich mein Herz oft drängt! – Wenn ich so bey ihr gesessen bin, zwey, drey Stunden, und mich an der Gestalt, an dem Betragen, an dem himmlischen Ausdruk ihrer Worte geweidet habe, und nun so nach und nach alle meine Sinnen aufgespannt werden, mir's düster vor den Augen wird, ich kaum was noch höre, und mich's an die Gurgel faßt, wie ein Meuchelmörder, dann mein Herz in wilden Schlägen den bedrängten Sinnen Luft zu machen sucht und ihre Verwirrung vermehrt. […] ich weis oft nicht, ob ich auf der Welt bin! (70)[29]

Natürlich finden sich darüber hinaus noch Irritationen anderer Art, z.B. moralische, die mit den Gedanken an Schuld und Sünde des Ehebruchs einhergehen und in denen sich, im entwicklungsgeschichtlichen Szenario, die Inzestproblematik wiederholt. Letztlich muss dann alle »Glückseligkeit« angesichts der im Mangel begründeten Beziehungsarmut getrübt sein. Auch die größte Nähe kann über die unerreichbare Ferne Lottes und damit die Tatsache nicht hinwegtäuschen, dass das ideale Selbstobjekt ein fiktiver Spiegel eines Teils seiner selbst ist und nur der tragische Weg in den Narzissmus bleibt.

> Unglücklicher! Bist du nicht ein Thor? Betrügst du dich nicht selbst? Was soll all diese tobende endlose Leidenschaft? Ich habe kein Gebet mehr, als an sie, meiner Einbildungskraft erscheint keine andere Gestalt als die ihrige, und alles in der Welt um mich her, sehe ich nur im Verhältniße mit ihr.

Die Lotte-Madonna ist ihm also nun zuviel geworden, weil sie ihm *alles* werden musste, womit sich ihm zugleich vor Augen stellt, dass ihm zuviel, nämlich *alles* fehlt. Indem der imaginäre Ersatz ihm zum *totum*, das Sekundäre aber zum *primum* wird, empfindet er das Ausmaß der Deprivation und seiner vermeintlichen Täuschung in »Lotte«, die sich ja obendrein zurückzieht. Das fällt auf das Ideal zurück: »Was soll der gütige Blik, mit dem sie mich oft – oft? – nein nicht oft, aber doch manchmal ansieht [...].« (109). Sein Eindruck, dass er sich selbst betrüge, rührt daher, dass er spürt, Lotte sei gar nicht das, was ihm wirklich fehle: »Es ist wahr, wenn meine Krankheit zu heilen wäre, so würden diese Menschen es thun.« (69)

Mehr und mehr stellt sich auch der autophile Antrieb in den Vordergrund und wird so als Beziehungshindernis virulent, am deutlichsten in der überarbeiteten Fassung von 1787, wenn der Autor Werther ausrufen lässt: »Und wie wert ich mir selbst werde [...] wie ich mich selbst anbete, seitdem sie mich liebt!« (HA 6, S. 38) Je mehr Lotte ein »Mittel zur *ekstatischen Hypertrophie seines Narzissmus*« wird (Graber 1989, S. 75), umso mehr knüpft Werther auch an einem infantilen Seelenalter an, in welchem er Irritationen des Selbstwerts besonders stark ausgesetzt war. So weiß er z.B. nicht, ob seine Annahme, sie liebe ihn, »Vermessenheit oder Gefühl des wahren Verhältnisses« sei (48). Eifersucht wird zum bestimmenden Motiv in dem Maße, wie sein possessiver Anspruch an Lotte zunimmt: »Ich begreife manchmal nicht, wie sie ein anderer lieb haben kann, lieb haben darf, da ich sie so ganz allein, so innig, so voll liebe, nichts anders kenne, noch weis, noch habe als sie.« (100)[30] Der Besitzanspruch wird auch in seiner Wahrnehmung des Mädchenhaften an Lotte offenbar, und hier nun zeigt das Objektideal die scheinbar widersprüchliche Paarung von Größen- und Kleinheitsmerkmalen. Als er sie das erste Mal sieht, ist Lotte »ein Mädchen von schöner mittlerer Taille, die ein simples weißes Kleid mit blaßrothen Schleifen an Arm und Brust anhatte« (25). Wenn er wiederholt ausruft: »O was ich ein Kind bin!« (46) oder berichtet: »Auch halt ich mein Herzgen wie ein krankes Kind, all sein Wille wird ihm gestattet« (13), zeigt das einmal die Annäherung an Kindlichkeit durch regressive Entwicklung, zum anderen aber die Assimilation an das zum Zweck der totalen Verfügung ›klein‹ fantasierte Objekt[31]. So ist es auch nicht verwunderlich, dass Werther, wie Goethe selbst, ein Kinderfreund ist: »meinem Herzen sind die Kinder am nächsten auf der Erde« (38) – oder dass neben den Schwachen, Kranken und Schicksalsgetroffenen im Roman auch die Kinder auf ihn ansprechen: »Die geringen Leute des Ortes kennen mich schon, und lieben mich, besonders die Kinder.« (13)[32]

Die Deutung der Kindsymbolik ausschließlich als Regressionsindikator, wie zum Beispiel Helmut Schmiedt (1989, S. 150f.) sie vornimmt, geht auch deshalb nicht auf, weil neben den Fantasien der allverfügbaren Mutter der scheinbar absurde Drang nach Unabhängigkeit ein progressives Moment der Größenbehauptung enthält. Als sein Briefpartner ihm seine Bücher schicken will, lehnt er brüsk ab, sagt, er brauche jetzt keine Anleitung von außen mehr, »braust dieses Herz doch genug aus sich selbst, ich brauche *Wiegengesang*, und den hab ich in seiner Fülle gefunden in meinem Homer« (13, Hervorhebung v. Vf.). Hier entsteht also ein kontradiktorisches ›Trotzgemenge‹, das den Kampf zwischen Ohnmachts- und Allmachtsimpulsen zeigt. Wenn einerseits keine Bücher mehr erwünscht sind, andererseits aber »der Homer« davon ausgenommen ist, erhält dieser den Charakter eines Übergangsobjekts, auf das sich ein neuer Autonomieanspruch und eine sublimatorische Aktivität stützt.

Dass dies sozusagen nur unter den Augen der Mutter möglich ist, wird in der leitmotivischen Blicksuche deutlich, auf die Meyer-Kalkus (1989, S. 109) aufmerksam gemacht hat. Sie liest sich wie eine Veranschaulichung »jener normalen Entwicklungsphase des Größen-Selbst, in dem der Glanz im Auge der Mutter [...] die exhibitionistische Darbietung des Kindes widerspiegelt« (Kohut 1976, S. 141). »Was man nach so einem Blikke geizt!«, ruft Werther aus und erzählt von einem Ausflug, bei dem die Damen in der Kutsche fahren und mit den Herren »aus dem Schlage« plaudern: »Ich suchte Lottens Augen! Ach sie giengen von einem zum andern! Aber auf mich! Mich! Mich! der ganz allein auf sie resignirt dastund, fielen sie nicht! Mein Herz sagte ihr tausend Adieu!« Schließlich blickt sie dann aber doch einmal zurück, und er wüsste jetzt allzu gern, ob dieser Blick ihm galt oder nicht: »Ach! Nach mir?« (46) Man begreift das Selbstbestätigungsschema in den gesuchten Blickinteraktionen etwa auch dann, wenn er über ein Jahr später sagt: »Wenn ich nur ihre schwarzen Augen sehe, ist mirs schon wohl!« (102) Dabei geht es um Spiegelung als Indikator des Geliebtseins, genauer gesagt um »Spiegelübertragung«[33], und das durchaus auch im Wortsinn, denn in »Lottens schwarzen Augen« (46) sieht die Wertherfigur sich selbst. So werden ihr diese Augen nach und nach zum »Abgrund«, in dem sich der »Abgrund des ewig offnen Grabs« wiederholt, »da alles in den Strom fortgerissen, untergetaucht und an Felsen zerschmettert wird« (67). Wie ihn zuvor die Natur mit »Gewalt« bedrohte, so ziehen ihn nun diese abgründigen Augen ins Bewusstseinsdunkel hinab. Als die Krise sich zuspitzt und die ersten deutlichen Psychosezeichen auftreten, bescheinigt er sich selbst die Nähe zu jenem »Zustande, in dem jene Unglüklichen müssen gewesen seyn, von denen man glaubte, sie würden von einem bösen Geiste umher getrieben« (116). Seine Fantasie offenbart ihm die Bedrohlichkeit der Situation. Sie anonymisiert ihm Lotte zur »Gestalt«, die ihn buchstäblich in sich aufnimmt »als ein ewig verschlingendes, ewig wiederkäuendes Ungeheur« (67), so dass am Ende ihre Augen zum inneren Pendant seiner eigenen Augen werden.

> Wie mich die Gestalt verfolgt. Wachend und träumend füllt sie meine ganze Seele. Hier, wenn ich die Augen schliesse, hier in meiner Stirne, wo die innere Sehkraft sich vereinigt, stehen ihre schwarzen Augen. Hier! Ich kann dir's nicht ausdrükken. Mach ich meine Augen zu, so sind sie da, wie ein Meer, wie ein Abgrund ruhen sie vor mir, in mir, füllen die Sinnen meiner Stirne. (115)

6.

Kindsbraut und Windsbraut
Mystik und Archetypik

Es ist der Forschung wiederholt aufgefallen, mit welcher Sorgfalt Goethe das Lotte-Werther-Verhältnis auf eine Mutter-Kind-Beziehung hin perspektiviert. Spätestens wenn wir »Werther« in der Kinderschar »Lotte« zu Füßen sitzen sehen, ist klar: »Ein wirklicher Liebhaber ist er nicht, auch da begnügt er sich in der Identifizierung [mit der Mutter, Vf.]« (Graber 1989, S. 72). Welchen überwältigenden Eindruck gerade die mütterliche Lotte auf ihn macht, wird deutlich, wenn es heißt: »Welch eine Wonne das für meine Seele ist, sie in dem Kreise der lieben muntern Kinder ihrer acht Geschwister zu sehen!« (24) Dabei fließen von Anfang an megalomane Züge des Selbst in die Idealisierung des Objekts ein. Der Größe des narzisstischen Primärverlusts entspricht die Bedeutungsgröße der Figur und die Relevanz der in sie gesetzten Hoffnung auf Wiedergutmachung. Die Madonna ist auch deshalb Madonna, weil sie die Aufgabe hat, dem Untröstlichen überirdischen Trost zu spenden. Pascal formuliert diesen Zusammenhang in unvergleichbaren Formulierungen in seinen *Pensées* von 1670, wo es um die motivationalen Ursprünge von Religiosität geht. Die Sätze könnten dem *Werther* als Motto voranstehen – und es ist im Übrigen kein Wunder, dass gerade die Objektbeziehungspsychologie sich ihrer seit jeher bedient:

> Was anderes zeigt uns dieses Verlangen [nach Glauben, Vf.] und diese Unfähigkeit [ohne Glauben zu leben, Vf.], als daß es im Menschen einst eine echte Glückseligkeit gab, von der in ihm jetzt nur noch die leere Spur verblieben ist, die er vergeblich zu füllen sucht mit dem, was ihn umgibt? Von nicht Vorhandenem erhofft er die Hilfe, die er vom Vorhandenen nicht bekommt. Aber all diese Bemühungen sind unzureichend, weil der unendliche Abgrund nur durch ein unendliches und unveränderliches Objekt ausgefüllt werden kann, gewissermaßen nur durch Gott selbst.

Fast von der ersten Zeile dieses Romans an war zu beobachten, dass die Lotte-Figur in Goethes Jugendroman mehr und mehr die stilisierten Züge eines solchen »unendliche[n] Objekt[s]« in der Gestalt eines Heiligenbilds annimmt, wie es nur einer männlichen Feder – nein: nur dem Hirn eines »Werther« entspringen kann, zu dessen psychischer Ausstattung der Mangel an Bindungsvalenzen gehört (›religio‹ = Bindung – hier ist die Verbindung zu Pascals »Gedanken«). Seine Beziehungsegozentrik kommt z.B. zum Ausdruck, wenn er sagt, er könne in Wirklichkeit »nicht einen Zug ihres Selbst ausdrükken« (23). Der Roman wird dann in der weiteren Ausgestaltung der Derealisation nicht müde, die Lottefigur zu (arche-)typisieren und entsprechend der Werther'schen Insuffizienzlage mit den Eigenschaften der Urmütterlichkeit zu schmücken. Ganz im Sinne des Heiligenbildes rücken dabei ihre ›profanen‹ Eigenschaften als Frau in den Hintergrund, immer wieder mit dem Ziel, sie zu desexualisieren: »Sie ist mir heilig. Alle Begier schweigt in ihrer Gegenwart.« (49) Perspektivisch gleicht sie sich dem Mutterarchetyp an und wird schließlich zur Mutter aller Mütter: der Heiligen Jungfrau, deren »himmliche[r] Athem« (49) ihn, den Sterblichen, berührt. Der »unendliche Abgrund« Pascals wird just durch die Transzendierung einer Sterblichen deutlich.

Das gelingt Goethe durch verschiedene ästhetische Tricks, die neben der Perspektivierung der Figur auf Werther hin auch mythische Elemente und damit evtl. auch Register eines kollektiven Unbewussten erkennen lassen, wie Jung das genannt hat. So ist z.B. die achtköpfige Kinderschar aus Zwei- bis Fünfzehnjährigen, die zum bürgerlichen Familienidyll gehört, nicht Lottes leibliche, sondern märchenhafter- und rührseligerweise die ihrer verstorbenen Mutter, von der sie sich am Totenbett das Versprechen abnehmen ließ, fortan die Geschwister mit dem »Herz einer Mutter und dem Aug einer Mutter« (75) aufzuziehen.

Dazu kommen die ihr verliehenen Helfer- und Heilerattribute, denen seelsorgliche Qualitäten entsprechen, die manchmal weiter geholt erscheinen. So ist Lotte »immer um ihre sterbende Freundin, und ist immer dieselbe, immer das gegenwärtige holde Geschöpf, das, wo sie hinsieht, Schmerzen lindert und Glückliche macht« (44). »Was Lotte einem Kranken seyn muß, fühl ich an meinem eignen armen Herzen, das übler dran ist als manches, das auf dem Siechbette verschmachtet.« (38) Als ein Kind sich am Dorfbrunnen auf ihr Geheiß hin die Wange wäscht, weil Werther es (statt ihrer) geküsst hat, sagt er: »ich habe mit mehr Respekt nie einer *Taufhandlung* beygewohnt, und als Lotte herauf kam, hätte ich mich gern vor ihr niedergeworfen wie vor einem *Propheten*, der die Schulden einer Nation weggeweiht hat.« (45, Hervorhebung v. Vf.)

Die »Schulden einer Nation«: In ihnen drückt sich das Selbstwertdefizit aus, das Lotte beheben soll und das sie offenbar auch temporär beheben kann, wenn sie nicht gerade Albert den Vorzug gibt. Wenn dieses eintritt, erweist sich sogleich das Ehrenrührige: Wenn sie »von ihrem Bräutigam spricht mit all der Wärme, all der Liebe, da ist mir's wie einem, der all seiner Ehren und Würden entsetzt, und dem der Degen abgenommen wird« (48). Der »rechtschafne« Jurist Albert ist aus diesem eifersüchtigem Blickwinkel so eunuchenhaft gezeichnet, dass der Gedanke an eine sinnlich praktizierte Ehe erst gar nicht aufkommt. Daher scheut Goethe auch zuweilen nicht die Karikatur, etwa in Wilhelms förmlich-amtsdeutscher Feststellung: »der freundliche Umgang mit ihr subordinirte sich nach und nach seinen Geschäften« (119).

Die vielleicht eindrücklichste Strategie der erotischen Entsinnlichung und archetypischen Überhöhung gelingt dem Autor mit der Wahl des Weihnachtsfestes als Szenenhintergrund des Romanschlusses. Weihnachten, das Krippenfest mit der Jungfrau Maria im ikonografischen Zentrum; das Fest der Kinder, die beschert werden, worin sich die grenzenlos gebende Großmut einer sich verschwendenden Mutter beweist; der Erlösergeburtstag, mit dem die Messiaskarriere, aber auch die Messiastragödie beginnt, auf die der Roman wiederholt anspielt bis hin zur Stilisierung des Selbstmords als Eucharistieopfer, schließlich das ›Wiegenfest‹ des Kindheitsandenkens mit der jährlichen Infantilisierung der Erwachsenen durch sentimentale Auffrischung von Kindheitsgefühlen und -sehnsüchten[34]. Werther schwelgt in Erinnerungen an »paradisische Entzükkung« (122f.), als er Lotte bei ihren Weihnachtsvorbereitungen antrifft. Er wird zum Kind, das um der Gaben willen jegliches Wohlverhalten anbietet. Hier aber – das dreimalige epiphorische »seyn« macht es klar – geht es um mehr als Verhalten. Es geht um die Existenz als Funktion eines stabilen Selbst: »Sie sollen auch bescheert kriegen, wenn sie recht geschikt sind, ein Wachsstökgen und noch was. Und was heißen Sie geschikt *seyn*? rief er aus, wie soll ich *seyn*, wie kann ich *seyn*, beste Lotte?« (123, Hervorhebung v. Vf.)

Das Krippenfest wird auch durch die beschworene Erlösungsnostalgie und die Evokation der Gotteskindschaft zum Tag der seelischen und moralischen Generalinspektion. Wenn es ›Unerlöstes‹, Versäumtes oder Schuldhaftes in einem Leben gab, an diesem Tag wird es nach oben gespült, alte Wunden, »Lükken« klaffen auf, das Verlangen nach Urbindung fordert seinen Tribut in der ultimativen Einforderung unendlicher Liebe am sprichwörtlichen ›Fest der Liebe‹. Auch schon zu Goethes Zeiten hat dieses Fest offenbar Suizidimpulse ausgelöst. Es ist dramatisches Kalkül, wenn Werthers Tod in die Weihnachtzeit fällt. Ein wenig Zahlensymmetrie verrät überdies den poetischen Baumeister, in dessen ›Manier‹ sich der Selbstmord als pathologisches Konstrukt und liturgisches Zeremoniell decouvriert, das als inszeniertes ›Hirngespinst‹ nun sogar vermeidbar oder doch im Sinne einer *selffullfilling prophecy* von langer Hand geplant erscheint. Werthers ›Golgatha‹ genügt einem regelrechten Countdown: Der Titelheld schießt sich am 22.12. um 12 Uhr Mitternacht eine Kugel in den Kopf und stirbt 12 Stunden später am darauf folgenden 23.12., einem Mittwoch, Schlag 12 Uhr mittags, das sind rein numerisch 5 ausgeschöpfte Zeitzyklen, die den Vorgang bedeutsam, ja vorausberechnet erscheinen lassen und an die magische Zahlensymbolik apokalyptischer Untergangsvisionen erinnern.

Elisabeth Auer (1999, S. 248) hat Werthers Selbstmord mit einem Gedicht verglichen, dabei allerdings dessen tragische Theatralik als Bestandteil der Symptomsprache vergessen. Der hohe Konstruktionsgrad dieser Inszenierung lässt indes keinen Zweifel, dass diese zum Artefakt gerät. Goethe spricht gerade hier auch als »psychische[r] Arzt« (HA 9, S. 590) und Symptomkenner. Er gestaltet die Zwangsläufigkeit des psychischen Geschehens, markiert sie aber als sich selbst erfüllenden Ausfluss der Werther'schen Grundüberzeugung: »Die Natur findet keinen Ausweg aus dem Labyrinthe der verworrenen und widersprechenden Kräfte, und der Mensch muß sterben.« (63) Die Art der Darstellung des Selbstmordrituals, sein scheinbar berechneter, mathematisch exakter Gang konterkariert einzigartig das innere Chaos, das hier Regie führt. Schon die Tötungshandlung als solche ist ein Kontrast zum weihnachtlichen Erlösergeburtstag und im Übrigen auch zu Werthers eigenem Geburtstag, an den er angesichts der blassroten Schleife, der Stoffreliquie von Lottes Kleid, in den letzten Zeilen seines Abschiedsbriefs erinnert: »An meinem Geburtstage schenktest du mir sie!«

Ohne Frage gehört die gesamte dissonante Schlusskadenz zu jener »kritisch-diagnostischen Kontur«, die Jochen Schmidt (1985, S. 326) in den Motiven des Ausbruchs (hier aus dem ›Gefängnis‹ des Körpers) als Strukturprinzip des *Werther* und Indiz für »die Übermacht der einseitig gefühlshaften und deshalb gestaltfeindlichen Subjektivität« nachgewiesen hat.

In all seiner fahrplanmäßigen Berechnung ›verrechnet‹ sich Werther letztlich, auch übrigens was seine eigene physische Reaktion bzw. die Wirkung der Selbstmordwaffe auf seinen Körper betrifft. Der Schuss verfehlt die beabsichtigte Wirkung. Statt direkt zum Tode führt er zu weiteren *Leiden*, die erst 12 Stunden später zu Ende gehen. Man hat daran erinnert, dass Werthers Todeszeit (»um zwölfe Mittags«) mit Goethes eigener Zeitangabe zu seiner Geburt: »mittags mit dem Glockenschlage zwölf« (HA 9, S. 10) korreliert[35]. Der psychoanalytische Nachweis einer Verschmelzungssymbiose im Tode wurde von Elisabeth Auer (1999, S. 240ff.) im Detail versucht. Zu ergänzen ist, dass der Countdown der ›umgekehrten‹ Geburt nicht umsonst mit dem »Weyhnachtsabend« endet, wenn Lotte den Abschiedsbrief lesen wird: »Weyhnachtsabend hältst Du dieses Papier in Deiner Hand« (128). Hier wird noch einmal der Fluchtpunkt des Ganzen unterstrichen. Wie genau Goethe die Weihnachtsmotivik auf eine Verschmelzung hin perspektiviert, zeigt sich auch in der konsequenten Sequenzbildung der Originalseiten 212 und 213. Der in Etappen geschriebene Abschiedsbrief endet hier mit der emphatischen Evokation von Lottes verstorbener Mutter:

> Wir werden seyn, wir werden uns wieder sehn! Deine Mutter sehn! ich werde sie sehn, werde sie finden, ach und vor ihr all mein Herz ausschütten. Deine Mutter. Dein Ebenbild.

Kurz darauf, nachdem man von den zu leihenden Pistolen erfahren hat, berichtet der Erzähler von Lotte, dass sie »tief in ihrer Brust das Feuer von Werthers Umarmungen [fühlte]«, und nun wird Lotte an eben dieser Stelle in Anlehnung an die marianische Formel von ›Unsrer Lieben Frau‹ als »die liebe Frau« (143) bezeichnet. Hier sieht man den Motivkreis in seiner hierarchischen Struktur von der Frau über die Mutter zur Heiligen und schließlich zur Gottesmutter. Die hierarchische Steigerung, um daran zu erinnern, ergibt sich aus der immer größeren Entfernung vom realen Objekt bzw. der immer größeren Unfähigkeit zu einer wirklichen Beziehung, die die Imago Lottes mit mehr und mehr religiösen Elementen anreichert und daher das Realverhältnis ›verarmt‹. Im selben Maße, wie Werthers Lebensweg auf einen unheilbaren Selbstverlust hinausläuft, wird die Geburt des Selbst in einem neuen ›Gefäß‹ ersehnt (auch diese Metapher geht auf die marianische Mystik zurück, die Maria als ›Gefäß‹ Gottes preist). Der zu dieser Geburt nötige Geburtstag ist letztlich der Heiligabend. Gerhard Neumann (2001, S. 133) hat konstatiert, »dass im Werther-Roman sich alle genannten Muster, Szenarien und Dispositive des Geburtstagsereignisses als Urvorgänge der Geburt des Helden in die Welt und in die eigene Identität […] finden«.

Es entspricht der weiter oben erwähnten Bilddialektik, dass die Imago der Übermutter nicht nur erwachsene, sondern auch kindliche Züge erhält. Das ist einmal eine Folge der projektiven Identifikation des Erwachsenen, der wieder Kind sein will; zum andern hängt es mit dem Wunsch zusammen, das Objekt vollständig zu beherrschen. Die »Unschuld« oder die »unbefangene Seele« (49) der idealtypischen »Heilige[n]« (148) sind Attribute der Kindlichkeit, die unbeschränkte Verfügbarkeit und Schutz zugleich versprechen. Der Eindruck von »Einfalt« und sinnlicher »Unschuld« entsteht darüber hinaus allein schon deshalb, weil Lotte als »Mädchen« (25) und »Engel« (141) geschlechtlich purifiziert bzw. als biologische Frau und Mutter tabuisiert ist. Sobald sinnliche Reflexe in Werther erwachen, werden sie mehr oder weniger erfolgreich wegmoralisiert bzw. unterliegen als unterschwellige Inzest-drohung – man denke an das Ödipusdreieck – einem Tabuzwang: »Nie will ich's wagen, einen Kuß euch einzudrükken Lippen, auf denen die Geister des Himmels schweben – Und doch – ich will« (110).

Lassen sich Gefühle der Leidenschaft dennoch nicht leugnen, stoßen sie auf inneren Widerstand, der signalisiert, dass eine sinnlich interpretierte Beziehung der falsche Weg wäre, weil nicht der geeignete Verband für diese Wunde. Das Bild vom »Meuchelmörder« verrät die soziale, aber auch die Ödipusschuld, die zum Schuldkomplex beiträgt, der dann zum maßgeblichen Suizidkeim wird[36]. Wenn er zweimal sagt: »Mir wärs besser ich gienge« (118) bzw. »Mir wäre besser, ich gienge« (122), spricht sich darin die Selbstverur-teilung aus. Das daraus mündende Ritual der Opferhandlung verrät dann Impulse masochistischer Selbstverwirklichung. Je mehr Leidensmystizismus aus dem Fundus der Kulturtradition bereitsteht, umso paradoxer wird dieser Antrieb, so dass schließlich die Leidensklimax eine Kulmination der Vital-kurve zu sein scheint[37]. Das erklärt die feierliche Getragenheit, Geradlinig-keit und Entschlossenheit der Selbstmordvorbereitungen. Wir haben hier auch Franz Kafkas Formulierung im *Jäger Gracchus* im Ohr: »[...] und in das Totenhemd schlüpfte ich wie ein Mädchen ins Hochzeitskleid.«

Wenn der exekutiv-strafende Part dann auf Lotte projiziert wird bzw. dem Introjekt Lotte obliegt (die dem Boten ja die Pistolen aushändigt), ent-spricht das dem Szenario der narzisstischen Protoverletzung. Die ewige Wunde verlangt nach dem Pfeil Amors. Die Handlungen des Selbstobjekts können immer nur als gebende, nicht als nehmende interpretiert werden. Wie die Braut dem Bräutigam den Hochzeitsring scheint Lotte ihm schließ-lich den Tod zu *geben*, was die Märtyrerposition unterstreicht:

> Der Knabe kam mit den Pistolen zu Werthern, der sie ihm mit Entzükken abnahm, als er hörte, Lotte habe sie ihm gegeben. Er ließ sich ein Brod und Wein bringen, hies den Knaben zu Tisch gehen, und sezte sich nieder zu schreiben.

> Sie sind durch deine Hände gegangen, du hast den Staub davon geputz, ich küsse sie tausendmal, du hast sie berührt. Und du Geist des Himmels begüns-tigst meinen Entschluß! Und du Lotte reichst mir das Werkzeug, du, von deren Händen ich den Tod zu empfangen wünschte, und ach nun empfange. (146)

Vergessen wir nicht, dass die letzten Begegnungen zwischen Werther und

Lotte vor dem Weihnachtsbaum, also in einem Milieu des Gebens stattfinden. Hier erweist sich, dass die Bereitschaft zum Selbst-Opfer nicht zuletzt durch die christliche Erlöser- und Märtyrerfigur stimuliert ist, die mit ihrer an diesem Fest gefeierten Geburt die Weltbühne betritt. Werthers Sprache nähert sich dann auch folgerichtig stilistisch wie inhaltlich dem christlichen Urmuster an. Darauf hat Herbert Schöffler (1994, S. 71) bereits 1938 hingewiesen und die Parallelen zur Sprache des Johannesevangeliums und zur christlichen Opfermotivik aufgezeigt. Das eucharistische Opferritual mit seiner Kelchdarbietung (»Brod und Wein«, s. o.) erinnert an die Passion und die Worte des Evangeliums: »Soll ich den Kelch nicht trinken, den mir mein Vater gegeben hat?« (Joh. 18,11) »Es ist«, sagt Schöffler, »bedeutsam, dass Werther dort Lotte nennt, wo im Evangelium Gott steht.« So wird in der Kontrafaktur der biblischen Erlösergeschichte zugleich ein unbewusstes psychisches Motivationsgerüst sichtbar, das die Dynamik der Selbstentfremdung unterstützt[38].

> Hier Lotte! Ich schauere nicht den kalten schröklichen Kelch zu fassen, aus dem ich den Taumel des Todes trinken soll! Du reichtest mir ihn, und ich zage nicht. […] Daß ich des Glüks hätte theilhaftig werden können! Für dich zu sterben, Lotte, für dich mich hinzugeben. Ich wollte muthig, ich wollte freudig sterben, wenn ich dir die Ruhe, die Wonne deines Lebens wieder schaffen könnte; aber ach das ward nur wenig Edlen gegeben, ihr Blut für die Ihrigen zu vergiessen, und durch ihren Tod ein neues hundertfältiges Leben ihren Freunden anzufachen. (149)

Es gehört im Übrigen zur Ironie psychischer Konstruktionen in der Selbstpathologie, dass auch der feindlichste Gegenspieler im Kampf um das Selbstobjekt zum Mitspieler werden kann. Diese Ironie scheint anzuklingen, wenn Albert Lotte auffordert: »gieb ihm die Pistolen. – Ich laß ihm glükliche Reise wünschen« (145). Dass die geradezu klassische Identifikation mit dem Aggressor eine Konstruktion von höchster Paradoxie ist, spürt Werther davor, wenn er von einem Spaziergang mit Albert berichtet: »Wilhelm, es ist eine Freude uns zu hören, wenn wir spazieren gehen und uns einander von Lotten unterhalten, es ist in der Welt nichts lächerlichers erfunden worden als dieses Verhältniß« (56). Diese Pseudokomplizenschaft wird als Festigung des eigenen Unrechts und damit als Schwächung der Selbstposition erlebt, offenbar eine Abwehr der aus der Konkurrenz mündenden Konfliktdrohung. Wenn Albert mit Lotte zum symbolischen Exekutor (und damit zum verlängerten Arm Werthers) wird, kann der masochistische Schlussakt des Psychodramas stattfinden. Der Untergang hat sowohl als ›Selbsterlösung‹ wie als

›Erlösung‹ anderer im Sinne einer Lösung des Dreieckskonflikts ein vitales Valeur, das über religions- und naturmystische Überhöhungen von der Realität des Todes ›gereinigt‹ wird. So kann sich das physische Ende illusionär in den Horizont der gesicherten Kontinuität stellen:

> Ich trete an's Fenster [...] und seh und sehe noch durch die stürmenden vorüberfliegenden Wolken einzelne Sterne des ewigen Himmels! Nein, ihr werdet nicht fallen! Der Ewige trägt euch an seinem Herzen, und mich. (148)

Wenn gleich darauf von der »Trunkenheit« bei der Betrachtung der »Deichselsterne des Wagens, des liebsten unter allen Gestirnen«, die Rede ist, wird noch einmal ein Symbol der fliehenden Zeit mit dem der Ewigkeit in eins gesetzt und somit neutralisiert. Die Motivik liegt auf einer Linie mit den anderen seelenvollen Naturschwärmereien in diesem Roman. Ihre Essenz kommt in Goethes *Ganymed*-Gedicht von 1774 zum Ausdruck, wo die Ichaufhebung in der mütterlichen All-Natur besungen wird. »Hier fantasiert Goethe die Wiederherstellung der frühen narzisstischen Einheit mit der Mutter als Gewinn der Einheit mit der idealisierten väterlich-mütterlichen Elternimago« (Pietzcker 1985, S. 21):

> In Eurem Schoße,
> Aufwärts,
> Umfangend umfangen!
> Aufwärts
> An deinem Busen
> Alliebender Vater! (HA 1, S. 46f.)

Diese schwelgerischen Erfahrungen des ›Überfließens‹, wie sie dem pantheistischen Lebensgefühl der Empfindsamkeitsepoche entsprechen, sind gewiss Symptomvorläufer. »Werthers ›Absolutismus des Herzens‹ erweist sich hier als eine ›passion narcissique‹ im doppelten Wortsinn: als eine leidenschaftliche Identifizierung mit Naturformen« (Meyer-Kalkus 1989, S. 100)[39]. Herder (SW XV, S. 323) brachte das Breitenphänomen auf die psychologische Formel: »Die das ganze Weltall mit Liebe umfassen, lieben meistens nichts, als ihr enges Selbst.« Man kann ergänzen: nichts als ihr idealisiertes Selbstobjekt, das sie zurückspiegelt und ihnen ein quasi ›ozeanisches‹, substitutives Daseinsgefühl vermittelt. Ob Natur oder »Lotten, dort fühl ich mich selbst und alles Glük, das dem Menschen gegeben ist« (35) – zumindest solange das illusionäre Objekt und damit der Anschein der narzisstischen Homöostase erhalten bleibt. Der hier beschriebene Zustand ist ein außerordentlich prekärer und bietet sicherlich keinen Anlass zur ›Gesunddeutung‹ durch den Interpreten[40].

Eine Folgeerscheinung dieser Dynamik wird bei Goethe auch poetologisch reflektiert. *Werther* ist, wie erwähnt, nicht zuletzt ein Buch über gescheiterte Kreativität. Wenn die infantile Einheit mit dem geliebten Objekt unempathisch verweigert wird, leistet das utopistischen, manchmal aus dem Fundus der Archetypen angereicherten Fantasien Vorschub, die freilich erst in einem Entwicklungsalter greifen können, wenn die imaginative Symbolfähigkeit hergestellt ist. Sie können zu magischen Größenmanien werden, die die Funktion von Übergangsphänomenen erhalten. Die Imagination hat dann die Neigung, die Realität zu überlagern, was von damit einhergehenden Über-Ich-Schwächen begünstigt wird. (Vgl. Kohut 1976, S. 135[41])

Jede Kunst, sofern sie Utopie gestaltet, entspringt so einem Transzendierungsverlangen aus unerfülltem Symbiosewunsch. Wird dieser aber zum überwiegend regressiven Bewusstseinsfaktor, entsteht eine phantasmagorische Wahrnehmungsform, die buchstäblich ›weltblind‹ macht. Man könnte in diesem Fall von einer Apperzeptionsneurose sprechen, handelt es sich doch um eine Abwehrmaßnahme gegen den Objektverlust.

Hans Rudolf Vaget (1985, S. 68) hat Werthers Versagen in der Kunst auf die »zwanghafte Neigung, die Wirklichkeit mit den Augen der Kunst zu sehen«, zurückgeführt und in der Verwechslung des Objektiven mit dem Subjektiven die Wurzel seines Dilettantismus bestimmt. Das trifft den Tatbestand recht genau. Allerdings konstatiert Vaget dies nicht als psychologisches, sondern als bewusstseinsgeschichtliches Faktum, handelt es sich doch beim Dilettantismus um ein »kunstsoziologisch neues Phänomen« des Bürgertums[42]. Goethes lebenslange Beschäftigung mit dem Dilettantismusproblem, die auch für die Werther-Entstehung verantwortliche Auseinandersetzung mit der Frage, was den Künstler vom Dilettanten unterscheide, hat ihren Ursprung in dieser ihm aus eigener Erfahrung wohlbekannten obsessiven Bewusstseinsstruktur, die dem Wahrnehmungsbetrug bzw. dem Phantasmatischen Vorschub leistet. Deshalb fordert er von der Kunst auch stets »Darstellung«:

> Das Höchste derselben ist, wenn sie mit der Wirklichkeit wetteifert [...] Auf ihrem höchsten Gipfel scheint die Poesie ganz äußerlich; je mehr sie sich ins Innere zurückzieht, ist sie auf dem Wege zu sinken. (HA 8, S. 294)

Der eingangs zitierte Passus aus dem Vierten Teil aus *Dichtung und Wahrheit* – geschildert wird die Reise über Darmstadt, Karlsruhe in die Schweiz des Jahres 1775 – lässt deutlich werden, wie wichtig diesem Autor diese »ungeheure Differenz« zwischen primär innerer und primär äußerer Wahrnehmung war und warum er sich letztlich bei seinen naturwissenschaftlichen Projekten, aber auch auf seinen langen Reisen immer wieder vom Kunstschaffen erholen musste:

> ›Dein Bestreben‹, sagte er [Merck, Vf.], ›deine unablenkbare Richtung ist, dem Wirklichen eine poetische Gestalt zu geben; die andern suchen das sogenannte Poetische, das Imaginative, zu verwirklichen, und das gibt nichts wie dummes Zeug.‹ Fasst man die ungeheure Differenz dieser beiden Handlungsweisen, hält man sie fest und wendet sie an; so erlangt man viel Aufschluss über tausend andere Dinge. (HA 10, S. 128)

7.

Kind der Zeit
»Werthers« Selbstporträt als Zeitprofil

Ohne auf eine ›Anamnese‹ zu zielen, die einer literarischen Fantasie in dieser Form ohnehin nicht eingeschrieben ist, sollen hier die Anhaltspunkte zu fiktiv lebensgeschichtlichen Einschnitten der Wertherfigur noch einmal exemplarisch ausgewertet werden. Es geht dabei nicht um die Konstruktion einer imaginären ›Biografie‹, sondern um den Versuch, die Regieführung des auktorialen Subjekts hinter den Porträtzügen zu bestimmen, die eine diachrone Figurenzeichnung erkennen lassen.

Ein anonymer Kritiker des Jahres 1775 rühmte das Buch als »allervortrefflichste Erläuterung durch ein Beispiel von dem Satze: Die Menschen werden zu ihren jedesmaligen Handlungen durch die zusammengesetzte Wirkung der Umstände und ihres Charakters unwiderstehlich bestimmt«. (HA 6, S. 531f.) Bereits für diesen zeitgenössischen Leser ist die Konzentration auf Erinnerungsrelevantes im Roman mehr als nur ein »epischer Kunstgriff, unter dem Aspekt erzählerischer Authentizität eine für den Text anschließbare Ausgangsbasis zu schaffen«. Es ist zwar richtig, dass die spärlichen Ereignisse »eher eine Stütz- als eine Eigenfunktion zur Erklärung von Werthers Leiden« haben (Flaschka 1987, S. 218), doch verfolgt ein Autor in der Regel ohnehin nicht den Zweck einer kasuistischen Falldarstellung. Deshalb darf das Porträt Werthers auch nicht mit naturalistischen Maßstäben gemessen werden. In seiner Eigenschaft als Selbstporträt kann es Vergangenheit nur in der Form subjektiver Erinnerung enthalten. Ästhetisch ist dann das wichtigste Mittel der Darstellung eine indirekte Konturierungstechnik, bei der die Figur weniger durch Umrisszeichnung als durch die Peripherielinien des Hintergrunds entsteht.

Gerade durch solche Peripheriekontur wird sie zum ›Kind der Zeit‹ und als Sozio- oder auch Pathotypus greifbar. Wenn Goethe in *Dichtung und Wahrheit* die Form des Briefromans aus dem ›taedium vitae‹ seiner Epoche, dem »Ekel vor dem Leben« rechtfertigt (HA 9, S. 578), dann zeigt sich darin, wie bewusst er im nachhinein – und mag dies auch, wie Kayser (1994, S. 132f.) vermutet, eine lebensgeschichtliche Konstruktion sein – seine Autorschaft ins kollektive Zeitmilieu einbettet. Dass ihm das 1774 noch nicht in dieser Form möglich war, versteht sich nach seinen eigenen *Reflexionen* von selbst: »Innerhalb einer Epoche gibt es keinen Standpunkt, eine Epoche zu betrachten.« (HA 12, S. 503, Nr. 977) Die eingangs zitierte Textpassage, in der er den Roman als »Zündkraut« bezeichnet, das eine Mine zur Explosion gebracht habe, unterstreicht indes seine Auffassung vom Vorhandensein eines pathogenen Zeitkolorits, das auf Werther wie auf seine Leser abgefärbt habe.

»Werther« also wurde wie sein Autor am 28. August geboren und wuchs in einer deutschen Kleinstadt auf, deren nicht sonderlich originelles Attribut der Lindenbaum vor dem Stadttor ist, von Ernst Beutler (1994, S. 126) als die Linde am Weißen Stein vor dem Eschenheimer Tor, heute in, früher außerhalb von Frankfurt, identifiziert. Sein Bericht über eine »Wallfahrt« zu dem »lieben vertraulichen Ort« (94), der an einem Fluss liegt und in dessen Hintergrund man die Kammlinie eines Mittelgebirges (des Taunus) sieht, enthält nostalgische Schwelgereien von »glüklich verträumten Tagen« (94), so dass es verwundert, wenn dann unverhofft auch andere Töne zu hören sind. Von chronischem Fernweh ist die Rede, schon das Kind wollte weg (er vergleicht sich mit Odysseus). Schließlich erfahren wir von einer am Marktplatz gelegenen

> Schulstube, wo ein ehrlich altes Weib unsere Kindheit zusammengepfercht hatte […]. Ich erinnerte mich der Unruhe, der Thränen, der Dumpfheit des Sinnes, der Herzensangst, die ich in dem Loche ausgestanden hatte. (95)

Goethe, der von seinem siebten Lebensjahr an nie mehr eine Schulstube von innen sehen musste, lässt es an realistischer Drastik im Detail nicht fehlen, wenn er die Umgebung kindlichen Lernens hier eher mit einem Schafstall (»zusammengepfercht«) oder einem Gefängnis (»Loch«) vergleicht als mit einer menschenwürdigen Behausung. Das Vorbild dieses Jammerorts dürfte die Spiel- und Strickschule in der Weißadlergasse gewesen sein, wo der Vierjährige einige Zeit seiner Kindheit verbrachte. (Beutler 1994, S. 126) Die Art, wie das kindliche Erleben hier als Leiden wahrgenommen, ja, dass es überhaupt erinnert wird, überrascht nicht weiter, weiß man doch – und nun weiß man auch warum –, dass Werther stets auf der Seite der Kinder steht. In der Häufung der negativen Züge, die hier erscheinen und die umso deutlicher hervortreten, als es doch ein Umfeld positiver Eigenschaften gibt – auch die absurde Ehrlichkeit der tyrannischen Alten gehört dazu –, wird der Stellenwert dieser Erinnerung in seinem Bewusstsein erkennbar und damit die Prägekraft des Erlebten.

Zu den wenigen Lebensdaten, die der Wertherfigur beigegeben sind, gehört, dass der Junge den Ort seiner Kindheit nach dem Tod des Vaters verlässt und mit seiner Mutter widerwillig in »ihre unerträgliche Stadt« (94) zieht. Dass ihm später der Todesfall als solcher keiner trauernden Erinnerung wert ist, ist nicht erstaunlich; dass er aber über den Verlust und die Person des Vaters kein einziges Wort verliert, macht diesen als »Lücke in der Figurenwelt des Buches« bedeutsam (Perels 1998, S. 50). Schließlich ist der junge Werther zu jenem Zeitpunkt im vorpubertären Alter, in dem man ein voll entwickeltes Langzeitgedächtnis besitzt. Da es eine indifferente Elternbeziehung tiefenpsychologisch nicht gibt, lässt sich annehmen, dass hier eine Geschichte der ›Vaterlosigkeit‹ erzählt wird (die nicht erst mit dem physischen Tod des Vaters beginnt), ähnlich wie ein halbes Jahrzehnt später Schiller in seinen *Räubern* eine Geschichte der ›Mutterlosigkeit‹ erfinden wird. Freilich ist auch nicht auszuschließen, dass das Fehlen von Trauerreminiszenzen eine Verlusterfahrung indizieren soll, wie sie im Übrigen auch zu Werthers Narzissmussymptomatik passen würde[43].

Um wie Meyer-Kalkus (1989, S. 130f.) zu einer »matriarchalen Codierung des Begehrens« in der Liebe zur mütterlichen Lotte zu kommen, muss man daher nicht notwendig Jacques Lacans Theorie von der »Verwerfung des Namens-des-Vaters« heranziehen, die ja den physischen Verlust des Vaters nicht voraussetzt, sondern vielmehr die »Folgen einer Schwächung der paternalen Funktionen in der Familie« erklären soll[44]. Offensichtlich im Widerspruch zu den unausgesprochenen Erinnerungen an den Tod des Vaters und den ausgesprochenen Erinnerungen »der Unruhe, der Thränen, der Dumpfheit des Sinnes, der Herzensangst, die ich in dem Loche ausgestanden hatte« (95), gibt Werther an, an dem »lieben vertraulichen Ort« so manche »glüklich verträumten Tage« (94) verbracht zu haben.

Ob man hier auf die Lehrbuchweisheit zurückgreifen soll, dass die Beschönigung von Kindheit eine häufige Abwehrstrategie ist, aus der neben der Verdrängung negativer Erfahrungen auch Schuldgefühle sprechen, lasse ich dahingestellt. Entscheidender ist, dass Werther in manchen Sätzen, die wie Merksätze zur Erziehung daherkommen, tiefe Einsichten in die kindliche Seele offenbart, wie sie nur zustande kommen, wenn das seelisch leidende Kind bewusst aus dem Erwachsenen spricht. In ungewöhnlichen – und ungewöhnlich modernen – Worten beklagt er die Geringschätzung der kindlichen Existenz und damit generell die Verkennung des Kindes in seiner Eigenart und gesellschaftlichen Bedeutung, so im Brief vom 29. Juni, in dem er den erzieherischen Missbrauch an Kindern und damit auch die Wegbereitung chronischer Selbstwertkonflikte geißelt: »Und […] sie, die unsers gleichen sind, die wir als unsere Muster ansehen sollten, behandeln wir als Unterthanen.« (38) An anderer Stelle erhebt er Anklage gegen den Missbrauch der Macht, nun nicht mehr ausschließlich, aber doch auch aus der Sicht des leidenden Kindes:

> Weh denen [...], die sich der Gewalt bedienen, die sie über ein Herz haben, um ihm die einfachen Freuden zu rauben, die aus ihm selbst hervorkeimen. Alle Geschenke, alle Gefälligkeiten der Welt ersezzen nicht einen Augenblick Vergnügen an sich selbst, den uns eine neidische Unbehaglichkeit unsers Tyrannen vergällt hat. (43)

Werthers Seelenlage ist besonders eindrücklich an der Parteinahme für das Kind und noch deutlicher an der perspektivischen Teilhabe an dessen Leiden abzulesen. Wenn Erich Trunz schreibt, es gebe »zu Werthers spannungsreicher Innenwelt keinen größeren Gegensatz als die Welt der Kinder« (HA 6, S. 553), dann darf dies die Affinität der beiden Welten in Werthers literarischer Persönlichkeit nicht ausschließen. Gerade im Kontrast zur (christologischen) Solidarität mit den Kindern wird der pathogene Kern von Erziehungsgrundsätzen deutlich, die gegen die Substanz des Subjekts, das Selbst, gerichtet sind, wenn sie ihm die Freude »an sich selbst« nehmen und damit narzisstische Fantasien entzünden. Hartmut Böhme (1981, S. 163) hat im Rekurs auf Foucault für die romantische Generation dargestellt,

> dass bürgerliche Erziehung weniger auf einer generellen Frustration (Repression) von Trieben beruht, sondern [...] diese werden vielfach angereizt und produziert –: freilich so, dass das Subjekt der Triebe dabei strategisch eingekreist, narzisstisch gedemütigt und gekränkt wird.

Auch das Verhältnis der Wertherfigur zur »Mutter« lässt sich verhältnismäßig leicht bewerten. Er unterhält keinen direkten Briefkontakt zu ihr. Er lässt ihr ausrichten, und sie lässt ihm ausrichten. Dabei geht es immer um praktische Dinge, einmal um Geld, ein andermal um den Beruf, sie will ihn »in Aktivität«, das heißt in beruflicher Anstellung sehen, eine Forderung, der er widerstrebend nachgibt, bis er sich schließlich beklagt, man habe ihn »in das Joch geschwazt« (82), und auch seine Stelle beim Grafen v. C. wieder aufgibt. Die Mutter ersetzt ihm die väterliche Stimme der Norm und der bürgerlich-ökonomischen Vernunft. In ihr sieht er das Kollektiv verkörpert, wenn er sich beschwert: »und ihr seyd doch allein schuld daran, die ihr mich sporntet und triebt und quältet, mich in einen Posten zu begeben, der nicht nach meinem Sinn war« (88). Sie ist in dem Maße als quälendes Über-Ich präsent, wie sie physisch abwesend ist. Allerdings reicht ihre Wirkung aus den beschriebenen Gründen nicht aus, ihm zur Vermittlung des Realitätsprinzips zu verhelfen. Im Roman scheint sie überhaupt vor allem durch die Tatsache zu wirken, dass sie keine positive Rolle spielt. In der Idealisierung Lottes als »wahre Mutter« (56) ist sie im Gegenbild einer ›falschen‹ Mutter immer präsent. Sie ist es, der er »Freude schuldig war«, wie er in seinem Abschiedsbrief an Wilhelm schreibt, wo er sie auch um »Vergebung bittet, wegen all des Verdrusses, den ich ihr gemacht habe« (122). Daraus spricht das Kind, das Verantwortung für das Wohlergehen der Mutter und damit eine Last trägt, die es nicht tragen kann. Die Schuldgefühle ihr gegenüber sind unübersehbar, ebenso die Ohnmacht angesichts der Probleme, die er ihr verursacht – ein weiteres Glied in der masochistischen Dynamik, die zum Selbstmord als gewaltsamer ›Lösung‹ (im Sinne einer Durchtrennung des Gordischen Knotens) führt. In einem früheren Brief deutet er bereits eine Überforderung durch den mütterlichen Ehrgeiz an und löst sich kapitulierend von seinen Sohnespflichten, wenn er zu dem Schluss kommt:

> ich kann mir selbst nicht helfen, also mag sie sich's gefallen lassen, wenn ich ihr auch nicht helfen kann. Freylich muß es ihr weh thun. Den schönen Lauf, den ihr Sohn grad zum Geheimderath und Gesandten ansezte, so auf einmal Halte zu sehen, und rükwärts mit dem Thiergen in Stall. (93)

Wenn man wie Graber (1989, S. 71) vom »Stempel der Ambivalenz« sprechen will, den Werthers Mutterverhältnis trage, dann muss man hinzufügen, dass sich diese Ambivalenz mehr und mehr zum negativen Pol hin verschiebt. Dass er sie am Ende nicht einmal eines Abschiedsbriefs mehr würdigt, zeigt den Kulminationspunkt. Hier wird der Mutterkonflikt vollends offenbar, der freilich im ganzen Roman erkennbar ist, und sei es nur in Formulierungen, die den Zwang zur Flucht aus der mütterlichen Abhängigkeit in die eigene Autonomie bekunden wie in dem Eröffnungssatz: »Wie froh bin ich, daß ich weg bin!« (9) In diesem Zusammenhang wird die tragische Ironie in Werthers Beziehungsverhalten deutlich. Sie besteht darin, dass er, der sich im Brief vom 9. Mai mit »Ulyß« vergleicht, auf seiner Odyssee tatsächlich von Skylla zu Charybdis gerät, nämlich von der Mutter weg unausweichlich zur Mutter hin. Erst dann, als Lotte ihm zum »Abgrund« (115) wird, kommt ihm die religiös idealisierte Vater-Imago zur Hilfe, welche die Odyssee dann unverhofft zu einer Rückkehr des verlorenen Sohnes bzw. zur Suche nach dem Vater umdeutet:

Und würde ein Mensch, ein Vater zürnen können, dem sein unvermuthet rük kehrender Sohn um den Hals fiele und riefe: Ich bin wieder da mein Vater. Zürne nicht, daß ich die Wanderschaft abbreche, die ich nach deinem Willen länger aushalten sollte. Die Welt ist überall einerley, auf Müh und Arbeit, Lohn und Freude; aber was soll mir das? mir ist nur wohl wo du bist, und vor deinem Angesichte will ich leiden und geniessen – Und du, lieber himmlischer Vater, sollst ihn von dir weisen? (114)

Die Beschwichtigung des Vaters (»Zürne nicht«) deutet auf eine ödipale Konkurrenzstruktur, die nunmehr aber nicht dadurch überwunden werden soll, dass der Sohn seinen Anspruch auf die Mutter (und das Privileg der Eifersucht auf den Vater) aufgibt – das käme einer Lösung gleich –, sondern indem die Spiritualisierung des Vaters als eines »Allliebende[n]« (113) rückgängig gemacht wird. Dass hier nicht eine idealisierende Anerkennung des Vaters und damit die Überwindung des Ödipuskonflikts stattfindet, lässt sich an der Transzendierung des Konkurrenten erkennen, dem ein selbstzerstörerischer Identifikationszwang entspricht. Die Vereinigung mit dem Vater bedeutet die Aufgabe der Hoffnung, die völlige Desillusionierung, den Verzicht auf Gefühlsautarkie, die Nivellierung der Emotionalität, kurz: die Negation der ganzen »Welt«:

Die Welt ist überall einerley, auf Müh und Arbeit, Lohn und Freude; aber was soll mir das? mir ist nur wohl wo du bist, und vor deinem Angesichte will ich leiden und geniessen [...]. (114)

Goethe macht hier noch einmal vor den mythischen Tiefen des Ödipuskonflikts schwindeln, der in der femininen Gefühlskultur der Empfindsamkeit spezifische Valeurs erhält. »Sie erweist sich am exemplarischen Geschick Werthers als der Effekt einer matriarchalen Codierung des Begehrens unter den Bedingungen eines paternalistischen Regimes in Familie und Gesellschaft.« (Meyer-Kalkus 1989, S. 131) Wie wenige Jahre darauf Schiller in seinen *Räubern* zeigt der Autor hier, warum das Gleichnis vom verlorenen Sohn unter den Bedingungen seines Kunstexperiments »zum Gleichnis eines legitimen, aber scheiternden Emanzipationsversuchs« werden muss. (Perels 1998, S. 60) Damit aber rührt er nicht nur an den bürgerlichen Mündigkeitsoptimismus des 18. Jahrhunderts, sondern er ergänzt das vernunftzentrierte Menschenbild der Aufklärung um eine vergessene dritte Dimension: das Unbewusste, dessen Rückschlagmechanik sich in Bezug auf die Aufklärungsziele als subversiv und kontraproduktiv erweist und diese damit in Frage stellt[45]. Wenn die Rückkehr des verlorenen Sohnes zum Vater in den Selbstmord mündet wie in Goethes skandalöser und provokanter Kontrafaktur, dann scheitert die Aufklärung nicht an den Söhnen, sondern an den Vätern; nicht an politischen Widerständen, sondern an psychischen, d. h. an Abhängigkeitsstrukturen, die die bürgerliche Kleinfamilie mit ihrer spezifischen Dreiecksstruktur geschaffen hat.

Es ist ohne weiteres ersichtlich, weshalb im Roman die »patriarchalische Idee« als eine platonische Hypostasierung von Väterlichkeit den realen Vater ersetzen muss. Der historische Vatertypus, wie ihn z. B. Johann Friedrich Wilhelm Jerusalem repräsentiert, gegen den Goethe prometheisch wettert, ist als Psychostruktur, als nicht bewältigter Vaterkomplex erahnt. Dafür spricht seine emotional-rüde Sprache (»der verfluchte Pfaff«) und die spontane Parteinahme mit dem »unglückliche[n]« Sohn, dessen Vater obendrein noch durch seinen Geistlichenstand und seine gesellschaftliche Position als ein potenzierter Vater, ja als ›Stellvertreter Gottes‹ erscheinen muss.

So kann Väterlichkeit als Idee zwar gedacht werden, der Vater als Faktum aber weist nach innen in labyrinthische Abhängigkeitsstrukturen des Unbewussten. Wenn Goethe diesen Kampf aufnimmt, dann nur, um das Schlimmste zu verhindern. Noch lebt er ja doch im väterlichen Haus, der wirkliche Vater ist um ihn und führt die Geschäfte, während er am *Werther* schreibt. Niemand, der den Roman zu Goethes Lebzeiten las, konnte die Leidenspassion des Helden in dem Sinne verstehen, dass die ›Heimkehr zum Vater‹ ein masochistischer Vatermord ist, ja dass die Beseitigung des Vaters mit dessen Abwesenheit im Figurengefüge bereits beginnt[46]. Hier gilt wirklich Christoph Perels (1998, S. 62) lakonischer Satz: »Kein Geistlicher hat ihn [Werther] begleitet, und kein Kritiker aus der älteren Generation hat ihn verstanden.« Dabei macht Goethe nicht nur keinen Hehl daraus, dass Werther ein Unmündiger ist, sondern er sieht auch im Rundumblick auf seine Generation weit und breit nur Abhängige um sich, eine Aussage, die ihm in seiner Altersgruppe vermutlich besonders viele verständnisinnige Leserinnen und Leser, unter den »hochgelahrte[n] Schul- und Hofmeister[n]« aber besonders viel Kritik eintrug:

> Daß die Kinder nicht wissen, warum sie wollen, darinn sind alle hochgelahrte Schul- und Hofmeister einig. Daß aber auch Erwachsene, gleich Kindern, auf diesem Erdboden herumtaumeln, gleichwie jene nicht wissen, woher sie kommen und wohin sie gehen, eben so wenig nach wahren Zwekken handeln, eben so durch Biskuit und Kuchen und Birkenreiser regiert werden, das will niemand gern glauben, und mich dünkt, man kann's mit Händen greifen. (17)

Auf die infantilen Abhängigkeitsstrukturen, welche die Wertherfigur repräsentiert, ist schon früh hingewiesen worden, erstaunlich häufig mit negativer Wertung. Diese scheint jedoch weniger der Figur als der Deutungstradition geschuldet, soweit sie nicht überhaupt ein Reflex auf den im Allgemeinen (vor allem bei Männern) unbeliebten »ewigen Jüngling« ist, wie Ernst Feise (1926) ihn nannte. Schöffler (1994, S. 71) sprach 1938 gar von einer »Passio Wertheri adolescentis«, wo Graber (1989) das ewige »Kind im Manne« hervorhob und spätere psychologische Deutungen bis heute praktisch *unisono* von dem »erwachsenen Kind« sprechen. (Eikenloff 2003, S. 187) Eine zwar nicht wertfreie, aber doch sehr eingehende Würdigung der psychischen Abhängigkeit findet sich bei Fischer (1986), der unter Hinzuziehung anderer psychoanalytischer Deutungsansätze und Theorien, u.a. von Faber (1973) und Sahlberg (1980), die Auswirkungen der seelischen Unmündigkeit auf Werthers Weltbild und seine gesellschaftliche Teilhabe beschreibt. So sehr allerdings hier die Psychodynamik der Abhängigkeit klar wird, so wenig bringt Fischer die spezifische Realität des gescheiterten ›Aufklärers‹ »Werther« zur Sprache. Das psychosoziale Faktorenfeld, das die Emanzipation verhindert, sowie auch die Psychogenese dieser Verhinderung bleiben dadurch weithin unberücksichtigt. Dabei geht der Autor doch von dem Postulat Alfred Lorenzers aus, dass die gesellschaftliche Wirklichkeit insoweit in die Literaturanalyse einzubeziehen sei, als das in den künstlerischen Fantasien und Konfliktinhalten erkennbare Unbewusste diese Wirklichkeit widerspiegelt.

Auf der weiteren Suche nach Konstellationen in den diachronen Schichten der Wertherfigur, die der »Krankheit« eine gewisse Verlaufsdimension geben, stößt man auf eine Figur, welche die mütterliche und die väterliche Welt zu integrieren vermag. Es ist die bereits erwähnte »Freundin meiner Jugend […] die große Seele, in deren Gegenwart ich mir schien mehr zu seyn als ich war, weil ich alles war was ich seyn konnte« (15). Hier wieder unüberhörbar die Selbstwertproblematik: Er ist sich nichts, sie gilt ihm alles bzw. er gilt sich in ihr alles. Sie ist das (mütterliche) Maß aller Dinge, insofern scheint sie die Vorreiterin Lottes, auch in ihrer Eigenschaft als »große Seele« ähnelt sie ihr. Wenn ihr dagegen Unkonventionalität und Esprit nachgesagt werden – sie ist mit »schärfstem Witze« ausgestattet, »dessen Modifikationen bis zur Unart alle mit dem Stempel des Genies bezeichnet waren« (15) –, dann erkennt man den entscheidenden Unterschied zu Lotte, die gegen den Feuergeist eher bieder und konformistisch wirkt. Die Jugendfreundin hat andeutungsweise Züge einer intellektuellen Künstlerin und könnte, so wie das Modell angelegt ist, der Frauentyp sein, der zu einem »Werther« tatsächlich ›passen‹ würde; dies natürlich umso mehr, als ihre eher rollenunspezifischen

Eigenschaften das mütterliche Ideal neutralisieren oder kompensieren und so den Mutterkomplex entschärfen. Seiner »hülflosen Jugend« (141) war sie mit »ihrem festen Sinn und ihrer göttlichen Duldung« (15) eine Stütze, was dafür spricht, dass sie zu seiner Strukturfindung und Realitätsanbindung beitrug: dass sie also seine Verschmelzungsfantasien zurückdämmte, statt sie zu stimulieren. In ihrer Festigkeit und Geduld scheint sie zwei (väterliche) Kontrastmerkmale zu besitzen, die sie als souveräne, reife Person auszeichnen, während Werther in seiner akuten Regressionsneigung das Gegenteil davon ist. Darin enthalten ist jedenfalls ein anderes bzw. ein väterlich ausbalanciertes Konzept von Mütterlichkeit. Fasst man es als Gegenkonzept auf, bestätigt sich der Verdacht einer gleichfalls narzisstischen Pathologie auf Seiten der Mutter, erweist sich diese doch auch faktisch in ihrer Abhängigkeit von ihm bzw. in ihrer Fixierung auf ihn als psychisch insouverän. Wie er die Freundin in Umkehrung der bevorstehenden Ereignisse im Roman schließlich zu Grabe trägt, hat er das schon bekannte Gefühl, »Alles« verloren zu haben. Er stürzt neben das Grab hin, »zerrissen mein innerstes« (141).

Warum diese namenlose und an Jahren ältere Freundin früh starb, bleibt unerwähnt. Goethe hat sie wohl nach der 1773 verstorbenen Henriette von Rousillon modelliert, die zum Darmstädter Freundeskreis gehörte[47]. Aber auch Züge seiner Schwester Cornelia, wie Goethe sie im Vierten Teil von *Dichtung und Wahrheit* beschreibt, sind in der Porträtskizze zu entdecken: »Ein fester nicht leicht bezwinglicher Charakter, eine teilnehmende, Teilnahme bedürfende Seele, vorzügliche Geistesbildung, schöne Kenntnisse, sowie Talente, einige Sprachen, eine gewandte Feder« (HA 10, S. 132). Die Einarbeitung von Charaktermerkmalen der Schwester scheint im Hinblick auf deren herausragende Bedeutung für Goethes emotionalen Entwicklungsweg nicht verwunderlich, war ihm die 16 Monate Jüngere doch während der ersten beiden Lebensjahrzehnte eine starke, daher auch Halt gebende Identifikationsfigur in mehreren Rollen: als Fürsorge-, Übergangs-, mütterliches Selbst- und partnerschaftliches Beziehungsobjekt. Dass sie früh (mit 26) sterben würde, konnte Goethe natürlich nicht ahnen. Man glaubt allerdings, im *Werther* Spuren einer Sorge um ihr Leben zu erkennen, so wie auch das scheiternde Eheglück in die Lotte-Albert-Beziehung eingeflossen sein dürfte, wobei Albert unübersehbar Züge des Schwagers Schlosser erhielt[48].

Von einer anderen Frau, ja einer Doppelbeziehung erfahren wir in den ersten Zeilen des Romans, die die unmittelbare ›Vorgeschichte‹ erzählen. Diese Eröffnungsepisode geht wohl auf das *tête-à-tête* des Straßburger Goethe mit Emilie und die Eifersucht ihrer Schwester Lucinde im Haus eines französischen Tanzlehrers zurück. Die in *Dichtung und Wahrheit* über mehrere Seiten erzählte Geschichte enthält als solche schon zahlreiche Elemente der *Werther*-Handlung, vor allem die »Seelenkrankheit« der enttäuschten Lucinde, die »erklärt, daß sie diesmal gewiss sterben werde«, und die Beteuerung des alarmierten Liebhabers: »Ich weiß mich nicht schuldig!« (HA 9, S. 394) Allem Anschein nach ist die »arme Leonore« (9) des Romanbeginns mit jenem beim Besuch der Pfarrei von St… erwähnten »Geschöpf« identisch, »das du in blühenden Tagen untergraben hast« (43), wie Werther sich selbst vorwirft[49]. Da sie aus Liebeskummer stirbt, nicht aus Eifersucht, und weil er auch noch zugibt, »ihre Empfindungen genährt« zu haben, während er indes ihre (namenlose) Schwester hoffierte, ergibt sich für ihn ein – durchaus öffentliches – Schuldproblem, das überdies seine Abreise aus der Stadt erklärt. An ihrem Sterbebett stand er noch »wie ein Verdammter« (43), während er jetzt seine Schuld offenbar zu mindern sucht: »Und doch – bin ich ganz unschuldig?« (9).

Natürlich haben wir es hier mit einem verschlüsselten Romanexposé zu tun, das vorausdeutende Funktion besitzt. Die Dreieckssituation, deren Opfer Leonore war, bildet den Grundriss der nun folgenden Dreiecksgeschichte, deren Opfer er selbst ist. Die Wertherfigur wird in gewisser Hinsicht durchaus »das Bisgen Uebel, das das Schicksaal uns vorlegt, wiederkäuen« (9), aber sie wird es nicht, wie sie es in dieser Formulierung versucht, herunterspielen können. Wenn Werther während jenes ersten Ausflugs in Lottes Gegenwart Leonores Tod beweint, beweint er sich selbst, um Lotte zu seiner Rettung aufzufordern: »daß du alles hingeben möchtest, um dem untergehenden Geschöpfe einen Tropfen Stärkung, einen Funken Muth einflösen zu können« (43). Der Rollentausch wird schon im nachfolgenden Brief angebahnt, wenn er berichtet: »Sie ist immer um ihre sterbende Freundinn« (44).

8.

Werkentstehung und künstlerisches Arbeitsverfahren
Wertkränkung als psychologischer Leitgedanke

Die im vorausgegangenen Abschnitt aufgewiesene Nähe zur Autobiografie Goethes legt einen Blick auf dessen Arbeitsverfahren und den Entstehungsweg des Wertherromans nahe. Leicht erkennt man schon allein an dem enormen Nuancenreichtum der in diesem Roman beschriebenen Gefühlszustände das künstlerische Arbeitsprinzip Goethes: Dass er durch sich hindurch von sich weg schreibt. Dies und seine eigene Bemerkung, er habe *Die Leiden des jungen Werthers* 1774 als »historiam morbi« niedergeschrieben[50], unterstreicht, dass die Werthergestalt ein mittelbares Produkt seines Lebens und seiner Zeit ist, an dem, bei mancher Kongruenz mit Tatsächlichem, nur die näheren Umstände erfunden, alles andere aber empfunden ist.

Bereits am Tag der Fertigstellung des *Werther*, am 26. April 1774, berichtet er an Pfenninger, es handele sich bei diesem Werk um »eine reine Experimental Psychologie meines Innersten«. (Fischer-Lamberg 1963ff., Bd. IV, S. 13) Im Dezember 1812 schreibt er an Zelter, dessen Stiefsohn sich soeben das Leben genommen hatte:

> Wenn das ›taedium vitae‹ den Menschen ergreift, so ist er nur zu bedauern, nicht zu schelten. Dass alles Symptome dieser wunderlichen, so natürlichen als unnatürlichen Krankheit auch einmal mein Innerstes durchrast haben, daran lässt ›Werther‹ wohl niemand zweifeln. Ich weiß recht gut, was es mich für Entschlüsse und Anstrengungen kostete, damals den Wellen des Todes zu entkommen, so wie ich mich aus manchem spätern Schiffbruch auch mühsam rettete und mühselig erholte. Ich getraute mir, einen neuen ›Werther‹ zu schreiben, über den dem Volke die Haare noch mehr zu Berge stehn sollten als über den ersten. (HA 6, S. 539)

Im 13. Buch von *Dichtung und Wahrheit* ist mehrmals von Werthers pathologischem Charakter die Rede: Mit ihm sei »das Innere eines kranken jugendlichen Wahns« öffentlich dargestellt«. (HA 9, S. 583) Und über das künstlerische Schreiben als solches äußert er sich in einem Brief an Schiller dahingehend, dass die Poesie generell »doch eigentlich auf die Darstellung des empirisch pathologischen Zustandes des Menschen gegründet« sei (Goethe 1964ff., II, S. 316). Grundsätzlich war Goethe mit dem Anspruch angetreten, die Dinge unbeschönigt so darzustellen, wie sie sind: »Die wahre Darstellung aber hat keinen [didaktischen Zweck]. Sie billigt nicht, sie tadelt nicht, sondern sie entwickelt die Gesinnungen und Handlungen in ihrer Folge und dadurch erleuchtet und belehrt sie.« (HA 9, S. 590)

Schon der junge Goethe (wie dann der junge Schiller) war stark an pathologischen Phänomenen somatischer und psychischer Art interessiert, wie sie später in den 10 Ausgaben des periodischen *Magazins zur Erfahrungsseelenkunde* (1783–1793) des Karl Philipp Moritz beschrieben werden sollten. Programmatisch heißt es dort in der Einleitung des Eröffnungsbandes: »Was ist dem Menschen wichtiger als der Mensch«[51]. Entsprechend beschäftigte sich auch Goethe mit medizinischen und psychologischen Themen, kannte führende Mediziner jener Zeit persönlich wie Johann Georg Zimmermann, der zu den »philosophischen Ärzten« zählte und etwa in seiner Affektpathologie die »passiones animi«, die Leidenschaften der Seele, den großen Krankheitsursachen zurechnete[52]. An der Universität in Straßburg hatte der junge Student Anatomie und Geburtshilfe, Chirurgie und Chemie gehört. Von Herders Pandynamismus hatte er gelernt, dass Leib und Seele im Menschen keine getrennten Existenzen führen, sondern dynamisch zusammenwirken, und dass mangelnder Kräfteausgleich zu pathologischen Störungen führen kann. Von Herder stammt jener Satz, der sich dann auch im Klappentext des *Werther* finden könnte und den Goethe in dem Aphorismus variiert: »Zu viel Leidenschaft ist Krankheit der Seele […] und also eine Art Tod.« Nicht zuletzt dokumentiert Goethes eigene lebenslange Krankengeschichte sein nahes Verhältnis zur (Psycho-)Pathologie.

Die kurze Dreiecksgeschichte des Sommers 1772 mit ihm als 22/23-jährigem Doktor und Praktikant der Rechte, dem 31-jährigen Amtmann Johann Christian Kestner (der ihm dann detailliert über Jerusalems Tod berichtet und damit die stoffliche Keimzelle für den Roman liefert) und dessen 19-jährigen späteren Verlobten Charlotte Buff in Wetzlar ist bekannt. Horst Flaschka (1987) hat sie in seiner Habilitationsschrift recherchiert. Zu ihr gehört, davon unabhängig, aber auch aus einer analogen Konstellation heraus, der Selbstmord des 25-jährigen Carl Wilhelm Jerusalem, der Goethe ans Herz geht, nicht nur, weil er diesen seit seiner Leipziger Studienzeit flüchtig kannte und jüngst wieder gesehen hatte. Die geliehene Waffe, die Jerusalem benutzt, eine von Kestners Pistolen, verbindet die Lebensschicksale.

Dazu gesellt sich als weitere Erlebnisquelle die junge Maximiliane La Roche, deren schwarze Augen zu denen Lottes werden. Zum Kunstwerk wird das Buch durch den glücklichen Umstand, dass das Individuell-Besondere hier getreu Goethes eigener Symboldefinition das Allgemeine der Epoche widerspiegelt, indem es zugleich Brennspiegel der Zeit ist. Auch dies erklärt den sensationellen Erfolg, der dafür sorgt, dass Goethe für viele seiner Zeitgenossen sein Leben lang der Verfasser des *Werther* blieb.

Wie zu sehen war, gehört zur Entstehungsgeschichte dieses Romans wesentlich die Wert-, insbesondere die Selbstwertproblematik. Als Goethe Anfang November 1772 fast zwei Monate nach seinem überstürzten Weggang aus Wetzlar vom Selbstmord Jerusalems (er starb am 30. Oktober) in Frankfurt hört, solidarisiert er sich spontan und nimmt ungewöhnlich heftigen Anteil. An Kestner schreibt er Anfang November 1772:

> Der unglückliche. Aber die Teufel, welches sind die schändlichen Menschen die nichts geniessen denn Spreu der Eitelkeit, und Götzen Lust in ihrem Herzen haben, und Götzendienst predigen, und hemmen gute Natur, und übertreiben und verderben die Kräffte, sind schuld an diesem Unglück an userm Unglück. Hohle sie der Teufel ihr Bruder. Wenn der verfluchte Pfaff sein Vater nicht schuld ist, so verzeih mirs Gott, daß ich ihm wünsche er möge den Hals brechen wie Eli. (Fischer-Lamberg 1963ff., III, S. 7)

Ganz Partei, aber auch ganz Psychologe, sucht er die Schuld nicht im Charakter des Selbstmörders oder den Umständen, sondern in der (religiösen) Erziehung durch den Vater. Dieser, der Abt Johann Friedrich Wilhelm Jerusalem, hatte sich als Multiplikator aufklärerischen Gedankenguts einen Namen gemacht. Er war Berater und Vertrauter des Braunschweigischen Herzogs Karl und Prediger an dessen Hof. Goethe wirft ihm vor, er habe den Sohn an seiner natürlichen Entwicklung (bzw. der Entwicklung zur Natürlichkeit) gehindert und sein Wesen überprägt. Als sei es ausgemachte Sache und bestätige nur sein eigenes antiklerikales Feindbild wie seine eigenen Erfahrungen im Frankfurter Elternhaus, erklärt er sich Jerusalems Seelenkummer, ohne Einzelheiten zu kennen, mit dem gesellschaftlichen Ehrgeiz des Vaters, also letztlich mit einer erzwungenen Selbstentfremdung, wie sie vielleicht zu dem Gesamteindruck gehörte, den die knapp sechs Jahre alte Bekanntschaft mit dem drei Jahre Älteren hinterlassen hatte.

Wer war dieser junge Mann wirklich? Richard Friedenthal (1996, S. 128) schreibt über Jerusalem, dessen Schriften sich später Lessing annahm, zu dem er bereits in seinem Geburtsort Wolfenbüttel freundschaftliche Kontakte unterhalten hatte, etwas herablassend und simplifizierend: »Er war wohl schwerlich etwas anderes als ein empfindlicher und empfindsamer Jüngling, der sich Kränkungen übermäßig zu Herzen nahm.« Kestner, der Goethe den Vorfall nach Frankfurt berichtete, bezeichnete ihn als Melancholiker, der »die engen Grenzen, welche dem menschlichen Verstande gesetzt wären, wenigstens dem Seinigen«, nicht tolerieren konnte. (HA 6, S. 522) Doch waren dem Selbstmord eine Reihe ehrenrühriger Repressalien durch seinen schikanösen und krankhaft ehrgeizigen Vorgesetzten, den Gesandten und Hofrat Jakob Johannes von Höfler am Reichskammergericht zu Wetzlar vorausgegangen, die den durchaus Lebenslustigen in die soziale Isolation und offenbar an den Rand seiner Leidenstoleranz trieben (Analoges, wenn auch in stark abgeschwächter Form, berichtet dann Werther vom Hof des Grafen v. C. im Brief vom 15. März). Hinzu kam die nicht erwartungsgemäß erwiderte und schließlich, nach der Offenbarung, auch noch brüsk zurückgewiesene Liebe zur 30-jährigen Elisabeth Herd, die mit einem Kurpfälzischen Legationssekretär verheiratet war. Nach Kestners eigenen Worten galt diese Frau als »la plus belle femme de tous les rangs ici« (Flaschka 1987, S. 39), so dass man annehmen kann, dass gerade über diese Zurückweisung der Selbstwertkonflikt durch seine narzisstische Wurzel Nahrung erhielt und schließlich eskalieren konnte.

Schon im biografischen Blickfeld des jungen Goethe also, der bereits eine Woche nach dem Selbstmord, vom 6. bis 11. November, sich erneut in Wetzlar aufhielt und ausführlich über die Motive und Hintergründe des Vorfalls recherchieren konnte, die Problematik der Kränkung und der in die Innerlichkeit katapultierten Psyche eines Zurückgewiesenen, der sich in der Summe der Ereignisse geächtet, ja depriviert fühlen musste. Offenbar fiel es dem Autor nicht schwer, die Inferioritätsgefühle des jungen Bürgerlichen nachzuvollziehen angesichts der Intrigen und repressiven Pedanterien durch den ambitionierten Hofrat von Höfler, der, selbst ein Parvenü mit erschmeicheltem Adelsprädikat, Jerusalem seinen Standesdünkel in perversen Demütigungen hatte spüren lassen. »Gott weiß«, schrieb Goethe Anfang November 1774 tief betroffen über den Vorfall, »die Einsamkeit hat sein Herz untergraben.« (HA 6, S. 521) Der spätere »déserteur du monde« des Buches (Revers 1949, S. 20) verlässt dann wie Jerusalem in kühler Verzweiflung und geplanten Schritten zuerst die Gesellschaft, dann die Welt, weil er zutiefst in seinem Wert gekränkt und in seiner Liebe verlassen ist.

Da die Selbstwertproblematik das melancholische Syndrom der Wertherfigur umso mehr bestimmt, als man in der Tat nur »auf den ersten Blick noch versucht sein könnte, die Erlebnisse am Hofe [wie im Brief vom 15. März berichtet, Vf.] als Darstellung der wechselnden Gunst und Ungunst anzusehen« (Kayser 1994, S. 132), kann man die stimulierende Wirkung der Jerusalem-Episode auf Goethe nicht hoch genug ansetzen. Es ist also aus der Beobachtung, dass im Werther nicht durchweg das Problem einer bürgerlichen Ehrenkränkung gestaltet sei, Goethes Darstellung in *Dichtung und Wahrheit* nicht ohne Weiteres so auszulegen, dass in diesem Aspekt der Lebens- und Todesumstände Jerusalems nicht der eigentliche Anstoß zur *Werther*-Fabel gelegen habe. Wolfgang Kayser übersieht bei seiner Deutung, dass es dem Autor um motivationale Grundlagen im Charakter geht, nicht um einzelne Ereignisse, die allenfalls ›ehrenrührig‹ (und dann auslösend), aber nicht die *prima causa* eines Selbstmords sein können. Die Wertkränkung, wie sie gemäß der stofflichen Vorlage in der Kumulation zweier Zurückweisungen, nämlich durch Elisabeth Herd und Hofrat Höfler, enthalten ist, wird bei Goethe nicht zur Aufforderung, beides mimetisch nachzubilden, sondern zur thematischen Leitidee, der er sein künstlerisches Experiment widmet. So enthält dann beispielsweise Werthers Identifikation mit dem Schweinehirt, der »Ulyß« bewirtet (ich habe darauf hingewiesen), durch den Zusammenhang mit der harmlosen kleinen Zurechtweisung bei Hof einen unmissverständlichen Hinweis auf eine krankhaft hohe Vulnerabilität. In solchen Details beweist Goethe die innere Kohärenz seines Werks, das sich um die Wertproblematik als psychischen Krankheitskomplex kristallisiert.

Interessanterweise hat Napoleon in seinem Erfurter Gespräch mit Goethe am 2. Oktober 1808 das Motiv der sozialen Kränkung am *Werther* moniert, wie es in jene Gesandtschaftsepisode eingeflossen ist. Es finde dadurch »an gewissen Stellen eine Vermischung der Motive des gekränkten Ehrgeizes mit denen der leidenschaftlichen Liebe« statt. Das aber »schwächt bei dem Leser die Vorstellung von dem übermächtigen Einfluß, den die Liebe auf Werther gehabt«, rekapituliert Goethe später den Einwand. (HA 6, S. 538) Was Napoleon als störendes Beiwerk empfand, geht in Wirklichkeit auf die psychologische Leitidee der Selbstwertkränkung zurück, die Goethe zu einem fein gearbeiteten Motivkomplex um die Narzissmusproblematik kristallisiert. Der französische Stratege‹ scheint durch die klischeeabweichende Tatsache irritiert, dass der szenische Brennpunkt des Buches, Werthers Liebe oder Liebeskummer, nicht auch gleichzeitig der Substanzkern des Buches sein solle. Goethe hätte auf den Titel verweisen können, um sich zu rechtfertigen. Dort findet sich abweichend vom damaligen Sprachgebrauch das Wort »Leiden« im Plural. Es geht also dem Autor nicht um eine Romanze mit unglücklichem Ausgang, sondern um die Doppelbödigkeit der *Passion* im Sinne einer bis dahin unbekannten psychischen Erlebnistiefe und psychosozialen Konfliktevokation. In seiner sozialgeschichtlichen Werther-Betrachtung kommt Doke (1974, S. 21) auf das Kränkungsmotiv als zentrales Strukturprinzip zu sprechen:

> Wenn man also die Reihe der sozialen Motive, die sich an das des gekränkten Ehrgeizes anschließen, ins Auge faßt, so findet man sie nicht nur nahtlos ins Gefüge des ganzen Romans eingebettet, sondern man entdeckt sogar, dass sie [...] sein Gerüst bilden. Sie sind nicht lediglich Hintergrund des Romans oder Umwelt seines Helden, sondern die grundlegenden aktiven Momente, die die historisch-klassengebundene Lage Werthers [...] bedingen.

Werthers Selbstmord ist der dissonante Ausklang einer Geschichte, die mit Selbst-Mord im tiefenpsychologischen Sinne begann. In ihm vernichtet sich das für nichtig erachtete Selbst eines jungen Mannes[53]. Von einem, der *werther* sein wollte, wird dann auch im Tod kein Aufhebens gemacht: »Handwerker trugen ihn. Kein Geistlicher hat ihn begleitet.« (151) Das Licht der Kritik, aber auch das Auge des »psychischen Arztes« fällt in diesem Augenblick auf die Gemeinschaft nicht nur der Gläubigen, die einem Menschen auch noch auf seinem ›letzten Gang‹ ihre Nichtachtung bezeigen. Die Bilanz der Schlusszeilen könnte lauten: Ein Menschenleben ist in einer Kultur soviel wert, wie jeder einzelne sich selbst wert ist.

IV.

Schiller 1781:
Die Räuber. Die Zivilisiertheit des Bösen

> »[…] denn psychische Krankheit – das Seelenleid – kann in ihren
> rebellischsten Formen als eine Krankheit des Bösen interpretiert
> werden.«
> André Green (2003, S. 263)[1]

1.

Psychopathologie der Aufklärung
Das Gemeinsame der »Moor«-Brüder

Dass Schiller in seinen *Räubern* an mindestens zwei Beispielen das so-genannte ›Böse‹ als psychopathologisches Phänomen veranschaulicht, hat Erich Wulffen, der Berliner Staatsanwalt und Kriminologe, bereits 1907 erörtert. Im Licht heutiger psychoanalytischer Entwicklungstheorien kann das dabei stillschweigend vorausgesetzte psychogenetische Modell mit seiner dynamischen Charakteristik und sozialpsychologischen Relevanz genauer verstanden und beschrieben werden.

Damit ist es endlich auch möglich, der Tatsache gebührend Rechnung zu tragen, dass der junge Schiller von Ausbildung, Interesse und Kenntnislage her psychologisch auf der Höhe der Zeit war (Heyn 1966²; Riedel 1995, S. 401, S. 445ff.). Insbesondere lässt er sich als Anhänger der von Johann Georg Sulzer maßgeblich beeinflussten deutschen Erfahrungspsychologie würdigen, die es »im Vorgriff auf die spätere Psychologiegeschichte [er-laubt], seelische Konflikte als Konflikte zwischen Bewusstem und Un-bewusstem zu denken« (Riedel 1993, S. 218). Otto Ludwigs Verdikt, das Schiller als einen reinen »Träger von Ideen« abkanzelt, muss einmal mehr als rezeptiver Reduktionismus zu den bürgerlichen Lesarten gerechnet werden, die Schillers Erkenntnisinteresse und Horizont verkennen (indem sie ihn verdrängen?).

Dass der Unterschied zwischen den Brüdern Karl und Franz von Moor in Wirklichkeit geringer ist, als die *opinio communis* es lange wollte, bzw. dass es aufgrund der Konfliktanlage möglich ist, den psychologischen Realismus-nachweis für beide Figuren unter der – zu beweisenden – Annahme einer analogen Charakterstruktur anzutreten, versuche ich in diesem Kapitel zu zeigen. Es ist also die für Schiller im Konzept der Mischcharaktere so wichtige naturalistische »Beziehung von Kunstwahrheit und Lebenswahrheit« (Mayer 1987, S. 83), die abzuklären ist.

Ist die These von den prinzipiell ungleichen Brüdern in der Literaturwis-senschaft schon seit längerem obsolet, so erhalten hier diejenigen Thesen Ver-stärkung, Illustration und Ergänzung, die von signifikanten Gemeinsamkeiten ausgehen. Insbesondere Waldeck (1979), Scherpe (1979), Koc (1986), Sautermeister (1991) und Hofmann (1996) haben zu einer synthetisierenden Sicht der beiden Figuren beigetragen und dialektische Modelle unterschiedlicher Provenienz vorgelegt: bewusstseins- und sozialgeschichtliche sowie psychologische, letztere mit dynamischer Ambivalenz- oder Spaltungscharakteristik.

Erst in den letzten Jahrzehnten also, besonders auch im Zuge der zunehmenden Schärfung und Professionalisierung des psychologischen Instrumentariums in der Literaturwissenschaft (sowie einer gewissen Expansion der unkonventionellen Deutungslust), kommt es zu einer analytischen Annäherung der beiden Figuren. Dabei hatte schon Emil Staiger (1962, S. 98ff.), wenn auch gewiss ohne psychologische Intention, die entscheidenden Parallelen anfangs der 60er Jahre skizziert und die Unterschiede zwischen den Brüdern als zwei Seiten einer Medaille, als Polaritäten beschrieben, eine These, die Koc (1986, S. 91) später zu »Ambivalence Doubled« modifizierte und psychologisch vertiefte.

Im Deutungsdiskurs der 90er Jahre kommt dem tiefenpsychologisch orientierten, jedoch stets auch im Sinne eines *common sense* überzeugenden Ansatz von Gert Sautermeister eine Schlüsselrolle zu. Sautermeister führt viele der moralisierenden oder auch oberflächlich psychologisierenden Deutungsklischees an der zum Teil schroffen und ungestümen Logik der Schiller'schen Sprache sowie an den scheinbaren Widersprüchlichkeiten und Verwerfungen der Dramenhandlung ad absurdum. Sie setzt bei den Inkohärenzen an, wo das ›Unbewusste des Texts‹ durchbricht und den Interpreten zwingt, Tiefenstrukturen aufzudecken, die es erlauben, den hermeneutischen Zirkel zu schließen. Dabei wird als wichtigstes Ergebnis rasch klar, dass man bei einer realistischen Lesart und psychologischen Würdigung der sadistischen Verbal- und Realbrutalität Karls an der Annahme einer »narzisstischen Heldenrolle« nicht mehr vorbeikommt, die mit Elementen wie »Omnipotenzfantasie«, »Grandiosität«, »mörderische Selbstverherrlichung« usw. auf ein wirkmächtiges Unbewusstes in einem insgesamt pathologischen Figurenkonzept hindeutet (das gewisse Adoleszenzspuren nicht verbergen kann).

Sautermeister (1991, S. 320, S. 323) sucht das »Skandalon« der Annäherung beider Figuren nicht im Nachweis vergleichbarer Pathologien im Detail, sondern lässt sich von einer heuristisch ebenso ergiebigen wie abenteuerlichen Doppelgängerhypothese davontragen, indem er schließlich »Franz als die radikale Exekutive psychischer Entwürfe Karls« bezeichnet. Da hier der Nachweis des pathologischen Narzissmus zwar schlüssig, aber nicht im Rahmen einer ausgewiesenen psychoanalytischen Modelltheorie geschieht, sind die ätiologischen und psychodynamischen Erklärungsversuche noch undifferenziert. Dennoch hat diese fulminante, eher philosophische als psychologische Arbeit – mit Martin Dornes[3] (2004b, S. 11) könnte man hier im besten Sinne von »Kryptophilosophie« sprechen –, großes Gewicht, insbesondere auch mit ihrer luziden Schlussfolgerung:

> In Karl Moor fantasiert das Drama archaische Impulse aus, die wir als Sprache des Unbewussten aus unseren Träumen kennen. Im Herzen des Dramas hat ein Urdrama statt: die Anfechtung des patriarchalischen Gesetzes durch die Söhne. (Sautermeister 1991, S. 324)

Klaus Jeziorkowskis (1995, S. 40) launiger Satz: »Dem Psychoanalytiker heißen wir alle Franz Moor« scheint ein ähnliches, wenn auch auf Franz gemünztes Resümee zu enthalten. Weiter als Sautermeister geht Peter B. Waldeck (1979, S. 82f.), der, ausgehend von einer »split-self«-Konstruktion, die »division of the self into three part selves: Franz, Karl, and Spiegelberg« annimmt, ohne dies allerdings unter psychodynamischen Aspekten durchzuarbeiten. Zur Stützung seiner These zitiert er einen in diesem Zusammenhang in der Tat erhellenden Brief Schillers an Reinwald, der nicht zuletzt Schillers Psychologiewissen demonstriert. Darin formuliert dieser, dass

> in unserer Seele alle Karaktere nach ihren Urstoffen schlafen, und durch Wirklichkeit und Natur oder künstliche Täuschung ein daurendes oder nur illusorisch- und augenblikliches Daseyn gewinnen. Alle Geburten unsrer Fantasie wären also zuletzt nur *Wir selbst.*

Der auf Klaus R. Scherpes sozialgeschichtlicher Interpretation aufbauende Ansatz von Michael Hofmann (1996, S. 10, S. 13) sieht in den beiden Brüdern »Spielarten moderner Subjektivität«. Hier erscheinen Karl und Franz Moor auf einer bewusstseinsgeschichtlichen Deutungsebene als »Vertreter komplementärer Subjektivitätskonventionen«, die beide als »pathologisch« zu gelten hätten: der eine (Franz), indem er das Menschliche in sich als »das Fremde im Eigenen und in den Anderen« unterdrückt und damit eine Subjektivität der Spaltung begründet; der andere (Karl), indem er einen monadischen Rückzug antritt, um in der Regression der Selbstbestimmung gänzlich enthoben zu sein. Auf einer psychoanalytischen Ebene scheinen mir beide Spielarten dynamisch aufeinander bezogen zu sein. Insbesondere bei der nicht minder sadistischen Figur des Karl lässt sich die Unterdrückung des

»Fremden im Eigenen« nachweisen. Gerade die Polarisierung des Bewussteins erzeugt die für die psychotische Auslöschung nötige Energie.

Ohne dass es bei ihm zu einer Annäherung der Figuren käme, versucht Schmiedt (1987, S. 70, S. 65f.) in seiner psychoanalytischen Untersuchung einen gemeinsamen pathogenen Nährboden zu finden: »Wir entdecken bei Franz und Karl zwei völlig unterschiedliche Verhaltensweisen, die aber konsequent Dispositionen aus der defizitären Familiengeschichte entspringen.« Trotz der Vorgabe, »dass Schillers ›Räuber‹ u.a. eine Recherche nach den Hintergründen extremer psychischer Dispositionen enthalten«, gelangt Schmiedt kaum über das undifferenzierte Bild des alten Moor als eines inkonsequenten und autoritätsschwachen Vaters hinaus. Die als »Mischung aus Selbsthass und Narzissmus« beschriebene Charaktersymptomatik des Franz bleibt so in ihren Ursachen unerklärt, und das, obwohl noch einmal ausdrücklich an Erich Wulffens (1907, S. 18) Axiom erinnert wurde, »dass der Charakter des Vaters den Schlüssel zur Charaktereigentümlichkeit der Söhne gibt«.

Rüdiger Safranski (2004, S. 114) erkennt eine Ähnlichkeit der Brüder in ihrem Nihilismus und erinnert damit – allerdings ohne dessen kausale Verknüpfung des Nichts mit dem Selbst zu teilen – an Staigers (1962, S. 97) Satz: »Als Inhalt des isolierten Selbst, der reinen Größe bleibt nur das Nichts.«

> Der Unterschied zwischen Karl und Franz ist nur, dass jener in die Desillusionierung stürzt und dieser bei der Desillusionierung beginnt; der eine erleidet den Nihilismus, der andere macht ein moralisches Prinzip daraus. [...] In einem sinnlosen Universum rast der eine mit heißer Verzweiflung, der andere mit kalter Wut.

In jüngster Zeit hat Matthew Bell (2005, S. 106f.) in Anlehnung an Schings (1994), Riedel (1985) und Alt (2000) u.a. *Die Räuber* im psychologie- und ideengeschichtlichen Kontext beleuchtet und als »a thought experiment in empirical psychology« bezeichnet. Ohne eine psychologische Deutung der Figuren vornehmen zu wollen, weist er darauf hin, dass Schillers Modell der Psyche als »Antagonism der Kräfte« (NA 20, S. 326) es z.B. nicht erlaubt, die Franzfigur als genuin ›gefühlskalt‹ zu charakterisieren. Vielmehr entstünden deren kriminelle Energien durch unterdrückte Gefühle. »Franz, by contrast [to Karl, Vf.], is brought down by his suppressed feelings. [...] His suicide is the revenge of his suppressed feelings on his reason.« Wie dann Karls Destruktivität zu erklären ist, sagt Bell nicht[4].

Die Charakterprofile der beiden Brüder sind heute im Kern als narzisstische

Persönlichkeitsmerkmale, -stile (Johnson 1988) oder, folgt man dem gebräuchlichen Jargon, -störungen (›narcissistic personality disorders‹) zu beschreiben (DSM–III–R [5] 1986; Akhtar 1996, S. 14ff.). Dabei sollte man sich allerdings dessen bewusst bleiben, dass Individualphänomene auf dem Gebiet der psychischen Deformationen nicht notwendig Abweichungen von kollektiven Phänomenen darstellen und ihre Eigenart nicht als Anomalie wahrgenommen werden muss. Wenn es sich um ein häufiges Syndrom handelt, ist nach seiner Soziogenese zu fragen, wie das auch in der Geschichte der Psychoanalyse immer wieder geschehen ist, angefangen bei Freud selbst, für den »Individualpsychologie […] von Anfang an auch gleichzeitig Sozialpsychologie [ist]« (SA IX, S. 65) [6].

Karl, Franz und Maximilian von Moor erscheinen in der vorliegenden Untersuchung in einem Beziehungs- und Bedingungsdreieck, in dem sich Kulturfaktoren [7] als pathogene Einflüsse abbilden und verstärken. Sie sind als Abhängige sowohl im psychischen wie im sozialen Sinn zu bezeichnen. Als solche sind sie Unmündige *par excellence* und nicht »selbst verschuldete« Unmündige im Sinne der späteren Kant-Formeln von 1784 und 1786. Denn ihre Unmündigkeit besteht bei genauerem Hinsehen in dem uneingestandenen »Unvermögen, sich seines Verstandes ohne Leitung eines anderen zu bedienen« bzw. dem Mangel an Reflexion darüber, »ob man es wohl tunlich finde, den Grund, warum man etwas annimmt, oder auch die Regel, die aus dem, was man annimmt, folgt, zum allgemeinen Grundsatze seines Vernunftgebrauchs zu machen« (Kant 1902ff., S. 35, S. 146f., Anm.).

Die in den drei Figuren begegnenden Charaktersymptomatiken werden so einerseits als nahezu natürliches Aufklärungshindernis, andererseits aber auch als Folgeerscheinung falsch verstandener oder totalisierender Rationalisierungsanstrengungen gewichtet. Letzteres beruht nicht so sehr auf (selbst-) erzieherischem Übereifer und einer einsinnigen Vernunftanthropologie, sondern insgesamt auf einem Menschenbild, das dem Unbewussten keine Stimme verleiht. Der überproportionierte Einfluss der rationalistischen Wertmatrix auf den Sozialisationsprozess ist eine Sache; die angestrebte ›Autokratie‹ des Bewussten gegenüber dem (oder angesichts des autonomen) Unbewussten eine andere. Den Mangel an psychischen Mündigkeitsstrukturen vorausgesetzt – von mündigen Rollenmodellen ganz zu schweigen –, läuft gerade das aufzuklärende Subjekt Gefahr, über das Ziel geistiger Selbstständigkeit durch unbedingten Anspruch auf Selbstbestimmung hinauszuschießen – was Kant ebenfalls verwirft. (Mittelstraß 1989, S. 344)

Ich werde untersuchen, ob das Anschauungsmaterial in Schillers Stück zur Erklärung der Verhaltensextreme tatsächlich ausreicht und damit die

Programmatik in der *Vorrede zur ersten Auflage* von 1781 eingelöst ist, in der er sich im Hinblick auf Franz Moor vornimmt: »die vollständige Mechanik seines Lastersystems auseinanderzugliedern« und »die Seele gleichsam bei ihren geheimsten Operationen zu ertappen« (SW V, S. 732f.) – ein Programm, das von seelischen Ambivalenzen oder einem »split-self« auszugehen scheint, also gewisse tiefenpsychologische Implikationen zur Folge hat. (Waldeck 1979, S. 83) Dazu werde ich die evidenten Strukturen im Horizont der psychoanalytischen Narzissmustheorien erklären. Obendrein interessiert mich die Frage, ob es Schiller ähnlich wie Goethe mit seinem *Werther* gelungen ist, ein Leidensmodell zu schaffen, das evtl. typische Pathologien seiner Zeit in ihrer Symptomatik, Dynamik und Ätiologie aus dem Kulturmilieu heraus verständlich machen kann. Die Frage ist also auch: Lässt sich der destruktive Narzissmus auf der Grundlage dieses Jugendwerks als soziokulturelles Epiphänomen, als eine Art ›Psychopathologie der Aufklärung‹ verstehen?

2.

Das Böse und das Tabu
Metadramaturgie der *Räuber*

»Untersucht nicht, wo Moor handelt […]!« (SW I, S. 174) Kann der ›aufge-klärte‹ Zuschauer oder Leser diesen letzten Befehl Karl Moors an seine Räuber anders verstehen denn als ironische Aufforderung zum Gegenteil?

Während der Räuberhauptmann sich nach all seinen Erklärung heischenden Schandtaten, zuletzt der »Schlachtung« Amalias (Sautermeister 1991, S. 326), ausgerechnet der diskreditierten Justiz stellt und das Stück damit »als völlige Verwirrung« und »Apologetik schlechter und unwürdiger Zustände« endet (Mayer 1986, S. 185f.), ist es nun an ihm, dem Leser oder Zuschauer, zu untersuchen: weshalb Moor so handelt, wie er handelt, ob und worin er sich von seinem Bruder Franz unterscheidet und ob nicht überhaupt, angesichts der offenen Fragen, ein Aufklärungstabu wie das zitierte in das ganze Drama als Verhüllungsprinzip eingezogen ist, das die letzte Ursache der »Werke, die uns an diesem grundbösen Menschen [Franz] empören«, mystifizieren soll (SW V, S. 744).

Es geht Schiller, wie der Titel *Die Räuber* schon ankündigt, um traditionelle Tabuzonen, die auch heute noch gelegentlich neben den Psychologen die Metaphysiker auf den Plan rufen: die Wurzeln des so genannten ›Bösen‹, die Entstehung von Gewalt im Konfliktfeld von Familie, Gesellschaft, Kultur, die Ursachen von sadistischer Zerstörungslust und narzisstischem Größen-wahn. Da es sich hier um das sozial ›Böse‹ handelt, könnte man es als Schaden oder Leid definieren, das man anderen zufügt, wobei der Grad des Bösen durch den Grad der Gefühlsbeteiligung bestimmt wird. André Green (2003, S. 282) engt den Begriff ein: »Das Böse ist für den Schmerz des anderen unempfänglich: Darin besteht geradezu das Böse. […] Das Böse zieht es vor, Leid einfach zu ignorieren.« Schiller macht auf dieses Phänomen aufmerksam, ja er richtet die Augen seines Publikums gespannt darauf aus, und doch kann man sich des Eindrucks nicht erwehren, dass er darüber blickscheu wird, ja dass er ein Blickverbot heraufbeschwört, das den Zuschauer zum geheimen Voyeur, zum Schlüssellochgucker macht und ihn damit natürlich erst recht auf den Weg der Aufklärung schickt.

Liegt das vielleicht auch daran, dass ihm die Psychologie seines eigenen Dramas, wenn er sie mit den Augen des Publikums sah, letztlich doch noch kein Ersatz für eine erfahrungswissenschaftlich fundierte Theorie des Menschen, zumindest aber der letzten, schlagenden Beweiskraft noch ledig zu sein schien?

Machen wir uns noch einmal klar: Dieser Autor kannte den zeitgenössischen Psychologiediskurs[8], an dem vor allem die ›philosophischen Ärzte‹ und die spekulative Schule der ›Animisten‹ beteiligt waren, von der Hohen Karlsschule her, und hatte in seiner ersten Dissertation selbstbewusst versucht, zur Frage beizutragen, wie man, mit den Worten Ernst Platners (1772), »Körper und Seele in ihren gegenseitigen Verhältnissen, Einschränkungen und Beziehungen zusammen betrachten« könne. Er war weder mit dem ›animistischen‹ Modell Georg Ernst Stahls noch mit dem ›materialistischen‹ Spinozas ganz zufrieden und suchte nach einer vermittelnden Theorie. Dabei stieß er auf eine mysteriöse ›Mittelkraft‹, die er dem alles verbindenden Eros zuschlug und entsprechend der akademischen Sitte in einen physiologischen Terminus mit Namen »Nerven-geist« kleidete (vgl. Schuller 1994). Wegen angeblicher Missachtung der ärztlichen Autoritäten und despektierlicher Anmaßlichkeit wurde diese Dissertation bekanntlich abgelehnt.

Schiller kannte durch Vermittlung seines Lehrers Jakob Friedrich Abel aus den Elevenjahren 1776 und 1777 Arbeiten des Berliner Psychologen Johann Georg Sulzer (1752–53), insbesondere dessen *Theorie der angenehmen und unangenehmen Empfindungen*, die als Grundlegung einer empirischen Psychologie gelten kann. (Riedel 1995, S. 381f., 430f.) Mit ihnen hatte dieser in den 50er Jahren den Paradigmenwechsel von der spekulativen *Psychologia rationalis* seines Lehrers Christian Wolff zu einer Psychologie des Unbewussten eingeleitet, die sich auf Baumgartens Begriff »fundus animae« gründete. (Adler 1988, S. 208; Riedel 1993, S. 212ff.) Der cartesianische Psyche-Soma-Dualismus, dem sich die Disjunktion der Psyche und damit letztlich die Psychologie verdankt, ist damit freilich nicht abgeschafft. Innerhalb dieses Modells aber zeichnet sich am Horizont ein dynamisches Modell des Bewusstseins ab, das der Psyche als dessen Teilsegment eine selbstständige und selbsttätige Domäne sichert.

In den *Räubern* wollte Schiller nun mit aller juvenilen Kraft und den Mitteln der Literatur versuchen, diese Impulse aufzunehmen, indem er u. a. am Beispiel des Franz »die vollständige Mechanik seines Lastersystems auseinander zu gliedern« trachtete (NA 3, S. 6). In den Selbstrezensionen treten dabei schon Spannungen zum vorhandenen Psychologiewissen auf und verraten ein gedankliches Experimentalstadium, dessen heuristischer Impetus bei der

Produktion des Werks eine Rolle gespielt haben dürfte. Aus der ›philosophischen Medizin‹ und der ›Psychologia empirica‹ wurde unter der Hand dieses (fast) noch jugendlichen Debütanten literarische Psychologie oder, wenn man so will, psychologische Literatur. Dabei

> ist keineswegs sicher, ob Schillers Tiefenblick in die ›Operationen‹ der Seele nicht zuletzt sein eigenes Begreifen sprengte; so heftig mochte der Choc über Karl Moors Handeln wirken, dass der erkennende Verstand gleichsam das Auge davor schloss und das Erkennen sich unbewusst entäußerte, in explosiven Situationen und extremen Handlungsumschwüngen. (Sautermeister 1991, S. 314)

Man könnte diesen tief hineinverwobenen Grundzug des enthüllenden Verbergens oder verbergenden Enthüllens als die Metadramaturgie der *Räuber* bezeichnen. Die Mannheimer Bühne wird am 13. Januar 1782, dem Tag der umjubelten Premiere, zum Ort des Auftritts eines Geheimnisses, das gerade so weit gelüftet wird, dass man Kunst und Kitzel der Entdeckung genießt, aber gleichzeitig fürchten muss, zwingt sie doch zur Auseinandersetzung mit der eigenen Spezies und, brisanter noch, der eigenen Kultur. Franz Moor darf das Dilemma offen aussprechen: »Was hab ich gesagt? Merke nicht darauf, ich habe eine Lüge gesagt, es sei was es wolle.« (SW V, S. 746)

Ist es diese, wie Ernst Bloch (1959, S. 124, Anm. 12) sagte, »Trunkenheit oft noch ohne Begriff«, welche die Uraufführungsgäste in jenen enthemmten Zustand der Verbrüderung versetzte?

> Das Theater glich einem Irrenhause, rollende Augen, geballte Fäuste, stampfende Füße, heisere Aufschreie im Zuschauerraum! Fremde Menschen fielen einander schluchzend in die Arme, Frauen wankten, einer Ohnmacht nahe, zur Thüre. Es war eine allgemeine Auflösung wie im Chaos, aus deßen Nebeln eine neue Schöpfung hervorbricht. (zit. n. Pichler 1879, S. 67f.)

»Warum dies alles?« fragt Hans Mayer (1986, S. 172) im Blick auf diese eruptive Zuschauerreaktion und appelliert: »Hier müsste, wie mir scheint, die heutige Analyse des Stückes einsetzen.« Vielleicht könnte man die Beifalls- und Gemütsbezeigungen mit jenen der Leser von Goethes *Leiden des jungen Werthers* vergleichen. Über sie schrieb Ernst Bloch (1967, S. 21), sie »kamen aus überall gepreßtem Herzen. Sie waren unbefriedigte Wünsche, gehemmte Tätigkeit, gehindertes Glück, erbittertes Leid.«

Das Tohuwabohu im Saal mag auch von dem Gefühl der Zuschauer ausgelöst worden sein, Zeugen einer apokalyptischen Offenbarung (oder offenbarenden Apokalypse?) zu sein, bei der das Unterste zuoberst gekehrt und aus der Katastrophe der Wahrheit endlich die Wahrheit der Katastrophe wird. Mit den Worten Emil Staigers (1962, S. 98): »die Wirkung, die Karl Moor mit seiner Bande, mit seinem Terror ausübt, ist der Wirkung, die der Dichter mit seinem Drama erstrebt, sehr ähnlich: Alles soll wieder zum Chaos werden, auf dass eine neue Schöpfung entstehe.«

Die enttabuisierende Darstellung der an Extremausschlägen nach oben und unten reichen Verhaltensdynamik in diesem Stück geschieht also vor den Augen der Zuschauer gegen ein noch spürbares Aufklärungstabu, das damit *in actu* in Frage gestellt wird. In dieser Eigenschaft kann Schillers Werk der neueren Psychoanalyse der Form, wie sie Noy (1979; 1984) vorgelegt hat, als historisches Beispiel dienen; dies umso mehr, als die Form in der Dichtungstheorie Schillers nach und nach zur entscheidenden ästhetischen Größe wird. Gerade im Jugendwerk sieht man die Exkommunikation in der Kommunikation, das Wünschen im Versagen, selbst das Ahnen im Wissen als widerstreitende Pole angelegt:

> Die Form in der Kunst ist ein Mittel, 1. die Widerstände und Abwehren des Künstlers und des Publikums zu überwinden, um die latenten Wünsche, Gefühle und Erfahrungen beider zum Ausdruck zu bringen und ihre Kommunikation zu ermöglichen, und 2. dem Ich bei seinen Bemühungen zu helfen, seine verschiedenartigen Motive und Emotionen zu ordnen und so die Integration und den Zusammenhalt des Selbst zu bewahren. (Noy 1984, S. 202)

3.

Schiller gegen Schiller
Die Räuber und die Selbstrezensionen als Werkeinheit

Nicht nur im Stück selbst, auch im rhetorischen Fintisieren der Selbstrezensionen spiegelt sich einerseits der bürgerliche Tabudruck wider, andererseits das Ahnen des psychologisch Neuen am Experiment des Spaltungsdramas. Gleichzeitig äußert sich darin auch Schillers Unbehagen an der szenischen und psychologischen Durchführung, mindestens aber an der dramaturgischen Realisierung der Entwicklungssprünge (auch die Sprengung der Zeiteinheit und Ausdehnung der Handlungszeit auf »ohngefähr 2 Jahre« löst ja noch nicht das Realismusproblem angesichts der extrem ›gemischten Charaktere‹).

Vermutlich nicht erst im Nachhinein empfindet der 22-Jährige, als frischgebackener Regimentsarzt im Amt eines gewöhnlichen Feldschers mit allerlei Wassern schon gewaschen, angesichts der ausufernden Brutalität auf der Bühne ein gewisses Unbehagen, und zwar weniger deshalb, weil da ein Zuviel an Gewalt wäre – Schiller liebt blutige Szenarien und zeiht sich selbst des »Vergnügens an tragischen Gegenständen« (zit. n. Mayer 1986, S. 170)[9] –, sondern weil der eskalierenden Gewalt ein Zuwenig an plausibler Entstehungskausalität gegenübersteht. Dass jede Handlung ihre bestimmten Ursachen hat, wenn auch nicht immer die, die man dafür hält, weiß er von Adam Ferguson (1723–1816), dessen Schriften er z.T. auswendig dahersagen konnte. Der Aufklärertheologe aus dem Kreis der schottischen Empiristen hatte das Freiheitsproblem erörtert und resümiert: »Wenn ich zurückblicke, um die Gründe meines Handelns zu erfahren, werde ich nirgendwo Freiheit entdecken, sondern Kausalität.« (Ferguson 1787, S. 200)

Als Schiller sich unter dem Kürzel »K....r« (wie Kritiker? Krittler?) etwas über vier Monate nach der Uraufführung in seiner zweiten Selbstrezension im Ersten Stück des von ihm selbst mit herausgegebenen *Wirtembergischen Repertoriums der Literatur* u. a. zur Figur des Franz Moor äußert, reklamiert er Kunstfehler, von denen einige so gravierend scheinen, dass er sie als Autor gewiss vermieden hätte, wenn er sie hätte vermeiden wollen. In der Maske des Kritikers bestätigt er so zum Beispiel einerseits das Vorhandensein von (latenten) Wirkursachen und also doch wohl objektivierbaren Handlungsmotiven bei Franz, wenn er sagt, dieser sei »vollgepfropft von schweren entsetzlichen Geheimnissen, daß er selbst seinen Wahnwitz für einen Verräter hält« (SW V, S. 746); andererseits gibt er aber vor nicht zu glauben, dass »dieses Monstrum der sich selbst befleckenden Natur in eine Jünglingsseele« passt. Energisch stellt er in Abrede, dass es den »Sprung« in die »krebsartige Verderbnis« überhaupt gebe (SW V, S. 743f.), obwohl er doch soeben noch behauptet hat, dass mit dem ungleichen Verbrecherduo Franz und Karl »eine so ziemlich vollständige Ökonomie der ungeheuersten Menschenverirrung« geliefert würde, wenn auch nicht als »Sprung«, sondern als Phänomen mit konkreten Ursachen: »selbst ihre Quellen sind aufgedeckt« (SW V, S. 741).

Schillers Rhetorik verrät die Ambivalenz des Autors, der in einem schwebenden Verfahren in den Diskurs mit sich selbst eintritt und bald den Part des *advocatus diaboli*, bald den eines wohlmeinenden Tutors übernimmt. Es ist unwahrscheinlich, dass »K....r« hier, nachdem der Autor sie noch kein halbes Jahr zuvor das Grauen gelehrt hat, die Zuschauer einfach nur beschwichtigen will, die das *Trauerspiel* seit Mitte April in der *Neuen für die Mannheimer Bühne verbesserten Auflage* nachlesen können. Diese Kritik scheint mir jenseits der theatralischen Kritikerpose zu einem Gutteil ernst gemeinte Selbstkritik, wie sie dem Zweifel an der psychologischen Durchführung des Dramas oder an der Zumutbarkeit der enormen Eskalationsdynamik auf engem Raum entsprang, die ja obendrein, wird sie in ihrer Psychomechanik ignoriert, einen kaum mehr verdaulichen anthropologischen Pessimismus zu verraten scheint. Man hat es mit Zweifeln zu tun, die so wenig vermieden werden konnten, wie sie zu einer Revision des Dramas hätten führen können.

Interessant ist Schillers Argumentationsweg in diesem kokett gestellten und gestelzten Kritikertext, der nach dem Erstlingswerk nun auch den poetologischen inneren Monolog zur Schau stellt, nicht nur in seinen Ungereimtheiten und Widersprüchen. Folgt man dem Wortlaut, dann verwirft er z. B. die Möglichkeit der menschlichen Wandlung vom Guten zum Bösen nicht grundsätzlich, sondern nur in moralischer Hinsicht: »Die moralischen Veränderungen kennen ebenso wenig einen Sprung als die physischen«. Kants Auffassung scheint hier vorweggenommen, nach der das Moralbewusstsein so unveränderlich wie der Sternenhimmel sei. Der psychische Wesensumbruch, d.h. der plötzliche Auf- und Ausbruch von versteckten Polaritäten, der Umschlag von einer Charakterqualität in die andere scheint jedoch mit dieser Formulierung keineswegs ausgeschlossen, so wenig wie das axiomatische ›natura non fecit saltus‹ an Geltung verliert, wenn man

»Sprung« z. B. als ›Aufspringen‹ von etwas (im Unbewussten) Versteckten definiert. Der fingierte Vorwurf des moralischen Bruchs in der Figurenentwicklung relativiert sich im Übrigen allein schon dadurch, dass er bei näherem Hinsehen gar nicht zutrifft. Es ist neben anderen psychischen Antrieben nicht zuletzt die Stimme der Moral, die Karl an die Zivilisation gemahnt und dann auch dorthin zurückführt, und sei es in die Arme der korrupten Strafjustiz. Gäbe es den moralischen Quantensprung, also die komplette Suspendierung des Gewissens wirklich, müsste Karls Konflikt nicht auch ein moralischer sein und Franz riefe in der Erstdruckvariante vom Mai 1781 nicht kurz vor seinem Selbstmord nach dem Beichtvater.

Bleibt der Vorwurf des Überspringens von Ursachenfaktoren, den ich als den ›wahren‹ Kern und die eigentliche Spitze des fabrizierten Selbstverrisses lese, weil er mit dem Missverhältnis von Bühnenzeit einerseits und Lebens- bzw. Entwicklungszeit andererseits ein typisches Realismusproblem zur Sprache bringt, wie es sich mit Lessings Konzept der ›gemischten Charaktere‹[10] und dem Aufsprengen der Zeiteinheit verschärfte: »wird nicht ein solcher Mensch erst tausend krumme Labyrinthe der Selbstverschlimmerung durchkriechen [...] um dieses abscheuliche non plus ultra mühsam zu erklettern?« (SW V, S. 743) Das Resümee lautet:

> Unserm Jüngling, aufgewachsen im Kreis einer friedlichen schuldlosen Familie – woher kam ihm [Franz] eine so herzverderbliche Philosophie? Der Dichter läßt uns die Frage ganz unbeantwortet; wir finden zu all denen abscheulichen Grundsätzen und Werken keinen hinreichenden Grund, als das armselige Bedürfnis des Künstlers, der um sein Gemälde auszustaffieren, die ganze menschliche Natur in der Person eines Teufels [...] an den Pranger gestellt hat. (SW V, S. 744)

Vergessen wir nicht: Die konzeptionellen Anfänge der *Räuber* reichen in Schillers 15. Lebensjahr zurück. Wann genau er im Zeitraum von 1775 bis 1780 mit dem Schreiben begann, wissen wir nicht (Safranski 2004, S. 106f.) Neben der altklugen Attitüde des Kritikasters, der in der Maske des bürgerlichen Rationalisten Lebensklugheit über Jugendfiktion stellt, sind in den argumentativen Windungen der Selbstrezension aber nicht nur (geheime?) Zweifel an der Zumutbarkeit des Janusprofils der Figuren zu spüren, sondern auch die Ahnung dessen, dass er sich im Stück etwas erlaubt, was er verbietet, während er dort gleichzeitig etwas verbietet, was er sich erlaubt. Die Versuchsanordnung des Dramas scheint auf ein verbotenes Experiment hinauszulaufen, dessen Aufdeckung durch ein Erkenntnistabu erschwert wird, das sowohl den Autor als auch den Zuschauer an der Freiheit des Denkens hemmt. Ein solches Tabu aber könnte nicht nur das Experiment zu Fall bringen, sondern auch die psychologische Glaubwürdigkeit des Autors gefährden, weil man mangelnde Verständlichkeit nicht dem Tabu, sondern den anthropologischen Prämissen seiner Konzeption anlasten würde.

Rhetorischer Höhepunkt der Argumentation (und Simplifikation!) ist die gewaltsame Ehrenrettung der Franz-Figur, zu welcher der Autor im Kritikerkleid jetzt einen wahren Kopfstand vollführen muss. Angesichts der ungeschützten Breitseiten des Stücks ist es anscheinend für Franz als Bühnencharakter (und vielleicht auch für seinen Schöpfer als Bühnenautor) am sichersten, wenn der sprichwörtliche als leibhaftiger Teufel ausgegeben wird. Aus Metaphorik wird kurzerhand Metaphysik – die man wiederum frei ist, metaphorisch für die Nöte des Menschenbilds zu lesen. Zur ursächlichen Erklärung seiner Bosheiten reichen ja auch »die Räsonnements, mit denen er [Franz] sein Lastersystem aufzustutzen versteht«, nicht aus, sind diese doch »das Resultat eines aufgeklärten Denkens und liberalen Studiums«, das ihn eigentlich hätte »veredeln« sollen.

Der Kritiker kann also nicht mehr umhin, er muss Franz aus der Menschengemeinschaft bannen und ins Reich der Religionsmythen stecken. Auch wenn er dessen Rehabilitation im Schlussakt einräumt – »Stirbt er nicht bald wie ein großer Mann, die kleine kriechende Seele!« –, so schwingt doch in der Verbannung des Bösen ins Menschenunmögliche eine Ironie, in der neben dem Erschrecken über die Normalität, ja Banalität des Perversen auch der Triumph über die Entdeckung psychologischen Neulands zum Ausdruck kommt. Wie über 200 Jahre später Jorge Semprun (2004) hält Schiller das Böse nun für »ein geistiges Phänomen, der Menschlichkeit des Menschen immanent«. Das anthropologische Potential zum Bösen ist jetzt sogar selbst dort noch zugestanden, wo die Nähe zur menschlichen Natur ausdrücklich in Abrede gestellt wird:

> sonst ist dieser Charakter, sosehr er mit der menschlichen Natur mißstimmt, ganz übereinstimmend mit sich selbst; der Dichter hat alles getan, was er tun konnte, nachdem er einmal den Menschen überhäuft hatte; dieser Charakter [Franz] ist ein eigenes Universum, das ich gern jenseits der sublunarischen Welt, vielleicht in einen Trabanten der Hölle, einquartiert wissen möchte; seine untreue Seele schlüpft geschmeidig in alle Masken, und schmiegt sich in alle Formen […]. (SW V, 745f.)

Schiller trifft damit ins Zentrum der psychologischen Deduktion religiöser Archetypen, die »symbolische Ausdrücke für das innere und unbewußte Drama der Seele [sind], welches auf dem Wege der Projektion, das heißt gespiegelt in den Naturereignissen, dem menschlichen Bewußtsein faßbar wird« (Jung 2003, S. 10). Es wird hier unmittelbar verständlich, weshalb er Goethe Jahre später wiederholt zur Vollendung des *Faust* drängt, dessen ›Verteufelung‹ den Pakt und damit gleichfalls eine ironische Transzendierung ins Außermenschliche voraussetzt, wodurch gerade das Allzumenschliche in seiner möglichen Monstrosität unterstrichen wird. Das Böse scheint ohne Transzendenz zwar möglich, aber noch nicht ohne höheres Alibi denkbar. Das Konzept der prästabilierten Harmonie gilt im Großen wie im Kleinen. Ihm hat die anthropologische Substanz zu gehorchen. Natürlich fällt dann im *Faust* durch die komische Materialisierung des Bösen in Pudel- und Junkergestalt erst recht ein verräterisch weltliches Licht auf das ›von oben Geschickte‹, so dass sich dem Aufgeklärten das menschliche Seelendrama als das eigentliche Thema vor Augen stellt.

4.

Figuren und Mächte
Dramaturgie des Bewusstseins

Man darf nicht außer Acht lassen, dass Schillers und Goethes Publikum ein bürgerlich-aufgeklärtes war, in dessen Augen religiöse Archetypen zwar zunehmend allegorische Bedeutung erhielten, also menschliche Realitäten widerspiegelten, doch noch lange nicht allen ›Profanierungen‹ offen standen. Die Anthropologisierung, allem voran die Psychologisierung des Menschenbilds, bringt bis zur wissenschaftlichen Festigung neue Tabuzonen und neue Tabuzwänge hervor, die auch vor moralischen Hypostasierungen nicht Halt machen. Gerade ›das Böse‹ bleibt, wie oben skizziert, noch lange dem Zwischenbereich von Transzendenz und Immanenz verhaftet. Wenn Schiller in dem Satz: »dieser Charakter ist ein eigenes Universum« (SW V, S. 745) das Wort »Universum« verwendet und dann eine Figur wie Franz beschreibt, deren Wesen die Polarisierung ist (»Kriechend wo er zu bitten hat, Tyrann wo er befehlen kann«), dann wählt er ein traditionelles Synonym für ›Kosmos‹, das eine Aura von harmonischen Konnotationen hat. Damit entsteht eine scheinbar absurde Konkurrenz zur Tradition. Der doch unharmonische Charakter der Figur setzt sich einerseits gegen die traditionelle Harmonie des Universums ab, andererseits beansprucht er aber einen Platz im Weltgebäude, ja wird selbst zum (mikro-)kosmischen System, wie es Voraussetzung für ein dynamisch-topologisches Modell des Bewusstseins ist. Indem aber so Spaltung und Geschlossenheit vereinbar scheinen, entsteht ein integrales psychologisches Menschenbild, das die altergebrachte Dichotomie aufhebt. Gut und Böse scheinen jetzt aus dem gleichen anthropologischen Holz geschnitzt: ein Material, das die Dimensionierung des Geistes in Bewusstes und Unbewusstes zu erkennen gibt, so wenn es z.B. von Franz heißt, er sei »vollgepfropft von schweren entsetzlichen Geheimnissen, daß er selbst seinen Wahnwitz für einen Verräter hält« (SW V, S. 746).

Gerade dieser letzte Satz ist aufschlussreich, unterstellt er der Figur doch Möglichkeiten, die sie in ihrem gebundenen Bewusstseinshorizont kaum haben kann. Misst man die Rede von Figuren an der Empirie, dann vermag z.B. auch die Franz in den Mund gelegte Replik: »Was hab ich gesagt? Merke nicht darauf, ich habe eine Lüge gesagt, es sei was es wolle.« (SW V, S. 746) zwar eine Spaltungsproblematik, aber kein Spaltungssymptom zu indizieren. Indem eine solche Äußerung der Struktur nach auf Introspektion zurückgeht, macht sie nur im Horizont eines auktorialen Textsubjekts Sinn, in dem Bewusstes und Unbewusstes konvergieren. Ein realistischer »Franz« wird seinen »Wahnwitz« systematisieren, möglicherweise auch als Fantasterei abtun, aber nicht für die innere ›Stimme‹ halten, die seine Seelengeheimnisse ›verrät‹. In beiden Fällen wird er ihn also nicht als Anzeichen einer Paranoia interpretieren, weil das Unbewusste ihm nicht die Wahl des Selbstverstehens lässt. So kann er z. B. auch seine apokalyptischen Träume nicht als untrügliche Botschaften der Psyche deuten. In der versteckten Selbstinterpretation, die Schiller unter dem Titel *Life of Moor. Tragedy by Krake* in seine Dissertation einfügt, beschreibt er analog einen (Abwehr-)Vorgang im Bewusstsein, den wir uns heute im Rahmen eines topischen Modells (bewusst – unbewusst) oder eines strukturellen Modells (Es – Ich – Über-Ich) erklären. Hier wird offensichtlich, dass Schiller der Welt des Unbewussten tatsächlich einen eigenen Platz und eine dynamische Rolle einräumt.

> Die Sensationen [in Franzens Träumen, Vf.] sind allzuverworren, als daß der langsamere Gang der Vernunft sie einholen und sie noch einmal zerfasern könnte. Noch kämpfet sie mit der Fantasie, der Geist mit den Schrecken des Mechanismus. (NA 20, S. 60)

Will er wirklich »eine mannigfaltige Szene menschlicher Leiden vor[führen]« (SW V, S. 96), muss Schiller also, wie Goethe davor seinen Werther, die Figur mehrdimensional anlegen, damit der »Schrecken des Mechanismus« als agonaler Widersacher zum Zug kommen kann. Nur so stellt sich dem Leser oder Zuschauer ein panoramatisches Bild vor Augen. Er muss sie um eine horizontale und vertikale Achse modellieren, damit ihre Leiden in ihrer Aktualität und Entwicklung verständlich werden. Das erfordert nicht nur treffende, sondern auch sparsame Pinselstriche: ein Skizzenverfahren, das die epischen Möglichkeiten innerhalb der dramatischen nicht überzieht. Schiller selbst hat in der unterdrückten Vorrede zum Erstdruck von den Räubern zunächst als einem nicht für die Bühne gedachten »dramatischen Roman« gesprochen. In der Druckfassung wurde dann das Wort »dramatische Geschichte« daraus. Er hat damit die erreichte Gattungsgrenze markiert, ja den Grenzübertritt bereits ein- und zugestanden. Gerade in den das Epische zurückdrängenden Vermeidungsstrategien ist die Gefahr der ›Unterzeichnung‹ der Figuren, die ja als differenzierte Mischcharaktere gedacht sind, damit aber auch die Gefahr der Überforderung der Schauspieler und Zuschauer, schon angelegt. (Vgl. Mayer 1987, S. 72–94)

Anders als Werther sind Franz und Karl Moor allerdings Bühnenfiguren. Das hat den Vorteil der gespielten Interaktion und damit einer weiteren Realitätsebene, die zur psychologischen Fundierung und Plausibilisierung beitragen muss. Die eigentliche Geburt einer Figur findet *in actu* auf der Bühne statt. Gelingt sie nicht, macht die Figur sich lächerlich. Gelingt sie, erhält sie mehr Fleisch und Blut, als sie auf dem bloßen Papier haben kann. Wie häufig nehmen Autoren selbst noch während der Proben Änderungen an ihren Stücken vor oder werden, wie Schiller, von Theaterleuten dazu veranlasst. Das Beispiel des Mannheimer Intendanten Heribert von Dalberg zeigt freilich auch, dass solche Änderungen bei weitem nicht immer zu Verbesserungen des Stücks führen. Schillers Auseinandersetzungen mit den Schauspielern des Mannheimer Theaters im Jahr seiner Anstellung als ›Theaterdichter‹ vom 1. September 1783 bis zum 31. August 1784, besonders die Konfrontationen mit dem Schauspieler und Bühnenautor Iffland, die dann zur Nichtverlängerung seines Vertrags führt, dokumentieren neben anderem nicht nur die Schwierigkeiten eines noch unetablierten (und etwas arroganten) Bühnenautors, sondern auch die Zumutungen seines Figurenkonzepts. Dazu kommt, dass Schiller sich mit dem Schluss seiner Erstlingsdramen schwer tat. In Mannheim blieb er noch wenige Wochen vor der Uraufführung am 11.01.1784 das Schlussbild des *Fiesko* schuldig, so dass die Schauspieler neben den Schwierigkeiten mit der gedrechselten Sprache und den gewaltigen Textmengen Grund genug fanden, an den Handlungskonstrukten zu (ver-) zweifeln. (Safranski 2004, S. 183–207)

Es ist bestimmt auch kein Zufall, dass Schiller in seiner ersten, mit dem Kürzel »N.« gezeichneten Selbstrezension vom März 1782, die als Theaterkritik verfasst ist und sich auf die Premierenvorstellung bezieht, ein noch durchaus positives Bild der von Iffland gespielten Franz-Figur zeichnet. »Teutschland wird in diesem jungen Mann noch einen Meister finden«, lobt er den Schauspieler prophetisch und bekennt: »Hr. Iffland der den Franz vorstellte, hat mir […] am vorzüglichsten gefallen […] diese Rolle, die gar nicht für die Bühne ist, hatt ich schon für verloren gehalten, und nie bin ich noch so angenehm betrogen worden.« Auch Amalia »gefiel, mir zumindesten, ungemein« in der Darstellung der Toskani, obschon er »anfangs für diese Rolle [fürchtete], denn sie ist dem Dichter an vielen Orten mißlungen« (SW V, S. 754). In der späteren Rezension konkretisierte er diesen Einwand: »Aber zum Unglück wollte uns der Dichter hier etwas Außerordentliches zukommen lassen, und hat uns um das Natürliche gebracht.« (SW V, S. 747)

Dagegen verliert er über den Darsteller des regierenden Reichsgrafen kein Wort, erwähnt nicht einmal dessen Namen. Offenbar hat er ihm so missfallen, dass nur noch der Schluss möglich scheint: »Der alte Moor konnte unmöglich gelingen, da er schon von Haus aus durch den Dichter verdorben ist« (SW V, S. 754) – eine Aussage, die ich später noch in einem anderen Licht beleuchten will. In allen diesen Fällen wird die Qualität des Schauspiels als komplementärer Beitrag zur Konzeption der Figuren bzw. als Bestätigung ihrer Mängel erlebt. Erst das reale Spiel macht Interdependenzen sichtbar, die z. B. auch vermeintliche ›Sprünge‹ in einen Umwelts- und Bedingungskontext einbetten und diesen als ›gewachsen‹ erscheinen lassen können. Insbesondere das in kurzer Zeit schwer durchschaubare Profil einer ›gemischten‹ Bühnenfigur erfordert Darstellungskunst und Interaktion mit anderen. Ein noch unerfahrener Autor wie Schiller, der seine Figuren am Reißbrett seiner jugendlichen Ideen entworfen bzw. als Spaltprodukte seiner Psyche in die Welt gesetzt hat, kann da leicht eines Besseren belehrt werden.

Schillers Grundansatz ist der einer Introspektion, welche die psychische Oberfläche einer Figur aus ihrer Tiefe erklärt. Dass bei der Komplexität der Figuren und dem Andrang des zu Vermittelnden kein Wort zu wenig gesprochen wird, mag hin und wieder an die theaterästhetischen Grenzen gehen, vor allem in der ursprünglichen *Schauspiel*-Fassung von 1781 – die Mannheimer Aufführung dauerte mehr als vier Stunden –, ist aber nötig, um Handlung und Verhalten über das Situative des Augenblicks hinaus genetisch zu verdeutlichen. Die Protagonisten mit Amalia lassen deshalb in Sachen Selbstexplikation nichts zu wünschen übrig, vor allem in den Langmonologen I, 1, II, 1, IV, 2, IV, 9, IV, 10, IV, 15 (Zählung nach *Trauerspiel*). Sie bespiegeln dabei nicht nur sich selbst, sondern auch andere Figuren und erscheinen überdies als Brennspiegel ihrer Zeit. Die Zuschauer werden so zu Augenzeugen psychischer Antriebe, Widersprüche und Erschütterungen, deren Epizentrum ›außerhalb‹ des Stücks und damit außerhalb des Einflussbereichs der Figuren liegt. Sie werden nicht zu Zeugen der diachronen Entstehungsverläufe, der Entwicklungen aus der Vergangenheit. Ebenso wenig ›sehen‹ sie die sozialen und kulturellen Faktoren, die von außen auf die Geschehnisse und Charaktere einwirken. Umso stärker jedoch wirken diese Einflussquellen als anonyme Mächte, die nach Erklärung verlangen.

Wo es an Explikationen mangelt und Selbstevidenzen nicht unmittelbar zur Hand sind, wie bei der Figur des alten Moor, muss die Darstellung im überzeugenden Spiel eine Hilfestellung zum Verständnis geben. Dieser stark skizzenhaft gezeichneten, besonders ›unterzeichneten‹ Figur gereicht es immer wieder zum Nachteil, dass sie sich nur in Andeutungen (oder dem, was man dafür halten muss) explizieren kann. So z. B. darf der Zuschauer gleich am Anfang darüber sinnieren, was gemeint ist, wenn er mit Bezug auf Karl sagt: »Die Sünden seiner Väter werden heimgesucht im dritten und vierten Glied« (I, 1). Fast ohne eigenes Gesicht steht der Reichsgraf, wie Schiller selbst sagt, für den »allzu schwachen, nachgiebigen Verzärtler und Vater« (SW V, S. 737). Die zuweilen nahezu alberne Greisenhaftigkeit und kopflose Gutgläubigkeit des Sechzigjährigen ist bestens dazu angetan, Rätsel aufzugeben, weshalb wohl auch über keine andere Figur dieses Stücks soviel spekuliert wurde. So sehr diese Unfähigkeit oder Unwilligkeit, einen würdigen Alten zu zeichnen, Schillers Jugendnarzissmus geschuldet sein mag, so offensichtlich ist doch auch, dass er mit dieser Figur ein neues Paradigma auf die Bühne bringt und dabei *nolens volens* einen Patriarchalismus karikiert, der sich seiner hochbrisanten Widersprüche noch gar nicht bewusst ist. Er erkennt, dass die Gegensatzpaarung von »Herrschaft und Zärtlichkeit« (Sørensen 1984, S. 173f.) ein Milieu der »grausamen Zärtlichkeit« (I, 1) hervorbringt, das aller Aufklärung spottet, weil gerade die vermeintlich ›liebevolle‹ Unterdrückung der Mündigkeitsstrebungen die Entwicklung zur Mündigkeit sabotiert. Sørensen nennt es die »dialektische Verbundenheit der väterlichen Gewalt mit der väterlichen Liebe«. Damit ist indes die enorme psychosoziale Sprengkraft charakterisiert, die gerade diesem »Typus des alten zärtlichen Hausvaters« innewohnt, wie er »in der zweiten Hälfte des 18. Jahrhunderts eine fast modische Figur der europäischen Sensibilität geworden« war. Mag bei Maximilian von Moor »der Herrschaftsaspekt zugunsten des Gefühlsaspekts völlig in den Hintergrund« treten, so bringt doch nicht nur der machtbesessene Franz, sondern auch der charismatische Karl die Spaltkraft der in der Vaterfigur angereicherten Widersprüche zur Geltung. Gerade hinter dessen scheinbar ohnmächtigen Schwäche tut sich eine unheimliche Stärke auf, die, ohne dass man sie als Wirkursache sogleich konkretisieren könnte, auf den Horizont der Kultur hinausdeutet, deren öffentliches Merkmal die Repression ist. Dass der Reichsgraf ein idealtypisch aufgeklärter Regent und damit ein Muster an Gerechtigkeit und Mildtätigkeit ist, hebt nur jenen merkwürdigen Widerspruch hervor, der z. B. Schillers Vorbild Rousseau daran hinderte, seinen *eigenen* Kindern ein guter Vater zu sein. Wenn Gefühle mit Schwäche konnotiert sind statt mit Stärke, dann spricht daraus das Erbe der Aufklärung und der Versuch, die Domäne des Rationalen auszudehnen statt zu verkleinern. Der alte Moor demonstriert nicht das ›Andere der Aufklärung‹, sondern im Rahmen gewisser Akzentverschiebungen das Übliche. Es handelt sich daher nicht etwa um eine Rehabilitierung des Emotionalen (die wäre gründlich misslungen), sondern um einen literarischen Laborversuch, der demonstriert, wie die Rationalisierung des Irrationalen letztlich zur Irrationalisierung der Ratio gerät.

Aber noch etwas anderes zeigt die Figur des regierenden Reichsgrafen, das die Forschung bisher übersehen hat. Gerade die Deutung dieses Charakters verlangt nach einem ›archimedischen‹ Punkt außerhalb der Textebene, indem über die Konstruktion eines auktorialen Subjekts zu fragen ist, welche tiefenpsychologischen Interdependenzen zwischen den drei Moor-Figuren bestehen, die das Profil des alten Moor beleuchten. Die von Schiller selbst diagnostizierte »Schwäche« ist nicht nur ein kalkulierter Charakterzug im oben erwähnten Sinn, sondern entspricht auch der ›Bewusstseinsperspektive‹ der beiden Brüder, deren Größenwahn nach einem ›kleinen‹ Vater verlangt. Der Autor deutet als Selbstrezensent diesen Zusammenhang an, wenn er schreibt: »Ein solcher Charakter [i.e. des Vaters, Vf.] kam freilich dem Dichter zu statten, um Franzen zum Zweck kommen zu lassen.« Damit ist für die »Schwäche« der alten Moorfigur die *Schwäche der Söhne* konstitutiv, deren projiziertes Unbewusstes sie widerspiegelt. Das bedeutet, dass die Figur des Reichsgrafen Bewusstseinsanteile der Moor-Söhne repräsentiert, in diesem Fall in ›Gestalt‹ einer signifikanten Imagoeigenschaft. Die Konstruktion des auktorialen Subjekts bietet hier also Einblick in den Werkgedanken, indem deutlich wird, dass die Schwäche des Vaters mit der Schwäche der beiden Söhne korrespondiert und dass somit eine Projektion dieser Schwäche konstitutiver Teil der Konzeption der alten Moorfigur geworden ist. Wir erleben also den Reichsgrafen aus der Sicht seiner Söhne, der wohl der Sicht des Autors entsprechen dürfte, wenn wir uns erlauben wollen, von dem theoretischen Konvergenzpunkt auf den Autor zu schließen. Dann wäre der Charakter des alten Moor ein Reflex von Schillers Jugendprofil, allerdings spiegelverkehrt, insofern die psychische Schwäche des einen zur charakterologischen »Schwäche« des anderen wurde. Man könnte so am Merkmalgerüst des alten Moor einen Teil des heuristischen Impulses begreifen, der die Werkentstehung begleitet, indem man die Figur als Produkt eines psychodynamischen Kräftespiels begreift: einer Abwehrdynamik, die hier buchstäblich ›am Werk‹ ist.

Was das auktoriale Subjekt anbelangt, so gehört zu seiner Konstruktion die Annahme, dass figürliche Charakterwerte korrelativ sind, d.h. dass z.B. die »Schwäche« des Reichsgrafen eine Funktion der vermeintlichen Stärke der Söhne ist. Die tatsächliche psychische Stärke oder Schwäche der Figuren lässt sich also, ähnlich wie in Kafkas *Urteil,* nur im Kraftfeld des Beziehungsdreiecks messen. Sie erschließt sich einem nur dann, wenn man die drei Moor-Figuren in ihrer Wirkung aufeinander und als wechselseitige Spiegel und Funktion würdigt. Im pathogenen Zusammenspiel der Dreiecksfaktoren kommt so auch ans Licht, was nach heutigem Sprachgebrauch der ›regenerationellen Transmission‹ unterliegt und damit dem auf die Söhne weitertradierten Kulturerbe entspricht.

Grundsätzlich ist die Theaterdramaturgie im Fall der *Räuber* gut beraten, wenn sie die wechselseitige psychodynamische Projektionsabwehr in der Beziehung zwischen den Söhnen und dem Vater Moor zur Darstellung bringt und insbesondere die pathogene, polarisierende Wirkung des Reichsgrafen plausibel macht. Hans Mayer (1986, S. 174) hat im Hinblick auf eine Parallelisierung mit Dostojewskis *Brüder Karamasow* und Freuds Abhandlung über *Dostojewski und das Problem der Vatertötung* sozusagen als Minimalforderung »vorausgesetzt, dass der regierende Graf von Moor in Auftreten und Format dem Ernst dieser Auseinandersetzung gewachsen ist und nicht als kindischer Greis herumlallt«.

Auch Amalia gehört trotz einiger längeren Repliken und Monologe zu den passiven Figuren, aber auf andere Weise als der alte Moor. Sie ist weniger ein unheimliches, aus der generationenalten Vergangenheit wirkendes Agens als vielmehr eine ›Jokerfigur‹, die kein ausgeprägtes Eigenprofil, wohl aber einen hohen Spielwert besitzt. Indem sie für die ausgesparte Gräfin Moor die Weiblichkeit substituiert (ähnlich wie die Verlobte in Kafkas *Urteil*), läuft bei ihr der Beziehungsandrang der männlichen Familienmitglieder an. Dabei kommt den von ihr erwiderten Idealisierungen Karls eine Sonderrolle zu. Es ist nicht verwunderlich, dass sie bei soviel Reagenz- und Hilfsfunktion auf der Bühne leicht zur Schablone gerät. Man mag dem Selbstrezensenten auf den ersten Blick Recht geben, wenn er sagt, auch er »weiß nicht, was das Mädchen will, oder was der Dichter mit dem Mädchen gewollt hat« (SW V, S. 747). Doch spricht er mit der (koketten) Stimme des Autors, und diesem kann man den Verrat an sich selbst hier nicht abnehmen. Schillers Hypothese von der Liebe als dem gleichsam physiologischen Bindeglied zwischen Geist und Materie darf man den Vorsatz unterstellen, diese, wenn schon nicht in der (abgelehnten) Dissertation, dann in der Literatur zu beweisen. Amalias Rolle als Liebende scheint aus der Rolle jenes »Nervengeistes« abgeleitet zu sein, der am Übergang von Psyche und Soma für den Ausgleich der Kräfte sorgt. Als Verkörperung eines solchen Prinzips oder gar eines Naturgesetzes im Sinne Fergusons läuft sie deshalb Gefahr, zur allegorischen Figur zu verblassen. Allerdings bietet das Prinzip der alle Materie beseelenden Kraft der Liebe auch reichlich Anreize für die Rollengestaltung, die Amalias problematisch *programmatischem* Hang zur Idealisierung der Liebe und des Geliebten Rechnung tragen muss.

Liebe ist für den jungen Schiller eine kosmische Urkraft, in der sich die

Verwandtschaft aller Wesen ausdrückt. Sie ist also so etwas wie der gemeinsame kreatürliche Nenner, der sich auch naturwissenschaftlich erkennen, also an der Empirie festmachen ließe, also heute z.B. in den chemischen Formeln für die Molekülketten des ›Sternenstaubs‹ oder in einer physikalischen ›Einheitsformel‹ etc. Schiller ist wie viele seiner Zeitgenossen vom platonischen Bild der ›Chain of Being‹ fasziniert. Will man in der kosmischen Naturvielfalt eine Einheit sehen, ohne gleich an einen Gott zu denken, muss man ein in seinem Wirken und seiner Wirklichkeit erfahrbares Gesetz annehmen, das *allem* zugrunde liegt, indem es *alles* verbindet. Für ihn wird Liebe daher zum Medium der Wirklichkeit schlechthin, stiftet sie doch durch die Verbindung von Geist und Materie das Wirkliche, wie es ist. (Vgl. Safranski 2004, S. 72ff. und S. 84ff.)

Insbesondere der letztgenannte Aspekt lässt sich für die Amalia-Figur nutzbar machen, wobei man gewisse Strukturen der mentalen Abhängigkeit auch bei ihr nicht übersehen sollte. Fungiert sie als eine Art Einheits- und Harmoniemahnerin auf einem Schauplatz der Disharmonie und Zwietracht, ja der Spaltung quer durch die Persönlichkeiten hindurch, dann müssen sich alle Figuren direkt oder indirekt mit ihr auseinandersetzen. Sie ist damit die einzige Figur, durch die kein »*Riß*« (SW V, S. 253) geht, um einen zentralen Begriff Schillers aus jener Zeit zu verwenden; sie ist die einzige auch, die integrale Einheit, psychophysische Ganzheit repräsentiert und die insofern *wahr* ist: ein menschlicher Ankerpunkt also, eine Messlatte für die Wahrheit der anderen (Figuren). Amalias Unerheblichkeit im Handlungs- und Motivationsgefüge des Dramas müsste also nicht darstellerisch kompensiert, sondern gerade unterstrichen werden. Ihre Passivität bringt andere in Zugzwang, ihre Wahrheit straft andere Lügen, ihre Präsenz schafft Abwesenheit. Karl muss sie aus dem Weg räumen, um sie zu ertragen. Sie ist sein Durchgang zur Realität. Erst mit ihrer Ermordung kehrt er auf den Boden der Tatsachen zurück.

Ohne Zweifel lohnt es sich bei diesem Stück, die einzelnen Figuren in ihrer psychologischen Dynamik und Kulturalität genau zu bestimmen und dabei jeweils spiegelnde oder kontrapunktische Eigenschaften anderer Figuren hinzuzuziehen. So sehr sich der Zuschauer von Anfang an unter dem tabuanfälligen Einfluss eines starken Aufklärungssogs befindet, so sehr ist er veranlasst, entweder dem Geschehen samt Figuren eine signifikante Geschichtlichkeit zuzuschreiben (und z.B. über Rolle und Schicksal der nur zwei Mal erwähnten, vermutlich als früh verstorben konzipierten Mutter zu spekulieren) oder Abläufe und Ereignisse aus den Reservoirs seiner eigenen Erfahrung und der Kenntnis des Historisch-Zeittypischen zu erklären. Im hochdynamischen Geschehensraum, in den sich Schillers Bühne samt Saalparkett verwandelt, bleibt er im ganzen Stück auf Spurensuche. Die »Spur zum Ursprung des Bösen« (Safranski 2004, S. 13) ist dabei ausgerechnet die undeutlichste, obwohl sie die wichtigste ist. Es ist Sache der Schauspieler, die Partitur gerade dieser Musik nicht nur angemessen zu instrumentieren, sondern auch ausgesparte Noten einzusetzen, die sie vervollständigen.

5.

Quellen und Konzeption
Das Räuberlied als »identity theme«

Schiller greift als Grundbausteine seines Modells mit der Wahl seiner Protagonisten Karl und Franz zunächst zwei Typenmuster auf, wie er sie in der Literatur vorfindet: einerseits den scheinbar ›rechtschaffenen‹ oder gar ›erhabenen‹ Kriminellen und andererseits den »heuchlerischen heimtückischen Schleicher« (SW V, S. 737), der den ominösen »Wurm« in *Kabale und Liebe* vorwegnimmt. Die Quellenlage ist bekannt, sie dokumentiert eindrucksvoll Schillers frühe Belesenheit. Klaus Jeziorkowski (1995, S. 39ff.) hat in einem ebenso informativen wie humorigen Aufsatz auf die »Bibliotheksfrüchte« in den *Räubern* hingewiesen. Schiller selbst erinnert an Plutarch und Cervantes, die deutlichsten Parallelen hat man früh in Schubarts Anekdote *Zur Geschichte des menschlichen Herzens* im *Schwäbischen Magazin* vom Januar 1775 ausgemacht, auf die ihn noch im gleichen Jahr sein Freund Friedrich von Hoven hinwies (darin auch der Name »Carl«). Wie es die Koinzidenz und der Zeitgeist wollten, erschienen ebenfalls 1775 auch Maximilian Klingers *Die Zwillinge* und *Otto* sowie Johann A. Leisewitz' *Julius von Tarent* mit der analogen Problematik der feindlichen Brüder bzw. der ungleichen Vaterliebe. Schiller, mit Ernst Blochs Worten »das Genie der Kolportage« (zit. n. Hinderer 1992, S. 23), hat all das und vieles mehr in den Jahren seiner Adoleszenz in sich aufgenommen und produktiv gemacht, darunter auch die Werke Shakespeares, die Abel ihm anempfohlen hatte. *Macbeth*[11], *Hamlet*, *Richard III.* werden seit je zu den Quellentexten der *Räuber* gezählt. Erstaunlich ist, dass die Edmund-Figur in *King Lear* als Schnittmuster des ränkeschmiedenden Sadisten Franz offenbar lange übersehen wurde, findet man in ihm doch den ›neuen Menschen‹ der Aufklärung, den ruchlosen Zweckpragmatiker und Machiavelli-Typus, wie ihn Shakespeare in einer Mischung aus Abscheu und Bewunderung zeichnete, vorgeprägt[12]. Stärker noch als bei dem englischen Dramatiker erhalten Schillers Figuren zusätzlich zu ihrer ideentragenden Funktion (die bei Franz Moor besonders ausgeprägt ist) eine überaus reiche Ausstattung an psychischen Beweggründen und Kernursachen in einem hochaktiven soziokulturellen Konfliktfeld. Hinzu kommen Umrisse einer individuellen Geschichte. All das zusammen macht sie zu Menschen aus Fleisch und Blut und, was das Wichtigste ist, zu Personen mit einer *dynamischen* – nicht nur pietistisch-empfindsamen – Seele.

Es ist freilich Karl und nicht Franz Moor, der den Heldenpart in diesem Stück spielt. Seine Bezeichnung lautet im gedruckten Text entweder einfach »Moor« oder eher typologisch bzw. charakterologisch und zur Markierung der öffentlichen Rolle »Räuber Moor« bzw. »R. Moor«, wohingegen die Rolle des Bruders lediglich mit dem Vornamen »Franz« angeführt ist, so als trete dieser nur als Privatperson in Aktion. Aus dem Namen Karl lässt sich neben dem »Carl« aus Schubarts Anekdote eine Reminiszenz an die zur »(Hohen) Karlsschule« umgetaufte »Militairische Pflanz-Schule« des Herzogs Karl Eugen von Württemberg heraushören. Der Name wäre dann eine Art Opfer- und/oder Täter-Synonym. Die mit dem Namen Moor assoziierten Eigenschaften des Fremden, Exotischen (»Warum gerade mir die Lappländersnase? Gerade mir dieses Mohrenmaul? Diese Hottentottenaugen?« fragt Franz), aber auch des Gesetzlosen und Teuflischen (das Grimm'sche Wörterbuch erinnert an das Wort ›hellemôr‹ = ›Höllenmohr‹ für Teufel) treffen auf das ambivalente bürgerliche Räuber-Klischee, das Schiller mit dem Räubertitel bei seinen Zuschauern abruft, ebenso zu, wie sie zur historischen Aura des Freiheitsbegriffs gehören. Auf der Skala des Positiven bedeutet das Räuberdasein lustbetonte Freiheit *von* Normen und Zwängen der bürgerlichen Ordnung, auf der negativen Seite Freiheit *zum* Chaos als Merkmal des Antizivilisatorischen schlechthin. Beides – auch Zwischentöne – sind Optionen im von Schiller als experimentell offen erlebten vorrevolutionären Geschichtsraum, in dem sich für ihn alles um die Bedingungen der Mündigkeit bzw. die Gefahren der Unmündigkeit im Zeichen des Umbaus der bürgerlichen Ordnung dreht. Über ein Jahrzehnt später reflektiert er genau dies in seiner Schrift *Über die ästhetische Erziehung des Menschen* (1795) in aller Gründlichkeit.

Vorderhand klingen beide Optionen, die Freiheit von Normen und die Freiheit zum Chaos, in einander einschließender Durchmischung im Räuberlied der *Schauspiel*-Fassung an, das man als eine Art *blueprint* der psychologischen Räuber-Konzeption diskutieren sollte. Vor diesem Musterplakat nehmen sich die Figuren des Dramas, ob Räuber oder nicht, wie phänotypische Varianten zum Guten oder Schlechten aus. Darunter auch ein Franz, der vor dieser Folie, wenn nicht vollständig, so doch immer noch besser ins Lager der Räuber passt als ein Spiegelberg (Mayer 1981, S. 345–49) oder ein Schufterle zusammen, wenn man ihn an seiner kriminellen Energie und Skrupellosigkeit misst. Karl hebt sich dagegen denkbar vielschichtig ab, am deutlichsten etwa als jener »Graf von Moor«, den der neurekrutierte Räuber Kosinsky ehrerbietig mit »edler Graf« und »würdiger Hauptmann« anredet (III, 4), also eher als Nichträuber denn als Räuber, wenn nicht gar als eine Art gehobener Bauernführer oder Revolutionär. Allerdings gibt es auch den umgekehrten Kontrast, der ihn als Oberanführer eines brutalen Haufens in voller moralischer Verantwortung für die beschriebenen Gräueltaten zeigt. Gerade wegen dieser letzteren Funktion lässt sich die Meinung des Theaterkritikers Christian Friedrich Timme, der die Schauspielfassung am 24. Juli 1781 rezensierte, nicht teilen, »das Räuberlied in der fünften Scene des vierten Akts […] hätte wohl wegbleiben können« (*Erfurter Gelehrtenzeitung* vom 24.07.1781). Eine Inszenierung, die dieses Lied streicht, begibt sich der Möglichkeit, Karl als das zu zeigen, was er geworden ist, unabhängig davon, was er einst war oder werden wird oder schon im Begriff ist zu werden.

> Stehlen, morden, huren, balgen
> Heißt bei uns nur die Zeit zerstreun,
> Morgen hangen wir am Galgen,
> Drum laßt uns heute lustig sein.
>
> Ein freies Leben führen wir,
> Ein Leben voller Wonne.
> Der Wald ist unser Nachtquartier,
> Bei Sturm und Wind hantieren wir,
> Der Mond ist unsre Sonne,
> Merkurius ist unser Mann,
> Der's Praktizieren trefflich kann.
>
> Heut laden wir bei Pfaffen uns ein,
> Bei masten Pächtern morgen,
> Was drüber ist, da lassen wir fein
> Den lieben Herrgott sorgen.
>
> Und haben wir im Traubensaft
> Die Gurgel ausgebadet,
> So machen wir uns Mut und Kraft,
> Und mit dem Schwarzen Brüderschaft,
> Der in der Hölle bratet.
>
> Das Wehgeheul geschlagner Väter,
> Der bangen Mütter Klaggezeter,
> Das Winseln der verlaßnen Braut
> Ist Schmaus für unsre Trommelhaut!

Ha! Wenn sie euch unter dem Beile so zucken,
Ausbrüllen wie Kälber, umfallen wie Mucken,
Das kitzelt unsern Augenstern,
Das schmeichelt unsern Ohren gern.

Und wenn mein Stündlein kommen nun,
Der Henker soll es holen,
So haben wir halt unsern Lohn,
Und schmieren unsre Sohlen,
Ein Schlückchen auf den Weg vom heißen Traubensohn
Und hurra rax dax! geht's, als flögen wir davon. (IV, 5)

In diesem kunstvoll auf kunstlos gemachten Text mit seinen volkstümlichen Temperamentausbrüchen wird die völlige Abkehr von jeglicher zivilisierten Ordnung besungen. Da dies in Karls Abwesenheit geschieht, glaubte man, Grund zu haben, dem Lied eine dramaturgische Kontrastfunktion zu unterstellen, die diesen von solcher schmutzigen Verderbtheit exkulpieren sollte. Nach dem Erfolg der Uraufführung (wo es aber bezeichnenderweise weggelassen wurde) fand das auf zumeist 3 oder 4 Strophen gekürzte und zum Teil erheblich ›umgedichtete‹ Lied in zahllosen Flugschriften und Gebrauchsliederbüchern vor allem unter Studenten, später sogar den Revolutionären des Vormärz Verbreitung, wobei der grobianische Inhalt zumeist entschärft wurde. (Linder-Beroud 1982/83, S. 148–161; Tárnoi 1987, S. 410–429)

Noch relativ harmlos eingestimmt von den volltönenden Anfangsstrophen, in denen ein ungezügeltes Gaunerleben in freier Natur beschrieben und der Händlergott Merkurius/Hermes als mythologischer Pate der »Beutelschneider« (IV, 16) reklamiert wird, nimmt der Leser nicht sogleich wahr, dass das Klischee der Räuberromantik plötzlich aussetzt und von brutalen Mordszenen gefolgt wird. Aus dem schwadronierenden Lied, beim nächtlichen Lagerfeuer gesungen, wird plötzlich die Anpreisung des sadistischen Terrors, wobei der moritatenhafte Knittelvers ungerührt weiterspringt und lediglich zwei Zeilen lang in einen anderen (daktylischen) Takt fällt. Neben den viehisch (»wie Kälber«) Geschlachteten sind die Opfer nicht einfach Männer und Frauen, sondern »Väter«, »Mütter«, die »Braut«, also Menschen in ihrer Verwandtschaftsfunktion und sowohl emotionalen als auch sozialen Bedeutung für andere. Damit erweitert sich der Radius des Leids um die in Mitleidenschaft gezogenen Angehörigen, und die Keimzelle der menschlichen Ordnung, ja die Menschlichkeit als solche steht auf dem Spiel. Nicht umsonst ist die »Schwarze Brüderschaft«, das todbringende Bündnis mit dem Teufel, inbegriffen, hier also ausdrücklich eine Brücke zu dem Namen

Moor in der Konnotation ›Höllenmohr‹ (s.o.). Dies ist auch ein Hinweis darauf, dass das Böse nach Mythologisierung verlangt, die es dem Subjekt erlaubt, es als scheinbar inkommensurabel Fremdes aus sich herauszustellen und in ein System der ›Ordnung der Unordnung‹ zu integrieren. Die durch solche Herausstellung abgewehrte »Unterdrückung des Fremden, aber auch des Fremden im Selbst«, wie Michael Hofmann (2003, S. 44) sie für die Franz-Figur beschreibt, wird gerade auch hier mustergültig und in Bezug auf alle anderen kriminellen Figuren habhaft: »Das Stück gibt eine psychologische Begründung für diesen Sachverhalt, indem es zeigt, wie Rationalität, die sich anderer Menschen als Mittel bedient, aus dem Geist des Ressentiments entsteht.«

In dieser verbalen Gewaltorgie, die mit bramarbasierendem Gehabe allein nicht zu erklären ist (weswegen sie auch eher ›nüchtern‹ inszeniert werden sollte), kommt eine sadistische Zerstörungswut zum Ausdruck, die psychologisch auffällig ist, zumal sie mit Amokszenarien und masochistischen Straffantasien einhergeht, in denen sich Suizidwünsche verraten: »Der Henker soll es holen, | So haben wir halt unsern Lohn«. Diese Räuber, wie sie hier singen – dass ihr Anführer Karl nicht dabei ist, tut, wie gesagt, nichts zur Sache –, sind auch nach Maßstäben des 18. Jahrhunderts keine normalen Kriminellen, die sich an anderer Leute Eigentum vergreifen, geschweige denn Gerechtigkeitsapostel wie der erwähnte »Robin [Hood]« (III, 4), an den Karl mit seiner Geschichte der Ringe in II, 16 ausdrücklich erinnert. Gezeigt wird hier vielmehr ein Verhaltensextrem, wie es in nunmehr selbstbestimmten erwachsenen Menschen auftritt, die plötzlich Gelegenheit haben, in anderen zu bekämpfen und zu vernichten, was in ihnen selbst bekämpft und vernichtet wurde. Zugleich ist dies eine Demonstration dessen, was sie in Personalunion mit dem Aggressor in sich selbst auszulöschen suchten, indem sie es aus dem Horizont des Bewusstseins entfernt und als reale Seinsoption liquidiert haben. Dass sie die Qualen anderer lustvoll auskosten, ermöglicht ihnen, sich selbst zu hassen, ohne sich zu zerstören. Dabei nehmen sie das Leid anderer unbewusst als eines wahr, das sie sich selbst antun. Das gibt ihnen scheinbar das Recht, über das Leben anderer zu verfügen[13].

6.

Aufklärung der Aufklärung
Schillers Theaterdidaktik

Wenn man der Tatsache Rechnung trägt, dass der noch nicht zwanzigjährige Schiller in seinem Erstlingswerk für die »Schaubühne« ausgerechnet auf den Sachverhalt menschlicher Verhaltensextreme hindeutet und sich zum Exempel nicht nur eine kleine Morbidität oder Dekadenz aussucht, sondern Pathologien von hoher Destruktivität, dann versteht man besser, weshalb er diese nicht von einer einzelnen, sondern gleich von einer Gruppe unterschiedlicher Figuren repräsentieren lässt. Sie gleichen sich nur in einem, nämlich dass sie gewalttätig und dissozial sind. In ihrer Heterogenität können sie auf ein variantenreiches Phänomen aufmerksam machen. Eine simplifizierende Vorgehensweise ist also schon durch eine Ausweitung des ›Beispielmaterials‹ verhindert. Dieser Schachzug ist deswegen wichtig, weil die Kenntnis der Empirie nach dem wissenschaftlichen Methodenverständnis der »Erfahrungsseelenkunde« jener Zeit aus der Selbstbeobachtung gewonnen wird. In *Die Räuber* eingearbeitet ist daher Schillers künstlerisches Selbstporträt (das nicht mit einem Konterfei verwechselt werden darf), und zwar nicht in einer, sondern in mehreren Varianten im Sinne eines multiplen Grundmusters.

Ausdrücklich verlangt Schiller ja vom Autor die Fähigkeit zu Empathie und Introspektion gleichermaßen, wenn er in der endgültigen Fassung der Vorrede fordert, dieser »selbst muß augenblicklich seine nächtlichen Labyrinthe durchwandern, er muß sich in Empfindungen hineinzuzwingen wissen, unter deren Widernatürlichkeit sich seine Seele sträubt«. Dieser Satz ist außergewöhnlich, wenn er im eigenen Innern fremde oder fremdartige »Empfindungen« ausmacht und im Übrigen das Bewusstsein als Irrgarten beschreibt. Das heißt nichts anderes, als dass die Ansichten der Seele voller Überraschungen stecken und mit bisher unbekannten (oder unerkannten) Variablen aufwarten. Hans Mayers (1987, S. 87) Vermutung, es habe sich womöglich »der Verfasser der Räuber gar nicht einmal so sehr gegen die Unnatürlichkeit der dargestellten Laster in der Seele gesträubt«, geht von einer mentalen Werkentstehungssituation aus, wie sie gerade nicht zum Kunstwerk führen kann, da dieses in Auseinandersetzung mit der Psyche und nicht einfach in Reproduktion ihrer Inhalte entsteht. Gerade *weil* Schiller sich gegen pathologische Potenziale »sträubt«, vermag er künstlerisch zu arbeiten. Die Gewohnheit der Introspektion als solche bezeugt noch keine faktische Pathologie, zumal sie methodologisch in jener Zeit kanonisiert ist. Er sei, schreibt er auch im wissenschaftlichen Zusammenhang seiner ersten, im Oktober 1779 eingereichten Dissertation, zu den »innern Labyrinthen meines eigenen Wesens« hinabgestiegen (Schiller 2004, V, S. 252). Generell ist die komplizierte Dynamik der schöpferischen Bewusstseinsarbeit durch antagonistische Mechanismen gekennzeichnet, wie sie für die Abwehr bedrohlicher psychischer Inhalte nötig sind. Eine platte ›Pathologisierung‹ des Autors, wie gelegentlich erfolgt (und doch weniger erfolgt als befürchtet), führt schon deshalb in die Sackgasse, weil kreative Arbeit ohne psychische Progression kein sublimatorisches Niveau erreicht und damit auch keinen Zugewinn an psychosomatischer Lebensqualität, von der künstlerischen Qualität einmal ganz abgesehen.

Der zehn Jahre ältere Goethe, der es wissen musste, bezeichnete Schillers Jugendwerke als »Produktionen genialer jugendlicher Ungeduld und Unwillens über einen schweren Erziehungsdruck« (zit. n. Hinderer 1992, S. 43). In diesem Sinne ist das Theaterstück gewiss auch schöpferisches Resultat der Auseinandersetzung mit Personen und Lebensumständen seiner Kindheit und Jugend, wobei die sieben Jahre Militärakademie ausschlaggebend gewesen sein dürften. Sie haben den als schmächtig und linkisch Beschriebenen zur »Subordination« gezwungen, derselben, die er einige Jahre später zum Geburtshelfer der *Räuber* erklärt, »die der naturwidrige Beischlaf der Subordination und des Genius in die Welt setzte« (Schiller 2004, V, S. 855). Darüber hinaus ist dieses Drama eine Selbstbestimmung innerhalb der Koordinaten der eigenen Kultur und Epoche. Der junge Schiller – die burschikosen Umstände seiner Flucht aus Württemberg mögen das illustrieren – bespiegelt sich in der Rolle Karl Moors mit seinen »Donquixotereien«[14], aber auch in den anderen Figuren, die das psychische Rebellentum variieren. Zur kreativen Verfügungsmasse gehört sein experimenteller Freiheitsbegriff, seine soziale Heimat- und Rollensuche, seine problematische Subjektivität und seine eigene Charaktersymptomatik, die er heilsamerweise in der Lage ist, aus sich heraus und in der Bühnenform sogar öffentlich zur Diskussion zu stellen.

Über den Zusammenhang von Erziehungseinflüssen und Kultur äußert sich Schiller ausführlich in seinem Vortrag vor der kurpfälzischen »Deutschen Gesellschaft« in Mannheim am 26. Juni 1784 zum Thema: *Was kann eine gute stehende Schaubühne eigentlich wirken?* (später veröffentlicht unter dem Titel *Die Schaubühne als moralische Anstalt betrachtet*). Dort kommt er auch auf die Breitenwirkung falscher Kollektivanschauungen insbesondere im Hinblick auf die Erziehung junger Menschen zu sprechen und weist darauf hin, wie veränderbar und kulturabhängig doch gerade dieser Bereich sei, von dem das Schicksal ganzer Generationen und letztlich des gesamten Gemeinwesens abhänge. Deshalb müssten vor allem die »Irrtümer der Erziehung« bekämpft werden:

> Keine Angelegenheit ist dem Staat durch ihre Folgen so wichtig als diese, und doch ist keine so preisgegeben, keine dem Wahne, dem Leichtsinne des Bürgers so uneingeschränkt anvertraut, wie es diese ist. (SW V, S. 99)

Da Schiller als Bühnenautor die Überzeugung hegt: »Die Gerichtsbarkeit der Bühne fängt an, wo das Gebiet der weltlichen Gesetze sich endigt« (SW V, S. 93), fordert er enthusiastisch, das Theater müsse dafür sorgen, dass »unsre Väter eigensinnigen Maximen entsagen, unsere Mütter vernünftiger lieben lernen«. Moderne Theaterstücke sollten dazu – und nun denke man an jeden einzelnen der Räuber – »die unglücklichen Schlachtopfer vernachlässigter Erziehung in rührenden erschütternden Gemälden an ihm [dem bürgerlichen Zuschauer, Vf.] vorüberführen« (SW V, S. 99). Es sei einerseits »die Verderbnis durch Maximen« (SW V, S. 321), andererseits aber die ›falsche‹ Liebe der Mütter, die die »Irrtümer der Erziehung« ausmachten und die deshalb buchstäblich ins Rampenlicht gehörten. Die »Kultur« bildet dabei den Erklärungshintergrund (Schiller verwendet den Begriff antinomisch zu »Natur«, etwa im Sinne des englischen ›civilization‹). »Die Kultur selbst war es, welche der neuern Menschheit diese Wunde schlug.« (SW V, S. 324)

Unter der Voraussetzung, »daß sie [die Bühne] auf Sitten und Aufklärung wesentlich wirke« (SW V, S. 100), will er volkspädagogisch direkt auf das kulturelle Milieu einwirken, das die erzieherischen Anschauungen und Handlungen hervorbringt. Dazu nimmt er sich vor, Fallbeispiele falscher Erziehung zu präsentieren, die stellvertretend für kollektive »Irrtümer« stehen. Besonders scheint ihn zu beeindrucken, dass in dieser Angelegenheit kleinste Ursachen größte Ausschläge bewirken. Die Verhaltensbilder und Kulturpathologien seiner Zeit geben ihm Grund zur Sorge, besonders auch deshalb, weil ihre Entstehung im Einzelnen sich an geringfügigen, leicht zu unterschätzenden Kleinigkeiten entscheidet, so dass »die ganze Aufklärung des Verstandes« (SW V, S. 98) an der Verkennung der Ursachen scheitern könnte:

> Eine Erfahrung lehrt es, die so alt ist als die Welt, daß im Gewebe menschlicher Dinge oft die größten Gewichte an den kleinsten und zärtesten Fäden hangen, und wenn wir Handlungen zu ihrer Quelle zurückbegleiten, wir zehenmal lächeln müssen, ehe wir uns einmal entsetzen. (SW V, S. 95)

Liegt in dieser Erkenntnis vielleicht letztlich der Grund, dass er im Stück keine Mutter auftreten lässt? Will er durch eine *mater abscondita* demonstrativ auf die affektive Unterrepräsentanz der Mütterlichkeit in der Gesellschaft seiner Zeit hinweisen? Man sollte hier nicht vergessen, dass in der Nachfolge Rousseaus, etwa durch den fast gleichaltrigen Joachim Campe, besonders durch Johann Basedow, auf dessen Dessauer ›Philantropinum‹ Schiller in diesem Vortrag anspielt, eine starke Aufwertung der Mutterrolle als Gegenbild zur väterlich dominierten, pragmatischen Erwerbsgesellschaft propagiert wurde. Zu dieser Rolle im Zentrum der bürgerlichen Kernfamilie gehörte auch eine kultivierte Mutterliebe, die »zum neuen Garanten der Menschwerdung und Sozialisierung des Menschenkindes und damit zum ideellen Baustein einer neuen sozialen Ordnung erhoben« wurde (Overbeck 2002, S. 54). Macht sich Schiller zum Fürsprecher dieser Bewegung, indem er einen allein erziehenden Vater präsentiert, dem die Ersatzrolle der Mütterlichkeit zur Farce gerät? Will er auch hier *ex negativo* aufklären?

Wenn – um es in seiner Diktion zu sagen – Nuancen über »Menschheit« entscheiden können, dann ist es für ihn neben der pädagogischen vor allem eine psychologische Aufgabe, die Feinheiten der gesellschaftlichen Wirkzusammenhänge samt der »vollständigen Mechanik« des Seelischen auf die Bühne zu bringen. Nicht umsonst fordert er daher vom Theater, es solle »ein unfehlbarer Schlüssel zu den geheimsten Zugängen der menschlichen Seele« sein (SW V, S. 96), und versucht am Beispiel der *Räuber* Schubarts Wunsch nach einem Autor zu erfüllen, »der sich in die Tiefe des menschlichen Herzens hinabläßt, jede Handlung bis zur Empfängnis nachspürt, jeden Winkelzug bemerkt, und alsdann eine Geschichte des menschlichen Herzens schreibt« (zit. n. Safranski 2004, S. 107). So wie für Schubart dieser Autor ein »Philosoph« sein musste, ist es auch für Schiller noch natürlich, dass er die für die Charaktergestaltung nötige Psychologie nicht nur der Physiologie mit ihrem *systema influxus physici*, sondern auch der (Moral-)Philosophie entlehnt, z.B. bei der Franz-Figur. Diese scheinbaren ›Übergriffe‹ sind ein Abbild des mit der Fusion von »Philosophie und Arzneygelahrtheit« verbundenen Diskursgemenges, das im Übrigen auch noch Reste der Metaphysik umfasst, wie sie im cartesianischen Substanzendualismus, etwa bei Wolff, impliziert ist (Riedel 1995, S. 427f.). Sulzers spektakuläres Forschungsprogramm an der Berliner Akademie der Wissenschaften über die »Tiefe der Seele« schlägt sich, wie erwähnt, unter dem Titel *Vermischte philosophische Schriften* 1773 in einem Sammelband nieder, den auch die Karlsschüler des Absolventenjahrgangs 1780 kannten. (Riedel 1993, S. 215; Riedel 1995, S. 382) Deutlich indes zeichnet sich in diesem diskursiven Ineinander der anthropologischen Einzelwissenschaften bereits die Tendenz zum Auseinander der Fachrichtungen ab. Spuren dieses Übergangsprozesses sind auch heute noch zu erkennen. So gehört z.B. das Fach Psychologie an unseren Universitäten den ›philosophischen‹ Fakultäten an.

Klar ist, insbesondere auch dann, wenn man in Würdigung des ›work in progress‹ das Redaktionspotential der beiden Selbstrezensionen in Betracht zieht, dass Schiller in diesem Stück noch zwischen zwei Strukturprinzipien, dem cartesianisch-platonischen und dem empirisch-anthropologischen fluktuiert. Ganz im Fahrwasser der ›Popularphilosophen‹ revolutioniert er Wolffs *Psychologia empirica* (1732) im Sinne einer *Experimental-Seelenlehre* (Krüger 1756) oder eben der »empirischen Psychologie« seines Lehrers Abel. (Riedel 1995, S. 431ff.) Da die Grundkonzeption nach Maßgabe der mechanistischen Anthropologie der ›philosophischen Ärzte‹ Ernst Platner oder Carl Wezel eine rein materialistische ist, kommt dem traditionellen (moral-)philosophischen Prinzip bereits eine Art Aushilfsfunktion zu. Das scheint mir immer dann der Fall, wenn die verfügbare Psychologie zur Handlungsmotivierung der Figuren nicht mehr ausreicht oder diese nicht hinreichend »anatomiert, und in die einfachsten Bestandteile der Empfindungen und des Wollens zerlegt« werden können, wie es in der ersten Ausgabe des von Karl Philipp Moritz herausgegebenen *Magazins einer Erfahrungs-Seelenkunde* (1783–1793) dann heißen wird (zit. n. Sauder 1974, S. 109; vgl. Bell 2005, S. 105ff.). Wenn Safranski (2004, S. 117) schreibt: »Dass Karl nach dem Zusammenbruch dieses Weltbilds [›Chain of Being‹, Vf.] in mörderische Raserei ausartet, ist nach realistischen Maßstäben ebenso wenig glaubwürdig wie die kalte Wut des nihilistischen Franz«, dann bezeugt er damit als heutiger Leser die aus eben dieser diskursgeschichtlichen Gemengelage resultierende Miss- bis Unverständlichkeit im Agieren der beiden Protagonisten.

Vielleicht sollte man bei Werken dieser Art, die gewissermaßen extrauterin ausgetragen werden und deren Revisionen ihnen als später nachwachsende Körpermerkmale, ja manchmal als Missbildungen anhaften, ganz darauf verzichten, sie als *ein Werk* zu begreifen. *Die Räuber* enthalten nicht nur Spuren eines geistesgeschichtlichen Paradigmenwechsels, sondern als Adoleszenzphänomen wie wenige andere Werke auch Merkmale des mentalen Wachstums, der Ver- und Entpuppung, der Unproportionalität, des Gesinnungs-

und Prioritätenwandels, mit einem Wort: der Entwicklung. Die Entwicklungsübergänge und Brüche darin sind also einerseits dem individuellen geistigen Wachstum, andererseits dem ›Wachstum‹ der Wissenschaften in jener Zeit geschuldet. Besonders die Gleichzeitigkeit von vorwegnehmender (psychologischer) Intuition und konventioneller Verharrung scheint unserem Bedürfnis nach einem ›Werk aus einem Guss‹ zuwiderzulaufen. Wie wenig wir gewohnt sind, Kunstwerke als ›Sedimentformationen‹, als Phasenprodukte oder sozusagen lang belichtete Entwicklungsaufnahmen zu betrachten, beweist gerade auch die kontroverse Rezeption dieses Dramas von damals bis heute.

Für Schillers psychologische Grundintentionen spricht vor allem auch die Tatsache, dass er in den *Räubern* den Erziehungsprozess vor allem im Hinblick auf die Entwicklungsjahre fokussiert. Hundert Jahre nach Milton illustriert er dessen Verse in *Paradise Regained* (1671) und demonstriert einmal mehr damit, wie nachhaltig er diesen Autor bereits als Jugendlicher in sich aufgenommen hat:

> The childhood shows the man,
> As morning shows the day[15].

Ohne die Vorgänge der Prägung exakt zu benennen, geht er anscheinend deterministisch davon aus, dass besonders in der vorrationalen, der Erinnerung nicht zugänglichen Zeit eine Reihe von Festlegungen stattfinden, die schicksalhaft gegeben sind. »Wer weißt es nicht«, ruft er in seiner Selbstrezension aus, »daß ebendiese Spuren der ersten Erziehung in uns unvertilgbar sind?« Im Stück lässt er Franz auf frühe Prägungen »in unser weiches Gehirnmark« schimpfen (SW V, S. 745). Er konstruiert eine kausale Wirkkette zwischen den Opfern durch Karls Hand und eher zufälligen, von diesem selbst nicht verantworteten Umständen seines eigenen Lebens. Karl schlägt eine Brücke zur frühesten Kindheit, denkt vielleicht sogar an seine Geburt, jedenfalls knüpft er ein Band zu seiner Mutter, die überhaupt nur zwei Mal im Stück erwähnt wird, einmal in III, 2 (»Daß ich wiederkehren dürfte in meiner Mutter Leib!«) und dann noch einmal im vierten Akt: »[...] eure fürchterlich klaffenden Wunden sind ja nur Glieder einer unzerbrechlichen Kette des Schicksals, und hängen zuletzt an meinen Feierabenden, an den Launen meiner Ammen und Hofmeister, am Temperament meines Vaters, am Blut meiner Mutter.« (IV, 15)

Obwohl die Konzeption der *Räuber* offenbar mehr von einem psychografischen als einem soziografischen Interesse getragen ist, geht Schillers dramatischer Parcours durch alle Gesellschaftsschichten. Er zeigt diese in Momentaufnahmen, um zu dokumentieren, dass die pathologischen Optionen sich auf alle verteilen. Schiller vertraut also eher der Repräsentanz des gesellschaftlichen Querschnitts als der eines singulären ›Paradebeispiels‹, das, wie oben erwähnt, auch um der kasuistischen Pluralität willen vermieden wird. Die Suche nach der typischen »Gestalt [...], die sich in dem Drama der jetzigen Zeit abbildet« (GW V, S. 321), bleibt somit nicht bei Karl Moor stehen, den er doch auch als Dramenheld und Räuberhauptmann stellvertretend für alle hätte vorführen können, um zu demonstrieren, wie man zu einem Räuber dieses Schlages bzw. einer deformierten Persönlichkeit dieser Art werden kann. Stattdessen entwickelt dieser sich gerade *untypisch*, z. B. sind die Differenzen zum sadistischen Prototyp – dem im Räuberlied anklingenden ›blueprint‹ – bei ihm am größten. Seine Geschichte deutet nur eine von insgesamt drei Modellvarianten für die Entstehung narzisstisch gearteter Pathologien an. Sie wird ergänzt, ja an idealtypischer Dramatik weit ausgestochen durch die des adligen Räuberrekruten Kosinsky, »den sein widriges Geschick mit der bürgerlichen Gesellschaft entzweit hatte« (SW V, S. 739), und durch das entwicklungspsychologisch am besten fundierte, aber am schlechtesten dramatisierte Modell des Stückes: das seines Bruders Franz, der den Räubern sogar noch den Rang abläuft, indem er, wie Schiller es ausdrückt, »auch Räuber niederwägt« (SW V, S. 741). Damit ist unter dem Etikett der im Umbruch befindlichen, »losgebundenen Gesellschaft« (SW V, S. 321) ein gesellschaftsweites Spektrum angeschnitten, das unter moralischen und charakterlichen – d.h. in Schillers Sprachgebrauch auch psychologischen – Aspekten ausgewählt und dargeboten wird. Im fünften Brief der *Ästhetischen Erziehung* steckt er später ein analoges Problemspektrum im sozialen Schichtengefüge so ab:

> In den niedern und zahlreichern Klassen stellen sich uns rohe gesetzlose Triebe dar, die sich nach aufgelöstem Band der bürgerlichen Ordnung entfesseln, und mit unlenksamer Wut zu ihrer tierischen Befriedigung eilen. [...] Auf der andern Seite geben uns die zivilisierten Klassen den noch widrigern Anblick der Schlaffheit und einer Depravation des Charakters, die desto mehr empört, weil die Kultur selbst ihre Quelle ist. (SW V, S. 321)

7.

Verlorene Söhne
Extremlagen der Epochendynamik

Über den Sadismus in diesem Stück ist immer wieder geschrieben worden. Harald Steinhagen (1982) war der erste, der den Vergleich zwischen – nicht Karl, sondern Franz Moor und den Protagonisten im Werk de Sades anstellte. Das lag nahe, und sei es nur deshalb, weil das reale Leben und Schreiben des Marquis Donatien Alphonse François de Sade zu Schillers Zeit vonstatten ging und schon aus diesem Grund mit der gleichen Problematik befasst zu sein schien wie dessen Werk. De Sade war zum Zeitpunkt der Uraufführung der *Räuber* 41 Jahre alt, seine Hauptwerke erschienen danach. »Sie bestätigen gewissermaßen die Befürchtungen, die Schiller angesichts der materialistischen Radikalaufklärung hegte.« (Borchmeyer 1989, S. 364)

Schiller, wir wissen es, hat diesen Befürchtungen sein Lebenswerk gewidmet, allen voran die Schrift *Über die ästhetische Erziehung des Menschen,* eine Mahnschrift gegen die Entsinnlichung und Vergeistigung des pulsierenden Lebens: das Abstraktwerden der Welt, das Aufgehen der Vernunft in Kaufmannslogik und Zweckpragmatismus. Allein anhand dieser ab 1793 entstandenen Schrift lässt sich der Eindruck belegen, dass Schiller seit den *Räubern* nichts Geringeres im Sinn hatte, als »die nachteilige Richtung des Zeitcharakters und ihre Quellen aufzudecken« (SW V, S. 327). Besorgt um die Voraussetzungen für eine aufgeklärte Mündigkeit und ein gesundes Seelenleben, wollte Schiller dabei als echter Psychologe besonders auch das Erziehungshandeln unter die Lupe nehmen, in dem er beispielhaft die »Kultur« am Werk sah. Dass er dabei in bis dahin ungeahnte tiefenpsychologische Regionen vorstieß, versuche ich hier aufzuzeigen.

Es ist frappant, dass, bei Schiller selbst angefangen, der vom »Laster in seiner nackten Abscheulichkeit« (SW V, S. 733) spricht, beim Stichwort Bösewicht oder Sadismus sich nahezu alle Blicke seit je auf die Franz-Figur richten, als sei nur sie in der Lage, ›das Böse‹ oder ›den Sadisten‹ zu verkörpern. Das liegt natürlich an dessen markigen Sätzen, aus denen die nackte Menschenverachtung spricht, z.B. wenn er sagt: »Meine Achtung hast du verloren, Mensch« (II, 2), oder wenn er feststellt, er sei »gegen alle Instinkte der

Menschheit rebellisch worden« (IV, 7). Das liegt gewiss auch an den Sympathiewerten, die Schiller ohne Frage sehr ungleich verteilt, auch indem er sich selbst bei jeder Gelegenheit auf die Seite Karls und gegen Franz stellt, den er natürlich gleichwohl in seiner Gegenspielerfunktion und weil »die Oekonomie desselben [des Schauspiels, Vf.] [...] es nothwendig« macht (SW V, S. 730), hochhält. Während er z. B. in der Kritikermaske Karl als »Jüngling voll Talenten und Edelmut« (SW V, S. 737) bezeichnet – in der unterdrückten *Vorrede* zum Erstdruck verspricht er sogar: »man wird meinen Mordbrenner bewundern, ja fast sogar lieben« (SW V, S. 730) –, ist Franz für ihn »von heimtückischer schadenfroher Gemütsart« (SW V, S. 738). Er wird nicht müde, »die vollständige Mechanik seines Lastersystems auseinanderzugliedern«.

Es handelt sich hier indessen, wie Emil Staiger bemerkte, um jene »Plädoyers, mit denen der Dichter zwischen seiner Fantasie und dem Publikum zu vermitteln bemüht ist, mit denen er das Entsetzen beschwichtigt und sich [...] dem Tugendgericht empfiehlt. Wir haben aber Grund, gegen solche Äußerungen misstrauisch zu sein.« (Staiger 1962, S. 101) In der Tat macht Schiller ja keinen Hehl daraus, dass der ausgesprochene Bösewicht eine Charakterkonstruktion ›von gestern‹ ist, die es zu revidieren gilt, z. B. wenn er sagt: »Mein Verzeichnis von Bösewichtern wird mit jedem Tage, den ich älter werde, kürzer, und mein Register von Toren vollzähliger und länger.« (SW V, S. 95)

Franz, so sieht es bei oberflächlicher Betrachtung aus, ist böse von Grund auf, Karl dagegen eher zufällig und weil »unglückliche Konjunkturen« (SW V, 733f.) und widrige Umstände ihn so gemacht haben. Das sagt in starker Verkürzung der Kausalitätskette (und zu seiner eigenen Entlastung) auch er selbst, wenn er angesichts der enthüllten Machenschaften ausruft: »Und darum Räuber und Mörder! O ich blöder! blöder! blöder Tor! – Spitzbübische Künste! Und ich darum Mordbrenner und Mörder!« (IV, 17).

Verwunderlich ist die einseitige Fixierung auf die Franz-Figur als eine Art Paradebösewicht auch deshalb, weil diese trotz einleuchtender Psychogenese doch Mühe hat, sich von einer Karikatur zu unterscheiden und den Verdacht abzuwehren, sie sei dem Autor eben doch zum »Kompendienmenschen« (SW V, S. 733) geraten. Der Selbstrezensent, der sein enthusiasmiertes Publikum jetzt nach der Uraufführung kannte, schätzte die Bühnenwirksamkeit der Figur immerhin hoch ein. Es gäbe schlimmere Verbrecher, sagt er an einer Stelle zu unserem Erstaunen im Widerspruch zu anderen Äußerungen, »und doch schüttelt uns dieser Charakter so sehr« (SW V, S. 744).

Franz ist eine Dramenfigur, über deren Gelingen der Schauspieler entscheidet, wenn er die Fähigkeit hat, den Menschen zuweilen gegen Szenario und verbale Maske zu behaupten. Misslingt das in den *Räubern*, dann ist es nicht ausgeschlossen – und wahrlich eine Ironie des Schicksals –, dass die Rolle zur Tabuisierung des Bösen beiträgt, statt ihr entgegenzuwirken, weil eine Farce bei diesem Thema mehr verschleiert als offenbart bzw. reale Verhaltensoptionen im Register des Bösen der Lächerlichkeit preisgibt. Das ›ideale Böse‹, so scheint Schiller hier *ex negativo* zu demonstrieren, gibt es ebenso wenig wie das ›ideale Gute‹. Das *reale Böse* kommt nur in einer Mischung mit dem realen Guten vor. Es käme also, wie gesagt, darauf an, insbesondere auch Franz als dezidiert ›gemischten Charakter‹ zu spielen, und das nicht allein deshalb, weil er zu wenig Bösewicht ist, um das perfekte Verbrechen zu begehen; möglichst auch nicht erst in seinem Gespräch mit dem Pastor Moser, der leichtes Spiel hat, seinen Atheismus mit einem einzigen Satz das Fürchten zu lehren. Hans Mayer (1986, S. 175) hat auf die »*Widersprüchlichkeit des Atheisten Franz Moor* in seiner Doktrin und seiner Praxis« hingewiesen und angemerkt:

> Hier liegt vielleicht Schillers merkwürdigste Leistung im Entwurf der ›Räuber‹. Dies greift weit hinaus über die Konventionen des damaligen Sturm und Drang. *Franz Moor repräsentiert in einzigartiger Weise die Dialektik bürgerlicher Aufklärung in Deutschland.*

Während der Sadismus als Krankheitssymptom bei dem scheinbar antihedonistischen Franz schon immer eine abgemachte Sache zu sein schien, wurde er bei dem vitalen Karl weniger eingeräumt, obschon dieser es bei allen Zwischen- und Gegentönen offen ausspricht, z. B. wenn er es als sein Geschäft bezeichnet, »arme Reisende um einen Reichstaler niederzustoßen, oder Weiber hinterrücks totzustechen« (III, 4). Seine Meinung von sich selbst in dieser Hinsicht ist die allerschlechteste. Mag das auch die Zuschauer für ihn einnehmen, die Kritik kann es unmöglich überhört haben.

Die Karl-Figur – das ist auch der Tenor in Schillers Selbstkommentaren – wird insgesamt weit stärker als Mensch wahrgenommen, während Franz zum »Monstrum« pervertiert, indem er veranschaulicht, »wie alle Vergoldungen des Glücks den innern Wurm nicht töten« (SW V, S. 737). Von Karl wird behauptet: »Die gräßlichsten seiner Verbrechen sind weniger die Wirkung bösartiger Leidenschaften als des zerrütteten Systems der guten.« (SW V, S. 742) Während den Jüngeren das moralische Verdikt des Bösen trifft, entlastet den Älteren eine Zerfallsdialektik, die eine organische Dekadenz und somit eine ›Systemschuld‹ suggeriert. Was bei Franz ›böse‹ heißt – bei Karl scheint es lediglich ›falsch‹.

Obwohl sich die beiden Figuren natürlich unterscheiden, sind die Unterschiede doch weit geringer als die Gemeinsamkeiten. Dass Karl und Franz »sich an Charakter sehr unähnlich sind« (SW V, S. 737), gilt in gradueller, aber nicht prinzipieller Hinsicht. Beide Brüder lassen narzisstische Persönlichkeitsprofile erkennen, wobei die Psychogenese von Franz wesentlich stärker angereichert ist mit schwersten Kränkungen, die aus der väterlichen Bevorzugung des älteren Karl und einer nicht näher bestimmten »Bürde von Häßlichkeit« (I, 1), womöglich einer Missbildung, resultieren. Franz über sich selbst:

> Und dann der trockne Altagsmensch, der kalte, hölzerne Franz, und wie die Titelgen alle heissen mögen, die euch [dem Vater] der Contrast zwischen ihm und mir mocht eingegeben haben, wenn er euch auf dem Schooße saß oder in die Backen zwickte –

> Ich habe grosse Rechte, über die Natur ungehalten zu seyn, und bey meiner Ehre! ich will sie geltend machen. – Warum bin ich nicht der erste aus Mutterleib gekrochen? Warum nicht der Einzige? Warum mußte sie mir diese Bürde von Häßlichkeit aufladen? (NA 3, S. 14f., S. 18)

So wie die Figur hier angelegt ist, ist Franz in seiner ausführlich belegten Entwicklung, zu deren Störfaktoren die lebenslange Eifersucht auf den Bruder (und auf Amalia) gehören, ein Fall von schwerer Dissoziation im Zusammenhang mit einem Bruder- und Vaterkomplex, dessen Darstellung neben den analogen Komplexen seines Bruders ein aufklärendes Licht auf die aufgeklärte Epoche und die psychisch relevanten Faktoren in ihrem Kulturmilieu wirft. Bei allen Unterschieden der Genese und der Symptome: Eine vergleichbare Dynamik der Gewalt mit ihren masochistisch nach innen und sadistisch nach außen gerichteten Kräften ist in ihnen beiden wirksam. Sie gleichen sich auch in ihrer starken Abhängigkeit vom Vater, der das Zünglein an der Waage war und ist, und das, von Schiller vorzüglich beobachtet, *trotz* seiner hervorstechendsten Eigenschaft: der »Schwäche«, wie ich weiter oben zeigen konnte. Namentlich in dieser Schwäche erweist er sich selbst als abhängig, wodurch die Pathologien der Kinder eine Präzedenz und damit die Aussicht auf eine mögliche Sukzession erhalten. Der genealogische Zusammenhang unterstreicht die Kulturdimension der Krankheitseinflüsse.

Gerade im Fall von Franz, diesem »Machiavelli einer deutschen Kleinfürsterei« (Mayer 1986, S. 174), der auch ein Fall von Habgier ist, spielt der Wille zur Macht eine entscheidende Rolle; ein Wille, wie ihn das relative

Machtvakuum begünstigt und die psychische Abhängigkeit vom Vater beschleunigt. Der Machtwechsel ist geschickt vorarrangiert: Der Vater ist nach damaliger Lebenserwartung alt und gebrechlich (zumindest kann sich der junge Schiller unter einem Sechzigjährigen nur einen »Greis« vorstellen). Der erstgeborene Sohn ist aus dem Haus und lebt am Rande der bürgerlichen Ordnung, ist also von einer Herrschaftsnachfolge weit entfernt, und eine Mutter gibt es nicht.

Wenn Dieter Borchmeyer (1989, S. 365ff.) im Hinblick auf Karl von der »aus dem Vaterverlust resultierenden, aus Verzweiflung geborenen Perversion aufgeklärter Mündigkeit« spricht, dann kann man diesen Satz ebenso gut oder erst recht auf Franz beziehen, den ein weit tieferer »Vaterverlust« traumatisiert hat. Umgekehrt lässt sich die Franz vorbehaltene Charakterisierung als »Konsequenz aus der materialistischen Radikalaufklärung« und als *imitatio perversa* des Aufklärers« ebenso auf Karl münzen, der freilich in dieser Formulierung nicht vollständig aufgeht. Beide, um ein Wort von Adorno/Horkheimer über de Sade hier anzuwenden, haben das Zeug dazu, »die Aufklärung über sich selbst entsetzen« zu machen, und beide sind, als Fallbeispiele für Aufklärungsdynamik und -dialektik, zugleich »Mittel ihrer Rettung«.

Schillers Versuchsanordnung lässt uns also, so betrachtet, einen gewaltsamen Mündigkeitsversuch unter dem Vorzeichen seelischer Unmündigkeit als *Selbstermächtigung* erleben und zeigt die Folgen als »ewiges Chaos« (IV, 17). Im Fall von Karl wird das Experiment der Freiheit von seinem Bruder als chronische Attitüde abgewertet, indem er ihn als ›ewiges Kind‹: als »Kind, dessen ewiges Studium es ist, keinen Vater zu haben« (I, 1), bezeichnet. Natürlich bespiegelt diese Konstellation die vorrevolutionären Freiheitsoptionen der Epoche selbst und damit das Gebot der Aufklärung, dessen Mündigkeitspostulat bzw. dessen Vorwurf der »selbst verschuldeten Unmündigkeit« Schiller in seiner *Ästhetischen Erziehung* kritisch unter die Lupe nehmen wird. Ins Blickfeld der *Dialektik der Aufklärung* bzw. *Selbstzerstörung der Aufklärung* (Horkheimer/Adorno 1969, S. 1ff.) rückt damit eine ganze Palette an morbiden Phänomenen und kriminellen Handlungen nebst einem bereits zeitrepräsentativen väterlichen Typus, der selbst abhängig ist und daher unfähig, seinen Kindern Vater, geschweige denn ›Mutter‹ zu sein, ja der, wie es den Anschein hat, seine Söhne, vor allem seinen Sohn Karl, zu seiner eigenen Daseinsbestätigung braucht und damit, statt ein Beispiel für Mündigkeit zu sein, ein Bild der Unmündigkeit abgibt.

Die Moor-Familie: das ist für Schiller volkspädagogisches Anschauungsmaterial, an dem sich demonstrieren lässt, wie die Epochenwidersprüche in

Form von paradoxen Gegensatzkonglomeraten auf Bewusstsein und Seele wirken. Gerade der Karl-Figur kommt dabei eine Schlüsselrolle zu. Trotz ihrer äußerlich bizarren Widersprüchlichkeit löst sie beim Publikum weniger Befremden, Ungläubigkeit oder Protest aus als vielmehr eine starke Emotionalisierung bis hin zur Identifikation. Damit scheint Karl seit je in der Lage, Disparates, ja Gegensätzliches im Selbsterleben der Zuschauer abzurufen und zu integrieren. Indem Schiller im Publikum Bewusstes wie Unbewusstes gleichermaßen anspricht und kathartisch (therapeutisch) versöhnt, stiftet er eine höhere Bereitschaft zu Toleranz und Selbsttoleranz und wirkt der mythenbildenden Projektion (der Verlagerung innerer Fremdheiten nach außen) entgegen. All dies ist aber nur durch den realistischen Modellcharakter der Karlfigur möglich, die ein außerordentlich hohes Maß an tiefenpsychologischer Durchdringung verrät. Allerdings wird, ähnlich wie in Kleists *Michael Kohlhaas,* dabei auch die Bedrohung des pathologischen Figurenkonzepts durch juvenil-komische »Donquixotereien« sichtbar. Über dem tragischen Karl schwebt das anachronistische Ritterschwert des »Don Quijote«:

> zu diesen enthusiastischen Träumen von Größe und Wirksamkeit durfte sich nur eine Bitterkeit gegen die unidealische Welt gesellen, so war der seltsame Don Quijote fertig, den wir im Räuber Moor verabscheuen und lieben, bewundern und bedauern. (SW V, S. 734)

8.

Abadona und Don Quijote
Verkörperung einer Aufklärungsaporie

Die erste Begegnung im Stück zeigt uns Karl Moor als jungen Mann unbestimmten Alters – in Schillers nicht ganz logischem Sprachgebrauch (in dem sich indes das Alter des Autors verrät) noch ein »Jüngling« (SW V, S. 737) –, der auf der Flucht vor seinen Gläubigern an der Grenze Sachsens angelangt ist und im Gasthof über seine »Armut« lamentiert. Der Zuschauer wurde in den beiden Anfangsszenen auf diese Begegnung aus drei verschiedenen Perspektiven vorbereitet und hat nun drei Bilder im Kopf, die er an der ›realen‹ Begegnung abarbeiten muss. Dabei mischt sich noch ein viertes Bild bei, dasjenige nämlich, das Karl von sich selbst hat in Relation zu seiner Umwelt.

Von Franz erfuhr man nur das Ungünstigste über ihn. Wenn die Inszenierung bisher im Sinne Schillers und im Interesse des Stücks – und *gegen* einige Schwächen![16] – der Versuchung zur Karikatur widerstanden und gerade keinen »schleichenden Teufel« am Werk gezeigt hat[17], wird der Zuschauer das Vernommene zumindest für die halbe Wahrheit halten und Amalias schwärmerische Idealisierung ihres alten Freundes mit Vorsicht genießen bzw. sie für deutlich jünger als zwanzig halten[18]. Schillers raffinierte Verzahnungstechnik sorgt dafür, dass Amalias Replik, mit der die erste Szene endet, sich wie ein Präludium zum Auftritt Karls in der zweiten Szene liest. Als Franz sich pathetisch weigert, seine vermeintlichen Ansprüche auf Amalia einem »Bettler« aufzuopfern, erklärt diese prompt die grundlegende Umwertung der Werte: »So hat die Welt sich umgedreht, Bettler sind Könige, und Könige sind Bettler!« Nachdem sie sich die Perlenkette vom Hals gerissen hat, sagt sie abschließend: »Karl! Karl! So bin ich dein wert.« Das nächste Bild ist dann der in der Tat verarmte Karl, der Amalias Umwertung allerdings sofort Lügen straft, indem er es seiner Mittellosigkeit anlastet, dass aus ihm nichts werden kann: »und Armut legt Blei an die kühnste Unternehmung der Jugend« (I, 2).

Indem so von Anfang an das Wertregister gezogen ist, wird auch Karls Problematik im Kern als *Selbstwertproblematik* erkennbar. Das zeigt sich in seinem egozentrischen Verhalten, seinen Pauschalanklagen gegen das »Kastratenjahrhundert« nach dem Muster: ›Ich gegen den Rest der Welt‹. Er wartet ungeduldig auf Gesellschaft, er kommandiert das Wirtshauspersonal, bezichtigt seine Gläubiger der Kleinlichkeit und Kleinkrämerei, bloß weil sie professionell Zinsen nehmen und nicht länger stunden mögen, ja er macht die »Ungleichheit in der Welt« für sein Elend verantwortlich. In der Summe dieser egozentrischen Nörgeleien scheinen alle nur *ihm* und am wenigsten er sich selbst etwas zu schulden, eine recht typische narzisstische Entlastung, der man indessen die psychische Labilität bereits an der Nervosität anmerkt.

Es ist ein Missverständnis, wenn Rüdiger Safranski (2004, S. 119) diese bittere Selbstpräsentation des Erstauftritts für unmotiviert, sprich: »dieses ›mit der Tür ins Haus‹ für einen Konstruktionsfehler« hält, der darin bestehe, dass Karl »wie jemand [redet], der bereits mit allem gebrochen hat, obwohl er doch soeben den Versöhnungsbrief an den Vater geschrieben hat und nun darauf wartet, als *verlorener Sohn* vom Vater in milder Liebe wieder aufgenommen zu werden«. Der Brief seines Vaters, den er in diesem Augenblick wie einen alles wendenden *deus ex machina* erwartet, entpuppt sich vielmehr als der wahre Grund seiner Unruhe. Spätestens nämlich, wenn wir erfahren, er habe in dieser Situation, also seinem Scheitern an den Leipziger »Exzessen« (SW V, S. 737), nach Franken »um Vergebung geschrieben«, erhält die »Verzeihung meines Vaters« in der naiven Selbstverständlichkeit, in der sie gefordert wird, den Charakter eines erschwindelten Lotteriechecks. Die »Aufrichtigkeit« des, wie Spiegelberg spöttisch bemerkt, »verlorenen Sohns« erscheint fragwürdig, sein verletzter Stolz und seine Unruhe mehr als verständlich.

Dennoch ist es weniger dieses ›Timing‹, in dem sich natürlich auch materielles Kalkül verrät, weniger auch das Ansinnen überhaupt, mit ein paar Zeilen die Liebe des Vaters einzufordern und später – nach all den »Exzessen«! – »in den Armen meiner Amalia« zu liegen (I, 4), als die buchstäblich dramatische *Abhängigkeit* von der väterlichen Reaktion, in der sich die Selbstwert- und narzisstische Störungsproblematik offenbart. Die erwartete positive Antwort des Vaters erhält den Rang eines lebenswichtigen Freibriefs, ja einer Generalabsolution. Als bedingungslose väterliche Liebesbezeigung, die ihn, Karl, so zeigt seine Erwartung und Ungeduld, gerade nicht an der Höhe der Schulden und damit seiner Minusbilanz misst, entscheidet dieser Brief über alles, d.h. nicht nur über seinen weiteren Lebensgang, sondern über den Wert seines Lebens überhaupt. Ein ›Ja‹ des Vaters, mit dem er im Prinzip richtig rechnet, wäre ein ›Ja‹ zu seiner Existenz, ein ›Nein‹ aber sein ultimatives Vernichtungsurteil (man denke auch hier an Kafkas *Urteil*).

Dass die Frage sich so zuspitzt, der Ausgang also absehbar »zur Freud oder zur Verzweiflung« führt, zeigt im Übrigen neben den vielen Sentimentalitäten auch die Regressionsneigung Karls, in der sein Mündigkeitsproblem offensichtlich wird. Zur ersteren gehört der Ton des Selbstmitleids, der immer wieder im spannungsreichen Gegensatz zur Heldenpose steht, z.B. wenn er von den Gläubigern wie von hartherzigen Almosenverweigerern spricht: »Bitten – Schwüre – Tränen prallten ab von ihrer bockledernen Seele.« (I, 3) Regressive Merkmale enthüllt sein Verhalten, wenn er über der elementaren Liebesfrage – der Brief wird mit »Hangen und Bangen« wie ein Liebesbrief erwartet[19] – zum Kind wird: »Knabe! Knabe! Wie dir's hier klopft!«

Das Briefmotiv enthüllt also ein narzisstisches Defizit. Die Bedeutung des Vaters für die Selbstwertung des Sohnes bzw. seine Rolle bei der Entstehung des emotionalen Mangels wird in dessen Idealisierung, ja Glorifizierung deutlich, in der sich Karls seelische »Schwäche« symptomatisch verrät: »Nenn es Schwäche daß ich meinen Vater ehre – es ist die Schwäche eines Menschen, und wer sie nicht hat, muß entweder ein Gott oder – ein Vieh sein.« (I, 3)

Hier verhält sich die Höhe des im Pathos angeschlagenen Tones proportional zur Höhe der Erwartungen, die wiederum die Höhe der Schuld indiziert, die der Vater bzw. die Familie an ihm wiedergutmachen soll. In dieser Abhängigkeitsstruktur wird Karls draufgängerische Verschwendungssucht letztlich als Versuch erklärbar, den ›narzisstischen Geiz‹ des Vaters (der sich auch in Überstimulierung und emotionaler Ausbeutung ausdrücken kann) zu überwinden und im Nachhinein zu konterkarieren, sich also im großen Stil ›etwas zu gönnen‹ (und darüber auf dem Wege der symbolischen Wiederholungshandlung genau wie der Vater zum Schuldner zu werden).

Sein seelischer Wiedergutmachungsanspruch hebt ihn dabei ganz im Widerspruch zu den Tatsachen in den Rang eines Gläubigers, bei dem nun seinerseits der Vater (und der Rest der Welt) eine Generalschuld abzutragen habe. Erst diese Rolle erklärt die Selbstverständlichkeit seiner Erwartung der gleichsam überfälligen Rehabilitation. Er scheint es schließlich zu sein, der zu fordern hat. Würde ihm diese Forderung nicht erfüllt, müsste dies die irdischen Rechtsverhältnisse *in toto* auf den Kopf stellen – was dann ja auch geschieht.

Karl Moor erscheint so als junger Mann, der zwar analog zu seinen materiellen Verhältnissen in der Tat seelisch ›verarmt‹ ist, der aber aus seiner Kindheit narzisstische Reichtümer ›guthat‹, die er glaubt, hier und jetzt einfordern zu können. Es ist die Höhe seiner Geldschulden, die ihn an die Generalschuld des Vaters erinnert. Deshalb ist die Kontaktaufnahme mit dem Vater in eben dieser Situation ideal ›getimt‹. Dazu kommt, dass sich natürlich auch im Maß der Schulden das Riesenausmaß seines Mangels bestätigt. Auf genau 40000 Dukaten, ob Hermann sie nun in Karls vermeintlichem Brief erfunden hat oder nicht – Spiegelberg spricht immerhin von »so ein paar tausend lausige[n] Ducaten« (I, 2) –, beziffert sich die gewaltige Minusbilanz seines Selbstwertkontos.

Es ist wahrscheinlich, dass diese Schulden auch Spielschulden sind. Das Glücksspiel gehört zu den (Sucht-)Mitteln, die im Repertoire des narzisstischen Mangelsyndroms häufig anzutreffen sind. Dabei ist die Glückserwartung der Ausdruck der Hoffnung auf den außerordentlichen Lohn, der dem um die Liebe Betrogenen zusteht. In der verhofft-unverhofften ›Glücksprämie‹ drückt sich die Auserwähltheit aus, in dem außergewöhnlichen Lohn die exorbitante Größe des Verdienstes bzw. der Leistung, die Karl in die hyperbolische Behauptung fasst: »So liebte kein Sohn, ich hätte tausend Leben für ihn« (I, 7). Dem Irgendwann des Glückstreffers wird oft ein höherer Ratschluss angedichtet, der insofern realistisch ist, als der Mensch nach Schiller zur Liebe bestimmt und damit die Vorenthaltung von emotionaler Versorgung durch selbstlose Zuwendung und Achtung der Regenerationspflichten unnatürlich ist[20].

Aus einer solchen Konfliktlage resultieren gewöhnlich Depressionen, in denen sich anzeigt, dass das Minus selbstzerstörerisch angenommen und als eine Art ›Quittung‹ im Sinne von ›gerechter Strafe‹ aufgefasst (introjiziert) wird. Evtl. könnte auch ein Verarmungswahn oder eine paranoide Angst vor den Gläubigern eine Zuspitzung der Pathologie bringen. Karl – es ist festgestellt worden[21] – zeigt depressive Symptome in seinen Melancholien, die mit Gewissensbissen (also moralischer Schuld) bzw. Über-Ich-Konflikten allein nicht erklärt werden können[22]. Es ist deshalb kein Zufall, wenn er in der einzigen Szene, wo er psychisch zusammenbricht, seinen Makel auf den spiegelrelevanten Punkt der »Häßlichkeit« bringt und in diesem Zusammenhang erst das biblische Motiv vom verlorenen Sohn, noch dazu in steigernder Wiederholung, signifikant ins Spiel bringt: »Und ich so häßlich, auf dieser schönen Welt! – Und ich ein Ungeheuer auf dieser herrlichen Erde! [*Zurückgesunken*]. Der verlorene Sohn! –« (III, 2) Hier trifft sich seine auf der Selbstwertskala indizierte Hässlichkeit mit der »Häßlichkeit« (I, 1) von Franz, die man gewöhnlich (aber nicht notwendig, eine Inszenierung könnte das anders sehen: nämlich als reine Selbst-Imago infolge einer Dysmorphophobie[23]) für eine reale Normabweichung im Aussehen, wenn nicht gar eine physische Missbildung hält. Die bei Franz ganz ähnlich lautende Selbstcharakteristik ist einer der Hinweise auf eine bedeutsame Gemeinsamkeit der beiden Brüder, so z. B. wenn er mit einem hypothetischen Bezug zu sich selbst von einem »Äsopischen Krüppel« mit einer »siechen Außenseite« spricht.

Spätestens wenn dieser wahrhaft luziferische Stoßseufzer über den eigenen Unwert nach der Anrufung zuerst des leiblichen, dann eines metaphysischen Vaters von dem Ausruf gefolgt wird: »Daß ich wiederkehren dürfte in meiner Mutter Leib!«, wird das Bedürfnis nach Primärliebe und homöostatischer Intaktheit überdeutlich. Der Leser ist hier bereits durch den Appell der Räubergenossen eingestimmt: »Sei doch kein Kind, ich bitte dich –« (III, 2), eine Beschwichtigung, die auch das ästhetische Gleichgewicht wahren hilft, denn Karls juveniles Lamento ist an der Grenze zum Komischen. Es folgt dann konsequent eine Schilderung der Kindheit in den höchsten Tönen, die in ihrem Pathos ihre Fiktionalität verrät, in ihrer Euphorie den Euphemismus, in ihrer Nostalgie den utopischen Ort und insgesamt in ihrer Begrifflichkeit die Dimension des narzisstischen Verlusts: »O all ihr Elysiumsszenen meiner Kindheit!« Hölderlin war von diesem Text fasziniert. Er wird sporadisch in analogen Formulierungen fortgesetzt: »Die goldenen Maienjahre der Knabenzeit leben wieder auf in der Seele des Elenden.« – »Der Knabe Karl war ein glücklicher Knabe.« (IV, 2)

Gerade die bedeutungsperspektivische Überhöhung von Kindheit und Vater ins Übersinnliche lässt die Geschichte und den existentiellen Stellenwert des Mangels durchscheinen. Sie belegt das Drama der Abwesenheit von emotionaler Sättigung und Strukturgebung für das sich konstituierende Selbst des Kindes. Gleichzeitig beleuchtet die angedeutete Antinomie von Elysium bzw. Himmel auf der einen Seite und Hölle auf der anderen den luziferischen Fluch des Verstoßenseins, eine symbolische Steigerung ins Kosmologische im Vergleich zur Geschichte vom Verlorenen Sohn, deren biblisches Urmuster ja einen im wahrsten Sinne ›versöhnlichen‹ Ausgang besitzt.

Konsequent in der Sprache der Bibel spricht Karl auch vom »Himmel« als der Möglichkeit, zum Vater zurückzukehren. Zu Franz sagt er am Ende: »Du hast mir meinen Himmel gestohlen« – und verbannt ihn demonstrativ in die »Hölle« (V, 6). Es ist deshalb eine Pointierung ins Archetypische eher der Luzifer-Figur, wenn Karl incognito zu seinem Vater sagt: »Dein Sohn – ist – ewig verloren.« (V, 5) Einen symbolträchtigen mythologischen ›Kompromiss‹ findet er, wenn er sich in Anlehnung an Klopstocks *Messias* als »Abadona« bezeichnet, d. h. als gefallenen Engel, der bereut.

Mit dieser Bedeutungsdimension nimmt nicht erst der alttestamentarische ›Sündenfall‹ den Charakter einer narzisstischen Urkränkung par excellence an, sondern bereits der ›Fall‹ des Gott ebenbürtigen Widersachers und (prometheischen) Engels Luzifer, wie ihn John Milton in *Paradise Lost* darstellt. Franz' Ausruf: »so will ich ausrotten um mich her, was mich einschränkt, daß ich nicht Herr bin« (I, 2) belegt ebenso den Zwang zur nihilistischen ›Gegenschöpfung‹ – von einem »Unterkönig der Schöpfung« (II, 2) spricht er im Hinblick auf Hermann – wie Karls Allmachts-Proklamation: »Ein Bevollmächtigter des Weltgerichts steh ich da […] Sünder sitzen zu Gerichte – Ich der größeste obenan!« (V, 6)

Dass hier (wie übrigens auch in Kleists *Michael Kohlhaas*) unter der Oberfläche der Persönlichkeitspathologie ein archaischer, ja mythischer Fall von narzisstischer Urkränkung abgehandelt wird, ist offensichtlich. Darauf weist auch Gert Sautermeister (1991, S. 320) hin, wenn er beim Stichwort »narzisstische Kränkung« hierzu anmerkt: »Der Göttliche [Karl] erprobt die imitatio dei jetzt als widergöttlicher Luzifer: Narziss mimt die Heldenrolle in der Hölle.« Die dem Mythos zugrunde liegende Problematik von Vater-Sohn-Beziehung und individuellem Selbstwert unterstreicht Green (2003, S. 284): »Erhebt sich Luzifer nicht deshalb gegen Gott, weil er nicht mehr der Lieblingsengel des Ewigen ist?«

Von hier aus – man könnte von einer Majestätsbeleidigung sprechen, mit der die Würde des Menschen ein für allemal mit Füßen getreten und die Neigung zu egokosmischen Allmachtsfantasien programmiert ist – führt aber nicht notwendig ein ätiologischer Weg zu einem ›typisch schlechten‹ Vater oder einer ›typisch schlechten‹ Mutter. (Die fehlende, weil z.B. verstorbene Mutter könnte freilich den Mangel bewirkt haben, doch müsste das in Zeiten dienstbarer Fürsorgepersonen nicht sein – sagt Schiller vielleicht auch deshalb an keiner Stelle etwas über ihr Schicksal?) Es ist aus diesem Grund nicht so wichtig zu wissen, wie genau der Vater in dieser Konstellation seine Rolle wahrnahm, obschon man dem Text durchaus einiges entnehmen kann, das eher auf eine Überstimulierung als auf das Gegenteil schließen lässt. Wichtiger ist indessen, hier das Kulturmilieu nach »psychotropen sozialen Faktoren« (Kohut 1981, S. 267) abzusuchen, um, wie Mitscherlich (1963, S. 287) es ausdrückt, die »Rückkoppelung kollektiver und individueller Entwicklungsprozesse, aus der die psychische Verfassung des Individuums besteht«, zu verstehen.

Schiller muss also keine lückenlose ›Entstehungsgeschichte‹ konstruieren, soll man seine Figuren begreifen. Er kann das auch nicht. Vielmehr genügt ein in Konturen angedeutetes Modell, das die Zeitgenossen aus ihrem Erfahrungswissen ergänzen können. Er muss indessen, um die Dimension der Ursächlichkeit ins Bild zu bringen, das Zeitmilieu deutlich genug ›am Werk‹

zeigen. Er tut das auch ausführlich, am klarsten (weil plakativsten) dort, wo er Franz zeigt.

Franz ist der »konsequente Aufklärer«, mit dem Schiller die »Widerlegung des französischen philosophischen Materialismus und Atheismus« (Mayer 1987, S. 88f.) vornimmt. In der strategischen Absolutsetzung der instrumentellen Vernunft wird er zum Zerrspiegel, ja zum Umkehrspiegel der Aufklärung und verkörpert ihre dialektische Schattenseite, übrigens auch in pathologischer Hinsicht, wie gelegentlich betont wurde[24]. Wenn Schiller z.B. schreibt, dass »die Räsonnements, mit denen er [Franz] sein Lastersystem aufzustutzen versteht, das Resultat eines aufgeklärten Denkens und liberalen Studiums« seien (SW V, S. 745), dann lässt er durchblicken, dass Errungenschaften wie das im Jahr nach der *Räuber*-Aufführung erklärte »Sapere aude!«[25] Kants vor Perversionen nicht gefeit sind, indem sie in alle Kultursysteme, insbesondere auch das der Erziehung hineinwirken und sich dort gewissermaßen genetisch zu Mutationen isolieren. Wenn Schiller eine Figur wie Franz neben einen »allzu schwachen, nachgiebigen Verzärtler und Vater« stellt (SW V, S. 737), dann hebt er dessen Unfähigkeit hervor, einerseits seine Kinder »vernünftiger lieben« zu können (SW V, S. 99), anderseits sich und den seinen Zeiteinflüsse zu ersparen, die z.B. »die verworrenen Schauer des Gewissens in ohnmächtige Abstraktionen auf[lösen]« und den »Verstand auf Unkosten des Herzens [...] verfeinern« (SW V, S. 733). Es wird noch genauer zu zeigen sein, was alles an dieser Vaterfigur sich zum Bild eines selbst Abhängigen fügt, dessen Niederschlag in den Söhnen gerade durch »die Verschwommenheit gewisser Sektoren der Vater-Imago« pathogen wirkt. (Kohut 1981, S. 267)

Insgesamt sollte hier klar werden, weshalb die Auftritte Karl Moors im ersten Akt mit Amalias Anschneidung der Wertfrage programmatisch überschrieben sind. Ihr Ausruf: »Karl! So bin ich dein wert« zeigt nicht nur ihre Selbstdesavouierung als Folge der Aussicht, sich für Franz als den Nachfolger Karls prostituieren zu müssen, sondern präludiert folgerichtig Karls Absturz in den Selbstwerttod, der den Verlust seiner bürgerlichen Existenz begleitet.

Auch Amalia selbst ist als Figur gezeichnet, die in ihrer schwärmerischen Fixierung auf Karl nicht nur ihre ungestillte Liebe und Verliebtheit, sondern auch ihre psychische Abhängigkeit auslebt, die noch in einigen anderen Auffälligkeiten symptomatisch wird, z.B. in den Anzeichen der Derealisation, Idealisierung oder Autoaggression. Schiller kann sie trotz ihrer Allegorisierung als Wahrheits- und Ruheprinzip zum Glück nicht ganz von Defiziten freihalten. Dass das Inzestszenario nicht zufällig gewählt ist – Amalia ist Karls

Cousine väterlicherseits –, liegt angesichts der narzisstischen ›Regressansprüche‹, die ja eine idealisierte Muttersymbiose einfordern, auf der Hand.

So sehr die Rechtmäßigkeit von Karls Ansprüchen an den Vater im Grunde in seinem Innern längst ›abgemacht‹ ist, so wenig erlaubt die prekäre Materie, um die es geht, nämlich sein *Selbstwert*, eine sichere positive Prognose. Bereits mit dem um Verzeihung flehenden Bittbrief stellt er sich selbst so grundsätzlich in Frage (und gibt dabei seinem Über-Ich so unumwunden Recht), dass auch die negative Antwort bereits ›abgemacht‹ erscheint und in ihrer Rechtmäßigkeit gleichfalls keinem Zweifel unterliegt. Es ist nicht, wie häufig kritisiert wurde, schiere (unmotivierte) Leichtgläubigkeit, die Karl die Intrige nicht durchschauen lässt, sondern der chronisch verfestigte Selbstzweifel, der auf sein narzisstisches Defizit zurückgeht.

Karls problematisches Selbstwertgefühl, indem es sich mit dem Bittbrief einer Neubewertung aussetzt und in das Szenario der Kindheit zurückstuft, gerät in den Sog eines Wiederholungszwangs und kann nicht wirklich von einer Rehabilitation ausgehen. Der Brief, an seine *idealisierte* Vater-Imago geschrieben, stimuliert einen Gegenbrief, der an die Realität des Verdrängten in ihm gemahnt. Brief und Gegenbrief sind in der Psyche verfasste bzw. vorgefasste Bewusstseinsbotschaften. Dabei gehört der Bittbrief ins bewusste Erleben, der Antwortbrief spiegelt sein unbewusstes ›Wissen‹ um die eigene Unwürdigkeit und Nichtigkeit wider, das letztlich die Narzissmusproblematik ausmacht. Als die abschlägige Erwiderung tatsächlich eintrifft, genügt bereits die Handschrift des Bruders, um Karl den Inhalt ›wissen‹ zu lassen. Noch *bevor* er den Brief gelesen hat (das sollte man auf der Bühne erkennen), wird er bereits bleich »wie die Wand«. Danach verfällt er, jetzt schon »bleich wie die Leiche«, in Anwesenheit der andern in einen zunächst sprachlosen, dann monologischen Stupor: Er ist »mit sich selber«, »stiert«, »wirft sich wild in einen Sessel«, man sieht ihn »Schäumend auf die Erde stampfen«, bis er wieder zur Realität zurückfindet, die ihn mit einem kalkulierten Stichwort erwartet: »Räuberbande«. (I, 7)

Es ist Spiegelberg, der im Augenblick der Briefübergabe seinem Namen gerecht wird und Karls inneren Kampf in einem skurrilen »St.-Veitstanz« regelrecht abspiegelt. Für einen Augenblick lenkt er von dem lesenden Moor ab, indem er pantomimische Faxen schneidet. Die Kommentare, die er dafür erntet, bezieht man in diesem Augenblick automatisch auch auf Karl Moor (und wenn er sagt: »Ich glaub er macht Verse« selbstironisch auch auf den Dichter): »Der Kerl ist unsinnig.« – »Sein Verstand geht im Ring herum.« – »Die Bestie hört nicht.« – »Kerl! träumst du, oder?« (I, 6) Die psychologische Durcharbeitung gerade dieser Szene entspricht der motivischen, indem das

Obsessiv-Wahnhafte der Karlfigur hier über den »St. Veitstanz« (der die Katatonien des ›Besessenen‹ illustriert) mit dem »Abadona«-Archetyp und damit dem Motiv der egokosmischen Majestätsbeleidigung verbunden ist.

Es mag zu weit führen, Schiller angesichts dieser ausgeklügelten motivischen Durcharbeitung darauf festzulegen, er weise mit diesem dramaturgischen Kniff auf die Bespiegelungsproblematik als Kernpunkt der Selbstwertfrage hin, die heute im Zentrum der psychoanalytischen Narzissmustheorien und insgesamt der Objektbeziehungstheorien steht, u. a. bei Jacoby (1985). Es ist jedoch gewiss kein Zufall, dass die pantomimische Spiegelfechterei des einen auf die psychische Auseinandersetzung und selbstreferentielle Austragungsart (nämlich über die Vater-Imago) des anderen hinweist, zumal Spiegelbergs Aufführung von der Szenen- und Charakterlogik her völlig unmotiviert ist. Es ist dies eine jener Stellen, wo man Karl gegen Windmühlen kämpfen sieht, weil sein tragischer Ernst durch eine andere Figur ironisiert (und dadurch erträglich) wird.

Karls Lage ist äußerlich durchaus prekär. Dass er steckbrieflich gesucht wird, wie Franz dem Vater berichtet, ist wahrscheinlich. Er ist jedenfalls bereits tief verstrickt und auf dem Tiefpunkt seiner selbstbestimmten Laufbahn angelangt, die er nun als gescheitert erkennen muss. Unbewusst nimmt ein Mensch in dieser Situation natürlich wahr, dass er sich in den Augen der Gesellschaft dem annähert, was er über seine chronisch negative Selbstwertbilanz von sich selbst zu halten gewohnt ist. Das Scheitern will nun als zwangsläufiges: als Schicksal erscheinen, dem nicht zu entkommen war. Da Selbstwertkonflikte wie dieser gewöhnlich eine lange Geschichte haben, tauchen jetzt mahnende Stimmen aus der Vergangenheit auf, die es schon immer ›besser gewusst‹ haben. Sie scheinen nun allesamt in ihrer ungünstigen Prognose bestätigt zu sein.

Karls Versuch, in dieser Lage die alles rettende oder alles vernichtende Antwort zu riskieren, ist im Grunde die einzige Möglichkeit, noch einmal ›von vorn anzufangen‹. Wenn nun wieder keine positive Antwort erfolgt, wird die Bestätigung des Unwerts als endgültig und womöglich ›verdient‹ aufgefasst. Das aber bedeutet nichts anderes als das Ende der Hoffnung: den psychischen Tod, der mit dem physischen liebäugelt.

Das ist die Ausgangslage des Schauspiels, von Schiller überaus stimmig und realistisch empfunden. Nur ein psychischer Konflikt dieser Schwere ist in der Lage, eine Reaktion wie das nun folgende Drama auszulösen und eine Orgie der Gewalt hervorzurufen. Wenn in der Literatur Gewaltmuster beschrieben werden, dann können diese gewöhnlich nicht einfach mit Affekten oder sozialen Konflikten erklärt werden. Zu ihrem Verständnis scheint mir ein Modell der Persönlichkeitsschichtung oder -spaltung unerlässlich.

9.

Apotheose des Wahns
Narzissmus und Destruktivität

Wenn Helmut Koopmann in seiner Einführung zur Ausgabe von Schillers Gesammelten Werken über Karl Moor schreibt: »Es ist nicht der große Kerl, der die Bühne betritt, sondern ein mit sich selbst uneins gewordener Mensch, und er ist eben dieses, weil sein soziales Gefüge außer Kontrolle geraten ist« (SW I, 18), dann ist das ein Beispiel für eine der vielen richtigen Beschreibungen, die indessen wenig über die Mikromechanik der Seele verraten, die Schiller interessiert, nämlich die »Triebfedern« oder das »Triebwerk« (SW V, 744f.) und damit das eigentliche Antriebsaggregat hinter den wahrlich ›dramatischen‹ Handlungen. Nicht-psychologische oder nicht-tiefenpsychologische Deutungsansätze tun sich schwer, individuelle oder auch kollektive Gewaltexzesse zu verstehen, selbst wenn sie die Selbstwertproblematik beim Namen nennen.

Dagegen kann z.B. Walter Hinderer (1992, S. 49), der sich in Anlehnung an Alexander Mitscherlich auf die Psychoanalyse beruft, Entscheidendes über Karls Beweggründe ergänzen, wenngleich er dann doch ohne das psychodynamische Beschreibungsmodell für narzisstische Störungen schwerlich die enormen destruktiven Energien erklären kann. Erhellende Befunde bleiben ohne dynamisches Erklärungsmodell an der Oberfläche und so auch manchmal recht vage, wie z.B. die (richtige) Feststellung, Karls Blutorgie sei ein »Amoklauf aus verschmähter Liebe«, nachdem sein »Rückkehrversuch in die Idylle der Unmündigkeit« gescheitert sei, oder die apriorische Aussage, Karl sei »ein machtbesessenes Individuum, das nur aus Kopf besteht, aber ohne Herz und Moral ist«. Abgesehen davon, dass diese Aussage auch tiefenpsychologisch nicht stimmig ist – denn natürlich gibt es so wenig einen Menschen, der »nur aus Kopf besteht«, als einen, der »ohne Herz« ist –, fehlen hier zum wirklichen Verständnis der maximalen Zerstörungsenergien die entscheidenden kausalen Zwischenglieder.

Gerade um die Macht-Ohnmacht-Dialektik besser verstehen zu können, muss man sich die dem »Amoklauf« zugrunde liegende Kopplung von Gewalt und Selbstzerstörung in ihrer Dependenz genauer ansehen. Mit den

zerstörten Hoffnungen auf eine ›Wiedergeburt‹ (im Sinne des wieder an-
genommenen verlorenen Sohnes) und der damit verbundenen Selbstnegation
entsteht eine autoaggressive Anfeindung, die zur Abwehr eine sadistische
Komponente als neurotisches Pendant erhält. Es ist diese Struktur, die bei
Karl zum eigentlichen Motor der Handlungen und seines Verhaltens (einschließlich der Sprache) wird. Selbstverneinung mündet in die Negation
anderer, insofern der intrapsychische Grund externalisiert wird, um das
eigene Selbst vor der Zerstörung zu bewahren. In ihrer Destruktivität ist die
Negation auch Ausdruck für den Willen zur Macht. Freud hat in *Das ökonomische Problem des Masochismus* den Machtwillen geradezu für ein Synonym
des Destruktionstriebs gehalten[26].

In Karls Reaktion auf den Brief zeigt sich zunächst eine starke projizie-
rende Entlastung, die mit narzisstischer Zerstörungswut einhergeht. Schiller
fasst das selbst in die Worte: »die Privaterbitterung gegen den unzärtlichen
Vater wütet in einen *Universalhaß* gegen das ganze Menschengeschlecht
aus.« (SW V, S. 742, Hervorhebung v. Vf.) Beim Versuch, die suizidale Zerstörung des eigenen Selbst abzuwenden, wird eine paranoide Feindlichkeit
gegen *alles* andere und *alle* anderen laut, die in Perspektive und Generalisierung
den hier angesprochenen Machtgestus verrät. In seiner aus äußerster Kränkung
katapultierten Grandiosität steht jetzt *einer* gegen alle, *einer* erklärt das
Gesetz, das für *alle* gilt. Ihm, dem einzelnen, steht die gesamte verhasste
Menschheit feindlich gegenüber, er muss sich schon auf die Seite des Tier-
reichs schlagen, um sich davon auszunehmen: »Ich möchte ein Bär sein, und
die Bären des Nordlands wieder dies mörderische Geschlecht anhetzen« (I, 7).

Es ist typisch für die psychische Abwehr, dass die Rolle des Vaters (bzw.
der Vater-Imago) in der Kränkungsdynamik in den Hintergrund tritt und
dieser spurlos in einer anonymen Masse aufgeht. Nicht mehr dem Vater gilt
die Aggression, sondern einem unpersönlichen Kollektiv, in dem sich der
Konflikt depersonalisieren kann. Die einmalige Qualität des Verlorenen
drückt sich in schierer ›Vielmaligkeit‹ aus, in Quantität. Ungeachtet der eigenen
Zugehörigkeit zur Spezies Mensch wird diese Spezies *in toto* zum Gegner
par excellence. Die auf den ersten Blick unlogische Denkfigur enthüllt den
masochistischen Selbstbezug:

> *Menschen* haben *Menschheit* vor mir verborgen, da ich an *Menschheit* appellierte;
> weg dann von mir Sympathie und *menschliche* Schonung! – Ich habe keinen
> Vater mehr, ich habe keine Liebe mehr, und Blut und Tod soll mich vergessen
> lehren, daß mir jemals etwas teuer war! (I, 7, Hervorhebungen v. Vf.)

Man könnte dies mit André Green in der Tat als eine Art »Apotheose« des narzisstischen Wahns bezeichnen, zumal ja in dieser Szene der Räuberhauptmann auch faktisch gekrönt wird. Schiller hat den zugrunde liegenden dynamischen Mechanismus im Blick auf Miltons Luzifer beschrieben. Dessen Seelenstärke (die ihn beeindruckte) ruhe in seinem »Gemüthe, das ihm in der Hölle selbst einen Himmel erschaffen« wird (NA 20, S. 211). Der kosmologischen Größendimension entspricht der hohe Stellenwert des krankhaften Narzissmus im Schiller'schen Motivationsgefüge. Karl tritt sozusagen die kosmologische Nachfolge Luzifers an, wenn er, verzweifelt größenwahnsinnig und verzweifelt allein (Werther ist nicht zu überhören), ausruft:

Sei, wie du willst, namenloses Jenseits – bleibt mir nur dieses mein *Selbst* getreu – sei, wie du willst, wenn ich nur mich selbst mit hinübernehme – Aussendinge sind nur der Anstrich des Mannes – *Ich* bin mein Himmel und meine Hölle.

Die Funktion des Mordens als eines Auslöschens der Erinnerung an die enttäuschte Liebe (und generell der Liebesfähigkeit), d.h. die Kopplung zwischen selbsterlittener Qual und sadistischem Verletzen ist dabei immer präsent. Die sadomasochistische Grundstruktur dieses Mechanismus wird in Schillers Sprache begreiflich, z.B. wenn die »brennende Wunde« des Ermordeten das Brennen der eigenen Wunde suggeriert und die sadistische Mordlust sich (als Wortlust!) in drei triadisch wiederholten Tötungssynonymen auslebt:

So liebte kein Sohn, ich hätte tausend Leben für ihn – Ha! – wer mir jetzt ein Schwert in die Hand gäbe, dieser Otterbrut eine brennende Wunde zu versetzen! Wer mir sagte, wo ich das Herz ihres Lebens erzielen, zermalmen, zernichten – Er sei mein Freund, mein Engel, mein Gott – ich will ihn anbeten! (I, 7)

Eine Kulmination der verbalen Gewalt wird erreicht, wo Karl in biblischem Pathos königlichen Lohn denen verspricht, die die abscheulichsten Gewalttaten begehen. Hier wahrlich »gerät Schillers Held in eine Randzone des Grauens, die man nicht ohne Erschrecken bedenken kann« (Sautermeister 1991, S. 314): »Glück zu dem Meister unter euch, der am wildesten sengt, am gräßlichsten mordet, denn ich sage euch, er soll königlich belohnet werden«. (I, 7) Später wird Amalia den ausgelobten Titel ihm selbst verleihen und die alliterierende Formel prägen: »du bist Meister im Morden« (V, 7).

Dass »das Böse es vor[zieht], Leid einfach zu ignorieren«, wie Green sagt, ist die eine Seite dieser Rhetorik, welcher Karl alsbald in der Pose des unumschränkten Herrschers Taten folgen lässt. In ihr »zeigen sich die narzisstischen Wurzeln des Bösen« (Green 2003, S. 282), deren Funktion die unbedingte Selbsterhaltung ist.

Die andere Seite wird in Karls melancholischen Rückfällen offenbar, wenn er im Andrang des Selbstmitleids – einer der Räuber nennt es »Paroxysmus« (III, 2) – Trauer angesichts seines gepeinigten Selbst empfindet und für einen Augenblick den sadomasochistischen Teufelskreis aufsprengt.

Es ist deshalb kein Zufall, dass in jener Szene im dritten Akt das Blatt sich zu wenden beginnt. Kurz darauf erscheint nämlich als ein wahrer *deus ex machina* der für den Verlauf des Stücks überaus wichtige, als Figur aber uneinheitliche Kosinsky, der Karls unendlichem Liebeshunger doppelte Nahrung gibt und damit, kontrapunktisch zu seinem *Eintritt* in die Räuberbande, einen *Austritt* aus der unheilvollen Polarisierung und damit aus dem Räuberdasein weist. Der adlige Kosinksky bringt ihm die nötige Ehrerbietung unter Gleichen entgegen (»edler Graf!«), er erinnert ihn daran, dass er, Karl, einmal geliebt hat und geliebt wurde, so dass der sich nun mit Kosinksky selbst, dessen Braut Amalia (beides Willküropfer des Feudalismus) und mit seiner eigenen Amalia identifizieren kann, die er nun unter Aufsprengung seiner Selbstbezogenheit aus einer ganz anderen Perspektive wahrnimmt. Nebenbei konfrontiert Kosinsky ihn mit einem Modell, wie man aus antifeudalistischen Rachegründen (nicht aus idealistischem Pseudoaltruismus) wirklich ein Räuber wird.

Schiller erweist sich also auch hier, in der psychologischen Filigranarbeit dieser retardierenden Wende, als intuitiver Meister der Tiefenpsychologie.

10.

Mechanik des Bösen
Fixierung und Übergangsidentität

Sadismus und Masochismus sind immer wieder als Zwillingspaar beschrieben worden. Der Sadismus ist dabei die reaktive Komponente, die freilich die Dynamik weiter anfacht. Der Masochismus weist auf die ätiologische Wurzel des narzisstischen Mangelsyndroms mit Konsequenzen für das Selbstwertgefüge, zu denen auch chronische Scham und Schuldgefühle gehören. Im Masochismus ist die negative Selbstwahrnehmung aktiv, und das geschädigte Selbst ergreift Partei für den Schädiger. In strafender Personalunion mit dessen übermächtiger Imago geht der Geschädigte mit sich selbst ins Gericht und stiftet damit eine Art Komplizenschaft zwischen Opfer (ihm selbst) und Täter (hier repräsentiert durch die Vater-Imago). Im fiktiven Fall der »Moor«-Brüder ist es also der Vater, der in den masochistischen Handlungen intrapsychisch zugegen ist. Doch gilt die psychische Abwehr durch sadistische Handlungen nicht ihm persönlich (und trifft ihn ja auch nicht). Eine entwicklungsrelevante Kränkung wird nicht persönlich gerächt, sondern in Gewalttaten an anderen fortgesetzt. Wenn Safranski (2004, S. 109) schreibt: »es bedarf nur einer einzigen narzisstischen Kränkung, um in ihm [Karl] die Raserei einer Rache an der zerrütteten Weltordnung zu wecken«, dann ist das insofern richtig, als die Rache sich in der Tat auf ein hypostasiertes Abstraktum richtet, doch muss man entgegenhalten, dass eine so folgenreiche »narzisstische Kränkung« natürlich nur in einer entwicklungserheblichen Kumulation von Kränkungsepisoden und damit vor dem Hintergrund einer entsprechenden Selbstpathologie denkbar ist, nicht als singuläres Ereignis. Man könnte also von einer symbolischen Universalrache sprechen, und in diesem Sinne ist es auch gemeint, wenn Karl von »Rache« spricht, dort, wo er zu sich selbst sagt: »Du bist der Mann nicht, das Rachschwert Gottes zu regieren« (II, 10), oder wo er dem Gerichtskommisar aufträgt: »Sag ihnen, mein Handwerk ist Wiedervergeltung – Rache ist mein Gewerbe.« (II, 16)

Aus Leiden wird also Leiden machen, aus Liebesentzug oder zurückgewiesener Liebe wird Brutalität (als extreme Lieblosigkeit). Mit der Negation der Liebe wird der Hass positiv und zur unentbehrlichen Krücke des gekränkten Selbst, ja man könnte sagen: zu dessen neuem Aggregatzustand, in dem dieses unter den veränderten Bedingungen wieder Kohärenz, Bestand gewinnt. Dass darin der Selbsthass wütet und dass im Selbsthass die Strafe für den scheinbar erwiesenen existentiellen Unwert droht, gehört zum »innern Räderwerk«, das »auseinanderzugliedern« sich Schiller in diesem Drama vorgenommen hat (SW V, S. 733).

Entscheidend ist dieses neue Movens des Hasses in seiner psychodynamischen Stabilisierungsrolle im Hinblick auf die Beziehung zu Amalia und den Ausgang des Stückes, den man immer wieder belächelt hat, weil er in seiner Bestialität überzogen scheint oder der tiefenpsychologischen Grundlage entbehre (oder schwer zu inszenieren bzw. zu spielen sei). Der Tod Amalias durch Karls Hand mag dramaturgisch missverständlich sein, weil es den Anschein hat, als entspräche er lediglich ihrem verzweifelten Willen und als werde obendrein nur ein der Bande geleisteter Treueeid eingelöst – nur eine tote Amalia kann zur ›Räuberbraut‹ werden (der radikale Eid wird am Ende von I, 7 geleistet, dort bestimmt Karl die Todesstrafe für jeden, »der jemals zagt oder zweifelt, oder zurücktritt«). Er mag auch deshalb unmotiviert erscheinen, weil der Hass als ›Festiger‹ der gestörten Persönlichkeit jetzt, wo der Bruder bestraft und die Machenschaften insgesamt ja aufgedeckt sind, nicht mehr als nihilistischer Statthalter der Liebe auftreten müsste, die Liebe also als solche wieder möglich wäre.

Das wäre aber nur dann richtig, wenn der Vater nicht vor Gram über seinen Mordbrennersohn kurz nach seiner Befreiung aus dem Turm gestorben und Karl nicht mit seiner Geschichte des Mordens konfrontiert wäre, die ihm die Geister der Toten vor Augen hält:

> Die Seelen derer, die ich erdrosselte im Genuß der Liebe – derer die ich zerschmetterte im heiligen Schlafe [...] Das ist Brautfackel! Das ist Hochzeitsmusik! – Oh! er vergißt nicht – er weiß zu mahnen! Darum von mir die Wonne der Liebe! (V, 7)

Es wäre vor allem auch dann nur richtig, wenn er nicht noch einen wichtigen Schritt zu tun hätte, nämlich den, sich der Justiz zu stellen und damit seine sichere Exekution einzuleiten. Karl muss die Liebe bis zum Schluss negieren, um die nötige »Kraft« aufzubringen, die ihm schon einmal, nach seiner ersten Begegnung mit Amalia, zu schwinden drohte: »Ich habe *mich selbst verloren*, seit ich dort war [...] Ich muß mich zurückwiegen in die Tage meiner Kraft.« (IV, 14)

In der Tat ist diese Formulierung »widerspruchsvoll« (Hinderer 1992,

S. 44), aber nicht insofern, als es für Karl darum ginge, an die Tage seiner Kindheit anzuknüpfen, wie der Wortlaut es nahe legen mag. »Kraft« und »zurückwiegen« (oder in der Schauspielfassung: »zurücklullen«) markieren die Ambivalenz eines Übergangsobjekts, das einerseits Unabhängigkeit (als Macht), andererseits Primärbindung (als prä-individuelle Ohnmacht) repräsentiert. Karl sehnt sich hier nach eben der Seinsform, die ihm das Räuberdasein mit seinen Attributen der Freiheit und der (homoerotischen) Bindung gewährt. Der narzisstische Bedarf soll nicht im unzugänglichen Milieu der Liebe, sondern im verfügbaren des Hasses gestillt werden. Er denkt hier also nicht an »seinen alten Enthusiasmus, der sich in den negativen Erfahrungen verbraucht hatte« (Hinderer 1992, S. 44), sondern er reklamiert die Stütze seiner Räuberidentität, die gewiss nie etwas rein ›Positives‹ an sich hatte. Sie hat sich als Bastion der psychischen Abwehr gegen die Gefahr der Selbstauslöschung bewährt und ihm ein gewisses psychisches Gleichgewicht ermöglicht, wobei das Konfliktpotential natürlich nicht entschärft ist. Mit anderen Worten: Karl *spielt* nicht die Rolle des Räuberhauptmanns, sondern er *ist* der Räuberhauptmann. Man könnte allenfalls sagen: Er benutzt sie als Übergangsphänomen. Daraus wird ersichtlich, dass er an keiner Stelle im Stück wirklich die Wahl hat, *kein* Räuberhauptmann mehr zu sein. Die moralischen Einwände lasten ihm zwar auf der Seele, aber sie können keine Veränderung mehr herbeiführen. Mit etwas Sinn für psychoanalytische Wortspiele könnte man in Anlehnung an Winnicott die Figur Karls als ›Übergangssubjekt‹ und die Seinsform des Räubers als fixierte ›Übergangsidentität‹ bezeichnen.

Wie gut dies identifikatorische Abwehrsystem funktioniert, zeigt sich dort, wo er – man möchte fast sagen: souverän – in der Lage ist, dem Suizidwunsch entgegenzuwirken. Noch während er den Vorsatz fasst, sich umzubringen, legt Schiller ihm Worte in den Mund, die dazu angetan sind, diesen Vorsatz zu vereiteln. Sie enthalten wie zur Selbstmahnung und Bestätigung einer Errungenschaft das gleichsam ›eherne‹ (ins Ewige projizierte) Baugesetz seines »Selbst«. Dessen Architektur wird in ihrer hoch gespannten Polarität ebenso zum Thema wie die Abgeschlossenheit des psychischen Systems, das sich als Gegenwelt gegen die feindliche Realität absolut setzt. Frappant sind hier die Parallelen zu Miltons *Paradise Lost*, wo Satan sagt: »The mind is its own place, and in itself|Can make a Heaven of Hell, a Hell of Heaven«. (Vgl. Britton 2001, S. 85f.). Dass diese Worte äußerste Autarkie behaupten, während sie völlige Abhängigkeit bedeuten, gehört zu Schillers perspektivischer Darstellungskunst. Während Karl in seiner Eigenschaft als Räuberhauptmann höchste Allmacht als das *principium mundi* beschwört, erscheint die *Figur* Karl (als ›Stimme‹ des Textsubjekts) in tiefer Ohnmacht:

Nein! Nein! Ein Mann muß nicht straucheln. – Sei wie du willt, namenloses Jenseits! – Bleibt mir nur dieses mein Selbst getreu. – Sei wie du willt, wenn ich nur mich selbst mit hinübernehme. – Außendinge sind nur die Farbe des Geistes – Ich selbst bin mein Himmel und meine Hölle! (IV, 15)

11.

Verlorener Vater
»Grausame Zärtlichkeit« mit System

Es ist offensichtlich, dass Schiller die Figur des alten Moor mit (allzu) wenig Eigenleben ausstattet. Das Leben dieses Mannes scheint ständig am Faden seiner Kinder zu hängen. Das zeigt sich mehrfach im Stück, z.B. im Zusammenhang mit der Intrige, wenn Karl immer wieder als die gewissermaßen biologische Voraussetzung für das (Weiter-)Leben des Vaters fungiert – »O! er hat mich zu einem achtzigjährigen Manne gemacht.« (I, 1) – und Franz die fingierte Todesnachricht zum Mordinstrument zu machen sucht; auch dort, wo Karl ihn durch die Entdeckung seiner Räuberidentität tatsächlich tötet: »stirb durch mich zum zweitenmal!« (V, 7) (in der Schauspielfassung heißt es gar »zum drittenmal«). Dass beide Söhne hier, am durchschlagendsten aber der Lieblingssohn, den Vater mit einer Nachricht physisch vernichten können, beweist die gleichsam symbiotische Abhängigkeit des Vaters, der seinerseits, wie ich zu zeigen suchte, weit davon entfernt ist, ein Mündiger, ein wirklich Liebender zu sein: ein Vater, der seinen Kindern die Voraussetzungen der Mündigkeit in einem gefestigt in sich ruhenden Selbst ermöglichen kann[27]. Der schwache Vater scheint letztlich ein parasitärer Vater zu sein, dessen vitaler Energiebedarf von einem der Söhne gedeckt wurde. Ein Dialogstück wie das Folgende hat schwerlich einen anderen Sinn als den, genau dieses zu veranschaulichen. Bei einer solch schrillen Überzeichnung wird man den Eindruck nicht los, als gehe es dem nach Liebe und Anerkennung sich verzehrenden jungen Schiller vor allem um die didaktische Demonstration einer Rollenumkehrung. Hier wird das biblische Gebot: »Du sollst Vater und Mutter ehren, auf daß du lange lebest in dem Lande, das dir der Herr, dein Gott, geben wird!« (2 Mose 20, 12) letztlich auf den Kopf gestellt:

> D. a. Moor. Dieser huldreiche, erwärmende Blick – wär' er vor meinem Bette gestanden, ich hätte gelebt mitten im Tode! Nie, nie wär' ich gestorben!
>
> Amalia. Nie, nie wär't Ihr gestorben! Es wär' ein Sprung gewesen, wie man von einem Gedanken auf einen andern und schönern hüpft – dieser Blick hätt' Euch übers Grab hinüber geleuchtet. Dieser Blick hätt' Euch über die Sterne getragen.

> D. a. Moor. Es ist schwer, es ist traurig! Ich sterbe, und mein Sohn Karl ist nicht
> hier – ich werde zu Grabe getragen, und er weint nicht an meinem Grabe – Wie
> süß ist's, eingewiegt zu werden in den Schlaf des Todes von dem Gebet eines
> Sohnes – das ist Wiegengesang. (II, 2)

Ich würde daher die Frage der Vaterautorität in diesem Stück mit etwas
anderen Akzenten diskutieren, als das in den mir bekannten sozialpsychologischen Deutungen geschehen ist. Natürlich geht es allgemein auch um einen
»Bruch mit der Vaterwelt«, wie Peter Michelsen (1979) das genannt hat, oder
um »die Emanzipation von der *patria potestas*«, wie Dieter Borchmeyer
(1989, S. 366) schreibt. Schließlich handelt es sich um ein Stück der Aufklärung,
in deren Mittelpunkt »die Emanzipation von diesem universalen Paternalismus
römisch-absolutistischer Prägung« steht. Dennoch würde ich in Fortführung
meines Ansatzes gerade bei dieser ungewöhnlich konzipierten Figur, die
Schiller alias »N.« als »schon von Haus aus durch den Dichter verdorben«
charakterisiert (SW V, S. 754), vorschlagen, das psychologische Profil in
Richtung Selbstpathologie zu diskutieren, ohne außer Acht zu lassen, dass
die Funktion dieser Figur intermediär auf der Ebene des Textsubjekts veran-
kert ist und daher letztlich als *Selbstaspekt* der Perspektiventräger Karl und
Franz verstanden werden sollte. Meines Erachtens zeigt sich in diesem Licht
sehr klar, dass eine ›Befreiung‹ der Söhne (aber auch des Vaters) wegen der
gegebenen psychischen Defizite und Interdependenzen gar nicht möglich
ist, wobei auf der formal- und produktionsästhetischen Ebene die Annahme
eines psychodynamischen Zusammenspiels der drei Hauptfiguren un-
umgänglich ist.

Der psychologisch-inhaltliche wie der formale Gesichtspunkt spielen
bereits am Anfang des Stücks ineinander, wenn Franz die Grundproblema-
tik, die zur narzisstischen ›Falle‹ und zur Rolle des Vaters dabei führt, in
ungewöhnlicher Kettenformulierung deutet.

> Kann ich eine Liebe erkennen, die sich nicht auf Achtung gegen mein *Selbst*
> gründet? Konnte Achtung gegen mein Selbst vorhanden sein, das erst dardurch
> entstehen sollte, davon es die Voraussetzung sein muß? (I, 1)

Hier liegt eine jener Repliken vor, die über das ›Figurenbewusstsein‹ weit
hinausgehen und ein ›Textbewusstsein‹ verraten, von dem im Hinblick auf
das zu konstruierende auktoriale Textsubjekt die Rede war. Hier ist nicht
Franz, sondern offenbar eine Instanz auf dem Niveau des Autors auf der
Spur einer Aporie, die erst dann aufbrechen kann, wenn psychische Defizite

und Abhängigkeitsstrukturen nicht mehr von einer Generation auf die nächste vererbt werden und somit auch die Mechanismen der Selbstunterdrückung ein Ende haben. Selbstachtung gedeiht in einer Atmosphäre der Achtung, die in einer Atmosphäre der Selbstachtung gedeiht usw. Mit anderen Worten: das sich achtende, autarke (und gesunde) Selbst ist die psychosoziale Voraussetzung für sein eigenes Entstehen.

Interessanterweise und wie zum Beweis des Gegenteils bringt Schiller in diesem Schauspiel keine dominante oder despotische Vaterfigur auf die Bühne, an der der Aufstand zu proben wäre, sondern einen harmonie- und liebesbedürftigen »Verzärtler« (SW V, S. 737), den Franz mit dem Vorwurf der »grausamen Zärtlichkeit« bedenkt und gar mit den Worten beschwört: »wehe dem Vater der die Ratschlüsse einer höheren Weisheit durch Verzärtlung vernichtet!« (I, 1) Maximilian von Moor ist, wie Bengt Algot Sørensen aufgewiesen hat, für die zweite Hälfte des 18. Jahrhunderts kein untypischer Hausherr und Vater, zumal er ja auch als Alleinerzieher gewisse mütterliche Funktionen übernehmen muss. In Schillers Werk ist er überdies keine Ausnahmefigur. Borchmeyer (1989, S. 367) bemerkt hierzu:

> Auch in seinen späteren Dramen hat Schiller die Emanzipation von den Vätern bis auf eine Ausnahme nie unter rein affirmativen Vorzeichen als einen Befreiungsprozeß dargestellt, sondern fast immer als Prozeß einer schmerzlichen Trennung, der bis zur Selbstvernichtung führt.

Abgesehen davon, dass eine schmerzliche Trennung nicht ohne tieferen Grund zur Selbstvernichtung führt, muss man den Begriff Emanzipation hier jedoch aus den erwähnten Gründen grundsätzlich in Frage stellen. Es kommt ja nicht nur deshalb zu keiner *Emanzipation*, weil der Vater kein Segensspender ist, der den Söhnen mit starker Hand (*manus*) zur Mündigkeit verhilft. Das in diesem Zusammenhang geäußerte Wort vom »verlorenen Vater« (ebd.), das die *Räuber* als Kontrafaktur des biblischen Gleichnisses ausweist, ist ja nicht auf Moors *laissez-faire*-Habitus, seine Passivität und Altersgebrechlichkeit zu gründen als vielmehr auf seine offensichtliche Abhängigkeit von seinen Söhnen. Es ist in der Tat so, als wolle Schiller die Umkehrung der Ordnung nicht nur an Franz und Karl, sondern auch an dem alten Moor demonstrieren, indem er ihn selbst der Emanzipation bedürftig sein lässt. Ein wirkliches Rollenmodell der Mündigkeit für die Söhne hätte dagegen nur ein rundum emanzipierter Vater abgeben können, der im Übrigen auch die pädagogische Grausamkeit der krassen Bevorzugung des älteren (noch dazu äußerlich benachteiligten) Sohnes vermieden hätte.

Franz' Vorwurf der »grausamen Zärtlichkeit« trifft den Nagel deshalb auf den Kopf, weil der hinter einer pseudo-aufgeklärten Attitüde der »Zärtlichkeit« versteckte autoritäre Charakter dem patriarchalischen Machtanspruch im Muster von Zuckerbrot und Peitsche durch Angebote der Liebe Geltung verschafft, welche die Söhne bestechlich und zum Verkauf ihrer Würde und Selbstbestimmtheit geneigt machen. Aber die im Kern autoritäre Charakterstruktur geht bei Maximilian von Moor nicht nur aus dem willkürlichen Gebrauch des Affektinstruments in der Erziehung hervor, sondern auch aus seiner servilen Hörigkeit dem Sohn gegenüber und seiner fahrlässigen Ahnungslosigkeit. In diesen Eigenschaften reflektiert (und karikiert) er die Untertanenrolle, zu der er andere manipuliert.

Der Eleve Schiller wusste, wovon er sprach. Er hatte an der Karlsschule aus Rousseau, Plutarch und vor allem Ferguson republikanischen Geist gesogen, der ihm dazu verhalf, die jahrelange »Subordination« zu überstehen und ihre Wirkungen zu verstehen. Er kannte ganze Passagen aus der 1775 erstmals auf deutsch erschienenen *Moralphilosophie* auswendig, darunter wird auch die folgende über die sozialpsychologische Wirkung des Herrschens und Beherrschtseins gewesen sein:

> Verfassungen, durch welche die Menschen ihrer Rechte beraubt, oder […] bei welchen sie so betrachtet werden, als ließen sie sich nur durch Zwang und die Furcht der Strafe regieren, haben die Wirkung, in dem Souverän Tyrannei und Übermut, in den Untertanen einen sklavischen Geist und Niederträchtigkeit hervorzubringen; jedes Gesicht mit Blässe zu bedecken, und jedes Herz mit Mutlosigkeit und Eifersucht zu erfüllen. (Ferguson 1787, S. 191)

In Karl und Franz tritt einem als Folge eben jener Herrschaft-Zärtlichkeit-Ambivalenz die brisante Paarung von »Tyrannei und Übermut« einerseits und »sklavische[m] Geist und Niederträchtigkeit« andererseits entgegen. Dabei sind dann nicht nur auch die Elemente »Eifersucht«, »Mutlosigkeit« und »Blässe« vertreten, sondern auch dynamische oder kontrapunktische Antriebspendants wie Selbsthass oder Todesmut. Wenn Franz den Tyrannen in sich hervorkehrt, gibt er gleichzeitig den Sklaven in sich zu erkennen, den er auf seine Untertanen projiziert, so wie sein Vater den Tyrannen zu erkennen gibt, wenn er zum Sklaven seiner Söhne wird:

> Meine Augbraun sollen über euch herhangen wie Gewitterwolken, mein herrischer Name schweben wie ein drohender Komet über diesen Gebirgen […]

Blässe der Armut und sklavischen Furcht sind meine Leibfarbe: in dieser Liverei will ich euch kleiden! (II, 2)

Ich habe darauf hingewiesen, dass in der ursprünglichen Produktionsfantasie Schillers die Schwäche des Vaters nicht notwendig ein ›objektives‹ Charaktermerkmal des alten Moor sei, sondern eine perspektivische Wahrnehmung der Söhne, die sich emporheben (oder emporarbeiten, auch emporintrigieren), indem sie sich *empören*. In dieser Dynamik ist der dialektische Umschlag vorprogrammiert, lauert sozusagen die Stärke in der Schwäche und umgekehrt. Die Figur des alten Moor repräsentiert daher nicht nur die Ursache der verhinderten Emanzipation und der psychischen Symptomatik der Söhne, sondern auch deren weitere Wirkung, so wie die Söhne wiederum Wirkung und Ursache gleichermaßen repräsentieren und damit die ›regenerationelle Transmission‹ illustrieren[28].

12.

Gefängnis der Freiheit
Raub als psychischer Regresszwang

Freiheit als Zwang, in einer Epochensituation des Nicht-mehr-unmündig-und-noch-nicht-mündig-Seins allein auf sich gestellt oder, wie Karl sagt, »mein Himmel und meine Hölle« zu sein (IV, 15): Unter der Voraussetzung solcher Aporie liegt in jeder Freiheitsoption die Gefahr des Scheiterns. Jede »Freiheit brütet Kolosse und Extremitäten aus« (I, 2), bedeutet Gefahr, wenn ihr, bedingt durch die Missachtung des individuellen Selbst, ein Selbstverlust vorausging. Für den Therapieweg aus der Unmündigkeit sind gerade in dieser Situation stabile Strukturen nötig, die die kranke Seele ›freiheitsfähig‹ machen.

Es gehört in der Tat zur Ironie dieses Stücks, dass die Freiheit des Räuberlebens einer Zwangslage entspricht, so wie auch Karls Seele von Zwängen regiert ist, denen er mit der Wahl der Räuberexistenz eine Form und damit ein gewisses Maß an ›Lebbarkeit‹ als Alternative zur Selbstzerstörung verleiht. Der Zwang gründet in der Dynamik der eigenen Seele. Diese macht die böhmischen Wälder zum Gefängnis und schafft mit der Notwendigkeit des Raubs – als tiefenpsychologische Antwort auf Deprivationen – eine Abhängigkeit von den Beraubten, mit denen sie freilich auf der Opferebene eine masochistische Komplizenschaft eingeht[29]. Die Selbststilisierung Karls zum Sozialrevolutionär in der Begegnung mit dem Gerichtskommissar (II, 16) hebt gerade diese Komponente hervor. Angesichts der vereitelten Um- und Rückkehr dreht er die Seiten freilich um und bezeichnet nun das Elternhaus als »Keficht« und das Räuberleben als »Freiheit« (I, 7), womit seine verzweifelte Lage erst recht deutlich wird. Diese Umkehrung erscheint wie eine vorweggenommene Illustration zu seiner späteren Mahnung an Kosinsky: »glaube mir, man kann das für Stärke des Geistes halten, was doch am Ende Verzweiflung ist« (III, 4).

Schiller kennzeichnet damit sein Zeitalter als eines, das mit der Ausrufung der Menschenrechte und den Optionen der Freiheit am Horizont ein Signal setzt, dem die Menschen gar nicht entsprechen können. Aus der fortwirkenden Geschichte der Unterdrückung im Feudalismus ist ein Sozialisationstyp hervorgegangen, dem zur Mündigkeit die psychischen Voraussetzungen für ein starkes Selbst fehlen. Dazu gehörte insbesondere eine Psychostruktur, die es ihm erlaubt, das Andere nicht als das Fremde erleben zu müssen, d. h. die Fehde gegen sich selbst nicht als Fehde gegen Anderes und Andere auszutragen. Ausgerechnet die Toleranz als der zentrale Wert der Aufklärung steht auf dem Spiel, wenn die Mündigkeit an der defizienten Verfassung der Persönlichkeit scheitert.

In Karl Moor erscheint damit ein Typus am Zeithorizont, der vorführt – die Analogie zu einem heutigen jugendlichen Gewalttätertypus sei hier einmal gewagt –, »wie man in zwei Stunden zum Täter wird« (vgl. Bergmann/Leggewie 1993)[30]. Sein Sadismus ist, das darf man angesichts der Heldenpose (nicht *trotz* dieser Pose) nicht vergessen, auch gegen Schwache oder gerade gegen Schwache gerichtet. Es sei deshalb an dieser Stelle auch erlaubt, an die sozial- und tiefenpsychologischen Analysen im Zusammenhang mit den vor allem in Deutschland heimischen Ausschreitungen gegen Andere zu erinnern. Ist Karl Moor, der »Mordbrenner und Mörder« (IV, 17), der selbsternannte »Würgengel« (IV, 16), der das »Horn des Aufruhrs« (I, 7) bläst und sich zum »Bevollmächtigten des Weltgerichts« (V, 6) aufwirft, ein Vorläufer der durch Terror auffällig gewordenen jungen Borderline-Patienten und Opfer einer »Defizienz des Vaterbildes« (Overbeck 2002, S. 52)?

Der alte Moor und seine Söhne verdeutlichen in der Tat das psychosoziale Faktum der Schwächung des Selbst über Generationen, ja vielleicht über Jahrhunderte hin. Der Vater der Moor-Söhne repräsentiert einen Despotentypus, wie er nur in einer Übergangszeit denkbar ist, die alte autoritäre Strukturen zu neuen Zwecken ummünzt. Gerade ein solcher Vater perpetuiert seine Abhängigkeit und wird zur aufklärungshinderlichen Reifehemmung seiner Söhne. Während Franz in der vollendeten Verkörperung des Negativen seinen Masochismus zum erfüllten Hass treibt, gelingt Karl diese Dynamik nicht durchweg. In ihm bewirkt die Sehnsucht nach einem elysischen »Himmel« (V, 6), immer wieder eine emotionale Erweichung und Regression. Der Vater präsentiert sich in seiner problematisch autoritären Gestalt einerseits als dringender *Anlass zur Aufklärung*, indem er solche Umstände veranschaulicht, wie sie zum Ideal der emanzipierten Mündigkeit als einer gedachten Stärkung des menschlichen Selbst in seiner Psychostruktur und der Menschen in ihrer Sozialstruktur geführt haben mochten. Andererseits aber steht er auch als das um seine Söhne verlängerte *Produkt der Aufklärung* da in dem Sinne, dass »uns die zivilisierten Klassen den noch widrigern Anblick der Schlaffheit und einer Depravation des Charakters [geben], die desto mehr empört, weil die Kultur selbst ihre Quelle ist« (SW V, S. 321). In ihm erscheint die Maske der herrschaftlichen Autorität nicht verändert, sondern umgedreht[31].

Schiller sieht in seiner *Ästhetischen Erziehung* klar, dass zwar »der Mensch aus seiner langen Indolenz und Selbsttäuschung aufgewacht« ist (SW V, S. 320), aber deshalb noch lange nicht fähig, die Geschäfte zum Wohl des Menschen in die Hand zu nehmen. Zunächst einmal, stellt er scharfsinnig fest, »muß die Selbständigkeit seines Charakters gesichert sein, und die Unterwürfigkeit unter fremde despotische Formen einer anständigen Freiheit Platz gemacht haben, ehe man die Mannigfaltigkeit in ihm der Einheit des Ideals unterwerfen darf« (SW V, S. 330). Er ist nicht mehr unfrei, aber auch noch nicht frei. In dieser Situation ist er besonders gefährdet, besonders verführbar. Das eben zeigen *Die Räuber*, die in den Chimären der Freiheit das Drama der Unfreiheit decouvrieren.

Zur wirklichen Aufklärung, zur Bedingung ihrer Möglichkeit gehört somit die Einsicht in Dynamik und Entwicklung der Psyche. Schillers Drama hat hier seinen Beitrag geleistet als »Schlüssel zu den geheimsten Zugängen der menschlichen Seele«. Es hat »uns eine mannigfaltige Szene menschlicher Leiden vor[geführt]«, damit »unsre Väter eigensinnigen Maximen entsagen, unsere Mütter vernünftiger lieben lernen«. Um »die ganze Aufklärung des Verstandes« (SW V, S. 86ff.) zu ermöglichen, muss die literarische Ästhetik eine Vorreiter- und Wegweiserrolle für die psychologischen Wissenschaften spielen, die von den Sozialwissenschaften sekundiert werden sollten. »Es sind nicht die Psychologen, sondern die Dichter, die der Zeit vorausgehen«, sagt Alice Miller (1983, S. 319)[32].

V.

Goethe 1772–1832:
Faust. Der Teufelskomplex

»Der ›Faust‹ ist doch etwas ganz Inkommensurables, und alle
Versuche, ihn dem Verstande näherzubringen, sind vergeblich.«
Goethe im Gespräch mit Eckermann am 3. Januar 1830 (HA 3, S. 455)

1.

»Speise die nicht sättigt«
Melancholiekult und melancholische Kultur

Goethes *Faust* ist ein Buch über die nachtschwarzen Seiten des abendländischen Kulturkreises, seine sozialen, religiösen und ökonomischen Experimente am Menschen, seine Friedlosigkeit, seine historischen Unmenschlichkeiten. Vor allem ist es ein Stück, das vom Unglück einer merkwürdigen Seelenkrankheit handelt und damit vom Unbewussten. Zu dieser Rätselkrankheit, »Melancholie« mit Namen, gehörte eine psychosomatische Symptomatik, die so schwer erträgliche (und noch schwerer erklärliche) Widersprüchlichkeiten einschloss wie Gefühle der Verlassenheit in Gesellschaft, des Mangels im Überfluss, der Gefühlsarmut in der Umarmung, des Stillstands in der äußersten Unruhe, der inneren Leere in der Fülle. Goethes Formel im *Faust* war damals und ist bis heute unübertroffen. Nicht zufällig ist sie in Frageform verfasst und an den ›Verneiner‹, den Teufel, gerichtet:

> Doch hast du Speise die nicht sättigt, hast
> Du rotes Gold, das ohne Rast,
> Quecksilber gleich, dir in der Hand zerrinnt,
> Ein Spiel, bei dem man nie gewinnt,
> Ein Mädchen, das an meiner Brust
> Mit Äugeln schon dem Nachbarn sich verbindet,
> Der Ehre schöne Götterlust,
> Die, wie ein Meteor, verschwindet.
> Zeig mir die Frucht die fault, eh man sie bricht,
> Und Bäume die sich täglich neu begrünen! (1675–87[1])

Ich werde später auf diese nur scheinbar ›dunkle‹, tatsächlich aber erhellende Formel zurückkommen. Goethe belieh das auf die Antike zurückgehende Melancholiekonzept nicht nur, um glaubwürdig zu historisieren und sein Faustdrama mit geschichtlichen Attributen authentisch auszustatten. Er nutzte es auch als Kontrast- und Vorführmaterial, um in der seelischen Auslotung der Gottes- bzw. Teufelsproblematik ein neues Paradigma sichtbar zu machen: den unbewussten Menschen. Nachdem um die Mitte des 18. Jahrhunderts das Interesse an der Erforschung psychischer Phänomene rasch gewachsen war, reihte er sich mit Friedrich Schiller und Carl Philipp Moritz unter die ersten, die der empirischen Forschung ein künstlerisches Versuchslabor zur Seite stellten. Menschliches Handeln und Verhalten in Extremlagen sollte in seiner Bedingtheit und Dynamik untersucht und gedeutet werden. »Die Region der Liebe, des Hasses, der Hoffnung, der Verzweiflung, und wie die Zustände und Leidenschaften der Seele heißen, ist dem Dichter angeboren, und ihre Darstellung gelingt ihm«, sagt er zu Eckermann am 6. Mai 1827 selbstbewusst. Mit der für ihn typischen Gabe des introspektiven Beobachters und dem Talent zur künstlerischen Synthese verschmolz er das symptomologische Repertoire der historischen Melancholiediagnostik mit zeitgenössischem Anthropologiewissen und einem gerüttelten Maß an psychologischer Intuition. Daraus schuf er ein Modell des menschlichen Bewusstseins in seiner Zeit, das seit seiner Entstehung Gemüter und Geister beschäftigt, wie die auf über zehntausend Titel angewachsene Forschungsliteratur zum *Faust* beweist.

Das Stück, das »gerade dreitausend Jahre spielt« (HA 3, S. 438), zeigt den »homo melancholicus« (Ingen 1976) als bindungslosen und beziehungsgestörten Menschen mit den Anzeichen einer sozial unverträglichen Persönlichkeitspathologie. Weit jenseits der bekannten topologischen Klischees und fern aller Simplifikationen wird hierbei ein Panoptikum, ja ein Pandämonium der Psyche *in actu* sichtbar, in dem sich gleichzeitig eine umfassende Kulturpathologie abzeichnet. Das Melancholiesyndrom wird in Symptomatik und Ätiologie nun sehr viel präziser als Bewusstseinskrankheit fassbar als noch in Robert Burtons *The Anatomy of Melancholy* von 1621. Wie im *Werther*, dessen Entstehung im Jahre 1774 den Anfängen der Faustdichtung nachfolgt[2], schrieb Goethe eine »historiam morbi« (Lavater 1781, S. 127f.), indem er auch hier eine »Krankheit zum Todte« zur Darstellung brachte (Goethe 2001, S. 61)[3]. Auch im *Faust* hob er also das suizidale Potential hervor, das dem paradoxen Ineinander von Selbstliebe und Selbsthass innewohnt. War deshalb dieses Opus von über 60 Jahren – nach einem Fragmentdruck von 1790 erschienen *Der Tragödie Erster Teil* 1808 und *Der Tragödie Zweiter Teil* 1832, wenige Monate nach Goethes Tod – immer wieder zum Abbruch oder gar Untergang bestimmt, so dass es einen Schiller auf den Plan rief, der unbeirrt seine Vollendung anmahnte und sich als sein *spiritus rector* verdient machte?

Goethe wusste jedenfalls aus eigener Erfahrung, wovon er sprach, und er ließ keinen Zweifel an der persönlichen Brisanz der Materie. Am 3. Dezember 1812 schrieb er in einem Brief an Zelter: »Ich weiß recht gut, was es mich für

Entschlüsse und Anstrengungen kostete, damals den Wellen des Todes zu entkommen, so wie ich mich aus manchem spätern Schiffbruch auch mühsam rettete und mühselig erholte.« (HA 6, S. 539) Der Notanker war der kreative Prozess, das therapeutische Schreiben, das sich an einem künstlerischen Objekt kristallisierte. In *Dichtung und Wahrheit* nennt er das psychologisierende Bespiegeln zwar im Hinblick auf den früh erkrankten Jakob Michael Reinhold Lenz »Selbstquälerei«. Halb verächtlich spricht er vom »Abarbeiten in der Selbstbeobachtung«, wozu »die aufwachende empirische Psychologie [berechtigte]«. (HA 10, S. 7) Doch macht er dadurch nur deutlich, dass er sie selbst einst nötig hatte, diese »Selbstquälerei«, um letztendlich so sprechen zu können, als hätte es sie nie gegeben. Hätte er gewusst, dass jene »abgeworfene[n] Schlangenhäute«, an die er sich im Gespräch mit Riemer am 23. Juni 1809 erinnert, ihm in ganz ähnlicher Textur noch einmal nachwachsen würden!

Doch warum eignet sich gerade die Faustfigur für die paradigmatische Gestaltung von Bewusstseinskonflikten, für die es der (individuellen, kollektiven) Therapie bedarf? Faust ist für Goethe keine ferne Legendengestalt, sondern der moderne Mensch par excellence, der Zweifler und Forscherpionier mit genialischer Schöpferattitude, der auf das Hinausschieben der wissenschaftlich-technischen ›frontier‹, auf die Entzauberung eines Universums drängt, das mit seinen musizierenden Sphären aus den geistigen Augen der Metaphysik vor die Fernrohre der Astrophysik geraten ist.

Dazu kommt noch etwas, dem wir allein an der Abschwächung der Hybris-Thematik die psychologische Werkkonzeption bereits anmerken. Im zweiten Entwurf zu einer Ankündigung der *Helena* schreibt er gegen Ende 1826:

> Fausts Charakter [...] stellt einen Mann dar, welcher in den allgemeinen Erdeschranken sich ungeduldig und unbehaglich fühlend den Besitz des höchsten Wissens, den Genuß der schönsten Güter für unzulänglich achtet, seine Sehnsucht auch nur im mindesten zu befriedigen, einen Geist, welcher deshalb nach allen Seiten hin sich wendend immer unglücklicher zurückkehrt.
> Diese Gesinnung ist der modernen so analog, daß mehrere gute Köpfe die Lösung einer solchen Aufgabe zu unternehmen sich gedrängt fanden. (HA 3, S. 440)

Fausts Dilemma, wie Goethe es schließlich gestaltet, ist nun nicht nur, dass er einerseits »vom Wissensdrang geheilt ist« (1768) und genug davon hat, nur Denkmaschine zu sein mit allen Anzeichen einer ›déformation professionelle‹, dass ihm aber andererseits der Wissensfortschritt nicht schnell genug geht und also nicht das Wissen an sich, sondern das alte Traditions- und noch immer vor-empirische Spekulationswissen seiner Zeit, die scholastische ›Aristotelitis‹, zu schaffen macht. Die Konzeption des Dramas und der Figur kristallisiert sich darüber hinaus an psychologischen Phänomene wie dem »übereilte[n] Streben« (1858) oder dem »unerklärte[n] Schmerz« (412), der von Gefühlskälte und depressivem Lebensüberdruss begleitet ist: Symptomen, die mit den Mitteln der mittelalterlichen und humanistischen Melancholiediagnostik als ›taedium vitae‹ (Lebensüberdruss), ›atra cura‹ (grüblerische Sorge) oder ›desperatio‹ (Verzweiflung am Glauben) zwar benannt und humoraltheoretisch hergeleitet, aber nicht individualpsychologisch erklärt werden konnten. Offensichtlich reicht Goethe »das bereits im Humanismus topisch fixierte Beziehungsgeflecht zwischen wissenschaftlicher Tätigkeit und pathologisch ausartender Melancholie« (Valk 2002, S. 297), das Faust durch seine Klage über die ungesunde Arbeitsfron und unnatürliche Lebensferne unterstreicht, zur Profilierung seiner Titelfigur und ihres suizidalen Symptomkomplexes nicht aus.

Eine Reihe von Anhaltspunkten in diesem Werk vermitteln den Eindruck, dass hier Symptome einer grundlegenden menschlichen Substanzverletzung gestaltet sind, wie sie etwa in Erik H. Eriksons (1981, S. 97) Formulierung auf eine Erschütterung des »Urvertrauens«, im Balint'schen (1957/58) Bindungsmodell auf eine »Grundstörung« oder im Kohut'schen (1976, S. 130) Modell auf eine narzisstische Deprivation zurückgeführt werden. Indem so das Psychodrama eines Selbstverlusts und damit das Feld der Objektbeziehungsproblematik ins zentrale Blickfeld gerät, gewinnt zugleich der umgebende Kulturraum und damit das sozialpsychologische Milieu der Zeit an ätiologischer Relevanz.

Das ›Zeug‹ zu einem ›Bewusstseinsdrama‹ hat der historische Faust-Stoff auch dadurch, dass er Archetypen bereitstellt, die es Goethe erlauben, dem Spaltungs- und Objektbeziehungsdilemma kollektive Bedeutung und kulturgeschichtliche Tiefe zu geben. Ohne den Faustkonflikt auf eine ›neurotische‹ Psychopathologie reduzieren zu wollen, möchte ich hier C.G. Jung zitieren, der den Zusammenhang zwischen Pathologie und Gesellschaft durch solche »Archetypen« vermittelt sieht: »Da Neurosen in den meisten Fällen nicht nur Privatangelegenheiten sind, sondern *soziale* Erscheinungen, müssen wir auch das Vorhandenensein von Archetypen in den meisten Fällen annehmen« (Jung, 2003, S. 50).

Umschlagphänomene, wie Goethe sie in seiner Faustfigur erleben lässt, ja wie das *Faust*-Drama selbst eines ist, erscheinen so aus erheblich tieferen Quellen gespeist, als das traditionelle Melancholiemodell sie auszuloten vermag.

Erich Trunz bemerkte im Nachwort der Hamburger Ausgabe zum Faust-Stoff, wie der junge Goethe ihn auf Empfehlung Lessings vorgefunden hatte: »zu meistern war er nur als Seelenbild des Suchenden, und solche psychologische Dichtung schuf erst Goethe und seine Zeit« (HA 3, S. 464). Damit war für die Lösung der hermeneutischen Aufgaben bereits eine gewisse psychologische Fachkompetenz eingefordert. Noch in den neueren, topologisch wie psychologisch angesetzten Untersuchungen von Jochen Schmidt (1997, 2001) und Thorsten Valk (2002), mögen diese das historische Melancholiekonzept aus methodischen Gründen auch nicht überschreiten wollen, zeigt sich dann erneut, dass Impuls- und Handlungsdynamik der Tragödie ohne ein geeignetes tiefenpsychologisches Bezugsmodell nicht erschöpfend gewürdigt werden können. Gleichwohl wurde in diesen und einigen anderen Untersuchungen – ich nehme die launige Glosse von Christoph Müller (1989) nicht aus – der Goethe'sche Pathologiebegriff endlich ernst genommen[4].

Schmidt (1997, S. 136) deutet mit seinem Befund eines »Leidens am Dasein überhaupt« und eines »spezifisch modernen unglücklichen Bewusstseins« (S. 220) eine Übersteigung der reinen Melancholieproblematik in Richtung auf einen Pathologiebefund indes schon an. Insbesondere im Hinblick auf die mit dem Faust-Mephisto-Verhältnis gegebene Spaltungsproblematik hält er eine neue »Lektüre« für angesagt und resümiert: »Macht man mit einer solchen Lektüre von Goethes *Faust* ernst, dann gewinnt sie einen eher unheimlichen Charakter.« (Schmidt 2001, S. 174)

Dieses Unheimliche hatte offenbar bereits Goethe empfunden, als er Schiller am 5. Juli 1797 von seinen »nordischen Phantomen« (i.e. dem Faustprojekt) schrieb (HA 3, S. 428)[5] und im Übrigen keinen Hehl daraus machte, dass es sich bei Faust und Mephisto um Zerlegungs- oder Abspaltungsaspekte seiner eigenen Person handelte. Das eher stumpfe Instrument der Melancholiediagnostik musste jetzt um ästhetische Mittel ergänzt werden, die die Sphäre des Unbewussten von der des Bewussten abhoben und zugleich die dynamische Verbindung zwischen beiden sichtbar machten. So entstand schließlich die Doppelfigur Faust-Mephisto nicht als simples Janusgebilde, sondern als organische Einheit mit durchaus wechselnden Gesichtern, die aufeinander reagieren. Mephisto repräsentiert nicht nur die dunkle Triebsphäre, und Faust ist nicht nur der leuchtende Rationalist. Gerade die Durchmischung der Anteile und Zustände bestimmt das Wechselverhältnis und macht das dynamische Bewusstseinsmodell dramaturgisch ergiebig. Nicht einmal die Verteilung von Licht und Schatten (Mephisto spricht von »Finsternis«) lässt die Grenze zwischen Bewusstem und Unbewusstem oder, wie Goethe auch sagt, »Bewußtsein und Bewußtlosigkeit«[6] deutlich hervortreten. Die Erkenntnisleistung dieser polaren Doppelkonstruktion wird durch die Fähigkeit der Einzelfigur zu schillernder Inkonsequenz, ja zum offenen Widerspruch deutlich vermehrt. Insbesondere arbeitet Goethe hier die alte Frage ab: »Und ist das böse nicht gut und das gute nicht bös?«, die er im Juni 1774 an Sophie von La Roche stellte. Das Gute scheint jederzeit von einem unbewusst lauernden Bösen widerrufbar, ja außer Kraft setzbar zu sein, d. h. es hört angesichts der Bewusstseinsambivalenzen auf, sich als ethische Kategorie von selbst zu verstehen. Jenseits dieser subjektiven Ambivalenzen kommt es auch zu einem Konflikt der Definitionskriterien: Was ist das Gute überhaupt? Ist es das Nützliche? das Pragmatische? Kann das Unnütze gut sein, das Nützliche böse? Auch die von Herders Anthropologie inspirierte Diskussion der menschlichen »Doppelnatur« spielt hier mit hinein. Wenn der Mensch halb Tier, halb Gott ist: Worauf ist dann das Böse zurückzuführen? Kann die elementare Natur, kann das Göttliche böse sein?

Zur Deutung des Goethe'schen *Faust*-Dramas darf das psychologische Deutungsinstrument daher nicht stumpfer als das philologische sein, umso weniger, als seine Rezeptionsgeschichte auch eine Geschichte der Tabuisierung ist und bereits fixe Verstehensgewohnheiten entstanden sind, die neben der kulturellen Befangenheit einer Objektivierung im Wege stehen. Lange hat die Faustforschung z. B. typisch ›melancholische‹ Gefühlsparadoxien, wie sie sich etwa in »verliebtem Haß, erquickendem Verdruß« (1767) niederschlagen, auf psychologisch simplifizierte oder außerpsychologische Ursachen zurückgeführt, da das Werk scheinbar in ideengeschichtlichen Konflikten aufgehe oder nicht weiter hinterfragbare anthropologische Konstanten veranschauliche. Indes kann immer nur eine pathogene Ursache ein menschliches Verhaltsextrem plausibel machen. Nur ein tiefgreifender Mangel an ›Sattheit‹ erklärt die »Unersättlichkeit« (1863), nur eine dauerhafte Erniedrigung bedingt den wirklichen Größenwahn, nur ein traumatischer Objektverlust kann die Unfähigkeit zur Beziehung erklären. Die Krankheit Fausts wurzelt in einer kranken Seele, deren Unbewusstes nicht anders als in luziferischem Licht (das ist die Dunkelheit!) erscheinen darf. Aus den Verschmelzungen von Liebe und Hass, Lebenshunger und -überdruss, Unrast und Lethargie geht ein paradox konglomerierter Seins- und Gemütszustand hervor, der sich in einer Person allein nicht leben lässt. Faust, so wird zu zeigen sein, ist ein neuzeitlicher Narzisst, zu dessen widerspruchsvoller Symptomatik es gehört, dass er auf selbstzerstörerische Weise antinarzisstisch ist.

2.

»Nordische Phantome«
Das Unbehagen an der Zivilisation

»Habe nun, ach« – mit einem Stoßseufzer auf dem Gipfel einer Gelehrten-
karriere beginnt die *Faust*-Tragödie. Der Doktor der Medizin und Magister
der Jurisprudenz, Philosophie »und leider auch Theologie« (356), hat das
mittelalterliche Gelehrtenwissen universal ausgeschöpft und kommt zu dem
Schluss, »dass wir nichts wissen können« (364). Statt im »dumpfen Mauerloch«
(399) inmitten von »Urväter Hausrat« (408) zu sitzen und weiter »in Worten
[zu] kramen« (385), will er »hinaus ins weite Land« (418) und »mit Geistern
schweben« (394). Er glaubt durch magische Beschwörung dem Kosmos
»manch Geheimnis« (379) zu entlocken, um schließlich alles über Mechanik
und Mächte des Universums zu *er*fahren und »Ehr und Herrlichkeit der
Welt« zu erwerben (375).

Eine solche Problematik, wie sie im *Urfaust* angelegt ist, scheint für ein
Werk des Sturm und Drang und damit der Generation der Reformaufklärer
und Rousseauisten nicht überraschend. Nach dem Verständnis schon der
vorchristlichen Antike bedeutet der Griff nach den Sternen Einmischung in
die göttliche Allmachtssphäre. Der menschenfreundliche Titan Prometheus
wird für seine Eigenmächtigkeit – er bringt gegen Zeus' Willen den Menschen das Feuer – an die Felsen des Kaukasus geschmiedet, wo ein Adler
seine stets nachwachsende Leber frisst. In der judaischen Tradition kommt
der Griff nach den Früchten am Baum der Erkenntnis der Einlassung mit
dem Teufel gleich und bewirkt die Vertreibung aus dem Paradies. Zur kurz-
fristigen Beförderung seiner Wünsche muss Faust seine Seele dem Teufel
vermachen, wodurch ihm, »wenn wir uns drüben wiederfinden« (1658), die
Strafe ewiger Höllenpein gewiss ist. So will es die Überlieferung, wie sie im
Volksbuch von 1587 erstmals kompiliert und literarisch fixiert wurde.

Goethe, dem der Stoff vermutlich über eine spätere Volksbuchausgabe
von 1725, ganz sicher aber durch »die bedeutende Puppenspielfabel« (HA 9,
S. 413) Marlowe'scher Provenienz schon früh vertraut war, setzte indessen
ganz andere Akzente. »Nach dem in der christlichen Tradition derart fest
etablierten, aber nun psychologisch säkularisierten Muster verfällt [...] Faust

in dem Moment dem Teufel, indem er mit seiner Fluchrede das Stadium nihilistischer Verzweiflung und damit den äußersten Grad der Melancholie erreicht hat.« (Schmidt 1997, S. 138) Während der Alchimist und Scharlatan noch in der humanistischen Tradition (und Ehe von Moral und Theologie) für seine Hybris im Jenseits mit dem Seelenheil bezahlen musste, zahlt er bei Goethe im Diesseits mit melancholischen Höllenqualen. Am Ende wird ihm eine pompös-opernhafte Begnadigung gewährt, indem sein »Unsterbliches« dem homoerotisch bezirzten Teufel abgelistet und zum Himmel getragen wird. Zu mythologischen Kapriolen dieser Art gehört, dass es nun das »Ewig-Weibliche« (12110) in archetypischer Prägung ist, das die Seele des Hundertjährigen zu den Theatersofitten »hinan[zieht]« (12110f.). Eine solche Schlussapotheose mochte für prüde Ohren verfänglich sein; theologisch war die marianische Variante der *unio mystica* offenbar kein Problem. Seit den Puttenorgien des Barock war der »Liebesspuk« (11814) im Himmel nichts Anstößiges mehr.

Das letzte Wort hatte somit das Weibliche. Nicht nur bei Goethe und seinen Zeitgenossen präsentiert es sich in zahllosen bunten Utopievarianten. Auch darin schon wird klar, dass hinter Fausts Überdruss mehr als die vom »Wissensqualm« (396) verursachten melancholischen und sonstigen Beschwerden stehen, mehr auch als der Wille zur Macht, der Wunsch nach ewiger Jugend und Übermenschlichkeit. Faust ist nicht umsonst das Gegenteil von *faustus* = glücklich. Der sprechende Name wird hier also *nicht* zum Omen, der nominale Schein widerspricht der Wirklichkeit. Bereits in dieser der Identität eingeschriebenen Solldifferenz drückt sich die Tragik der Faust-Figur aus. Der Name lenkt die Aufmerksamkeit auf die Gemütsdimension im Allgemeinen und die heile Gemütsverfassung als Merkmal des gesunden Menschen im Besonderen. In der Tragik seiner Widersprüche exemplifiziert Faust einen gerade nicht-heilen Seelenzustand.

Die ›Vorgeschichte‹ dieses Leidens bleibt uns unbekannt bis auf das Wenige, das Faust über sich selbst erzählt. Wir erfahren dort von einem jungen Arzt, der als Assistent seines scharlatanischen Vaters, offenbar unbekümmert um die Ansteckungsgefahr – ein erster Hinweis auf einen Immunitätswahn? –, seuchenkranke Patienten behandelte. »An Hoffnung reich, im Glauben fest« (1026), betete er zu Gott um »das Ende jener Pest« (1027). Da weitere Hintergründe ausgespart sind, bleiben wir auf den kulturellen Kontext angewiesen, den wir in Goethes Zeit zu suchen haben. Dort stießen wir auf das Werther-Phänomen als »Krankheit zum Todte«: Ausdruck eines unersättlichen Objektverlangens, das eine dramatische Entbehrung indiziert. Der Rousseau'sche Zivilisationsüberdruss mit seiner modischen Sehnsucht nach Natürlichkeit und Natursein, dem auch Goethe ein Leben lang, wenn auch mit gewissen Vorbehalten, zuneigte, belegt darüber hinaus das allgemeine Unbehagen an einer Zivilisationsdynamik, die auf die Denaturierung des Menschen hinauszulaufen schien. Das melancholische Leiden an der Individuation, das ein Leiden an der (totalisierten) Intellektualität einschließt, war ein für die idealistische Periode typisches Zeitphänomen. Der Eindruck, das Individuum stehe als Ergebnis einer zwangsläufigen kulturgeschichtlichen Entwicklung isoliert im Naturganzen, brachte zu seiner eigenen Bestätigung eine ganze Geschichtsphilosophie hervor, welche zusätzlich zur kulturgeschichtlichen Krankheitsanamnese eine in die Zukunft weisende idealistische Lösungsutopie entwickelte.

Die Forderung nach einer Mutterkultur, wie sie im Gefolge Rousseaus von den Philanthropen Campe und Basedow gefordert wurde – Johann Heinrich Campe kannte Goethe aus seiner Straßburger Zeit, Johann Bernhard Basedow lernte er 1774 in Frankfurt kennen –, war keine zufällige Erscheinung, sondern spiegelte ein kollektives Bedürfnis wieder, das auf die patriarchalisch dominierte bürgerliche Kleinfamilie jener Zeit antwortete. Der Philosoph John Locke (1632–1704) hatte die kindliche Seele zur »tabula rasa« erklärt. Die aufgeklärten Väter solcher Söhne wie Johann Wolfgang verwechselten ihre Kinder mit unbeschriebenen Blättern, die durch Erziehung enzyklopädisch zu füllen seien. Eine Art Lernmaschine war hier vorausgesetzt, welche auf eine bestimmte Eingabe einen berechenbaren ›output‹ produziere. Schiller schrieb gegen dieses reduktionistische Menschenbild und den materialistischen Missbrauch des kreativen Geistes seine Schrift *Über die ästhetische Erziehung des Menschen* (1795).

Die Machbarkeit des auf die Bedürfnisse des merkantilistischen Zeitalters hin programmierten Menschen schien längst keine Utopie mehr, sondern ein Erziehungsziel, zu dem man durch geeignete Schulung (und Beschulung) des jungen Intellekts gelangen könne. Goethes »Homunculus« ist eine demonstrative Warnung vor dem Machbaren: kein Roboter, sondern ein kleiner Kunstmensch, ein »chemisch Menschlein« (HA 3, S. 442) – das perfekte Kind! Als Mephistopheles seiner Entstehung in Wagners Labor beiwohnt, spricht er von »kristallisierte[m] Menschenvolk« (6864). Hinter dem aus der Natur bekannten Vorgang der Kristallisation lässt er damit die faktische Künstlichkeit der neuen Existenz zurücktreten (und nebenbei bereits an den fließenden Übergang zwischen anorganischer und organischer Chemie denken).

Dass die »Maschinisierung der Welt, und dadurch unsere Mit-maschinisierung«, wie Günther Anders (1964, S. 61) dann das spätere Ergebnis dieses

Prozesses nennen wird, Leiden verursacht und Ungeheuer hervorbringt, war die Botschaft der ›Gegenaufklärung‹ im Dienst der Aufklärung. Johann Georg Hamann, der ›Magus im Norden‹, bezeichnete das rationalistische Ideal der Vernunft als »transzendentalen Aberglauben« und brachte nicht zufällig dabei die »Gesundheit« des Menschen ins Spiel, der hier geschadet werde:

> Die Gesundheit der Vernunft ist der wohlfeilste, eigenmächtigste und unverschämteste Selbstruhm, durch den alles zum voraus gesetzt wird, was eben zu beweisen war, und wodurch alle freye Untersuchung der Wahrheit gewaltthätiger als durch die Unfehlbarkeit der römisch-katholischen Kirche ausgeschloßen wird. (zit. n. Gaier 1989, S. 272)

Unter anderem übernahmen die nach Friedrich Maximilian Klingers Drama *Sturm und Drang* (1776) benannten Rebellen der Geniezeit wie Wagner, Lenz, Klinger zusammen mit dem jungen Schiller und natürlich Goethe (neben Herder und Kant) die Aufklärung der Aufklärung und setzten zum Bildersturm gegen die seelenarmen Menschen- und Staatsideale ihrer Väter an. So unauslöschlich diese bereits auf ihren eigenen Jugendaltären eingemeißelt waren, so sehr waren ihre Majestätsbeleidigungen Befreiungshiebe, die die Kraft zur Selbstverstümmelung hatten. Der labile »Werther«, wie Goethe ihn sich von der Seele schrieb, war der Krise, die ihn schutzlos mit sich selbst als einer im Mangel erniedrigten Seele konfrontierte, nicht gewachsen.

Was für diese Fiktion galt, traf nicht selten auch in der Wirklichkeit zu. Unter den realen Stürmern und Drängern erreichte neben Goethe nur noch Klinger ein hohes Alter. Immer wieder schien in der Bilanz der Nutzlosigkeit und Nichtigkeit des eigenen Werts der frühe Tod die zu zahlende Rechnung zu sein. Auch der Krieg bot sich als Ausweg an: »Ich wollte in Krieg!« sagt Werther wie später auch Eduard in den *Wahlverwandtschaften*. Wild, eine Figur in Klingers erwähntem Drama, ruft begeistert aus: »die einzige Glückseligkeit die ich kenne, im Krieg zu seyn!«. (I, 1)

3.

Utopie der Negation
Die Bejahung der Verneinung

Woher kommt dieser schwärmerische Mystizismus des Untergangs, der sich als Heroismus begreifen kann? Wie entsteht er? Die Selbstächtung bis in den Tod hinein schafft sich aus starken Verschmelzungswünschen heraus eine regressive Utopie des Nichtseins, in deren unbedingtem Bindungsverlangen zugleich das resignierte Eingeständnis seiner Unerfüllbarkeit enthalten ist. Die masochistische Todessehnsucht ist die stärkste Antriebskraft auch hinter Fausts Aktionen, die ihn an den Rand des Selbstmords führt. Der suizidale Impuls begegnet nicht nur in den tatsächlichen Vorkehrungen zum Freitod, sondern z.B. auch in Ausrufen wie »O wär ich nie geboren!« (4596). Es ist gerade dieser Satz am Ende des ersten Teils, der das Kernsymptom der zugrunde liegenden Psychodynamik und den letalen ›Fluchtpunkt‹ des Faustdramas markiert.

Fausts Kapitulation angesichts der Einsicht, »dass wir nichts wissen können« (364), gewöhnlich als der initiale Aufhänger für den Konflikt mit dem erzrationalistischen Pragmatismus der bürgerlichen ›mainstream‹-Aufklärung begriffen, ist ebenso wenig der wirkliche Angelpunkt des Stücks wie das angebliche ›Faustische‹ Scheitern an den menschlichen Grenzen. Der eigentliche Konflikt tritt dort zu Tage, wo am Beispiel des Wertguts ›Wissen‹ eine Absage an Bindungssurrogate erteilt wird, wie sie das bürgerliche Lager im ideengeschichtlichen Repertoire des 18. Jahrhunderts offeriert. Es geht dann um einen ›Aufklärungskonflikt‹, vor allem insofern, als Lebenssubstitute moniert werden, die als sublimatorische Leistungen öffentlich anerkannt sind (die Wagner-Figur steht dafür), dem Subjekt aber als ungenügender Objektersatz dienen.

Eine solche Konstellation bringt nicht nur eine starke Emotionalisierung mit sich, sondern erzeugt eine Negativbilanz, die mit maßlosen emotionalen Rückforderungen einhergeht. Es sind diese Regressbedingungen, die beide Seiten überfordern: die Vertreter des (Descarte'schen, Leibniz'schen) Aufklärungsmodells sowohl als auch die Fordernden selbst (wie der junge Goethe, wie sein Faust). Die Formel: wo nicht *alles* zu gewinnen ist, muss *nichts* sein, setzt eine Dynamik der Destruktion in Gang, die in die Zerstörung des Selbst (als das nie Genügende) führt und das Nichts lustvoll mit dem Alles assoziiert. Goethe drückt das an anderer Stelle in der Zeile aus: »sich aufzugeben ist Genuß«[7].

Erst die überschwängliche Bejahung des Utopischen zeigt das Ausmaß der Verneinung des Realen, zu der es einer »in ihrer Unbedingtheit als zerstörerisch begriffenen Innerlichkeit« (Schmidt 1997, S. 136) als monomanischer Selbstbezogenheit bedarf. Wenn sich das Ja und das Nein zu einem ebenso rebellischen wie zynischen *Ja zum Nein* zusammenschließen wie dann im Teufelspakt des *Faust*, wird die Utopie selbst zur Negation und die Negation wird zur Utopie: ein Gefahrenbündnis, wie es brisanter kaum geht. Diese berauschende Giftmischung – man denke an Fausts »einzige Phiole [...] Inbegriff der holden Schlummersäfte« (690ff.) – führt über die Verrückung der Wirklichkeitsgrenzen in die Derealisation. Der daraus mündende Nihilismus erhält den Rang einer neuen Metaphysik, die, wie *Der Tragödie Zweiter Teil* dann zeigt, sich ideologisch fast beliebig funktionalisieren lässt.

Es versteht sich, dass mit der absurden Utopisierung des *nihil* jedes Moralsystem und damit auch der Wert jeglicher Kulturleistung außer Kraft gesetzt ist. Der Krieg gegen das »System« wie gegen jeglichen Wert überhaupt kann beginnen. Die Programmatik hierzu steckt in der berühmten ›Fluchtlitanei‹ (1587–1606), auf die ich noch zu sprechen kommen werde. Sie ist tatsächlich nichts anderes als eine globale Kriegserklärung. Durch die moralische Gleichschaltung von Gut und Böse können nun Tötungsverbot und -hemmung wegrationalisiert werden und der sadistische Impuls zur Abwehr der Selbstzerstörung ungehemmt durchschlagen. In der zynischen Nivellierung der Werte im Akt der narzisstischen Negation geschieht, sozusagen als Folge des Diebstahls vom Baum der Erkenntnis, die menschliche Verteufelung, die ja bekanntlich das *Wissen* um die Verteufelung voraussetzt. Zu ihr verführt Mephistopheles, wie der Lügengeist seit Pfitzers Volksbuchausgabe von 1674 heißt (davor Mephostophiles), den Studenten durch die höhnische Stammbucheintragung: »Eritis sicut Deus, scientes bonum et malum.« (2048)

André Green (2003, S. 279f.) bezeichnet diesen Zustand der megalomanen »Gottähnlichkeit« (2049) als masochistische »Apotheose«. Tatsächlich könnte man nicht nur von einem selbstzerstörerischen Höhenflug sprechen, dem der Absturz auf dem Fuß folgt (das wäre die konventionelle Hybris-Figur), sondern von einem Absturz, der sich euphorisch als Höhenflug erlebt: »Je tiefer der Fall, desto größer der Sieg. Bei dem Spiel ›wer verliert, hat gewonnen‹ ist es leicht unbesiegbar zu sein.« Hier ist die Logik von dem

»Spiel, bei dem man nie gewinnt« (1681) unmittelbar einsichtig. Der ›gefallene Engel‹ schwingt sich umso höher auf, je tiefer er fällt.

Wenn man die melancholische Sehnsucht nach der Entgrenzung, wie wir sie auch bei anderen jungen Reformaufklärern und bald darauf den Romantikern wie Caspar David Friedrich oder Joseph von Eichendorff mit ihren pantheistischen Naturidealen und raunenden »Grund«-Mystifizierungen beobachten, als Nachzüglerphänomen der barocken Jenseitsorientierung erklärt oder sogar (wie im Deutschen Idealismus) mit der Mystik Meister Eckharts in Zusammenhang bringt[8], setzt man einen gemeinsamen psychischen Antrieb hinter diesen Ideenkonstruktionen voraus. Schließt man die Annahme eines regelrechten »Todestriebs« aus, so kann Todessehnsucht, ob barockkatholisch oder naturphilosophisch gefärbt, m. E. nur verstanden werden, wenn man die autoaggressive Verneinung, die in beiderlei Eskapismen steckt, als Teilsymptom einer narzisstischen Psychopathologie deutet. Der Drang, sich im Ganzen aufzulösen, entspringt dem Wunsch, sich für eine emotionale Verlustrechnung zu belohnen und gleichzeitig zu bestrafen, die in negativer Selbstwertbilanz gründet. Zum Syndrom gehört der neurotische Impuls, sich ›grenzenlos‹ aufzublähen und andere zur Bestätigung dieser Scheingröße zu funktionalisieren und zu fiktionalisieren.

Ohnmachtsgefühle und Allmachtswahn bedingen einander wechselseitig und indizieren einen »Gotteskomplex« (Richter 1979), der sich in seiner zynischen Variante als ›Teufelskomplex‹ darstellt. Das Muster für diese Dialektik findet sich übrigens ebenfalls im alttestamentarischen Paradiesmythos, der ja ein phylo- wie ontogenetisch deutbarer Verlustmythos ist. Dessen bizarre Gegensatzmotivik von wachsen und schwinden, vermehren und vermindern, verweilen und vergehen ist in der Dynamik des *Faust* angelegt.

Man muss sich vor Augen halten: Fausts Vorstellungen wie die von »neuen Ufern« (701), vom Qualitätssprung in ein höheres Natursein oder die dumpfe Daseinsfülle der Monade sind letztlich nichts anderes als Bindungsfantasien, in denen der Tod zum harmlosen »Durchgang« (716) in eine neue, glorifizierte Dyade heruntergespielt wird. Ähnlich erscheint in allen *dance-macabre*-Fantasien ›der Tod‹ in einer sarkastischen Partnerkonstellation wie z. B. in den Darstellungen zum Thema ›Der Tod und das Mädchen‹. Die »Gefahr, ins Nichts dahin zu fließen« (719), wird nicht eigentlich begriffen, dafür aber in ihrer masochistischen Spitze ausgekostet. Weil diese Bewusstseinsdynamik von höchster Vulnerabilität generiert ist, weist sie jegliche Vulnerabilität von sich. Das geht bis hin zum Unsterblichkeitswahn, der ja ein Bestandteil auch der Heroismusproblematik ist: »Die Individuen, die Suizid begehen, sind im Grunde von Grandiositätsideen durchdrungen, was schon aus der Tatsache zu erkennen ist, dass sie selbst bestimmen wollen, wann der Tod [...] eintreten soll« (Battegay 1991, S. 211).

So sehr jeder Selbstmord naturgemäß eine Selbstbeziehungshandlung ist, so sehr drückt sich darin häufig der Wunsch nach einem erlösenden Objekt aus. Die größte Selbst-Verlassenheit, die ihn auslöst, ist der Zustand der größten Entfernung *von* der Dyade, der wiederum der Zustand der größten Sehnsuchtsspannung und damit der größten emotionalen Nähe *zur* Dyade ist. Indem allein schon das *Ende* dieses Zustands erstrebenswert erscheint, wird dieses Ende mit einem neuen *Anfang* identifiziert, der utopisches Valeur weniger durch die Abwesenheit von Leiden als durch die illusionäre Nähe zum ermangelten Objekt erhält.

In all den Verzweiflungsrufen und -gebärden dieses Dramas ist so ungeachtet aller Hoffnungslosigkeit (die zur Selbstinszenierung dazugehört) das Verlangen nach Bindung und der diffuse Appell an eine magisch-religiöse Instanz um Erlösung enthalten. Dass der erste Teil des *Faust* über weite Strecken ein im Kern *monologisches* Theaterstück ist, unterstreicht den aporetischen Charakter des allgegenwärtigen Bindungswunsches. Kein anderes künstlerisches Medium als das Drama macht es möglich, die in einer Selbstbeziehung waltenden Monologstrukturen in ihrer *dialogischen* Intention offen zu legen und umgekehrt die dialogischen Strukturen der Selbstinszenierung als faktisch monologische zu entlarven.

4.

Sehnsucht nach sich selbst
Alles, Eins und Nichts

Sieht man sich die Utopie- und Heilungsmetaphorik jener Zeit an, so findet man sie durchsetzt von Elementen des weiblich-mütterlichen Archetypus, wie Jung (2003, S. 80–83) sie aufgearbeitet hat. In Goethes Drama tauchen entsprechend zahlreiche Muster und Motive auf, die diesen Typus evozieren und einen dabei immer wieder auf die Verschmelzungs- und erotische Idealisierungssymptomatik stoßen lassen. Den opernhaften Schluss des Dramas habe ich erwähnt und auf den Satz hingewiesen, mit dem Goethe den Häresie witternden Theologen einen Haken schlägt: »Das Ewig-Weibliche|Zieht uns hinan.« (12110f.) Es ist nicht nur angesichts dieser Schlussapotheose deutlich, dass das Faust'sche Syndrom in einem emotionalen Mangelzustand wurzelt, der nicht allein daher rührt, dass es ihm »über Büchern und Papier« (390) an Möglichkeiten fehlte, sich sinnlich auszuleben. Bezeichnenderweise erhalten ja von Anfang an selbst reine Erkenntnisziele weibliche Attribute. Zwar ist die Natur, die es für ihn als Naturforscher als Ganzes zu durchdringen gilt, an sich schon weiblich, doch erhält sie zusätzlich erotische Akzente:

> Und fragst du noch, warum dein Herz
> Sich bang in deinem Busen klemmt?
> Warum ein unerklärter Schmerz
> Dir alle Lebensregung hemmt?
> Statt der lebendigen Natur,
> Da Gott die Menschen schuf hinein,
> Umgibt in Rauch und Moder nur
> Dich Tiergeripp und Totenbein.
> […]
> *(Er schlägt das Buch auf und erblickt das Zeichen des Makrokosmos.)*
> […]
> Welch Schauspiel! Aber ach! Ein Schauspiel nur!
> Wo fass ich dich, unendliche Natur?
> Euch Brüste, wo? Ihr Quellen alles Lebens,
> An denen Himmel und Erde hängt,

Dahin die welke Brust sich drängt –
Ihr quellt, *ihr* tränkt, und schmacht *ich* so vergebens? (410–59)[9]

Wenn die sterile Lebensferne im »Rauch und Moder« der Studierzelle, wie sie seit dem Humanismus zur Erklärung der Gelehrtenmelancholie herangezogen wurde (vgl. Valk 2002, S. 297–301), Faust selbst zwar, aber nicht dem Leser als psychologischer Grund für den »unerklärte[n] Schmerz« ausreicht, muss nach Indikatoren gesucht werden, die auf eine Ätiologie schließen lassen. Die hier zu beobachtende sinnliche Revitalisierung und Neubeseelung der Lebensziele im Rahmen der weiblichen Idealisierung der Natur, dazu die entschiedene »Hinaus!«-Richtung seiner Suche können nur hinreichend erklärt werden, wenn man dahinter einen tieferen Antrieb orten kann, der dann auch die nötige Energie für die destruktive Dynamik der Wandlung bereitstellt.

Traditionell sind in der Topologie des Mütterlich-Weiblichen Liebe und Tod nicht nur wegen des transzendentalen Stellenwerts des Utopieziels verwoben. Gäa-Archetypen wie die einst zu den Eleusinischen Mysterien verehrten Demeter und Persephone repräsentieren seit je den zyklischen Naturkreis und stehen für das Lebensspendende wie -nehmende gleichermaßen. In männlicher Perspektivierung kommt es dabei zu einer Ikonografie, die mit dem Mutterschoß den vorgeburtlichen Zustand als Nichtsein im Sinne von Nichtbewusstsein, ja sogar den vorembryonalen Zustand als Tod assoziiert. Legt man psychoanalytische Theoreme wie die Wiederherstellung des Selbstobjekts oder die ödipale Vereinigung zugrunde, reichert sich die mythische Ikonografie der Erdmutter mit den Elementen Vereinigung, Homöostase, Deindividuation usw. an. Sie alle konstituieren eine paradoxe Utopie des Lebens im Horizont des Nichtseins. S. Freud fand für dieses Phänomen den Begriff des Todestriebs, den er als eine Art Entwicklungsträgheit: als natürliche Tendenz zur Restitution des alten Zustands definierte.

In der Zeit des jungen Goethe erhielt der Naturutopismus vor allem auch Nahrung durch den ›Zivilisationsschock‹, den viele mit Rousseau teilten. Angesichts der befürchteten Denaturierung des Menschen schien nichts natürlicher als der Weg zurück. Das hieß formelhaft (und frei nach Rousseau) ›retour à la nature‹. Vor allem war damit eine Feminisierung des Fühlens und Denkens verbunden, wie sie u.a. in die Forderung nach einer Mutterkultur mündete (s.o.). Es ist anzunehmen, dass die stärkere Profilierung des Mütterlich-Weiblichen, wie sie dann auch zu neuen Rollenmustern in der bürgerlichen Familie führte, ein direkter Ausfluss dieser männlichen Sehnsuchtsikonografie ist, die doch vermutlich ihre pathogenen Wurzeln in

Strukturen des häuslichen Erziehungsgeschehens hatte. Nur vor dem Hintergrund wirklicher Bindungsdefizite scheinen mir Insuffizienzen, wie sie sich in den Varianten des Erdmutter-Utopismus niederschlagen, vor allem auch in ihrem suizidalem Illusionismus (der Verklärung des Todes als ›Qualitätssprung‹), sinnvoll erklärbar zu sein. Denken wir z.B. auch an Empedokles. Der antike Naturphilosoph wurde für zwei Generationen von Idealisten zum Modephilosophen. Der Legende nach stürzte er sich in den Ätna, um, wie Hölderlin es formuliert, »durch freiwilligen Tod sich mit der unendlichen Natur zu vereinen«.

Goethe variiert diesen Topos im *Werther* wie im *Faust* verschiedentlich. Sein Naturbegriff erscheint überall im Sinne des beschriebenen Archetyps allegorisiert oder chiffriert, wobei Varianten auftreten. Als Faust in *Wald und Höhle* das Glück der Geborgenheit im mütterlichen Höhlenleib der Erde genießt, wendet er sich an den hier imaginären, die Natur verkörpernden »Erdgeist«, der ihm bereits davor in seinem Studierzimmer zwar nicht als Frau, aber doch wie der Ätna in Hölderlins *Tod des Empedokles* (1798) im Feuer und als elementarische Naturgewalt erschienen war – auch dies letztlich ein Mutterarchetyp (Jung 2003, S. 80f.). Die Verschmelzungsmetaphorik weist unübersehbar auf eine Urmutter-Symbolik und in dieser Eigenschaft eine elementarisch begründete Herkunfts- und Urverwandtschaftssymbolik hin, die mit der empedokleischen Einheit von Makrokosmos und Mikrokosmos bzw. der Theorie der ριζωματα, der »vier Wurzeln des Alls«, seit Demokrit στοιχεια (Elemente) genannt, zusammenklingt. Das Moment der Bespiegelung, wie es hier anklingt, wird ebenfalls Teil der mütterlichen Utopie, als hätte Goethe geahnt, wie unverzichtbar für die gesunde Selbstentwicklung des Kindes der mütterliche Spiegel ist:

Dann führst du mich zur sichern Höhle, zeigst
Mich dann mir selbst, und meiner eignen Brust
Geheime tiefe Wunder öffnen sich. (3232–34)

Auch das Gedicht *Selige Sehnsucht* von 1828 zeigt die exemplarische Verzahnung von Todes- und Verschmelzungsmotivik, wie wir sie oben aufgewiesen haben. Hier wird daraus die paradoxe Verbindung von Hitze und Kälte, die das tragische Ineinander von Gefühlsstarre und Erlebniserwartung markiert:

In der Liebesnächte Kühlung,
Die dich zeugte, wo du zeugtest,

Überfällt dich fremde Fühlung,
Wenn die stille Kerze leuchtet.

Nicht mehr bleibest du umfangen
In der Finsternis Beschattung,
Und dich reißet neu Verlangen
Auf zu höherer Begattung.

Keine Ferne macht dich schwierig,
Kommst geflogen und gebannt,
Und zuletzt, des Lichts begierig,
Bist du, Schmetterling, verbrannt.
(HA 2, S. 18f.)

Als die unter dem Vorzeichen des Selbstverlusts einzig mögliche Art der Selbsterfüllung erscheint also – *horribile dictu!* – der Tod. Absurder-, aber doch auch logischerweise, denn es geht ja um Tod und Geburt gleichzeitig, kann ihn nur eine Lebensspenderin bringen. Im topischen Liebestod bestätigt sich der Tod der Liebe, wie er am Anfang des Leidens stand und sich bis zum Ende wiederholt; gleichzeitig geschieht in ihm der Tod *durch* Liebe, womit Leidensgrund und Antrieb in einem genannt sind.

Im mikrokosmischen Modell zeigt das Gedicht die Zwangsläufigkeit einer Psychodynamik, deren Motor die initiale Liebesentbehrung (etwa durch Verlust der Dyade) und deren Gesetz die Steigerung des Verlangens zu utopisch »höherer Begattung« *ad infinitum* ist. Denkbar drastisch erscheint die masochistische Grausamkeit der Selbstverletzung im Bild des qualvollen Flammentods, der wiederum an den *Tod des Empedokles* erinnert. Die narzisstische Selbstbeziehung, so wird klar, ist auf Selbstverlust gegründet und erleidet den Selbstverlust in Permanenz, d.h. sie verzehrt sich an sich selbst.

Topisch und motivisch ist diese Dynamik bis in alle Details im Narziss-Mythos in der Fassung aus Ovids *Metamorphoses* bereits vorgeprägt, auf den ich weiter unten näher eingehen werde. Eindrucksvoll z.B. die zahlreichen Parallelen zu *Selige Sehnsucht* in den folgenden Zeilen:

sed ut intabescere flavae
igne levi cerae matutinaque pruinae
sole tepente solent, sic attenuatus amore
liquitur et tecto paulatim carpitur igni[10]
(Orlowsky 1992, S. 70)

Mephistopheles, die »Spottgeburt aus Dreck und Feuer« (3536), für den »Zerstörung […] mein eigentliches Element« ist (1343f.) und der sich zu diesem Zweck »die Flamme vorbehalten« hat (1377), ist dann die figurale Inkarnation der in Narziss waltenden Destruktionsenergie, wie sie Ovid auf die Formel bringt: »uror amore mei, flammas moveoque feroque«.[11] Auch die Paarung von Liebe und Tod, ja das Ersehnen des Todes als Erlösung finden wir bereits bei Ovid: »nec mihi mors gravis est posituro morte dolores.«[12]

5.

Narziss und »Gretchen«
Hexenküche und Mädchenzimmer

Nicht zufällig spielt das Präludium der Gretchenhandlung im *Faust* von 1808 in der Szene *Hexenküche*. Sie ist ohne Zweifel eine der Schlüsselszenen des neuen Faustplans, den Goethe in Rom zu Papier brachte. Auch die Szene selbst entstand Anfang 1788 in Rom, im Garten der Villa Borghese, wie Goethe gegenüber Eckermann äußerte. In ihr wird Faust für die Liebeshandlung ordiniert, um dreißig Jahre verjüngt und zum Narziss gekürt. Groteske Phantasmagorie und Verkehrungslogik schaffen ein abstruses Milieu der ›Verrücktheit‹, wie sie dem klassischen Melancholiekonzept als ›permixtio rationis‹ (geistige Verwirrung) bekannt ist. (Vgl. Klibansky et al. 1999, S. 47)

Der programmatische Unsinn – die Herkunft des szenischen Grundschemas ist in der satirischen Narrenliteratur zu suchen – ergibt ein »Panorama von Figurationen der Vernunftabdankung«, das Faust nach dem grobianischen Spektakel in *Auerbachs Keller* dem Irrationalen geneigt machen soll. (Schmidt 2001, S. 149f.; 1993, S. 302) Ausdrücklich erfüllt dies in der Zusammenführung mit seinem Unbewussten einen heilenden Zweck. Dass das zunächst auf nicht mehr Gegenliebe stößt als das ordinäre Saufgelage in Leipzig, unterstreicht einmal mehr, wie sehr er das eigene Irrationale zu fürchten hat:

> Mir widerstrebt das tolle Zauberwesen;
> Versprichst du mir, ich soll genesen,
> in diesem Wust von Raserei? (2337ff.)

Der Teufel, der das erotisierende »Hokuspokus« (2538) für ihn einrichtet, wird dabei seinem Ruf gerecht, »des Chaos wunderlicher Sohn« (1384) zu sein. Anschließend sieht Faust »Helenen in jedem Weibe« (2604), bevor er in der folgenden Szene *Straße* Margarete begegnet. Goethe legt es in dieser Szene unmissverständlich darauf an, Fausts Liebe nicht nur zu Gretchen, sondern zu allen Frauen als Selbstbeziehung darzustellen. Damit liefert er sozusagen im nachhinein den Beweis für den Mangel an Narzissmus, an dem

Faust leidet. Aufschlussreich ist hier, dass nicht der Kräutertrank die stimulierende Wirkung tut, sondern dass Faust bereits, bevor explizit davon die Rede ist und er schließlich die Tasse leert, »Cupido« (2598) im Leibe hat.

Lange also, bevor Mephisto sagt: »Du siehst, mit diesem Trank im Leibe,| Bald Helenen in jedem Weibe« (2603f.), sieht dieser bereits einen Frauenleib vor sich. Damit wird dem Missverständnis vorgebeugt, erst der – ausdrücklich erotisierende! – Trank schaffe die Verfassung, aus der heraus die Beziehung zu Gretchen sozusagen planmäßig verunglückt. Wenn Mephisto später in Wald und Höhle zu ihm sagt: »Erst kam deine Liebeswut übergeflossen,| [...] Nun ist das Bächlein wieder seicht« (3307ff.), soll sich der Leser nicht wundern, sondern der denkwürdigen Szene erinnern, wo Faust »immerfort in den Spiegel [sieht]«, darin »das schönste Bild von einem Weibe« (2436) erblickt und leidend-beglückt ausruft: »Weh mir! Ich werde schier verrückt.« (2456)[13]

Diese Konfrontation mit dem eigenen Spiegelbild, das »als wie im Nebel« (2435) erscheint, spielt auf den ursprünglichen Narzissmythos an, den Goethe aus den *Metamorphoses* kannte, wie Hans Nicolai in seiner Dokumentation über Goethes Jugendlektüre bestätigt (HA 14, S. 384). Goethe gestaltete diesen Mythos auch in den *Wahlverwandtschaften*, wo das Verhältnis zwischen den Melancholikern Eduard und Ottilie der Narziss-Echo-Konstellation nachgebildet ist (Wiethölter 1982). Bei Ovid heißt es im 3. Buch von dem an der Quelle liegenden und ins Quellwasser blickenden Narcissus:

> dumque bibit, visae correptus imagine formae
> spem sine corpore amat: corpus putat esse, quod unda est.
> adstupet ipse sibi vultuque inmotus eodem
> haeret, ut e Pario formatum marmore signum.
> [...] quid videat, nescit; sed quod videt, uritur illo,
> atque oculos idem, qui decipit, incitat error.
> credule, quid frustra simulacra fugacia captas?
> quod petis, est nusquam; quod amas, avertere, perdes.
> ista repercussae, quam cernis, imaginis umbra est.[14]
> (Orlowsky 1992, S. 69)

Daran anlehnend die analoge Szene im *Faust*:

> FAUST *(welcher diese Zeit über vor einem Spiegel gestanden, sich ihm bald genähert, bald sich von ihm entfernt hat).*
> Was seh ich? Welch ein himmlisch Bild

Zeigt sich in diesem Zauberspiegel!
O Liebe, leihe mir den schnellsten deiner Flügel,
Und führe mich in ihr Gefild!
Ach wenn ich nicht auf dieser Stelle bleibe,
Wenn ich es wage nah zu gehen,
Kann ich sie nur als wie im Nebel sehn!–
Das schönste Bild von einem Weibe!
Ist's möglich, ist das Weib so schön?
Muss ich an diesem hingestreckten Leibe
Den Inbegriff von allen Himmeln sehn?
So etwas findet sich auf Erden? (2429–40)

Die Zeile »Kann ich sie als wie im Nebel sehn!« korrespondiert dabei mit einer anderen Stelle in Ovids Fassung: »et lacrimis turbavit aquas, obscura-que moto|reddita forma lacu est« (Orlowsky 1992, S. 70)[15]. Diese Spiegel-szene symbolisiert nicht einfach eine ins Weibliche gewendete Eigenliebe (amor proprius), sondern die Liebe zum Selbst (amor sui), die, psychodyna-misch betrachtet, eine Abwehrmaßnahme zum Zweck des Selbsterhalts ist. Bei ihr verschmilzt, vereinfacht gesagt, das idealisierte Selbstbild mit dem idealisierten Objektbild zu einem archaisierten Selbstobjekt, das zum quint-essentiellen Sehnsuchtsziel wird, hier – man beachte die Hyperbolik (hinter der sich das megalomane Ich-Ideal versteckt!) – zum »Inbegriff von allen Himmeln« (2439).

Es handelt sich also nicht eigentlich um »Sublimation« (Schmidt 2001, S. 154) – dann wäre jede Idealisierung eine psychointegrative Kulturleistung –, sondern im Gegenteil um eine Dynamisierung des Triebgeschehens durch Größenfantasien. Beide Imagines formieren einen narzisstischen Antrieb, der nicht zum Stillstand kommt, weil er iterativ von Spiegel zu Spiegel zurückgeworfen wird: Im Objekt spiegelt sich das Selbstbild – und im Selbstbild das Objekt. So ist auch keine Sättigung möglich, kein Ankommen, kein ›Verweilen‹. Der Unbewusstheit der wirklichen Antriebe entspricht die Vagheit der Triebzielvorstellung. Beides zusammen steht scheinbar im Widerspruch zur großen Menge an Triebenergie, die aufgeboten ist, um die Abwehr des Selbstverlusts effektiv zu gewährleisten. Dieser Vagheit des Imaginierten entspricht das Bild der sich kräuselnden Spiegeloberfläche bzw. des »Nebels«, der sich bei näherer Betrachtung des Objekts über dieses legt. Es handelt sich ja wohlgemerkt um eine Imago, also eine unbewusste Fantasie, die ja obendrein, insofern sie ein Selbstobjekt vorstellt, einen ganz und gar vorrationalen Zustand anstrebt, wo das Selbst noch keinen eigenen Status besitzt und die Ich-Grenzen noch nicht gezogen sind.

Es lohnt sich an dieser Stelle, sich Goethes variantenreiches Spiel mit der weiblichen Idealität genauer anzusehen und die szenischen Pendants zur *Hexenküche* im ersten Akt des zweiten Teils zu beleuchten, wo es heißt: »Hier wittert's nach der Hexenküche« (6229)[16]. Von Mephisto mit einem (unschwer als Phallussymbol zu dechiffrierenden) Schlüssel ausgestattet, muss Faust zu seinem Widerstreben »zu den Müttern« hinab- oder hinauf-steigen, um einen rituellen Dreifuß ans Tageslicht zu bringen, der der magi-schen Beschwörung von Paris und Helena dient. Als die klassisch vollendete Helena endlich erscheint, kommt ihm das frühere Ideal im Vergleich dazu abglanzhaft unzureichend vor:

> Die Wohlgestalt, die mich voreinst entzückte,
> In Zauberspiegelung beglückte,
> War nur ein Schaumbild solcher Schöne!

Bevor die Damen der Hofgesellschaft (im Unterschied zu den Männern) durch eifersüchtige Kritteleien die Schönheit Helenas anzweifeln und die Desillusionierung einleiten, ist Faust dem »Fratzengeisterspiel« (6546) faszi-niert hingegeben:

> Du bist's, der ich die Regung aller Kraft,
> Den Inbegriff der Leidenschaft,
> Dir Neigung, Lieb', Anbetung, Wahnsinn zolle. (6495ff.)

Kein Zweifel besteht – der Astrologe macht es klar –, dass es sich bei alledem um »herrliche verwegne Phantasie« handelt (6418); Faust scheint dies in dem Wort »Wahnsinn« auch anzudeuten. Dass diese ausgerechnet von den Müttern herstammt (womit das platonische Urbildzentrum eine männlich perspekti-vierte Neumythologisierung erfährt), lässt darauf schließen, dass Goethe hier in der Tat eine Archaisierung der Bildlichkeit ins Urbildlich-Mütterliche und damit eine vornehmlich psychologische Plausibilisierung anstrebt (das *ist* dann eine Sublimation!). »Das Musterbild […] der Frauen« (6185) wird ausdrücklich einem archaischen Ursprung zugeordnet. Dabei wird seine topologische Herkunft »im tiefsten, allertiefsten Grund« (6284) und seine zeitliche Abkunft in »einer längst vergangnen Zeit« (6230) angesetzt, so dass der griechische Begriff αρχη semantisch ausgeschöpft ist. Das plastische Inbild entbehrt nicht nur jeglicher Materialität, sondern es repräsentiert auch etwas grundsätzlich Fremdes, muss Faust doch zu seiner Erlangung »in ein fremdestes Bereich« (6195) eindringen, der ihm Furcht einflößt. Nicht zuletzt setzt es voraus, dass er »Begriff von Öd' und Einsamkeit« hat, ja dass er »von Einsamkeiten […] umhergetrieben [wird]« (6226f.).

Diese Untermalung deutet die Herkunft der Wunschfantasie vom Mangel, von der Entbehrung an und wendet die Mythologie ins Psychologische einer Objektbeziehungs- bzw. Bindungsproblematik. Wenn das »Gespenst« der Liebe (6515) dann den Realitätsbeweis zu bestehen hätte, jedoch nach Berührung in einer effektheischenden Explosion zerplatzt, erweist sich, wie schon in der Hexenküche, sein reiner Imagocharakter.

Dem Verschwinden geht noch die charakteristische Trübung voraus: Bevor »Die Geister […] in Dunst auf[gehen]«, »trübt sich die Gestalt« (6561ff.) Faust wird ohnmächtig und tritt damit in den Zustand ein, in dem er während der nächsten beiden Akte verharren wird. Man mag das Traum nennen; man kann ebenso gut von den Wahnfantasien einer Psychose sprechen. Gänzlich seinem Unbewussten überlassen, liegt er zu Beginn des zweiten Akts schlafend in seinem früheren Studierzimmer, während Mephisto die lakonische Diagnose stellt:

> Hier lieg, Unseliger! verführt
> Zu schwergelöstem Liebesbande!
> Wen Helena paralysiert,
> Der kommt so leicht nicht zu Verstande. (6566ff.)

Tatsächlich wird dann die Helena-Begegnung, diesmal in einem durchfabulierten Erfüllungstraum noch einmal neu aufgelegt. Der Traum geht über den gesamten dritten Akt. Auch er zerstiebt, ein Gaukelwerk Mephistos, dem Fausts Unbewusstes verhaftet bleibt. Aber auch bei vollem Bewusstsein hatte er sich noch zu dem kranken Wahn bekannt: »In deinem Nichts hoff' ich das All zu finden.« (6256) Wie Hohn, aber auch gleichzeitig wie Handlungsanweisungen klangen die Sätze Mephistos, als Faust ins Reich der Mütter hinabstieg und die Wirklichkeit seiner Gegenwart hinter sich ließ: »Entfliehe dem Entstandenen|In der Gebilde losgebundne Reiche!|Ergetze dich am längst nicht mehr Vorhandnen.« (6276ff.)

Faust traf dort, im archaischen Milieu des (individuellen) Ursprungs, auf eine Welt der »Schemen« (6290), die die Schemenhaftigkeit seines Wirklichkeitssinnes widerspiegelte. Es ist eben gerade der »Kribskrabs der Imagination« (3268), der ihm den Blick auf die wirkliche Welt verbaut und daher auch den Blick auf die wirklichen Menschen, wie er für eine Beziehung Voraussetzung ist. So ist es immer Helena statt Gretchen. Zur Tragödie des Narzissten (und seiner Partner) gehört die Liebe Pygmalions zum selbstgemachten eigenen Frauenbild.

Dass die wirklichen Menschen, die zum Objekt in einer solchen Scheinbeziehung gewählt werden, als Folge der projektiven Identifikation »überwiegend wie leblose Schatten oder Marionetten erlebt werden«, hält Kernberg (1983, S. 268) generell für einen Grundzug des Narzissmus. Daraus erwachsende reale Beziehungen wie die zu Gretchen müssen scheitern, weil das Objekt dem Vergleichsdruck der selbstbezogenen Idealität nicht standhält und gegen die Imago kein Eigenleben zur Geltung zu bringen vermag[17]. Es wird so lange festgehalten, bis sein Tauschwert für die archaische Symbiose sich als ungenügend erweist. Im *Faust* dauert das eine Nacht, die nicht nur die Schwangerschaft Gretchens, den Kindsmord und ihre Hinrichtung zur Folge hat, sondern unmittelbar auch die Tötung der Mutter und bald darauf den Duelltod Valentins: maximale Zerstörungswut und Brutalität also in unmittelbarer Nachbarschaft der erfahrenen Innigkeit.

Der Ausdruck »Liebeswut« (3307), den man als Oxymoron lesen kann, scheint diesem Sachverhalt gerecht werden zu wollen. Die frei werdenden Destruktionsenergien, denen auch Gretchen zum Opfer fällt, erklären sich durch den nach außen gewendeten, im Liebesspiel agierten Selbsthass. Das Schöne wird verhässlicht, weil es sich vor den Augen des Narzissten in ein Ebenbild der ›bösen‹ Introjekte verwandelt, das an das zerstörte Urvertrauen, den Treuebruch des (mütterlichen) Primärobjekts erinnert. In der dadurch wiederauflebenden, durch den anamnesischen Rückkoppelungseffekt verstärkten Enttäuschung erweist es sich selbst als scheinbar zerstörerisch und muss daher vernichtet werden: »quod amas perdes«.

Da der Narzisst bei aller verliebten Anhänglichkeit generell die Abhängigkeit fürchtet, vermeidet er schon aus diesem Grund die tiefere Einlassung. So bietet sich »das Bild eines ausgehungerten, wütenden, innerlich leeren Selbst in seinem ohnmächtigen Zorn über die ihm zugefügten Frustrationen und in ständiger Furcht vor der Welt der anderen, die der Patient als genauso hasserfüllt und rachsüchtig empfindet wie sich selbst«. (Kernberg 1983, S. 268)

Diesem Bild entspricht Faust *vor* der eigentlichen Gretchen-Episode (im *Urfaust danach*: V. 1426–31), wenn er sich – ein drastischer Ausdruck, der seinen projektiven Hass und seine narzisstische Wut demonstriert – als »der Gottverhasste« bezeichnet, der einem inneren Zwang folgend sie und sich selbst zerstören muss:

> Sie, ihren Frieden musst ich untergraben!
> Du, Hölle, musstest dieses Opfer haben!
> Hilf, Teufel, mir die Zeit der Angst verkürzen!
> Was muss geschehn, mag's gleich geschehn!

Mag ihr Geschick auf mich zusammenstürzen
Und sie mit mir zugrunde gehen. (3360ff.)

Indem Goethe im *Faust I* den von 21 auf 20 Verse gekürzten Passus der Faust'schen Selbstdiagnose (3345–65) auf die Szene *Garten* folgen lässt, also an den Anfang der Beziehung stellt, legt er deren Scheitern programmatisch in Ursachen fest, die in der Faustfigur selbst liegen. Die Notwendigkeit, die diesem Scheitern zugeschrieben wird, ist eine der psychischen Disposition, die hier im Übrigen explizit mit dem *inneren* Teufel verbunden wird, der seinen Tribut fordert. Bereits der Zwang selber, die Unfreiheit, anders zu sein und zu handeln, erhalten so diabolische Qualität. Im ganzen Drama wird ja Mephistopheles immer wieder mit dem ›muss‹ verbunden. Der innere Zwang zur Destruktivität wird nicht nur als höllische Folter empfunden, sondern auch als etwas vollkommen Fremdes, nicht Zugehöriges, nicht Integrierbares, ja als dämonische Obsession. Ein Mensch kann in dieser Form nur über eine Krankheit sprechen, die ihn zu überwältigen droht. Eben die Krankheit ist es, die, als höchste Stufe der Unfreiheit, buchstäblich des Teufels ist. Nur das gefährdete Bewusstsein, das sich einem übermächtigen Unbewussten in der Dissoziation, im Wahn konfrontiert sieht, kann solche Angst empfinden und solche Klage erheben.

Wenn Schmidt (2001, S. 174) im Zusammenhang auch mit dieser Textpassage Faust eine »bis zur Dissoziation reichende Ambivalenz« zuspricht und »das Bild einer an Schizophrenie grenzenden psychischen Gespaltenheit« gewinnt, ist das ein sehr weitgehender und, von der Schizophreniediagnose einmal abgesehen, weithin fundierter Krankheitsbefund. Auch Faust selbst kann seinen Zustand nicht psychopathologisch einordnen, weil er ja selbst Teil des Experiments ist, das dem seelischen Mangelphänomen durch Inszenierung der Symptome auf die Spur kommen soll. Er ist in der Urfassung durchaus in der Lage, eine »Seelennot« (1413) beim rechten Namen zu nennen, doch kann man an eben jener Stelle, wo das Wort erscheint, nicht wissen, wessen »Seelennot« er eigentlich meint: seine oder Gretchens – oder ob einfach beides gemeint ist. Wohl indes weiß man, dass er in der späteren Fassung *ihre* »Not« (3347) damit bezeichnet, und wundert sich über das Maß an Empathie, das man von dem himmelstürmenden, zumal dem bocklüsternen Faust zuletzt erwartet hätte.

Was ist die Himmelsfreud in ihren Armen?
Das Durcherschüttern, Durcherwarmen,
Verdrängt es diese Seelennot? (Urfaust, V. 1411–13).

> Was ist die Himmelsfreud in ihren Armen?
> Lass mich an ihrer Brust erwarmen!
> Fühl ich nicht immer ihre Not? (3345–47)

Um die Entwicklung der Gretchenhandlung und die Rolle der Faust'schen Krankheit darin im Einzelnen zu verstehen, muss man sich die konkrete Anbahnung des Verhältnisses vor allem in der Szene *Abend* einmal näher ansehen. Dabei zeigt sich, dass Goethe die weibliche Figur ähnlich wie im *Werther* zur pathologischen Profilierung des Protagonisten verwendet. Auch hier kommt eine Ästhetik zum Tragen, die das in Faust Unbewusste durch Margarete ans Licht hebt, indem diese zunächst – bezeichnenderweise in ihrer physischen Abwesenheit – als Imago der monologisierenden Faustfigur präsent ist. Die bereits im Urfaust vollendete Szene spielt in einem »kleinen reinlichen Zimmer«, einem kontrastiven Pendant zu Fausts eigenem Studierzimmer. Die Gemeinsamkeiten beider Räume betonen die Unterschiede: in jenem »dumpfen Mauerloch! | Wo selbst das liebe Himmelslicht | Trüb durch gemalte Scheiben bricht« (399f.), herrscht die »Dämmrung schwer« (666), die hinter verbleiten Buntglasscheiben typisch »trübe« Lichtqualität, die Faust als unnatürlich, ja naturwidrig empfindet. Dagegen im »süßen Dämmerschein« (2687) von Gretchens Zimmer, ist ihm das gleiche Licht plötzlich eine Wohltat und verdient das gleiche Epitheton wie seine Liebe: »süß[ ]« (»süße Liebespein«, V. 2689).

Wenn nach Fausts Abgang Gretchen wieder das Zimmer betritt, erinnert auch ihre Feststellung: »Es ist so schwül, so dumpfig hie« (2753) an Fausts Studierzimmerambiente, das dieser wie eine Krankheit nicht von sich abschütteln kann; ein Tatbestand, an den ihn prompt Mephistopheles gemahnt, wenn er ihm angesichts der bevorstehenden Verkuppelung vorhält: »Und Ihr seht drein, | Als solltet Ihr in den Hörsaal hinein, | Als stünden grau leibhaftig vor Euch da | Physik und Metaphysika!« (2748f.). Dort »statt der lebendigen Natur | [...] Tiergeripp und Totenbein« (414ff.) – hier nun dagegen »Natur« und »warmes Leben« (2711f.). In ähnlich gegenläufiger Analogie (und Antizipation der Schlussszene »Kerker«) werden beide Räume als »Kerker« bezeichnet, doch gibt der »reinliche«, von »Ordnung« und »Zufriedenheit« erfüllte »Kerker« Gretchens Anlass zur »Seligkeit« (2692f.), während Fausts »Kerker« (398) ein Gefängnis des Geistes und des Körpers ist, eine von »Staub«, »Trödel« und »Tand« vollgestopfte »Mottenwelt« (656f.), die zum Schauplatz der »Verzweiflung« (610) und zum Gegenbild emotionaler Geborgenheit wird.

Auch seine anfangs beklagte Armut und Ärmlichkeit (vgl. V. 375, 609)

wird in der Szene »Abend« kontrapunktiert, wenn Faust entzückt ausruft:
»In dieser Armut welche Fülle!« (2694) – und ihr hinterher den Verfüh-
rungsschatz in den Schrein stellen lässt, »mit dem [...] eine Edelfrau|am
höchsten Feiertage gehn [könnt]« (2792f.).

So unterstreicht hier die gegenbildliche Analogie in den Motivparallelen
die Tatsache, dass Faust den Raum seiner Innerlichkeit im Grunde nicht verlässt, wenn er zum Zweck der Eroberung in Gretchens Leben – hier: in ihren
Intimraum – eintritt. In Bezug auf seine psychische Disposition bewirkt
Gretchen keinen Unterschied, sie aktiviert lediglich die freien Valenzen. Es
ist ja auch von Anfang an nicht wirklich »Gretchen«, die hier imaginiert
wird, sondern »das schönste Bild von einem Weibe« (2436) aus der Hexenküche, dem er prompt den Charakter eines »Götterbilds« (2716) verleiht.

Bezeichnend ist zudem, dass mit dem »Liebestraum« (2723) treffend das
innerste »Heiligtum« (2688) der mentalen Innerlichkeit angegeben ist. Diese
Innerlichkeit klingt ausdrücklich an, wenn Faust ausruft: »Wie innig fühl ich
mich gerührt!« (2718). Hier im Zentrum der Imagination können nun alle
die ungesättigten Wünsche seiner Psyche in transsubstantiierter Form
zusammenkommen und ein Mosaik der perfekten Verschmelzung ausfantasieren[18]. Nicht genug, dass Gretchen gerade »über vierzehn Jahr doch alt« ist
(479/2627)[19]; Faust fantasiert sie sich hier vollends zum »Kind« (2713)
zurecht, wenn er sie »mit vollen Kinderwangen« (552/2700) imaginiert, so
dass nun obendrein neben dem »Engel« (564/2712) ein weihnachtliches
Gruppenbild mit Heiliger Familie entsteht. Nicht zufällig weist dieses eine
gewisse atmosphärische Ähnlichkeit mit der Vorweihnachtsszene im *Werther*-
Roman auf, dem die Szene werkgeschichtlich nahe steht. Bereits hier setzt
Goethe ein idealisiertes Kindheitsszenario ins Zentrum zum Ausdruck eines
Sehnsuchtskomplexes, der sich um ein Mutterbild kristallisiert. Passend zu
dieser Ikonografie wird nun auch die Regression thematisiert:

> Und träte sie den Augenblick herein,
> Wie würdest du für deinen Frevel büßen!
> Der große Hans, ach wie so klein!
> Läg, hingeschmolzen, ihr zu Füßen. (2725ff.)

Das ist eine deutliche Sprache. Wir werden mit dem Wort »hingeschmolzen«
bzw. »weggeschmolzen« im Urfaust (480) nicht nur an das archaisierte
Triebziel der Verschmelzung erinnert, sondern auch auf den psychischen
Komplex der Werterniedrigung gestoßen, der zu den Ursprüngen dieser
Abwehrdynamik gehört. Gleichzeitig erinnert uns die Scham angesichts des

»Frevels« an das ödipale Inzesttabu. Das unbefugte voyeuristische Eindringen ins Gretchens Intimkreis, dessen Entdeckung hier gefürchtet wird, lässt an dem der Vereinigungsfantasie zugrunde liegenden Symbiosewunsch keinen Zweifel und klärt noch einmal die tiefenpsychologische Rolle, die Gretchen zu spielen hat.

In der Furcht vor Entdeckung wird aber nicht nur die Tabukomponente der Ödipussituation deutlich – der Komplex wird später mit Valentin ausagiert –, sondern auch die Angst vor der Offenbarung der Inzestwünsche. Schon allein dadurch erweist sich der Ort des Geschehens als psychischer Innenraum, es hätte des Schlüsselworts »Liebestraum« (575/2723) gar nicht bedurft. Die nackte Realität des Triebhaften ist in dem voyeuristischen Szenario ebenso präsent wie der Dunstkreis Mephistos, dessen Gretchen gewahr wird, wenn sie sagt: »Es ist so schwül, so dumpfig hie« (2753).

Wie ›maßstabsgetreu‹ Goethe in der extremen Sakralisierung die voluntative Triebebene gestaltet, zeigt sich in den zu seinen Lebzeiten unveröffentlichten *Paralipomena*, besonders der für den *Faust* ursprünglich vorgesehenen Satansmesse, wo das Triebniveau offen sichtbar und daher die kompensatorische Riesendifferenz zur Sakralsprache nachvollziehbar wird. Die in diesem »Walpurgissack« vorgesehenen Parallelen zur Szene *Abend* liefern das tiefenpsychologische Röntgenbild der zugrunde liegenden Triebstruktur.

Der erste Text nimmt das Motiv des Verführungsschatzes auf, der Gretchen zu den Worten veranlasst: »Nach Golde drängt,|Am Golde hängt|Doch alles. Ach wir Armen!« (2802ff.). Gleichzeitig klingen die Zeilen der Urfassung nach: »Mein Schoß, Gott! drängt|Sich nach ihm hin.« (1098f.)

> Euch gibt es zwey Dinge
> So herrlich und groß
> Das glänzende Gold
> Und der weibliche Schooß.
> Das eine verschaffet
> Das andre verschlingt
> Drum glücklich wer beyde
> Zusammen erringt.

Gretchens »kleines reinliches Zimmer« (Goethe 2000, S. 77) klingt in den folgenden Zeilen an:

> Ihr Mägdlein ihr stehet
> Hier grad in der Mitten
> Ich seh ihr kommt alle

Auf Besen geritten
Seid reinlich bey Tage
Und säuisch bei Nacht
So habt ihrs auf Erden
Am weitsten gebracht.

Man muss aber betonen, dass es sich hier nicht einfach um »unverfälschte, ungedämpfte Sexualität« handelt, wie Peter Dettmering (1998, S. 24) behauptet[20], sondern um Sexualisierung, also um ein Entwicklungsdefizit, das aus frühem Objektverlust resultiert, wobei dieser im Verhalten der Bezugsperson eine Kulturkomponente mit hineinbringt (wie z.B. im Mangel an Empathie, unzulänglicher Responsivität). Gerade auch diese Sexualisierung spricht für ein gestörtes Beziehungsmuster, das letztlich auf eine Selbstbeziehung hinausläuft. (Vgl. Kohut 1981, S. 150ff.)

Die tiefenpsychologische Charakteristik der Gretchenbeziehung als Selbstbeziehung wird dann auch in der Szene »Garten« unterstrichen, die gleichfalls zum Urfaust gehört. Hier hat die »Margarete«-Figur die größten Redeanteile und kann sich somit programmatisch auffalten. Sie wird nun, indem sie ihre Geschichte erzählt, zum Inbegriff der aufopferungsvollen Mütterlichkeit, wie wir es von Lotte kennen, die werkgeschichtlich der Gretchenfigur nachfolgt. Sie habe, erzählt sie, die nach dem Tod des Vaters geborene Schwester praktisch allein aufgezogen, bis sie schließlich starb. Sie, das »Kind«, ersetzte die lange ans Wochenbett gefesselte Mutter und zog selbst ein Kind groß, anfangs »ganz allein, | Mit Milch und Wasser; so ward's mein« (3132f.). Sie zog also, nun selbst ganz Mutter, gewissermaßen ihr eigenes Kind auf, und nur in dieser Kumulation von Kind-, Frau- und Mutter-Eigenschaften ist sie für Faust das viel versprechende Objektideal.

Die realistische, detailbewusste Sprache, die sie spricht, die sittenbildhafte Schilderung ihres Alltags als Hausfrau und Mutter beweisen obendrein ihren Sinn fürs Habhafte, Konkrete, Nahe und errichten so einen Kontrast zu dem »übersinnlichen, sinnlichen Freier« (3534), der »von Gott, der Welt und was sich drin bewegt, | Vom Menschen, was sich ihm in Kopf und Herzen regt« (3043f.) falsches Zeugnis ablegt, weil er davon »So viel als von Herrn Schwerdtleins Tod gewußt« (3049).

Gretchen ist wie Lotte im *Werther* von der auktorialen Regie des Textsubjekts als Imagofigur gestaltet und in dieser Eigenschaft das Produkt des Zusammenspiels von Selbst- und Objektideal. In ihrer madonnenhaften Stilisierung zeigt sie Fausts wahre Entfernung vom Leben, wie sie sich bereits in dessen Selbstdiagnose ausdrückte: »Dein Sinn ist zu, dein Herz ist tot!«

(444) Mit ihrer jugendlichen Lebendigkeit kontrastiert seine Gefühlsarmut, mit ihrer Mütterlichkeit seine narzisstische Kälte. Als imaginiertes Mutterwesen markiert sie den Fluchtpunkt seiner Regression, als Kindfrau ist sie sowohl das Pendant seines Seelenalters als auch das willkürlich manipulierbare Selbstobjekt. Faust kann gar nicht anders, als den psychotischen Vereinigungswunsch und damit die Verschiebung der Ich-Grenzen im inneren »Gewühl« zu glorifizieren und in anonym-utopische Fernen zu rücken:

> Wenn ich empfinde,
> Für das Gefühl, für das Gewühl
> Nach Namen suche, keinen finde,
> Dann durch die Welt mit allen Sinnen schweife,
> Nach allen höchsten Worten greife,
> Und diese Glut, von der ich brenne,
> Unendlich, ewig, ewig nenne,
> Ist das ein teuflisch Lügenspiel? (3059ff.)

Die Antwort auf diese Frage heißt natürlich: ja und nein! Ja, es ist ein Lügenspiel, ein teuflisches obendrein, insofern diese Liebe in Wirklichkeit eine narzisstische statt einer Objektliebe ist und weil es der Teufel selbst (als das unbewusst wirkende ›Teuflische‹ dieser Krankheit) ist, der nach seiner eigenen Aussage »in meiner Brust ein wildes Feuer|Nach jenem schönen Bild geschäftig an[facht]« (3247f.). Andererseits ist es natürlich kein »Lügenspiel«, sondern eine seelische Defizienzerscheinung, deren Wirklichkeitsgehalt sich daran bemisst, was für die *Psyche* Realität ist und was nicht.

Gewiss sind diese Idealbildfantasien für die Faustfigur in dem Sinne ›wahr‹, dass sie Teil ihrer psychischen Dynamik sind – oder besser gesagt: der Dynamik des auktorialen Textsubjekts, wie ich es an verschiedenen Stellen in diesem Buch expliziert habe. Goethe lehnt im Übrigen auch hier an den Ovid'schen *Metamorphosen* an, die den Selbstbetrug des Narcissus bzw. seine Täuschung mehrfach thematisieren und z.B. fragen: »credule, quid frustra simulacra fugacia captas?«[21]. (Orlowsky 1992, S. 69) Wenn er Gretchen später seine Liebe bekennt, dann tut er dies in illusionistischen Worten, die neben seinen unerfüllbaren Erwartungen seine tiefen Wunden verraten:

> O schaudre nicht! Lass diesen Blick,
> Lass diesen Händedruck dir sagen,
> Was unaussprechlich ist:
> Sich hinzugeben ganz und eine Wonne

Zu fühlen, die ewig sein muss!
Ewig! – Ihr Ende würde Verzweiflung sein.
Nein, kein Ende! Kein Ende! (3188ff.)

Das emphatisch wiederholte »kein Ende!« mitten im Liebesrausch und im gleichen Atemzug mit »Ewigkeit« ist ein weiterer Beleg für Fausts Abhängigkeit von der Fantasie eines Selbstobjekts, auch dies ein Werther-Charakteristikum. Die Liebe erwächst aus Wunden, die sie dringend heilen soll. Der remediale Eros siedelt daher am Abgrund der Existenz. Er ist stets vom Absturz bedroht, der nur als Totaluntergang gedacht werden kann, weil hier ein Totalverlust (oder -mangel) wettzumachen ist. Da Liebe »Ewigkeit« bedeutet, bedeutet ihr »Ende« Zeitlichkeit/Tod. Das ist die innere Verknüpfung dieser Zwillingsmotivik, die beinahe jede Liebesdichtung aufweist.

Was die Problematik des Endes betrifft, so konnte Goethe auch hier auf Ovids Metamorphosen zurückgreifen. Dort ist der Untergang des Narcissus eine viel beschworene Prognose. Das »quod amas perdes« etwa transformiert er in den Ausruf: »Mag ihr [Gretchens] Geschick auf mich zusammenstürzen! Und sie mit mir zugrunde gehen.« (3364f.) Ovids Narcissus stirbt schließlich buchstäblich an Auszehrung. Wenn es heißt: »sic attenuatus amore liquitur et tecto paulatim carpitur igni«[22] (Orlowsky, S. 70), so hören wir darin Fausts »Glut, von der ich brenne« (3064), die ihn zu verzehren droht.

Die Imago Gretchens genügt in ihrer Idealisierung jenem Abziehbild, das Faust in der Hexenküche zu sehen bekam, als er in den Spiegel sah. Sie ist eine extreme Abstraktion und geht dementsprechend in hehren Begriffen auf. Die wirkliche Margarete fällt ihm energisch ins Wort, wenn er über ihren Kopf hinweg fantasiert:

FAUST. Ach, daß die Einfalt, daß die Unschuld nie
Sich selbst und ihren heil'gen Wert erkennt!
Daß Demut, Niedrigkeit, die höchsten Gaben
Der liebevoll austeilenden Natur –

MARGARETE. Denkt Ihr an mich ein Augenblickchen nur,
Ich werde Zeit genug an Euch zu denken haben. (3103ff.)

Wie fein gearbeitet diese Struktur der imaginären Beziehung ist, zeigt sich in Margaretes Spiel des Blütenrupfens, das man üblicherweise mit Margeriten spielt. Eher noch als seinen Liebesschwüren traut sie dem (allerdings lenkbaren) Zufall, wenn es um die Antwort auf die Frage geht, ob sie geliebt wird oder nicht. Aus der Regieanweisung geht hervor, dass das Ergebnis »Er liebt mich!« (3183) nicht das Resultat einer raffinierten Abzählstrategie ist: »Das letzte Blatt ausrupfend, mit holder Freude.«

Wie sehr sie ihm Objekt ist, geht hier schon aus der gewaltsamen Geste des Ausrupfens der Blütenblätter hervor, in die sie unbewusst bereits die Ahnung des Missbrauchs legt. So mancher Zuschauer oder Leser wird sich ohnehin angesichts der blumig-süßlichen Sprachhülsen an so rüde Sätze erinnern wie »Schaff mir ein Halstuch von ihrer Brust,|Ein Strumpfband meiner Liebeslust!« (2661f.) Faust macht ja keinen Hehl daraus, dass es ihm darum geht, »so ein Geschöpfchen zu verführen« (2644). Allerdings sind auch das nur Phrasen, passend zur Draufgängermaske, hinter der sich die Perversion verrät. In der Realität der Begegnung zeigt sich dann klar, dass er zu einem Don Juan oder regelrechten ›womanizer‹ gar nicht das Zeug hat. Man könnte auch sagen: Die Gretchenbeziehung misslingt ihm zu einer romantischen Selbstbeziehung; der Missbrauch also entsteht trotz des Teufels erst unter der Hand. So wird aus der Komödie eine Tragikkomödie, für die Gretchenfigur freilich eine Tragödie, die auch mit der noch adoleszent fragilen Selbststruktur zu tun hat, die sie repräsentiert. Letztlich nämlich bedeutet das Ende der erhofften »Ewigkeit« in der Beziehung nicht so sehr für Faust als vielmehr für Gretchen »Verzweiflung«.

Es ist nicht ohne Ironie, dass der junge Goethe seine weibliche Kreation hier an die männliche anpasste, indem beide Figuren nicht verbergen können, dass sie derselben Fantasiequelle entspringen. Offenbar kann er sich die Frau nicht wesentlich anders als den Mann vorstellen. Denn auch Gretchen ist über das gesunde Maß hinaus narzisstisch. Was bei Faust der Mutterkomplex ist, das ist bei ihr der Vaterkomplex. Dieser sorgt dafür, dass sie ihm praktisch ausgeliefert, ja nicht einmal im Kerker vor ihm sicher ist. Die psychische Struktur wird am besten am Charakter ihrer Sehnsucht erkennbar, in dem wir unschwer die Bindungsdefizite Fausts wiedererkennen. In der Szene *Gretchens Stube*, die im *Urfaust* an das erste Gartengespräch anknüpft, während sie im *Faust* an *Wald und Höhle* anschließt und damit bereits düster präludiert ist, spricht sie einen rein lyrischen Monolog aus 10 Strophen. Drei Mal ist die Refrainstrophe enthalten:

Meine Ruh ist hin,
Mein Herz ist schwer;
Ich finde sie nimmer
Und nimmermehr. (1066–69)

Ungewöhnlich für eine Verliebte, von der man doch Beschwingtheit erwartet, drängt im elegischen Tonfall des Gedichts die unbewusste Ahnung an die Oberfläche, dass diese Geschichte kein gutes Ende nehmen wird. Dabei gibt es vorerst keinerlei Anzeichen, die ihr Sorge machen müssten. Zwar kann man mit Recht davon ausgehen, Gretchen habe den Teufel in Mephisto instinktiv erkannt, denn in der Szene darauf gesteht sie Faust: »Aber, wie ich mich sehne dich zu schauen, | Hab ich vor dem Menschen ein heimlich Grauen« (3480f.), doch wäre das allenfalls Anlass zur Bedenklichkeit und noch kein Grund für diese dunkle Klage über einen irreparablen Schaden oder Verlust, wie sie dann in der zweiten und dritten Strophe anklingt:

> Wo ich ihn nicht hab
> Ist mir das Grab,
> Die ganze Welt
> Ist mir vergällt.
>
> Mein armer Kopf
> Ist mir verrückt,
> Mein armer Sinn
> Ist mir zerstückt. (3378ff.)

Hier ist von Glück nichts zu spüren – im Gegenteil: Hier wird eine Abhängigkeit formuliert und die Angst vor ihr zugleich in den Ton gelegt. Damit ist eine Schwermut aufgerufen, die das Symptom einer tiefen Sehnsucht ist, wie sie nicht akut von Fausts Abwesenheit hervorgerufen sein kann. Goethe gestaltet auch hier eine Figur, die in der Liebe nicht nur den Verstand verliert, sondern auch ihr Ich, ihre gewordene Identität, ihre Fassung. Die Formulierung: »Mein armer Sinn | Ist mir zerstückt« lässt sich zur Not noch als eine Paraphrase des Ausdrucks: ›Ich bin von Sinnen‹ lesen, aber die anderen Strophen, insbesondere die neunte und zehnte, machen eine Faszination deutlich, die in der unbedingten Hinordnung auf den Geliebten, in der umfassenden Identifikation den Beginn einer Selbstentfremdung erleben lassen. Von einigen geringfügigen Änderungen in der Orthografie und Interpunktion abgesehen, hat Goethe für den *Faust* nur eine einzige Zeile am Anfang der neunten Strophe verändert. Während es in der Urfassung heißt: »Mein Schoß, Gott! drängt | Sich nach ihm hin« (1098), lautet der spätere Text dann:

> Mein Busen drängt
> Sich nach ihm hin.

Ach dürft ich fassen
Und halten ihn!

Und küssen ihn
So wie ich wollt,
An seinen Küssen
Vergehen sollt! (3406ff.)

Mag die Änderung vornehmlich aus Gründen der Anstößigkeit erfolgt sein:
Die neue Zeile jedenfalls hat zwar deutlich weniger Ausdruckskraft, lenkt
aber auch von der reinen Sinnlichkeit ab und lässt an einen tieferen Antrieb
denken, der sie Faust ergeben macht. Das »fassen | Und halten« wird so noch
stärker zu einem auch metaphorisch zu lesenden ›Sich-Fassen‹ und ›Sich-
(Er)Halten‹. Das dramatische Ende erinnert uns wieder an das Gedicht
Selige Sehnsucht und jene Zeilen aus Ovid, die bereits oben zitiert wurden:

sed ut intabescere flavae
igne levi cerae matutinaque pruinae
sole tepente solent, sic attenuatus amore
liquitur et tecto paulatim carpitur igni[23]
(Orlowsky 1992, S. 70)

Gretchen, eine Narzisstin? Der innere Entfremdungskonflikt, den sie hier
durchleidet, der Drang zum »Vergehen«, zum Verschmelzen, zum Eintausch
der (noch kaum) erwachsenen Identität gegen die kindliche Abhängigkeit,
ist, soviel wird hier klar, eine psychisch bedrohliche Ausgangslage. Da Gretchen noch in der späten Adoleszenz ist und so etwa dem autobiografischen
Gretchen u. a. der »Spinnrocken«-Szene aus *Dichtung und Wahrheit* nahe
kommt (HA 9, S. 169), könnte man das tiefe Verlangen nach einem Selbstobjekt, wie es aus diesen Versen klingt, für eine altersnatürliche Erscheinung
halten, wäre nicht zugleich die pathologische Problematik Fausts signifikant
widergespiegelt. Allein Letzteres lässt einen den Zweck dieser Charakter-
zeichnung eher in einer ästhetisch begründeten Spiegelungsanalogie suchen
als in einem weiteren Beweis psychologischer Stimmigkeit, zu der dieser
Autor ohnehin fähig ist. Indizien dafür gibt es genug. Gerade diese Figur
erhält ja von der Vaterlosigkeit über den Verlust des an Mutter statt gepfleg-
ten Kindes bis zur Akkuratesse und Kirchenfrömmigkeit der gefürchteten
Mutter einen besonders stimmigen Hintergrund, aus dem sich emotionale
Defizite geradezu mustergültig erschließen lassen.

6.

Zwischen Staub und Sternen
»Verteufelung« als bürgerliche Seins-Option

In der Dynamik der Selbstbeziehung enthalten ist die für Faust typische »Unersättlichkeit« (1863). Er bringt sie in *Wald und Höhle* mit Mephistopheles in Verbindung. Mit der steigernd zyklischen Wiederholung des Begehrens ist das Gesetz der psychischen Abhängigkeit formuliert, wie es generell z.B. auch den Drogenkonsum steuert. Hier wird der narzisstische Grundmangel über den daraus folgenden Selbstwertkonflikt ausdrücklich zum Movens der ewigen Glückssuche und zum Erklärungsschlüssel für die grandiose Attitüde der Übermenschlichkeit bei dem Versuch, sich »zu einer Gottheit aufschwellen [zu] lassen« (3285):

> Du [Erhabner Geist, Vf.] gabst zu dieser Wonne,
> Die mich den Göttern nah und näher bringt,
> Mir den Gefährten, den ich schon nicht mehr
> Entbehren kann, wenn er gleich, kalt und frech,
> Mich vor mir selbst erniedrigt, und zu Nichts,
> Mit einem Worthauch, deine Gaben wandelt.
> Er facht in meiner Brust ein wildes Feuer
> Nach jenem schönen Bild geschäftig an.
> So tauml' ich von Begierde zu Genuss,
> Und im Genuss verschmacht ich nach Begierde. (3240–50)

Dass dieses Movens mit dem Teufel identifiziert wird, zeigt, wie zuverlässig Goethe seine poetische Konstruktion auf die intuitive Kenntnis tiefenpsychologischer Vorgänge stützt. Eine existenziellere Erfahrung als die der Selbstnegation ist schwerlich denkbar, drückt sich darin doch die Kapitulation aller Selbsterhaltungsimpulse aus: Indiz eines virulenten Todestriebs. Für diese Konstellation kann nur »der Geist der stets verneint« (1338) die geeignete allegorische Verkörperung sein, übrigens eine Formulierung, die André Green jüngst aufgriff und mit dem Phänomen des »Urmasochismus« in Verbindung brachte (Green 2003, S. 276). Wenn Faust fragt:

> Was bin ich denn, wenn es nicht möglich ist
> Der Menschheit Krone zu erringen,
> Nach der sich alle Sinne dringen? (1803–5)

und Mephistopheles im Brustton des Erziehers antwortet:

> Du bist am Ende – was du bist.
> Setz dir Perücken auf von Millionen Locken,
> Setz deinen Fuß auf ellenhohe Socken,
> Du bleibst doch immer was du bist, (1806–9)

dann erscheint der Wert des Menschen an sich und seiner Natürlichkeit nicht als etwas hervorgehoben, was dem Laster der Eitelkeit überlegen wäre. Der Stellenwert des Individuums und vielleicht der menschlichen Substanz überhaupt scheint niedrig angesetzt, was bei dem notorischen Verneiner natürlich nicht wundert, zumal er hier Fausts narzisstischen Überschwang in die Schranken weist. Hört man die Teufelsstimme als unbewusste Stimme der Schuld und der Selbstanklage, hat man nicht nur im psychischen Komplex den Quälgeist hinter der Selbstwertproblematik geortet, sondern wird auch Zeuge einer Vernunftnorm, die den Menschen als Menschen herabsetzt und die man daher zögert, als *common sense* zu bezeichnen, als was sie hier doch firmiert.

Mephistopheles, hier als nagendes Über-Ich, gewährt auch Einblick in Menschenbildkanons des 18. Jahrhunderts. Zu seinem Wesen gehört es ohnehin, dass er von »dem verdammten Zeug der Tier- und Menschenbrut« (1369) verächtlich denkt, weswegen auch die zynische Selbstverachtung Fausts die entscheidende psychologische Voraussetzung für den Teufelspakt ist (später wird Chamisso in seinem *Peter Schlemihl* diese Motivstruktur aufgreifen und für seine Versuchsanordnung isolieren). Goethe hat das charakteristische Hin und Her zwischen Selbstelend und Selbstherrlichkeit nicht umsonst als strukturbildende Dynamik in beiden Teilen des Dramas eingearbeitet. Dass der Teufel sich dabei als Nothelfer anbietet, der die Selbstächtung scheinbar rückgängig machen kann, liegt in der Natur der Sache und hat weniger mit menschlicher Verblendung als – immer vom auktorialen Textsubjekt aus betrachtet – konstitutiv mit Psychodynamik zu tun. Die ›Wendung zum Bösen‹ ist eine kohärenzfördernde, allerdings scheinintegrative Selbstschutz- und Abwehrstrategie, wie wir sie z. B. auch aus Schillers *Räubern* kennen. Fausts elevenhaftem Kleinmut angesichts der bevorstehenden Weltfahrt:

Ich wußte nie mich in die Welt zu schicken,
Vor andern fühl ich mich so klein;
Ich werde stets verlegen sein,

kann er daher mit schulterklopfenden pädagogischen Patentsprüchen begegnen:

Mein guter Freund, das wird sich alles geben;
Sobald du dir vertraust, so bald weißt du zu leben. (2058ff.)

Vordergründig gesehen repräsentiert Mephistopheles in der Rolle des Erziehers – man denke auch an die Schüler-Szene –, aufklärungssatirische, ja reformaufklärerische Impulse, die man auf die Formel bringen könnte: Leben statt Streben. Allerdings ist das einerseits Teil der mythischen Versucherstrategie, andererseits bemisst sich sein vulgärmaterialistisches Lebensangebot nicht nach Qualitäten, sondern nach der Zerstreuungs- und Narkosewirkung der rasch wechselnden Attraktionen einschließlich der Hexendroge. Seine grundsätzliche Verneinungsfunktion einmal vorausgesetzt, wirkt sich hier die Verneinung des Negativen, also der ängstlich-gehemmten Kleinmut, der Lebensferne, nur auf den ersten Blick positiv aus, indem sie Faust für den Augenblick aus seiner melancholischen Trostlosigkeit herausholt.

Kosmologisches Spaltprodukt, das Mephisto als Aspekt des satanischen Archetyps ist, kommt ihm im übergreifenden dialektischen Konzept die Rolle des Spaltenden zu, der als einer, der den Menschen als Ganzes nicht begreifen kann, zu einer ›imitatio perversa‹ der Aufklärung verführt. »Wenn sich der Mensch, die kleine Narrenwelt,|Gewöhnlich für ein Ganzes hält«, dann protestiert er, denn er ist ja selbst nur »ein Teil des Teils, der anfangs alles war« (1347f.). Spezialist für Absolutsetzungen partialer Werteinheiten, repräsentiert diese Figur zugleich das Spaltprodukt des eindimensional aufgeklärten Menschen, wie ihn Schiller in seiner *Ästhetischen Erziehung* glühend bekämpfte. Entsprechend sympathisiert »Mephisto« wie insgeheim ja auch Faust mit der instrumentellen Vernunft, deren Fähigkeit zu Zwecksophistik und Atomisierung er, der »Sophiste« (3050), seinen Ursprung verdankt, und wirft Faust, halb als dessen eigene Stimme, vor: »Verachte nur Vernunft und Wissenschaft,|Des Menschen allerhöchste Kraft« (1851f.). Natürlich zeigt sich darin auch seine ideengeschichtliche Herkunft als allegorische Figur Leibniz'scher Prägung, muss er doch Partei für die gesamte polare Kosmoskonstruktion ergreifen, das Gute inbegriffen: als »Teil von jener Kraft,|Die stets das Böse will und stets das Gute schafft« (1355f.).

Jedoch lässt Goethe keinen Zweifel daran, dass er die Entmythologisierung soweit vorantreiben möchte, dass einer Psychologisierung nichts mehr im Wege steht. Ausdrücklich muss deshalb Mephisto seinen judaischen Ursprung, ja sogar jegliche kosmologische Provenienz dementieren, d. h. er muss sich selbst ›entmythologisieren‹:

> Er [der Name Satan] ist schon lang ins Fabelbuch geschrieben;
> Allein die Menschen sind nicht besser dran,
> Den Bösen sind sie los, die Bösen sind geblieben. (2507ff.)

Haben wir in der Faustfigur den Typus des Suchers und späteren Verbrechers aus dem Leiden an einer epochalen »Ökonomisierung des Denkens und des Weltverständnisses« heraus (Schmidt 2001, S. 221) und damit der Reduzierung des Menschen auf eine mechanistische Partialfunktion vor uns, dann ist nach der Psychologie des Goethe'schen Spiels die ›Verteufelung‹ weniger eine moralische als eine psychische Option im Leben des bürgerlichen Menschen. Das Stigma der subjektiven Wertlosigkeit blockiert die individuelle Entwicklung, indem es einen Prozess der Selbstentzweiung in Gang setzt, der neben pathologischem auch sozialpsychologisches Konfliktpotential birgt. So wie der Teufel dem Volksmund nach »im Detail« steckt, so steckt er auch in der Introversion, sozialen Vereinzelung und vor allem in der Abhängigkeit, die immer zuerst psychische, dann soziale, schließlich politische Unmündigkeit bedeutet. Der so Geschädigte ist zugleich kleingeistig und größensüchtig; er ist triebfixiert und steckt voller Hass. Dies alles ist im Symbolinventar des diabolischen Archetyps angelegt. Nicht zuletzt darum konnten sich gerade auch autoritäre Gesellschaften samt ihren Führungen damit identifizieren, die ja die Anschwärzung, Erniedrigung, ja sogar die Massendemütigung und schließlich die Massenvernichtung zum Programm machen konnten.

Vergessen wir nicht, dass Mephistopheles als »schwarzer Hund« (1147) eingeführt und von Faust, der von sich sagt, »es möchte kein Hund so länger leben!« (376), als »Hund! abscheuliches Untier!« (HA 3, S. 137) beschimpft wird. Die mythologischen Inhalte des Archetyps ausschöpfend, schlägt der Autor schließlich eine Motivbrücke von der »Schlange« im Paradies zum »Wurme«, als den Faust sich im Tiefpunkt seiner Krise (und auf der Höhe seiner Regression) empfindet. (Vgl. Jung 2003, S. 80f.) Nunmehr wird, als *memento mori* wie im »dies irae« der Domszene (wo »favilla« als Milieu des Wurms genannt wird), aber auch als hierarchische Existenzmetapher der Staub zur »Leitvorstellung« (Schmidt 1997, S. 127): »Staub soll er fressen, und mit Lust,|Wie meine Muhme, die berühmte Schlange.« (334f.) Eben noch »Ebenbild der Gottheit« (614), bringt dieser »Faust« sein Gefühl der Wertnichtigkeit in einer Engführung aus Staub-, Wurm- und Enge-Metapher auf den Punkt:

> Den Göttern gleich ich nicht! Zu tief ist es gefühlt;
> Dem Wurme gleich ich, der den Staub durchwühlt;
> Den, wie er sich im Staube nährend lebt,
> Des Wandrers tritt vernichtet und begräbt.
>
> Ist es nicht Staub was diese Wand,
> Aus hundert Fächern, mir verenget; (652–57)

Es ist schließlich der als »Himmels-Liebe Kuss« (771) weiblich-mütterlich besetzte Gesang des Osterlieds, der an der Schwelle zum Freitod, »am Staube« (763), »kindliche Gefühle« (781) weckt, damit die Regression verstärkt – und dann doch des Auferstehungsmotivs zuliebe für den Augenblick das Schlimmste verhindert. Wenn Schmidt (1997, S. 134) die traditionelle Deutung der Musik bzw. die lutherische Deutung des Kirchenlieds als Melancholiearznei hervorhebt und dem Ostergesang in dieser Szene »therapeutische Wirkung« zuspricht, dann zeigt sich nicht nur, wie fest verwurzelt Goethe in der Melancholietradition steht und wie topisch exakt er diese Tradition einarbeitet, sondern wie modern er bereits Rituale im Sinne von Trauerarbeit gewichtet, die Narzissten »das Gefühl dauernden Gleichseins entlang der Zeitachse – ein unterscheidendes Merkmal des gesunden Selbst« vermitteln (Kohut 1981, S. 159).

7.

Kosmologie des Bewusstseins
Das Teuflisch-Unbewusste der Kultur

Im Staub also gleicht man einander: als Wurm, als Schlange, als gemeiner Hund. Die Affinität des minderwertigen Faust zur »Muhme« Satan, die das Mal der kosmologischen Minderwertigkeit trägt, ist ohne Zweifel das *tertium comparationis* der beiden Figuren, ihre konstruktive Schnittmenge. Von hier indes führt der hermeneutische Weg weiter zur Deutung der Mephistofigur als Spiegelung des Unbewussten in Faust, ist doch die (narzisstische) Minderwertigkeit mit einem Introjekt gekoppelt, das zum ›Projekt‹ externalisiert wird, umso als Fremdes und Anderes ebenso gesucht wie scheinbar xenophobisch (im Grunde autophobisch) bekämpft zu werden. Der ›Minderwertigkeitskomplex‹ bezeichnet ja eine jener ›blinden Stellen‹ im Unbewussten, die sich nur außen wiederfinden, und zwar als die Kraft, die destruktiv auf das eigene Selbst fixiert ist, d.h. als totale Negation (der ein ›totaler Krieg‹ entspricht usw.).

Verwoben mit diesem Komplex ist die Macht- und Größenfixierung auf der einen Seite und die Regression als Selbstaufhebung im mütterlichen Anfang auf der anderen. Nimmt man alle diese Antriebsmomente zusammen und denkt an die narzisstische ›Urkränkung‹ als Ursache des Ganzen, so erhält man eine scheinbar unabänderliche negative ›Front‹, welche der Idee eines souveränen Subjekts diametral entgegensteht. Derart massierte Negativität prägt nicht nur die Reversseite des Lebens im Allgemeinen, sondern z.B. auch die anthropologischen Aufklärungsentwürfe im Besonderen. Was könnte das besser symbolisieren als eine Figur, die *per definitionem* der »Finsternis« angehört?

In der Tat kann man hier beobachten, wie »Goethe an der Gestalt Mephistos den Schock einer radikalen Aufklärung ab[arbeitet], so wie ihn Schiller an der Gestalt des Franz Moor abgearbeitet hat« (Schmidt 2001, S. 169). Dass es nun aber nicht nur um Dialektik, sondern auch um Psychodynamik geht, deutet Peter Michelsen (1993, S. 229f.) so an:

Es ist, als ob der Teufel, dem der Einlaß in den menschlichen Geist durch das herrschaftliche Hauptportal der Ratio verwehrt wurde, sich durch die Hintertür der Einbildungskraft in das Gemüt des Menschen Eingang verschafft hat. Man kann sich des Eindrucks nicht erwehren, daß die hochgemute Überzeugung des autonomen Subjekts »Wenn ich nicht will, so darf kein Teufel sein« (Faust, V. 6791) oft genug durch ein hinterhältiges Beinstellen desselben erbärmlich zu Fall gebracht wird.

Tatsächlich entgegnet Mephisto dem neunmalklugen Baccalaureus, einem radikalisierten Wagner, der (ähnlich wie Franz Moor) die Saat eines totalisierten Rationalismus zur ›Reife‹ bringt und so seinem Namen alle Ehre macht: »Der Teufel stellt dir nächstens doch ein Bein.« (6792) Mit dieser Nuancierung des Teufels als Verkörperung einer »Psychopathologie des Alltags«, die der skrupellose Vulgärmaterialist im Zaum halten will, wird eine Dimension sichtbar, die es erlaubt, in der Mephistofigur statt des kategorial ›Bösen‹ nun eine Schicht oder Eigenschaft des Bewusstseins zu sehen, die ›Böses‹ isoliert und ›Böses‹ bewirken kann: das Unbewusste[24].

Die ethische Bedeutung geht dabei mit der psychodynamischen verloren. Eine Klammer zwischen der Kategorie des Bösen, seiner platonischen Hypostasierung und seiner psychologischen Qualität in ätiologischer Hinsicht ist die Leibniz'sche Bestimmung: »Le mal est une privation de l'être.« (Leibniz 1840, S. 153) Damit gerät ein anthropologisches Modell in Sicht, das in Antizipation Jung'scher Theorien das kollektive Archetypische mit der individuellen Psyche verbindet und eine Brücke schlägt zwischen psychogenetisch wichtigen Kulturfaktoren, wie z.B. der Religionsmythologie, und individueller seelischer Entwicklung. Wie präzise Goethe den Archetyp mit dem kollektiven und individuellen Unbewussten assoziiert, zeigt vor allem eine Analyse der relevanten Textpassagen in den Szenen *Studierzimmer I und II*. Hier stellt sich Mephisto mit den berühmten Worten vor:

Ich bin ein Teil des Teils, der anfangs alles war,
Ein Teil der Finsternis, die sich das Licht gebar,
Das stolze Licht, das nun der Mutter Nacht
Den alten Rang, den Raum ihr streitig macht,
Und doch gelingt's ihm nicht, da es, so viel es strebt,
Verhaftet an den Körpern klebt.
Von Körpern strömt's, die Körper macht es schön,
Ein Körper hemmt's auf seinem Gange,
So, hoff ich, dauert es nicht lange
Und mit den Körpern wird's zugrunde gehen. (1349–58)

Mephistos Visitenkarte ist eine kosmologische Parabel, in der es, leicht erkennbar, um den menschlichen Lebensweg von der Geburt zum Tod geht. Unschwer ist die Licht-Finsternis-Metaphorik hier in Bezug zu setzen zur stammes- und individualgeschichtlichen Entwicklung des Menschen, insbesondere zur Herausbildung des Bewusstseins aus dem Unbewussten als agonalem Kampf, bei dem letztlich das Unbewusste, so sehr es, ja gerade *weil* es kulturgeschichtlich ausgeklammert werden soll, die Oberhand behält.

Man hat diese Parabel oft genug geschichtsphilosophisch gelesen, ohne zu sehen, dass hier nicht nur die Geschichte des Lichts als des ›strebenden‹ Geistes, der gar die triebhafte Körperlichkeit überwinden soll, erzählt wird; nicht nur die Geschichte der Finsternis als des naiven, vorzivilisatorischen Zustands, sondern auch und gerade die Geschichte des Unbewussten als des Bewusstseinsfernen und -feindlichen und – die eigentliche Geschichte des Teufels!

Es ist dabei mehr als ein Spezifikum der Aufklärung, dass der Teufel seinen Sitz im Unbewussten als der lichtabgewandten Seite des Bewusstseins hat. Es entspricht auch den einschlägigen psychoanalytischen Theoremen, die ja nicht umsonst Verdrängungsaktivitäten auf negative Erfahrungsinhalte beziehen. Die Welt der Komplexe, ja die Komplexbildung selber ist als ganze die Domäne des Unbewussten. Verdrängt wird, was nicht ertragen werden kann. So ist Mephisto mit Verdrängung, Schlaf und Traum assoziiert, aber auch mit den aus allzu großer Selbstagonie stammenden Impulsen der Regression (»Mutter Nacht«[25]). Als Herr der »Geister«, die Faust den Schlaf bringen, gebietet er dem »Traum« und dem »Wahn«. Nur so gelingt es ihm, wieder aus dem Studierzimmer hinauszukommen. Jetzt, wo er Fausts Bewusstsein unterlaufen hat, ist es an ihm zu frohlocken: »Du bist noch nicht der Mann den Teufel festzuhalten! | Umgaukelt ihn mit süßen Traumgestalten, | Versenkt ihn in ein Meer des Wahns;« (1509–11). Das Meer taucht dann als Kulisse in einem geradezu idealtypisch narzisstischen Flugtraum auf, und wir wundern uns einmal mehr über die Authentizität des hier gegebenen Charakterbildes[26]. Als Faust dann erwacht, traut er seinen Sinnen nicht mehr, hält Teufel und Pudel für seine Fantasien und lässt offen, ob letzterer aus ihm hervor oder von ihm weg ging:

> Bin ich denn abermals betrogen?
> Verschwindet so der geisterreiche Drang,
> Dass mir ein Traum den Teufel vorgelogen,
> Und dass ein Pudel mir entsprang?« (1526ff.)

Wenig später, als Mephisto zu seinem zweiten Besuch erscheint, erzählt ihm Faust von seinen Alpträumen und gibt sich als Opfer neurotischer Zwänge zu erkennen, die ihm alle Lust in Leid verwandeln. Eine starke Über-Ich-Dominanz wird als Aggregat entfesselter Wünsche bestimmbar. Den daraus erwachsenden Konflikt bringt er selber mit seinem Selbstmordwunsch in Verbindung:

> Nur mit Entsetzen wach ich morgens auf,
> Ich möchte bittre Tränen weinen,
> Den Tag zu sehn, der mir in seinem Lauf
> Nicht einen Wunsch erfüllen wird, nicht Einen,
> Der selbst die Ahnung jeder Lust
> Mit eigensinnigem Krittel mindert,
> Die Schöpfung meiner regen Brust
> Mit tausend Lebensfratzen hindert.
> Auch muss ich, wenn die Nacht sich niedersenkt,
> Mich ängstlich auf das Lager strecken;
> Auch da wird keine Rast geschenkt,
> Mich werden wilde Träume schrecken.
> Der Gott, der mir im Busen wohnt,
> Kann tief mein Innerstes erregen;
> Der über allen meinen Kräften thront,
> Er kann nach außen nichts bewegen;
> Und so ist mir das Dasein eine Last,
> Der Tod erwünscht, das Leben mir verhasst. (1554–71)

Wenn er kurz darauf zu seiner ›Fluchlitanei‹ ansetzt, dann spricht er einem psychohygienischen Purismus das Wort, der in diesem Zusammenhang das einzig Positive ist, das man zu hören bekommt. Schon deshalb ist es zu undifferenziert, Faust einfach als Nihilisten zu sehen, geht es doch darum, sämtlichen »Blend- und Schmeichelkräften« (1590) der Welt den Kampf anzusagen und sich gerade deswegen mit Mephisto (dem unverblümt Negativen) zu verbinden:

> So fluch ich allem was die Seele
> Mit Lock- und Gaukelwerk umspannt,
> Und sie in diese Trauerhöhle
> Mit Blend- und Schmeichelkräften bannt! (1587–90)

Der Teufel allerdings, der hier um der »Tiefen der Sinnlichkeit« und der »glühende[n] Leidenschaften« willen (1750f.) gesucht wird, warnt Faust davor, das Kind mit dem Bade auszuschütten. So wie er ihn später »vom Kribskrabs der Imagination« (3268) für geheilt hält, so will er ihm jetzt den Kopf zurechtrücken und spielt dabei zwei Rollen auf einmal: den »Lügengeist«, der ihn »in Blend- und Zauberwerken« bestärkt (1853f.), und seinen eigenen *advocatus diaboli*, der Fausts »übereiltes Streben« (1858) schocktherapeutisch ad absurdum führt.

Jedoch kann man gewiss nicht so weit gehen und Mephisto schlechterdings zum Therapeuten *Fausts* erklären. Die Heilkraft steckt im Figurenspiel als solchem und wirkt sich also über das Textsubjekt auf den Autor und den Leser/Zuschauer aus, der im Stück sein Psychodrama agiert. Sie steckt also in der Symbolik der Figur, nicht in der Figur als Charakter. Auf der Seinsebene der Bühne ereignet sich lediglich eine gewisse therapeutische Demonstration, ironischerweise mit umgekehrten Vorzeichen: Der Teufel heilt den Doktor. Das ist z. B. der Fall, wenn Mephisto Faust letztlich alles Verdrängte in sich ausagieren lässt und dieser dabei großen menschlichen Schaden anrichtet, wie z. B. in der Gretchenbeziehung, ohne dass er sich daraus ein Gewissen macht. Hier scheint ein virtueller Schutzraum für die Behandlung geschaffen, in dem Moral keine Rolle spielen darf, so dass man Fausts periodische Regeneration auch nicht mit moralischer oder charakterologischer Elle messen darf.

Die symbolischen Heilerqualitäten der Teufelsfigur, die ja als Sprachrohr des Unbewussten auf eine Integration des Gesamtbewusstseins zielt, sind in ihrer Konzeption verankert, wo sie als »Ein Teil von jener Kraft, | Die stets das Böse will und stets das Gute schafft« (1335f.) bestimmt ist. Damit wäre das »Rätselwort« (1337) im Sinne des analytischen Prinzips der Bewusstseinserhellung und Integration durch Ausagieren und Übertragung des Unbewussten jenseits aller ethischen Problematik erklärbar. Wie der Autor will auch der Analytiker das ›Böse‹ in einem virtuellen Sinn sich ausleben lassen, damit es als negative Energie zum Vorschein kommt und in der Übertragung abgearbeitet werden kann.

Es ist nach allem Gesagten nicht verwunderlich, wenn vielen von Goethes Zeitgenossen dieser Teufel bei weitem zu unteuflisch, ja geradezu menschlich erschien,

> Nahm doch selbst die geistreiche Frau von Staël es übel, daß ich in dem Engelgesang Gott-Vater gegenüber den Teufel so gutmütig gehalten hätte! sie wollte ihn durchaus grimmiger. (zit. n. Biedermann 1910, IV, S. 474)

Eben diese Reaktion wollte Goethe bewirken, wobei es ja von Anfang an keinen Zweifel gibt, dass es generell schwer wäre, den Menschen an teuflischer

Bosheit zu übertreffen. Indem dieser danach strebt, »nur tierischer als jedes Tier zu sein« (286), bleibt letztlich dem mythologischen Teufel nur die klassische Antwort in der Baccalaureus-Szene. Als dieser Nachfolger Franz Moors zur Lösung des Alterungsproblems vorschlägt: »Am besten wär's, euch zeitig totzuschlagen«, stellt Mephisto lakonisch fest: »Der Teufel hat hier weiter nichts zu sagen.« (6789f.) Es ist dann auch kein Zufall, wenn just an dieser Stelle – Mephisto sitzt in der Maske des gealterten Faust in einem Rollstuhl – die ›Einteufelung‹ des Menschen mit der Vermenschlichung des Teufels Hand in Hand geht. Mephisto wird jetzt als ›Rolle‹ Fausts erahnbar – und umgekehrt. Die Bühne also scheint die Bühne darzustellen, wo jeder in seine Rolle schlüpft. Der Zuschauer sieht sich hinter die Kulissen versetzt, wo Menschen zu Figuren und Figuren zu Menschen werden.

8.

»Geeinte Zwienatur«
»... man ahndet etwas von dem Doppeltsein«[27]

Die Wahl gerade des diabolischen Archetyps als des vitalen Widersachers in Faust wirft freilich auch ein diagnostisches Licht auf den ursächlichen Anteil des christlichen Glaubens an der Genese solcher Psychopathologien einschließlich der Selbstwertkonflikte. Psychiatrische Untersuchungen zum (religiösen) Wahn erhielten in der Goethezeit erstmals eine empirisch-wissenschaftliche Richtung. Der Mediziner Büchner beschäftigte sich im Zuge seiner Lenz-Recherchen mit einigen der damals häufigen Fällen von religiösen Melancholien, zu denen das Leiden an der erbsündigen Existenz mit suizidalen Straffantasien gehörte, nicht selten auch, wie bei Lenz in Büchners Novelle, der Wahn, die »Sünde in den heiligen Geist« begangen zu haben (Büchner 1998, S. 25), für die es im christlichen Kosmos keine Vergebung gibt.

Religiöser Wahn und ekklesiogene Neurosen gehören bis weit ins 20. Jahrhundert hinein zu den öffentlich wahrgenommenen Psychopathologien in Europa[28]. Bis heute sind die Auswirkungen der religiösen Erziehung auf den Menschen ein Gegenstand der psychiatrischen und psychologischen Forschung. Da das religiös geprägte Kind oft ein stark normiertes und bindungsschwaches Kind ist, das mit Geboten und Verboten aufwächst und starke Schuld- und Schamgefühle angesichts seines kaum je genügenden ›sündigen‹ Selbst empfindet, ergibt sich ein idealer Nährboden für spätere Depressionen, Neurosen und unter Umständen schwere Wahnerkrankungen. Das in einer christlichen Kulturgemeinschaft aufwachsende Kind ist leicht versucht, aus der Not des Leidensdrucks nach dem christologischen Märtyrerbild eine Tugend der Leidensfreude oder gar Leidensseligkeit zu machen.

Auch Goethe war die (pietistische) Leidensmystik zeitlebens ein Stein des Anstoßes. Die Geringschätzung des Endlichen vor dem Unendlichen, die gnostische Bevorzugung des Seelischen vor dem Leiblichen, wie sie im abendländisch-christlichen Kulturraum z.T. bis heute noch heimisch sind, stellen ja an sich schon Faktoren dar, die sich im Seelenleben eines Menschen niederschlagen müssen. Wenn die theologische Interpretation des Menschenbildes dazu führt, dass dessen Maße am »Ebenbild Gottes« abgenommen werden, entsteht ein permanentes ›Erfüllungsdefizit‹, das die anthropologische Substanz unter extremem Rechenschafts- und Nachahmungsdruck setzt. Die Schablone des christlichen Schöpferurbilds, wenn sie sich dem konkret Menschlichen überstülpt, sorgt dafür, dass das konkrete Individuum seinem idealischen Ur- und Vorbild stets nachgeordnet ist. Der Konflikt mit dem Ich-Ideal ist damit ebenso angelegt wie die Verlockung, ja die Prädisposition zum Rationalismus und zur Megalomanie: Der Mensch muss die ihm von der Schöpfungshierarchie zugemessene Herrschaftsrolle spielen, die ihm seine schlichte Herkunft aus der Natur aberkennt. Dazu muss er sich aber vor allem über seinen Intellekt definieren, der ihn vor allen Lebewesen auszeichnet. Er muss über sich hinauswachsen und seine Auserwähltheit als Mal und Maske auf der Stirn tragen. Damit gerät er aber immer wieder in Konflikt mit seiner anthropologischen Ausstattung, die ihm jetzt schäbig vorkommt, und ist auch schon aus diesem Grunde zum Leiden an sich selbst bestimmt. »In jedem Kleide werd ich wohl die Pein|Des engen Erdelebens fühlen«, sagt Faust. (1544f.)

Wenn megalomane Fantasien allgemein zu den psychodynamischen Folgeerscheinungen von Erfahrungen des Ungenügens gehören, dann tritt dieser Effekt im Milieu bürgerlich-materialistischer Wertsysteme desto heftiger auf. Dabei kommt naturgemäß der Sterblichkeit die allerhöchste narzisstische Brisanz zu, stellt sie doch eine Realität des materiellen Zerfalls dar, die von der isolierten Vernunft nur als äußerste Kränkung und Kapitulation der menschlichen Substanz zu begreifen ist. Es handelt sich dabei aber nicht so sehr darum, mehr sein zu wollen, als die menschliche Substanz hergibt – das würde bedeuten, dass man genauso gut die Wahl hätte, sich zu bescheiden –; vielmehr entspringen alle Formen der grandiosen Selbstübersteigung, wie z. B. der Anspruch auf ›ewiges Leben‹ oder auf Herrschaft und Macht, einer paranoiden Abwehr von äußerer Bedrohung, deren schlimmste der (*nota bene*: von außen erwartete) Tod ist, und einem tief empfundenen Inferioritätsgefühl. Beides setzt als kollektives Phänomen, als das es angesichts der Syndrome zu gewichten ist, eine Geschichte der kulturellen Prägung voraus. In ihm wird auch eine der Wurzeln der Religionen erkennbar. »Der Gottesglaube der monotheistischen Religionen dürfte wohl keinen anderen Ursprung haben als jenes Gewahrwerden der menschlichen Ohn-Macht und Selbst-Schwäche.« (Battegay 1991, S. 211)

Es erscheint dann nicht als Zufall, wenn Faust erst nach dem Bündnisschluss mit Mephistopheles zu seinem ungehemmten Narzissmus findet, in welchem sich zugleich der Masochismus als starke Antriebskraft formiert. Nunmehr steht das metaphysische ›*empowerment*‹ zur Verfügung, das dem

Größenwahn eine kosmologische Richtung gibt. Die äußerste Schwäche, wie sie im Suizidversuch zum Ausdruck kam, kann sich jetzt in eine zynische Allmachtsillusion verwandeln:

> Du hörest ja, von Freud' ist nicht die Rede.
> Dem Taumel weih ich mich, dem schmerzlichsten Genuss,
> Verliebtem Hass, erquickendem Verdruss.
> Mein Busen, der vom Wissensdrang geheilt ist,
> Soll keinen Schmerzen künftig sich verschließen,
> Und was der ganzen Menschheit zugeteilt ist,
> Will ich in meinem innern Selbst genießen,
> Mit meinem Geist das Höchst' und Tiefste greifen,
> Ihr Wohl und Weh auf meinen Busen häufen,
> Und so mein eigen Selbst zu ihrem Selbst erweitern,
> Und, wie sie selbst, am End auch ich zerscheitern. (1776–84)

Die platonisch-gnostische Dualisierung auf Kosten des Natürlich-Menschlichen ist eine Sache; die narzisstische Scham angesichts der Unzuträglichkeit des anthropologischen ›Materials‹ eine andere. Goethe, der sich gegenüber Lavater selbst ein »dezidierter Nicht-Christ« oder »Heide« nannte, siedelte seinen Mephistopheles nicht nur am dialektischen Gegenpol der Aufklärung an, sozusagen als die Schatten-Seite der Faust-Figur – hier darf man an den Jung'schen Persönlichkeits-»Schatten« im Sinne auch des kollektiven Unbewussten denken (vgl. Jung 2003, S. 7–43) –, sondern er nutzt auch konsequent den mythologischen Bedeutungsvorrat dieses Archetyps, soweit er zur altjüdischen und später christlichen Kosmologie gehört (im Übrigen gibt es in allen großen Weltreligionen Teufelsfiguren). Dazu zählt vor allem die Eigenschaft des vom Himmel in die Hölle gestürzten Engels.

»Des Chaos vielgeliebter Sohn« (8027) geht ursprünglich auf den »Engel der Morgenröte« (Jesaja, 14,12) zurück, den die Septuaginta vom hebräischen ›ha satan‹ in διαβολος (Teufel) übersetzte und den die Kirchenväter mit Luzifer gleichsetzten. Luzifer – bei den Römern trug Venus diesen Namen, weil sie mit Aurora das Licht brachte – ist ein ›gefallener Engel‹. Da er gegen Gott revoltierte, wurde er vom Erzengel Michael in die Hölle verstoßen. Dieser tritt im *Prolog im Himmel* auf, wo Goethe an einer weiteren archetypischen Funktion des Teufels anknüpft: der des Boten, der Gott über das Geschehen auf der Erde auf dem Laufenden hält (andernfalls könnte der Teufel kaum »im Himmel« vorsprechen).

Tiefenpsychologisch hat man den ›Verstoß‹ Satans als archetypischen Paradefall für eine narzisstische Urkränkung mitsamt der daraus folgenden

Destruktivität gesehen. André Green (2003, S. 284) weist auf Luzifer hin im Zusammenhang mit der Frage »Warum Böses?« und gibt zu bedenken: »Erhebt sich Luzifer nicht deshalb gegen Gott, weil er nicht mehr der Lieblingsengel des Ewigen ist?« »Satan als der destruktive Narzisst« (Britton 2001, S. 85) ist eine nahe liegende Allegorese, weil die im destruktiven Narzissmus frei werdenden Energien sich in sadistischen Handlungen auswirken können, für die man gemeinhin im Volksmund das Adjektiv ›teuflisch‹ kennt.

Nimmt man alle diese Bedeutungssegmente zusammen, dann eignet sich Goethes »Fliegengott« (1333), wie Faust den Archetyp halb dämonisierend, halb satirisch in Anlehnung an die griechische Wurzel nennt, ideal, um Symptomatik und Ätiologie der narzisstischen Persönlichkeitsstörung im Modell zu erfassen. Der Nihilismus des Bösen scheint dabei nur auf den ersten Blick metaphysisch abgefedert. Das Argument, zu einer Begegnung mit dem wirklichen, dem untranszendent Bösen komme es im Drama nicht, lässt sich nicht aufrecht halten, wenn man die im Mephisto-Faust-Modell beschriebene Dynamik (und das darin enthaltene Zerstörungspotential) als solche würdigt und der Tatsache Rechnung trägt, dass Goethe hier mit Olympieraugen letztlich eine menschliche Komödie beschreibt, die allerdings – Kohut (1981, S. 248) spricht vom narzisstisch Gestörten als dem »Tragischen Menschen« – tragische Züge besitzt, handelt es sich doch um Pathologie, um seelische Dysfunktion. Zu diesem Modell passt auch, dass Faust als »guter Mensch« apostrophiert ist, von dem es heißt: »Ein guter Mensch in seinem dunkeln Drange|Ist sich des rechten Weges wohl bewußt.« (328f.) Das lenkt, von der Theologie der Ebenbildlichkeit einmal abgesehen, die Problematik von der moralischen Qualität ab und fokussiert das gesamte Geschehen auf eine anthropologische, speziell psychologische Versuchsanordnung. Soll es etwa ›gut‹ sein, fragt man sich, dass Faust am Ende des zweiten Teils in der Rolle des Landusurpators die beiden Alten Philemon und Baucis kaltblütig zur Seite schaffen lässt, um sein Werk zu vollenden? Die Antwort heißt: nein, natürlich nicht, aber es geht hier um eine psychische Handlung (als Teil des virtuellen Psychodramas), die im Milieu der Kultur selbst ihre Wurzeln hat und daher über eine ›Kulturpathologie‹ auf die Individuen wirkt. Nachdem Faust mit den Worten: »So fluch ich allem was die Seele|Mit Lock- und Gaukelwerk umspannt« (1587ff.) in seiner ›Fluchlitanei‹ alle Religions- und Zivilisationswerte in den Schmutz gezogen und dabei trotz eines rhetorisch unüberbietbaren Nihilismus noch immer eher wie ein aufrechter Hiob als wie ein infamer Teufel ausgesehen hat, wird ihm die (absehbare) Gnade der letztendlichen Belohnung nur deshalb zuteil, weil er ein moribunder Mensch ist und weil die Gesundheit der Seele in zivilisatorischen Kontexten der bürgerlichen Gesellschaft eine Ausnahme von der Regel ist. (Vgl. Dumont 1999) Seine »geeinte Zwienatur« (11962), wie Goethe am Ende den Teufelspakt zur Personalunion naturalisiert, ist schlicht ein *fait accompli*:

> Kein Engel trennte
> Geeinte Zwienatur
> Der innigen beiden,
> Die ewige Liebe nur
> Vermag's zu scheiden. (11961ff.)

Faust und Mephisto sind die agonalen Seiten eines Bewusstseins, das hier öffentlich, sozusagen im anatomischen Längsschnitt, zur Schau gestellt wird. Dabei geht es nicht um Denken, nicht um Vernunftlogik, sondern um Psychologie. Um Moral geht es nur insofern und insoweit, als diese eine Mitspielerin in der Psychodynamik des Unbewussten ist. Dettmering (1998, S. 20) hat sich wohl am meisten um die psychologische Ausdeutung der Mephistogestalt verdient gemacht. Allerdings lassen seine Ausführungen das psychodynamische Zusammenspiel noch im Wesentlichen außer Acht: »Mephisto [ist] weniger metaphysischer Gegenpol Gottes als vielmehr psychologischer Gegenpol Faust, der immer dann als Stachel wirksam wird, wenn Faust in Betrachtung, Anschauung, Enthusiasmus oder ›Langeweile‹ verloren zu gehen droht.«[29]

Goethes Mythensprache versteht sich aus ihrer Zeit heraus, die eine Zeit epochaler Umbrüche ist und gerade deswegen nach Kontinuitäten, Verortungen im Historischen und so auch nach einer Art Kulturanamnese verlangt. Unübersehbar ist das Bemühen des Autors, in diesem Stück, das »gerade dreitausend Jahre spielt« (HA 3, S. 438), soviel Archetypisches wie möglich zu akkumulieren, um einerseits die zeitlichen und räumlichen Dimensionen des Kulturraums auszuloten und andererseits die Symbole des Unbewussten in möglichst großer, möglichst vielfältiger Zahl präsent zu machen. Der Hang zu »mythisch-absoluter Synthese« wie beispielsweise in der Helenadichtung (Wagner 2001, S. 253) entspricht dabei dem Bemühen, das Universum als wohlgefügte Architektur zu beschreiben, deren entgegengesetzte Vektoren – wie in Kleists römischem Bogen – das Ganze tragen und zusammenhalten. Darin verrät sich aber weniger der Philosoph als der »psychische Arzt« (HA 9, S. 590), der sich um den Ausgleich der auf den Menschen einwirkenden Kräfte sorgt und Störungen im soziokulturellen Milieu für pathogen hält. Nur ausgeglichene mikrokosmische Vorgänge, in denen

sich die makrokosmischen wiederholen, garantieren die seelische und kör-
perliche Gesundheit.

Die Psyche, das demonstriert der Naturforscher Goethe in diesem groß
angelegten literarischen Versuch, ist solch ein Kosmos, in dem Himmel und
Hölle eng beieinander liegen. Sein Schauspiel ist die Simulation psychodynamischer Abläufe in einem grandiosen Versuchsmodell. Was C.G. Jung (1950,
S. 11) als »Abgrund [...] zwischen Faust 1. Teil und Faust 2. Teil« erscheint,
der »die psychologische Art des Kunstschaffens von der visionären
[trennt]«, ist der Zunahme des symbolischen Zeichenvorrats geschuldet und
damit der Verdichtung des Geschehens zum mythischen Spiel. Deutlich ist
in der Tat zu beobachten, dass die psychologische Zeichnung vom Porträt-
haften wegkommt und grafischer, modellhafter wird. Der perspektivische
Fluchtpunkt rückt in die Ferne. Goethe selbst sieht im zweiten Teil »fast gar
nichts Subjektives, es erscheint hier eine höhere, breitere, hellere, leiden-
schaftslosere Welt, und wer sich nicht etwas umgetan und einiges erlebt hat,
wird nichts damit anzufangen wissen« (HA 3, S. 457). Die zunehmenden
Abstraktionen mögen ein Nachlassen des Interesses am konkret Charakterologischen verraten, wohingegen »der erste Teil aus einem etwas dunkelen
Zustand des Individuums hervorgegangen« (HA 3, S. 455), doch ist gerade
die phantasmagorische Bildersprache in ihrer Surrealität dazu geeignet, psychische Vorgänge in ihrer Dynamik und archaischen Struktur zu gestalten.
Nicht umsonst geht der Zweite Teil in monumentalen szenischen Bildern
vor sich, wobei Zeit- und Raumeinheit gesprengt sind. Wenn man hier noch
von Mimesis reden will, dann im Rahmen eines Surrealitätskonzepts bezogen auf eine Realität des Inneren, also auf Bewusstseinswelten, psychische
Räume, Fantasie, die der Zuschauer – die Stuttgarter Inszenierung Claus
Peymanns brachte das in den 70er Jahren nahe –, *in actu* erleben kann. Irmgard Wagner (2001, S. 253) spricht von »Sprachhandlung, als performance«,
weil sie im Helena-Akt, wohl richtig, Trauerarbeit vermutet:

> Demnach wäre die Helenadichtung als Trauerfantasie zu bezeichnen: ein Ex-
> erzitium im Rahmen der Trauerarbeit, das den in Marienbad verlorenen Gegen-
> stand [...] im Medium der erinnernden Einbildungskraft noch einmal her-
> vorholt, wiederholt, und damit in veränderter Gestalt zur Darstellung bringt.
> (S. 256)

9.

Suche als Sucht
Goethes zyklische Melancholieformel

Faust leidet, weil er krank ist, und nicht aus ›joy of grief‹ heraus, wie es der Zeitmode entsprach. »Entbehren sollst du!« ist seine unabwendbare Leidenserfahrung, und es handelt sich dabei selbstverständlich nicht um ein oberflächliches, gar materielles Nimmersatt-Syndrom, sondern um eine Suchtdisposition, deren Ursachen in einer irreversiblen Mangelerfahrung liegen. So gesehen, birgt Fausts Existenz keine wirklichen Geheimnisse. Als Kranker erleidet er buchstäblich ›Höllenqualen‹. Sie können selbst das Mitleid eines Mephistopheles erregen, der die Sache kennt: »Die Menschen dauern mich in ihren Jammertagen, | Ich mag sogar die Armen selbst nicht plagen.« (297f.) Sein Agieren gleicht dem Tier im Käfig, das im Kreis geht. Der Mittelpunkt, um den er kreist, wird durch eine Verneinung gebildet, die er nicht verantwortet, die Verneinung der Liebe. Auch sprachlich veranschaulicht Goethe dieses zyklische Gefangensein immer wieder in entsprechenden (kyklischen) Formeln: »Entbehren sollst du! Sollst entbehren!« (1549) oder das berühmte: »So tauml' ich von Begierde zu Genuss, | Und im Genuss verschmacht ich nach Begierde.« (3249f.) Da es in der Biografie des Menschen keine Umkehrung gibt, kann er das Entbehrte nur suchen, nicht finden.

Schon Werther litt unter der Entbehrung des Unentbehrlichen und war in diesen *circulus vitiosus* gebannt. Für ihn gab es einmal eine Zeit, »wo ich für mein Herz alle die Nahrung, den Genuß hoffte, dessen Ermangeln ich so oft in meinem Busen fühlte« (HA 6, S. 72), schließlich aber dämmert ihm auf, dass ihm ein Weg ohne Ziel bevorsteht und seine Getriebenheit – »Es hezt mich alles!« (HA 6, S. 69) – im absurden Kontrast zur Ziellosigkeit steht: »Ist nicht vielleicht das Sehnen in mir nach Veränderung des Zustands, eine innre unbehagliche Ungedult, die mich überall hin verfolgen wird?« (HA 6, S. 54)

Dass unter allen Lebensgütern und Wertzielen – dazu gehören die christlichen Kardinaltugenden Liebe, Hoffnung und Glaube (1 Kor. 13, 13) – Fausts »Fluch vor allen der Geduld« gilt (1606), wird hier unmittelbar verständlich. Denn es ist die Geduld, die sein Leiden zum einen zu konsolidieren scheint, indem sie ihm das Einverständnis mit seinem Übel abverlangt, zum anderen aber durch ihre statische Eigenart der eskapistischen Wesenscharakteristik der Krankheit frontal entgegensteht. (Vgl. Schmidt 1997, S. 137) Es ist auch die Geduld, der er mit dem Teufelsbündnis feierlich entsagt, steht doch Mephisto *per definitionem* für die Ungeduld. Als Faust ihn fragt, warum er den Verjüngungstrank denn nicht selbst brauen könne, nennt er als Grund für seine Unfähigkeit: »Nicht Kunst und Wissenschaft allein,|Geduld will bei dem Werke sein.« (2371f.) Goethe lässt den als Redakteur fungierenden Erzähler in den *Wanderjahren* sagen:

> Daß der Mensch ins Unvermeidliche sich füge, darauf dringen alle Religionen, jede sucht auf ihre Weise mit dieser Aufgabe fertig zu werden. Die christliche hilft durch Glaube, Liebe, Hoffnung gar anmutig nach; daraus entsteht denn die Geduld, ein süßes Gefühl, welch eine schätzbare Gabe das Dasein bleibe, auch wenn ihm, anstatt des gewünschten Genusses, das widerwärtigste Leiden aufgebürdet wird. (HA 8, S. 404f.)

Faust ist wie Werther auf absurden Ersatz – wahrhaft Teuflisches – angewiesen. Seine »Unersättlichkeit« lässt ihn daher nach Drogen verlangen, deren Dosierungen ständig wachsen und deren Stimulanzien an Effizienz und Charakter zunehmen müssen, so dass im Augenblick der Befriedigung das Bedürfnis von neuem wächst – bis schließlich dem unendlichen Verlangen nur noch die Auslöschung die unendliche Erfüllung ersetzt. Das ist der Sinn dieser viel zitierten, viel umrätselten oder wie Erich Trunz sagt: »schwierigen Verse« (HA 3, S. 514), deren psychologische Substanz in Kohuts (1976, S. 66) Konzept des unstillbaren narzisstischen »Objekthungers« aufgeht:

> Doch hast du Speise die nicht sättigt, hast
> Du rotes Gold, das ohne Rast,
> Quecksilber gleich, dir in der Hand zerrinnt,
> Ein Spiel, bei dem man nie gewinnt,
> Ein Mädchen, das an meiner Brust
> Mit Äugeln schon dem Nachbarn sich verbindet,
> Der Ehre schöne Götterlust,
> Die, wie ein Meteor, verschwindet.
> Zeig mir die Frucht die fault, eh man sie bricht,
> Und Bäume die sich täglich neu begrünen! (1675–87)

Er hält nichts fest, probiert, ohne zu kosten, schafft nichts auf Vorrat, rast

> in das Rauschen der Zeit,
> Ins Rollen der Begebenheit!
> Da mag denn Schmerz und Genuss,
> Gelingen und Verdruss,
> Miteinander wechseln wie es kann. (1754–58)

An dieser Stelle überschreitet Goethe das traditionelle Melancholiekonzept am deutlichsten, ja er deutet es im Horizont des Narziss-Mythos um und unterlegt ihm zusätzlich eine Signifikanz im Sinne einer tragischen Pathologie. Denn nicht nur ist das Motiv der Toleranzsteigerung *ad infinitum* so nicht im traditionellen Topos enthalten. Auch das sterile Kreisen um sich selbst, die Verflachung der Emotionalität und die quantitative Auslegung der Lebensansprüche neben der Unfähigkeit zu wirklicher Objektbeziehung stellen eine weit stärkere Profilierung des Syndroms dar als die herkömmliche Melancholiediagnostik dies vorsah.

Wenn Narzissus in der Ovid'schen Mythosfassung ausruft: »votum in amante novum: vellem quod amamus abesset!«[30] haben wir die deutlichste Vorprägung des tragischen Nein zum Ja bzw. des Ja zum Nein vor uns. Faust ist so der Besessene im Wortsinn, der absurde Sucher ohne Ziel, geprägt nach dem Vorbild des Narzissus, der von sich sagt: »inopem me copia fecit.«[31] (Orlowsky 1992, S. 70) Sein Arsenal an Ablenkungen und selbstreflektorischen ›Götterbildern‹ von Gretchen bis Helena ist unbegrenzt. Einmal aufgebrochen und »vom Himmel durch die Welt zur Hölle« unterwegs (242), gleicht nur noch die reine Bewegung einer wirklichen Suche. Die vielen Masken können nicht darüber hinwegtäuschen, dass es ein Ruhen in sich selbst, ein Selbst-Sein nicht gibt. Die ganze Faust'sche Welt- und Himmelfahrt erscheint in diesem Licht als tragischer Versuch, ein fest gefügtes, integrales Selbst zu finden.

Dies als Merkmal des modernen Menschen schlechthin zu begreifen, macht meines Erachtens vor allem dann Sinn, wenn man das sozialpsychologische Bild einer Kulturkrankheit auf individuelle seelische Störungen zurückführt. Im Hinblick auf die Gesamtdichtung des Faust schreibt Schmidt (2001, S. 220):

> Wie sich Goethe für die Grundtendenzen und die strukturellen Kontinuitäten in den verschiedenen Bereichen der ›modernen‹ Zivilisation interessierte, so machte er anthropologisch synthetisierend die Faustfigur in ihrem Verhalten wie in ihrer inneren Verfassung zu einer repräsentativen Figur der Moderne.

Die Faustfigur selbst kann natürlich so wenig wie die Wertherfigur wissen, was ihr in ihrem »Wahn« (4) wirklich fehlt. Sie kann die Symptome beschreiben, mehr nicht. Auch Goethe kann seinen »schwankenden Gestalten« (1) keine Diagnose stellen, die über das Pathologiewissen seiner Zeit wesentlich hinausginge, doch weiß er – das zeigt der Vertikalschnitt durch die abendländische Geschichte im Horizont der Melancholietradition –, dass es sich um ein kulturbedingt-zivilisatorisches Phänomen handelt, das mit der immer stärkeren Autonomisierung des rationalen Bewusstseins gegenüber dem Unbewussten, der immer stärkeren Normierung der Persönlichkeit zu tun hat.

Dieser Prozess mag nicht erst mit der Neuzeit, sondern bereits vor »dreitausend Jahre[n]« begonnen haben (HA 3, S. 438), womit Goethe vielleicht den Beginn der Zivilisation überhaupt meint; wohl aber scheint er seit deren Beginn epidemisch geworden zu sein, wenn man Faust zum Exempel nimmt.

Die Figuren- und Handlungskonzeption im *Werther*, im *Faust*, insbesondere die Ästhetik des Unbewussten in der Gestaltung der (psychodynamischen) Faust-Mephisto-Szene beweist Goethes tiefenpsychologische Intuition, die er dem eigenen Anschauungsbeispiel, seinen psychosomatischen Krankheiten, darunter seinen Melancholien verdankte (vgl. Oberhoffer 1949; Valk 2002, S. 6–9). Er muss geahnt haben, dass die Symptome auf einen tiefen narzisstischen Sättigungsmangel im Aufbau des Selbst, kulturgeschichtlich auf die rigorose Pragmatisierung des Menschenbilds durch Herabstufung des Primärmenschlichen unter die ökonomischen Werteprioritäten zurückgehen.

Die spezifischen Leidenszüge, wie sie uns im *Faust* und in anderen Werken jener Zeit begegnen, lassen vermuten, dass die Ursachen des Mangelsyndroms, wie sie in kulturvermittelten Unterlassungen oder Handlungen zu suchen sind, die den Wert des Menschen und des Menschlichen direkt und indirekt in Frage stellen, durchaus im Horizont der Zeitgenossen lagen. Wenn Wieland (1774, S. 241) in seiner *Werther*-Rezension von 1774 vom »Gemälde eines inneren Seelenkampfes« spricht (vgl. Braun 1969, S. 68f.), dann gilt das auch und besonders für *Faust*. Immer tiefer gerät dieser in eine Unglücksspirale, indem er die »Unersättlichkeit« zur Tugend kultiviert und schließlich Geist und Natur für unvereinbar hält: eine verhängnisvolle Konstellation, die die Mobilisierung des Unbewussten und somit den Teufel als Inbild der Depravationen und zynische Selbstfiktion zur Folge hat. Gerade das Hinausstellen des unliebsam Eigenen als unberufenes *alter ego* lässt ja auf Selbstentfremdung und Selbsthass schließen und bringt, pathetisch gesprochen, ›das Böse‹ hervor. Hinausstellen heißt Isolation, Desintegration, weitere Depravation von Selbstanteilen, das Gegenteil von psychischer Verinnerlichung und gesamtpersönlicher Integration. Der Teufel, um ein geometrisches Bild zu gebrauchen, kommt mit dem Verlust der Mitte: wenn mit der exzentrischen Ausbeulung der Kreislinie eine Ellipse um zwei Zentren entsteht. Mephisto und Faust – das sind die zwei Brennpunkte eines konfligierenden Geistes.

»Halb Stoiker und halb Epikureer«[32], wie Goethe sich im Gespräch mit Falk charakterisierte (Biedermann 1910, IV, S. 469), ortete Goethe die Problematik des ›Faustischen Wesens‹ aber nicht nur im Spektrum der tiefenpsychologisch interpretierten Melancholiekonzeption, sondern auch im Koordinatenfeld der antiken Philosophie. Daran hat der französische Philosoph Pierre Hadot (2002, S. 113–122) wieder erinnert. Das Melancholiekonzept, das in die psychodynamische Interaktion zwischen der Faust- und der Mephistofigur hineinverwoben ist, präsentiert sich so spannungsreich vor der Kontrastfolie der stoischen bzw. epikureischen Weisheitsideale. In philosophischer Sicht erscheint Faust geradezu als Typus des hellenisch-römischen ›Un-Weisen‹, der über unzähligen Irrungen seines Strebens auf dem langen Marsch zur Würdigung des Augenblicks ist, den zu leben für den Epikureer lustvoller Genuss, für den Stoiker Pflicht, für beide der einzig vernünftige Weg zur Daseinsbejahung und Daseinsbewältigung ist.

Aber führt der Weg dieses Melancholikers, der sich in andauernder Selbstüberschätzung und Geringschätzung des Augenblicks, ja im buchstäblichen ›Überfliegen‹ alle Freude am Leben sabotiert, wirklich in die Freiheit einer philosophischen, ja sogar philosophisch reflektierten Freiheit? Nur, wenn man, wie Hadot, die imaginäre Szene im dritten Akt des zweiten Teils als Höhepunkt erachtet, wo ihm Helena ihre Hand anbietet und Faust darauf kommentiert: »Durchgrüble nicht das einzigste Geschick | Dasein ist Pflicht und wär's ein Augenblick.« (9417f.) Davor hatten beide im Duett gedichtet:

FAUST. Nun schaut der Geist nicht vorwärts nicht zurück,
Die Gegenwart allein –

HELENA. Ist unser Glück. (9381ff.)

Das wäre in der Tat eine Wende, aber es ist, wie man weiß, nur eine Retardierung, bevor die Karriere des Unmenschen ihren kulminierenden Lauf nimmt. Ein Traum von Harmonie? Es ist in der Tat ein Traum, jedenfalls ein ›anderer Zustand‹, in dem Helena die Stimme des Unbewussten übernimmt, das sich mit dem in sich ruhenden »Geist« nun vereinen kann.

Goethe hat in der Trias (oder sollte man sagen: Trinität?) von Faust,

Mephisto und Helena die Essenz seiner *Faust*-Dichtung gesehen. In diesem ganzen Akt wird Faust das Milieu eines Wunschtraums bereitet, das mit den Alptraumphantasmagorien der vorausgehenden *Klassischen Walpurgisnacht* kontrastiert, die unter der Regie Mephistos steht. Dort war es das sich selbst idealisierende Subjekt, die megalomane Fantasie, die zur Wirkung kam, hier nun ist es das ideale Objekt der klassischen ›Traumfrau‹ als Selbstobjekt. Nur ein illusionäres Spiel im Spiel kann diesen gelebten Augenblick vor Fausts inneres Auge bringen und dem Zuschauer als Schein entlarven. Nur ein solches auch zieht keine Ahndung nach sich, handelt es sich doch im glücklichen ›Verweilen‹ mit Helena eigentlich um einen Verstoß gegen die Paktbedingungen. Mephisto, der Spaltteufel, bleibt angesichts der Großen Synthese in diesem Akt der Bühne fern – um dann im 4. Akt desto wirkungsvoller mit einem Kriegsszenario aufzuwarten und Faust ein Heer an die Hand zu geben.

Das Weitere ist, wie häufig dargestellt, eine Orgie der Gewalt, bleibt doch die »Geeinte Zwienatur« als solche unbefriedigt und unbefriedet bestehen, ja es kommt sogar noch schlimmer: Der ungestillte Narzissmus nimmt mit dem Alter – Faust soll in Eckermanns Erinnerung an ein Gespräch mit Goethe am 6. Juni 1831 im 5. Akt »gerade hundert Jahre alt sein« (HA 3, S. 458) – an Polarisierung und Brisanz zu, wie es im Übrigen allen therapeutischen und klinischen Erfahrungen entspricht. Zuletzt genügt der kleine Besitz der beiden Alten, Philemon und Baucis, um Neid und narzisstische Wut zu entfachen und Mephistos überschießende Mordmaschinerie in Gang zu setzen. Jochen Schmidt (1990, S. 230) beschreibt diese Eskalation mit der psychologisch richtigen Pointierung auf die narzisstische Apotheose hin:

> Während die Protagonisten des anderen großen Alterswerks, der *Wanderjahre* […] um des Sozialen willen der eigenen Individualität bis an die Grenze der Selbstaufgabe entsagen, dient dem kolonisierenden Faust das soziale Engagement nur zur Selbstbeseligung und zur Ich-Expansion. Sein Streben steigert sich ins Gewaltsame, sein auf den »Weltbesitz« gerichteter Anspruch nimmt totalitär-inhumane Züge an. Verräterisch respondieren im letzten Monolog die »Millionen«, die beglücken zu wollen er sich einredet, den »Äonen«, die er selbst in seinem Ruhm weiterzuleben wünscht.

10.

Sublimation des Strebens
Himmelfahrt und Heilende Kunst

Ausgerechnet in der grandiosen Vision des scheinbar gemeinsinnigen Zukunftsarchitekten (mit manchen Zügen eines Volkspatriarchen), also im irrealen Vorgriff auf künftige Taten, Ehren und Verdienste empfindet Faust dann das Glück des Augenblicks:

> Solch ein Gewimmel möcht' ich sehn,
> Auf freiem Grund mit freiem Volke stehn.
> Zum Augenblicke dürft' ich sagen:
> Verweile doch, du bist so schön!
> Es kann die Spur von meinen Erdetagen
> Nicht in Äonen untergehn. –
> Im Vorgefühl von solchem hohen Glück
> Genieß' ich jetzt den höchsten Augenblick. (11579–86)

Das scheint freilich absurd. Doch zeigt sich darin, wie wir gleich sehen werden, mehr als das für Megalomanien charakteristische ›Überfliegen‹ und gedankliche Vorauseilen, das somit nicht nur die moderne Fortschrittsdynamik, sondern allen voran ihre ›Macher‹ kennzeichnet.

Indem er die Worte spricht, die dem Pakt gemäß seinen Tod besiegeln, fragt man sich allerdings, warum sein Grab bereits davor geschaufelt wurde, und bezweifelt, ob es überhaupt rechtens sei, dass illusionär vorgreifendes Glücksempfinden (statt des realen) unter die Vertragsklausel fällt. Gewiss, Faust knüpfte die Bedingung von Anbeginn an einen Sprechakt:

> Werd ich zum Augenblicke sagen:
> Verweile doch! du bist so schön!
> Dann magst du mich in Fesseln schlagen,
> Dann will ich gern zugrunde gehen! (1699ff.)

Und nun hat er es ›gesagt‹. Muss man sich also damit abfinden, dass es auch *sub specie aeternitatis* nur um Wortklauberei geht? In der Tat wird der Teufel hier lediglich seinem Ruf gerecht, ein »Pedant« (1716) und »Sophiste« (3050) zu sein. Faust sinkt tot um, und Mephisto macht sich Hoffnung auf die unsterbliche Seele. Ausdrücklich gibt er zwar zu erkennen, dass er um die Differenz zwischen Fantasie und Wirklichkeit weiß, wenn er Fausts Tod mit den Worten kommentiert:

> Ihn sättigt keine Lust, ihm g'nügt kein Glück,
> So buhlt er fort nach wechselnden Gestalten;
> Den letzten, schlechten, leeren Augenblick,
> Der Arme wünscht ihn festzuhalten. (11587ff.)

Dennoch ist das offenbar kein Grund, nicht doch Recht behalten und den Lohn der Mühe einstreichen zu wollen. Dem Teufel scheint jeder Vorwand recht, der ihm zu seiner Beute verhilft. Den Zuschauer dagegen lässt das, wenn auch nicht am Recht, so doch an der Richtigkeit zweifeln. Irritiert ist er nur, weil die buchhalterische Akribie des Teufels auf den ersten Blick als das noch reputierlichste Merkmal seiner ansonsten auf Destruktion angelegten Sphäre schien. Es geht ihm wie Faust, der einst ungläubig feststellte: »Die Hölle selbst hat ihre Rechte?« (1413), wobei er Chaos und Ordnung noch für kategoriale Antinomien hielt – ein Irrtum, wie sich bald herausstellte, jedenfalls insoweit das Recht durch eine starre Vollzugsautomatik in Erscheinung tritt wie hier.

Deuten wir Mephisto auf unserer Linie als Sprecher des Unbewussten, so sieht man ihn hier die neurotische Welt der Zwänge repräsentieren, der sachlich die Haarspalterei, moralisch die Gnadenlosigkeit und juristisch die Paragrafen-fuchserei entspricht: Eigenschaften, die erneut beweisen, dass der Teufel im sprichwörtlichen Detail sitzt. Mephisto hat, wie er in der Schlusskadenz der Fausthandlung über Fausts Leiche gebeugt ist, etwas von einem Kleinkrämer und Leichenfledderer, einem schmarotzenden Geizkragen und Blutsauger – eben die Kehrseite des narzisstischen Hochstaplerwahns, der mit dem Ende des Antagonisten und der Konfliktpartnerschaft abbricht und schließlich im verfremdenden Nachspiel der *Bergschluchten* in seiner unwirklichen Psy-chodramatik des ›Strebens‹ noch einmal parodiert erscheint. Angesichts solcher Charaktermängel (die in der klassischen Psychoanalyse aus Fixierungen in der analbezogenen Phase der Reinlichkeitserziehung abgeleitet werden) erscheint er ausgerechnet auf dem Höhepunkt seiner Versucherkarriere am Tiefpunkt seiner teuflischen Souveränität. Die Erinnerung an jenen »fah-rende[n] Scolast« (1324) stellt sich ein, der sich als gemeiner Hund einschlich und dann wegen eines Drudenfußes an der Schwelle zu Fausts Studierzimmer in der Klemme saß. Der Eindruck des Kleingeists bleibt der letzte, den der Zuschauer von Mephisto mitnimmt. Wie immer fällt allerdings auch diese Eigenschaft auf Faust zurück, der eben noch um ein Stückchen Lands willen seiner Habgier freien Lauf ließ und die Ermordung dreier Menschen verschuldete. Faust und Mephisto fallen am Ende in eins.

Zwei Momente stehen also im Raum, die den Tod Fausts von dem reinen, vertraglich ausbedingten Seelenhandel und damit der Faustlegende tendenziell abzukoppeln scheinen: der nur verbale Verstoß, der nicht dem Geist, sondern lediglich dem Buchstaben der ›Wette‹ widerspricht, und die Anbahnung des Todes vor der eigentlichen Todesursache. Was bezweckt Goethe mit dieser bewusst antischematischen Auflösung? Wie immer im *Faust* relativiert sich die Mythologie, um der Psychologie Raum zu schaffen. Faust soll nicht deshalb sterben, weil die mittelalterliche Legende, die Vertragskonstruktion oder gar der Dramenplan es so wollen, sondern aus einem intrinsischen Grund: weil er nur genießen kann, was nicht ist, und dabei das Leben ein für allemal überspringt. Lebt man den Augenblick nur um der Zukunft willen, löscht man ihn aus. Die Zeit eilt voraus, die Gegenwart ist stets Vergangenheit. Faust stirbt, weil er die Uhr überdreht und damit das *Werk* (durchaus in einem Doppelsinne) zerstört: »Der Zeiger fällt.« (11592)

Aber hinzu kommt noch ein komplexes psychologisches Dilemma, das wider Erwarten einen Ansatz zur Auflösung (statt Zerstörung) enthält: Wenn die Faustfigur sagt: »Im Vorgefühl von solchem hohen Glück| Genieß' ich jetzt den höchsten Augenblick«, dann scheint er das Gefühl vom Affekt bzw. den Affekt vom Genuss abzulösen. Verhaltensbiologisch gesehen wäre das eine Denaturierung, psychologisch betrachtet ist es ein Ausdruck emotionaler Impotenz oder, besser gesagt, einer emotionalen Störung (da es eine regelrechte ›Impotenz‹ im psychologischen Sinne nicht gibt). Ein »Vorgefühl« (wie z. B. die Vorfreude) kann die Aktualität nur dann ersetzen, wenn diese enttäuschend ist oder gar unbewusst gefürchtet wird. Im letzteren Fall ist sie ein Alibi, ein selbstgeführtes Flammenschwert am Eingang zum Paradies. Und genau diese Erfahrung scheint sich hier zu manifestieren. Es ist somit nicht die ewige Wunschwiederholung im Augenblick der Erfüllung als solche, die ihn die Absage an jegliche Erfüllung erteilen lässt (das wäre eine bloße Attitüde, übrigens eine Variante des melancholischen Weltschmerzes); es ist vielmehr die Unfähigkeit, auf positive Wirklichkeit mit anderen Gefühlen zu antworten als denen der Verlustangst oder der Angst, sich (oder *sie*) zu verlieren. Triebziele, die aus traumatischen Gründen libidinös übersetzt sind, lösen Erfüllungsängste aus, die mit der Angst vor Versagen, Tabubruch, Enttäuschung oder Enttäuschtwerden einhergehen können.

Im Verhalten der Faustfigur zeigt sich, dass der Wiederholungskreislauf durch die Abkühlung des Affekts verflacht und schließlich sogar aufgehalten werden kann, wenn das Triebziel auf das eigene Selbst umgelenkt und Triebenergie dabei sublimiert wird. Der hundertjährige Faust hat den Wechsel von erotischer zu narzisstischer Libido vollzogen, wenn er kundgibt: »Es kann die Spur von meinen Erdetagen | Nicht in Äonen untergehn.« Gleichzeitig liefert er ein klassisches Beispiel von Sublimation, wenn er einzig die Vision künstlicher Landgewinnung durch Entwässerung und evtl. anschließender Urbanisierung als »das Höchsterrungene« bezeichnet:

> Ein Sumpf zieht am Gebirge hin,
> Verpestet alles schon Errungene;
> Den faulen Pfuhl auch abzuziehn,
> Das Letzte wär' das Höchsterrungene.
> Eröffn' ich Räume vielen Millionen,
> Nicht sicher zwar, doch tätig-frei zu wohnen. (11559–64)

Das in diesem Schlussmonolog Gesagte ist kein Wahn, sondern ein psychisch progressiver Schaffenswunsch, der ihn, den einzelnen, aus dem »Gewimmel« (11579) der Massen herausragen lässt und seine Artefakte in Fortführung des Begonnenen der elementaren Natur erfolgreich abgetrotzt weiß. Die weitere Aussicht auf Überwindung, Leistung, Eroberung ergänzt und nährt einen jetzt bereits gesicherten Bestand an Selbstgewissheit. Eben dieses Bestehende wiegt das Vergehende auf und sichert Faust das seelische Überleben. Der Tod ist jetzt durch narzisstische Gratifikation und die Illusion von Kontinuität überwunden. Er erhält den Charakter eines reinen Geschehens *von innen*, einer zyklischen Erneuerungsmaßnahme. Eros und Thanatos, wenn man so will, sind versöhnt.

Es scheint nun gerade so, als koinzidiere der mephistophelische Gerichtsvollzug mit der Selbstaufhebung der konfligierenden psychischen Strebungen. Das Schlussbild ist das eines glimpflich saturierten Narziss, nicht eines Narzissten. Nur so erklärt sich die Klaglosigkeit des Untergangs, bei dem ja nicht einmal ein Stoßseufzer laut wird. Auf dem Papier, auf der Bühne, in der Kunst gelingt es: »Hier wird's Ereignis« (12107). Hat Goethe hiermit seine Todesphobie überwunden, die Walter Benjamin in seinem Essay über die *Wahlverwandtschaften* diagnostizierte?

Eine Pointe des vorausgehenden Bildes, das den erblindeten Faust noch am Leben zeigt, besteht darin, dass die Realität seines Inneren sich diametral von der äußeren abhebt. Er kann zwar visuell nicht sehen, dass die Grabenden

Lemuren sind und sein Grab schaufeln statt eines Grabens, aber er scheint auch ihre Sprache nicht zu verstehen oder zumindest nicht ihr Spottlied auf die menschliche Vergänglichkeit zu hören. In krassem Widerspruch zu dem, was ist, scheint er sich zurechtzufantasieren, was sein soll. So ›gelingt‹ es ihm sogar, Mephisto als »Aufseher« (11551) zu verkennen und ganz und gar dessen zunächst zweideutige, dann aber unmissverständliche Worte zu überhören, zuletzt das Wort »Grab« (11558). Was er tatsächlich hört und versteht, bleibt offen, d. h. es ist unklar, ob es ihm nur entgeht oder ob er es (bewusst oder unbewusst) ignoriert. Sinnvoll ist sicher, Letzteres anzunehmen. Faust redet an Mephisto vorbei, weil er zuviel Lebensenergie in sich spürt, um wahrzuhaben, was geschieht. Aber diese Lebensdynamik wird nicht im Kontrast zum Kommenden vorgeführt, sondern gerade als Demonstration dessen, dass für Faust und seinesgleichen – hier wird ja ein Mensch moderner »Gesinnung« gezeigt (HA 3, S. 440) – ein Maximum an Lebensenergie vonnöten ist, um einen Zustand der sublimatorischen Befriedung zu erreichen und im Einklang mit sich selbst sterben zu können.

Faust stirbt auf dem Höhepunkt seines Strebens, weil erst dann – vergleichbar vielleicht einem Weitspringer, der für einen erfolgreichen Sprung genügend kinetische Energie in Sprungenergie umwandeln muss – der entscheidende Qualitätssprung möglich ist. Fausts Ende ist ja keine Kapitulation, sondern ein (allerdings absurder) Sieg des Lebens. Das Ignorieren der Totengräber – und wie gut passt das zu Goethe, der jedem Begräbnis auswich – zeigt einen weiteren narzisstischen Charakterzug, und zwar weniger in der Schwäche der Derealisation als in der Stärke der Konzentration, wie sie zur Erhaltung von psychischer Lebens- wie Sterbeenergie nötig ist. Allein die Dynamik der Schlussvision weist die ungestüme Lebenskraft aus, die noch in ihm steckt, z. B. wenn es heißt:

> Da rase draußen Flut auf bis zum Rand,
> Und wie sie nascht, gewaltsam einzuschießen,
> Gemeindrang eilt, die Lücke zu verschließen.
> Ja, diesem Sinne bin ich ganz ergeben,
> Das ist der Weisheit letzter Schluß:
> Nur der verdient sich Freiheit wie das Leben,
> Der täglich sie erobern muß.
> Und so verbringt, umrungen von Gefahr,
> Hier Kindheit, Mann und Greis sein tüchtig Jahr. (11570–78)

Tägliche Eroberung statt Ruhe, Gefahr statt Sicherheit: Das ist gewiss kein kleinbürgerliches Credo, dem die Faustfigur hier das Wort redet, sondern höchste, ja agonale Dynamik als Antrieb der individuellen Tüchtigkeit. Faust beschreibt hier mit einem Kernsatz das Wesen des narzisstischen Menschen, das darin bestehe, dass er sich sogar das Leben verdienen müsse. Die berühmte Formel verrät ihre Herkunft aus der Kaufmannsprache, und so erscheint auch das narzisstische Syndrom am Ende noch einmal *in nuce* als unseliger Abkömmling der Geldwirtschaft. Doch spricht Faust sich dafür aus, aus der Not eine Tugend zu machen. Dass es eine Not ist, wird hier nur indirekt in dem Wort »Gefahr« angedeutet, die zur Ausbildung der Tüchtigkeit und damit allgemein des Fortschritts vonnöten sei. In der vorausgehenden Szene *Mitternacht* lässt er sich aber ausführlicher darüber aus, wenn er sein Leben als Irrweg beschreibt und bekennt:

> Ich bin nur durch die Welt gerannt;
> Ein jed' Gelüst ergriff ich bei den Haaren,
> Was nicht genügte, ließ ich fahren,
> Was mir entwischte, ließ ich ziehn.
> Ich habe nur begehrt und nur vollbracht
> Und abermals gewünscht und so mit Macht
> Mein Leben durchgestürmt […]. (11433ff.)

Das Remedium heißt also wiederum Tätigkeit, Wirken, ›Tüchtigkeit‹ und, nicht zu vergessen, Immanenz. Nur so verbindet sich das individuelle Bewähren mit bewahrender Selbsterhaltung:

> Nun aber geht es weise, geht bedächtig.
> Der Erdenkreis ist mir genug bekannt,
> Nach drüben ist die Aussicht uns verrannt;
> Tor, wer dorthin die Augen blinzelnd richtet,
> Sich über Wolken seinesgleichen dichtet!
> Er stehe fest und sehe hier sich um;
> Dem Tüchtigen ist diese Welt nicht stumm.
> Was braucht er in die Ewigkeit zu schweifen!
> Was er erkennt, läßt sich ergreifen. (11440–48)

So wird also im gesamten Faust nicht nur an Symptomen laboriert, sondern ein handfester Therapieweg regelrecht *erfahren*, der allerdings nicht auf Heilung zielt (das wäre illusionär und daher nur ein weiteres Symptom), sondern auf Sublimation durch Kulturleistung. Es versteht sich, wie bei allen Werken Goethes, dass die Sublimation des Autors dabei die motivationale Grundschicht bildet, die durch alle Bedeutungsschichten hindurchschimmert. In ihr lässt sich der initiale Werkimpuls verfolgen, was für die *Faust*-Deutung umso wichtiger ist, als der Schaffensprozess sich hier über einen langen Zeitraum hinzog und zwischendurch immer wieder zum Stillstand kam. So sind die geistigen Summen der letzten Faustmonologe (11398–419; 11499–510; 11559–86), aber auch der Repliken der Szene *Mitternacht* bedeutsame Altersreflexionen des über Achtzigjährigen, auch wenn sie dramatisch-dynamische Zugeständnisse an die Figur bzw. das Figurenspiel machen müssen. (Der fünfte Akt wurde in den Jahren 1831 und 1832 fertig gestellt, Teile entstanden indessen bereits ab 1825. Einzelne Entwürfe stammen noch aus der Zeit, als Schiller zur Arbeit am Faust drängte.) Auffällig ist der souverän-abgeklärte Ton. Mephisto taucht als Gedanke in ihnen nicht mehr auf, ja er wird im ersten dieser letzten Monologe buchstäblich den »Traumgespinst[en]« zugeschlagen. Damit setzt eine Tendenz zur Entmythologisierung ein, die den Teufel dorthin zurücknimmt, wo er herkommt: ins Unbewusste, nachdem sein Komplexcharakter eine bewusste Erhellung und personalisierende Einbettung erfuhr. Faust will jetzt nicht mehr doppelt, sondern »als Mann allein« sein, so heißt die Pointierung, die seinen Wunsch nach psychischer Integrität in den Vordergrund stellt. Der Dialog mit Mephisto dünnt hinfort rasch aus. Die letzte Anrede: »Aufseher« (11551) gilt schon einer anderen Person. Die ästhetische und psychische Destruktion des Teufels geht mit dem Bekenntnis zur Natur und damit auch der Natur des Menschen einher:

> Noch hab' ich mich ins Freie nicht gekämpft.
> Könnt' ich Magie von meinem Pfad entfernen,
> Die Zaubersprüche ganz und gar verlernen,
> Stünd' ich, Natur, vor dir ein Mann allein,
> Da wär's der Mühe wert, ein Mensch zu sein.

> Das war ich sonst, eh' ich's im Düstern suchte,
> Mit Frevelwort mich und die Welt verfluchte.
> Nun ist die Luft von solchem Spuk so voll,
> Daß niemand weiß, wie er ihn meiden soll.
> Wenn auch ein Tag uns klar vernünftig lacht,
> In Traumgespinst verwickelt uns die Nacht […]. (11403–13)

Faust also braucht nun nicht mehr »den Gefährten, den ich schon nicht mehr|entbehren kann, wenn er gleich, kalt und frech,|Mich vor mir selbst erniedrigt« (3243ff.), sondern er hält es »der Mühe wert, ein Mensch zu sein«. Das ist ohne Zweifel ein Bekenntnis zur *conditio humana*, vor allem auch, wenn er dann »dem Tüchtigen« (11446) empfohlen wird, aufrechten

Hauptes den Gang des Lebens zu gehen, ohne nach den Sternen zu blinzeln: »Er wandle so den Erdentag entlang;|Wenn Geister spuken, geh' er seinen Gang,|Im Weiterschreiten find' er Qual und Glück,|Er, unbefriedigt jeden Augenblick.« (11449ff.) Mit der relativen Ruhe, die Faust damit gefunden hat, hat er seine Therapiemöglichkeiten ausgeschöpft. Eine Heilung, wie gesagt, ist angesichts seiner »Gesinnung« schon deshalb nicht möglich, weil diese über die individuelle Pathologie hinaus eine Zeitkrankheit darstellen und für eine Kulturpathologie stehen soll.

Warum sollte er also nicht erlöst werden? Gerade im Licht dieser Überlegungen bekommt der viel umstrittene Satz »Wer immer strebend sich bemüht,|Den können wir erlösen« (11936f.) einen unmittelbar einleuchtenden Sinn, wenn auch die grandiose Chor-Rhetorik angesichts der »Mühe [...], ein Mensch zu sein« obsolet wirkt. Goethes theatralischer *show down* setzt der monologischen Einkehr, die wir in diesen Zeilen beobachten, eine überlaute Sphärenmusik entgegen. Die endlich gefundene psychische Immanenz erscheint konterkariert und auf eine gänzlich andere, gänzlich verstaubte Bewusstseinslage hin perspektiviert. Mit den »ernsten Scherze[n]« (HA 3, S. 462), die der Autor hier seinen Lesern präsentiert, scheint eher das Bedürfnis nach einem rauschenden Schlussakkord befriedigt als noch einmal ein neuer Ausdruck gesucht, der eine abschließende Vertiefung der faustischen Problematik bewirken könnte.

Jedoch ist die barocke Montage aus katholisch-christlichen und neuplatonischen Elementen ein zu ungewöhnliches und entschieden zu außergewöhnliches Arrangement, als dass man es für die Deutung des Faust ignorieren könnte. Gerade in seiner manierierten Großartigkeit kündigt sich eine Götterdämmerung an, in seinem verbalen Rokokostuck die inflationäre Entwertung der weltanschaulichen Zeichensprache einer Epoche. Jochen Schmidt (1990, S. 253) hat das innere Baugesetz der Szene *Bergschluchten* erstmals schlüssig dargestellt und ihr ironisierendes Potential in ihrer obsoleten, ja bewusst epigonalen Emphase festgemacht:

> Indem Goethe dem realen Chaos, als dessen Hereinbruch er die Moderne im Wesentlichen begreift, ohne sich ihrer Logik entziehen zu können, in der Schlussszene die Vision eines Kosmos im Jenseits entgegensetzt, macht er die geschichtliche Überholtheit des kosmologischen Denkens deutlich.

Dabei werde »die Vorstellung des ganzheitlich geordneten Kosmos als mythologische Vorstellungsform aufgehoben [...] in einem Jenseits, das als Sphäre des Irrealen schon umschlägt ins Nichts.« (S. 256) Ich möchte dem

hinzufügen: Die Schlussszene mit ihrem genau gezirkelten, selbstparodisti-
schen Mythologiespektakel, das wie die Karikatur einer Salieri-Oper wirkt,
repräsentiert doch auch eine Welt der Archetypen, wie sie in der kollektiven
Psyche damals bereitstand und auch heute noch nicht vergessen ist. Nach der
Welt der Teufel und Dämonen, die den überwiegenden Teil des *Faust* charak-
terisiert, öffnet sich nun die Welt der Himmelsgeister und neuplatonischen
Hypostasen, die zur Erlösungsfeier der »entelechischen Monade« (HA 3,
S. 628), der ewig weiterstrebenden Seele, aufgeboten werden. Der Welt der
Hölle muss eine Himmelswelt entsprechen, die indes nicht weniger Anteil an
der Wahnbereitschaft der Seele hat als jene.

Am Ende fragt man sich, ob im Aufmarsch der Flügelwesen nicht eine
andere, eine jetzt himmlische Hölle sich selbst akklamiert? Gestaltet Goethe
hier gar eine ›glückliche‹ Psychose, ähnlich wie wir ihr am Ende von E.T.A.
Hoffmanns Roman *Der Goldne Topf* begegnen? Wie ein narzisstisches Pandämonium wirkt dieser Abgesang, ein Alptraum des Aufwärtsstrebens, ein
gewaltsamer und endgültiger Entzug des Bodens. Gab es angesichts dieser
Lage, angesichts der doch manifesten Bedrohung der Psyche durch den
»Kribskrabs der Imagination« (3268) also einen Grund, Fausts kranke Seele
nicht zu erlösen? Die Antwort ist: ja, die psychosomatische Realität. In der
»staatsstreichähnlichen Rettungsaktion« (Schulz 1988, S. 189) wird letztlich
nur deutlich, dass diese Seele nicht mehr gänzlich zu retten ist.

Wenn Gerhard Kaiser (1994, S. 594) im Hinblick auf die industrielle Fort-
schrittsspirale des 19. Jahrhunderts, die Goethe vor Augen hatte, im »irren
Streben« Fausts die »Extremierung der anthropologischen Veränderungs-
energie im Zeichen ihrer epochalen Extremierung« sieht, dann ist damit im
Grunde schon ausgesagt, dass die anthropologische Substanz dieses Experiment einer Selbsttransformation nicht überstehen kann, ohne Schaden zu
nehmen. Dr. Jekyll wäre nicht Dr. Jekyll, ohne Mr. Hyde zu sein (vice versa),
um hier an Robert Louis Stevensons Roman von 1886 zu erinnern. In der Tat
liegt dann »alles Böse, alle Verbrechen, die aus seiner [Fausts] Lebensfüh-
rung geflossen sind, […] im Rahmen dieses Strebens. Er hat nicht das Böse
um des Bösen willen getan. Er hat es in Kauf genommen, nicht gewollt.«
(S. 602) Goethe bietet in *Faust,* wie Gerhard Schulz (1988, S. 189) formuliert,

> ein Abbild der Konstruktionen, die sich der moderne Mensch schafft, um mit
> den Problemen seiner Existenz fertig zu werden. Dadurch wird aus einem alten
> Moralitätenstück ein modernes psychologisches Drama […] So bejaht Goethe
> am Ende seines ›Faust‹ doch auch wohl nur die beständigen Versuche eines
> Menschen, gegen das Chaos in sich anzugehen, in welcher Form der Zerstörung
> es sich auch äußern mag.«

Dass nur die Liebe am Ende die »Geeinte Zwienatur« (11962) scheiden kann, hebt noch einmal die Affinität der Seele mit dem Eros hervor und würdigt damit einen simplen psychologischen Sachverhalt, welchem die agonale Ausprägung der Faust'schen Lebensrealität entgegensteht. Wenn Liebe die Konstitution der Psyche bestimmt, muss die psychosoziale Wirklichkeit sich an Präsenz und Qualität des Eros messen lassen. Zur Einordnung dieser Erosfunktion lässt Goethe im Schlussbild die »seligen Knaben« auftreten, die der Pater Seraphicus in seinem »Innern« (11892) lokalisiert und schließlich ausdrücklich »in sich [nimmt]«, wie es in der Regieanweisung heißt (HA 3, S. 358). Aus diesem ›Inbild‹ von innen heraus, d.h. aus der Sicht der Kinder – zugrunde liegt das Swedenborg'sche Bild der Elementargeister, die sich in andere hineinversetzen, um durch deren Augen zu sehen – empfängt er seine Vision der »Seligkeit« (11925). Indem so der Blick die idealtypischen Kinder fokussiert, erhält der durch Liebe beseligte Kosmos eine auf die regenerativen Bedingungen weisende – und entsprechend mahnende – Bedeutungstiefe. Das Alpha und Omega der Existenz sind »Heil'ge Gefühle« (11929), die zu des »Ewigen Liebens Offenbarung« (11924) ebenso gehören wie »zum Ringverein« (11927) der glücklich tanzenden Kinder. Wenn man diese Gedankenbewegung von den allegorischen Bildern abzieht, erhält man eine Psychologie des Kindes, die dessen emotionale Welt ins Zentrum des Kosmos rückt und die Voraussetzungen ihrer Intaktheit zur Grundvoraussetzung einer gesunden Kultur macht[33].

VI.

Goethe 1823:
Elegie. »Indien des Herzens«

>»Alle Leidenschaften sind Mängel oder Tugenden,
>nur gesteigerte.«
>J. W. Goethe, *Maximen und Reflexionen*, Nr. 1251
>(HA 12, S. 533)

1.

Ewige Sehnsucht
Lyrisches Zeitdokument

In den bisherigen Kapiteln zu Goethe konnte dessen psychologisches Durchdringungsvermögen anhand seines epischen Erstlings, des *Werther*, und seiner bedeutendsten dramatischen Dichtung, des *Faust*, demonstriert werden. Beide Werke zeigen das Ringen des Autors um ein Seelenpanorama, dessen pandämonische Züge die Konfrontation mit der psychischen Wirklichkeit für Autor und Publikum zu einem kathartischen Alptraum werden lassen. Goethes Pionierarbeit auf diesem Gebiet wurde vor allem in der grellen Ausleuchtung der abgedunkelten Seiten des Bewusstseins gesehen, in denen die motivationale Dynamik seiner im Horizont der Aufklärung agierenden Figuren wurzelt. Alles Tun und Lassen erschien vom psychodynamischen Kräftespiel des Unbewussten bestimmt. Es war zu beobachten, zu welchen innovativen poetischen Mitteln der Autor greifen musste, um diese an Antrieben und Abwehrstrategien reiche ›Kehrseite‹ des Intellekts zur Darstellung zu bringen.

Im Folgenden wird nun zu zeigen sein, weshalb der ›Stoff‹, der die sog. ›Marienbader‹ *Elegie* zum weltbekannten Kunstwerk machte, nicht der aus Goethes Biografie bekannte episodische Liebeskummer war, sei dieser auch als Ausfluss »eines höchst leidenschaftlichen Zustandes« empfunden, wie er am 16. November 1823 zu Eckermann sagt, sondern die Selbstauslotung des greisen Autors bis auf den Grund der im Kern versehrten und zutiefst in Frage gestellten psychischen Existenz. Indem es den Abschied als Abschied vom Leben beschreibt – »Scheiden ist der Tod!« heißt es in dem dann in der *Trilogie der Leidenschaften* vorangestellten Gedicht *An Werther* (HA 1, S. 381) –, gibt dieses Werk den Blick frei auf eine dramatische Psychodynamik, an deren Grund ein »unbezwinglich Sehnen« (113)[1] als chronischer Antrieb wirkt. Der im Abschied erlittene Verlust geht im Verlust des geliebten Partners nicht auf, sondern umfasst den Verlust des eigenen Selbst, der umso schmerzhafter ist, als die erfahrene Sättigung »In's Herz das fest wie zinnenhohe Mauer|Sich Ihr bewahrt« (55f.) eine vorübergehende Stabilisierung brachte. Gerade auch darin erweist sich der zerstörerische Charakter dieser

Dynamik, die als tragisch, weil unausweichlich empfunden wird. Wenn »kein Rath als gränzenlose Thraenen [bleibt]« (114), darf man vermuten, dass der akute Verlust den initialen Selbstverlust nicht nur nachinszeniert, sondern jetzt bei vollem Erwachsenenbewusstsein in seiner ganzen Schwere und Leidenstiefe durchleben lässt[2].

Die Typisierung des Leidens im Kunstsymbol geschieht bei einem Autor wie Goethe im Erwartungshorizont der Massenrezeption und enthält die Merkmale einer psychologischen Modellrepräsentanz. So erscheint die poetische Anlage dazu bestimmt, neben den individuellen Bewusstseinsphänomenen das pathogene Milieu der Kultur zu reflektieren, auf das Goethe mit seinem dunklen, wohl auch mystifizierenden Satz anspielt: »Es lasten solche Mengen von Krankheitsstoff auf mir seit 3000 Jahren« (zit. n. Friedenthal 1996, S. 554). Die Externalisierung der Ätiologie findet dabei im Bild der »Götter[ ]« statt, die »mich zu Grunde [richten]« (138). Die so formulierte subjektive Unausweichlichkeit des Leidens macht die Annahme ursächlicher Faktoren in makrosozialen Zusammenhängen wie z.B. den Wertesystemen einer Kultur notwendig. So kommt in diesem Gedicht nicht nur das Drama und Trauma einer doppelten Trennung (von sich selbst, von der Geliebten) in den Blick, nicht nur das Muster wiederholter Deprivation, sondern auch Bedingungsfaktoren im umgebenden Kulturraum, die der psychischen Gesundheit hinderlich sind. Mittelbar sind Verstöße gegen das Humanum indiziert, die der Menschenbilddiskurs der späten Aufklärung überall dort moniert, wo das Rationale totalisiert und das Soziale (z.B. soziale Rollen im Regenerationsprozess) ungeachtet aller menschlichen Primärbedürfnisse funktionalisiert werden. Eine der direktesten Beschreibungen dieses Einflusses findet man in Schillers Schrift *Über die ästhetische Erziehung des Menschen* von 1795:

> Ewig nur an ein einzelnes kleines Bruchstück des Ganzen gefesselt, bildet sich der Mensch selbst nur als Bruchstück aus, ewig nur das eintönige Geräusch des Rades, das er umtreibt, im Ohre, entwickelt er nie die Harmonie seines Wesens, und anstatt die Menschheit in seiner Natur auszuprägen, wird er bloß zu einem Abdruck seines Geschäfts, seiner Wissenschaft. (Schiller 1997, V, S. 324f.)

In Fortführung des Bisherigen soll den poetischen Werkstrukturen besondere Aufmerksamkeit geschenkt werden, die es erlauben, »zu sagen was ich leide« (S. 67). Goethe erweist sich nämlich auch hier als der Poesie-Ingenieur, der es vermag, disparate Bewusstseinsmomente in stilistische Heterogenität umzusetzen, Hypertrophes und Ausgeglichenes nebeneinander zu stellen und so der paradoxen Forderung an eine Kunst des Unbewussten zu genügen, das dynamische psychische Geschehen in wohl organisierter Form sich selbst zu überlassen. Es ist, als wollte er noch einmal in aller Beispielhaftigkeit durchexerzieren – von einem »Exerzitium im Rahmen der Trauerarbeit« spricht Irmgard Wagner (2001, S. 253) im Hinblick auf die Helenadichtung im *Faust* –, welch grundlegend therapeutische Funktion das Schreiben für ihn hat. Der dem Trauern angemessene, der Trauerarbeit förderliche Ton ist das Elegische. Daher auch der generische Titel *Elegie*.

2.

Werther in Marienbad
Reise in die Vergangenheit

Goethe war 73, als er der 19-jährigen Ulrike von Levetzow mittels des Freundes und Obersten Dienstherrn Carl August, Großherzog zu Sachsen-Weimar-Eisenach, den ersten Heiratsantrag seines Lebens machte und sich zum letzten Mal – wahrhaft unsterblich! – verliebte. Das war im Sommer 1823, genau vom 11. Juli, dem Tag der in jenem Jahr ersten Begegnung, bis zum 5. September, dem Abschiedstag. Diese acht Wochen Ferialglück in der Kulisse der böhmischen Bäder Marienbad und Karlsbad wurden für den Autor zu einer lust- und leidvollen Gipfelerfahrung, vielleicht der gefährlichsten, mindestens aber exponiertesten seines Lebens, das, wie er nun schreibt, »So reich an Gütern, reicher an Gefahr« (136) war.

Als dieses Glück im Zenit einen Riss erhielt, weil man dem Betagten aus Familienräson einen dezenten, doch unmissverständlichen Korb gab, hinderte ihn das nicht daran, weiter zu hoffen. Noch Monate über den Abschiedstag hinaus hielt er obsessiv an der Heiratsidee fest, wie die Briefe an die Mutter, Amalie von Levetzow, vermuten lassen. In dem posthum erschienenen vierten Teil von *Dichtung und Wahrheit* wird er dann, allerdings im Hinblick auf die Lili-Episode, den ›ewigen Abschied‹ wie folgt beschreiben:

> ich ging mit dem rätselhaften Gefühl im Herzen, woran die Leidenschaft sich fortnährt; denn Amor das Kind hält sich noch hartnäckig fest am Kleide der Hoffnung, eben als sie schon starken Schrittes sich zu entfernen den Anlauf nimmt. (HA 10, S. 134)

Wenn Hoffnung getreu seiner eigenen Maxime »die zweite Seele der Unglücklichen« ist (HA 12, S. 521, Nr. 1132), dann mag ihm eben diese über Verzweiflungsstimmungen in den Wochen nach der Trennung hinweggeholfen haben. Goethe hatte im Februar des Jahres eine Myo- oder Pericarditis, möglicherweise einen Coronar-Infarkt überstanden. Er hatte sich ungewöhnlich schnell wieder erholt und fühlte sich im August auf dem Höhepunkt seiner Vitalkraft, so dass er seinem Sohn August am 30.08.1823 schreiben konnte: »Gern gesteh ich, daß ich mich solchen Wohlbefindens an Leib und Geist lange nicht erfreute«. Nun aber, eine Woche nach seinem 74. Geburtstag, den er am 28. August in Elbogen an der Eger noch im Kreis der Levetzow-Familie gefeiert hatte, galt es mit dem Abschied von Ulrike eine erneute, ganz andere Krise zu überwinden.

Dass er sie erst zwei Monate danach somatisierte – von einer psychosomatischen Erkrankung kann man nach den Zeugnissen ausgehen –, hängt wohl einmal mit der vagen Hoffnung auf einen Gesinnungswandel bei Ulrike und seiner eigenen, heftig Widerstand leistenden Familie zusammen, zum andern aber auch damit, dass nach dem Karlsbader Abschied nun im November ein zweiter, tief symbolisch empfundener hinzukam: der von Maria Szymanowska, die ihn in Weimar besuchte.

Die Petersburger Hofpianistin (und Komponistin) befand sich auf Europatournee. Er hatte sie in Marienbad kennen gelernt und war von ihrer Musik und Persönlichkeit überwältigt gewesen, ja hatte seit langem überhaupt wieder einmal Musik gehört. Das ihr zugeeignete und in französischer Übersetzung ins Stammbuch geschriebene Gedicht *Aussöhnung*, das zwischen dem 16. und 18. August entstanden war und später an dritter Stelle der *Trilogie der Leidenschaft* platziert wurde, lässt darauf schließen, dass die berühmte Polin verliebte Gefühle bei ihm geweckt und gleichzeitig bestehende zu Ulrike gefördert hatte. »Die Leidenschaft bringt Leiden!« heißt der lapidare Eröffnungssatz des Gedichts (HA 1, S. 385), in dem das Abschiedsthema schon anklingt.

Der offenbar dramatische Abschied von der Musikerin, die Goethe ebenso wenig wiedersehen sollte wie Ulrike, vergegenwärtigte wohl den Abschied von Ulrike und mag dessen Wirkung verdoppelt haben, waren doch beide Frauengestalten durch affine und praktisch gleichzeitige Affektimpulse in Goethes Bewusstsein verbunden. Das Substrat dieser Erfahrung war ein emotionaler und symbolischer Schock, der ihm seine innere Verlassenheit und Vereinsamung vor Augen stellte und einen Generalabschied vom Leben suggerierte. Goethes Krankheit ist dann der eskapistische Ausdruck einer Verlustkränkung, die in die Depression (und Regression) mündete.

Die psychischen und somatischen Symptome sind diffus: Das Wenige, was wir von Wilhelm v. Humboldt wissen, der ihn in jener Zeit fast täglich besuchte und die Elegie nach Eckermann als zweiter zu lesen bekam, spiegelt nicht zuletzt die diagnostische und therapeutische Ratlosigkeit (oder Ungläubigkeit) der Ärzte wider, die »behaupten, daß es mit seiner Krankheit nichts zu sagen habe«. Möglicherweise scheint ihnen eine Urämie (wie schon bei Christiane, die daran am 29. Mai 1816 verstorben war) nicht ausgeschlossen.

»Sein Leib ist offenbar geschwollen. Er nimmt fast lauter flüssige Nahrung zu sich. Die schlaflosen Nächte und der Husten matten ihn außerordentlich ab. Man erwartet jetzt sehr gute Wirkung von Blutegeln, die man ihm in der Nierengegend gesetzt hat.« (Sydow 1916, S. 190) Humboldt beschreibt seinen Allgemeinzustand als »sehr schwach« und äußert seine Sorge, »daß es für jetzt zwar nicht gefährlich ist, aber es gewiß werden muss, wenn es noch Wochen hindurch so anhält« (S. 186).

> Das ist leider nur zu gewiß, daß er immer noch einen starken, trockenen Husten hat, daß er nicht arbeiten kann und fast nichts zu essen und zu trinken vermag als Bier und Brot. Die Nächte hatte er bisher so gut als gar nicht geschlafen […] Die Unruhe, nicht arbeiten zu können, der Verdruß, aus schöner Stimmung durch eine Erkältung, wie er wenigstens glaubt, in diesen leidenden Zustand versetzt zu sein, die Besorgnis, daß dies noch lange dauern könne, wirken sehr, sein Übel oder doch die Empfindung davon zu vermehren. (S. 185)

Hinweise auf Symptome einer rezidiven Herzkrankheit gibt es nicht. Dass die 27-jährige Ottilie, seine Schwiegertochter und Vertraute, sich ausgerechnet in dieser Zeit in Dessau aufhielt und deren im Haus wohnende Schwester Ulrike bettlägerig und ebenfalls für die Pflege nicht einsatzfähig war, mag man als Indiz für einen Pflegeappell sehen, der in Goethes psychosomatischem Protest gesteckt haben mag und den die beiden Frauen (die den Kern der Heiratsopposition bildeten) möglicherweise instinktiv zurückwiesen. Auch in einem Pflegeappell steckt ja eine Verlassenheitsklage und ein Regresswunsch, der auf die Präsenz einer disponiblen (mütterlichen) Pflegeperson abzielt.

Goethes alter Diener Paul Götze musste wieder gerufen werden. Schließlich kam auch aus Berlin der Freund Carl Friedrich Zelter, der das Haus desolat vorfand und im ersten Augenblick befürchtete, Goethe sei bereits tot. Die ›Wunderheilung‹ durch den Maurermeister und Liedkomponisten wurde später ebenso berühmt wie dessen scharfsinnige Diagnose:

> Was finde ich? Einen der aussieht als hätte er die Liebe, die ganze Liebe mit aller Qual der Jugend im Leibe. Nun wenn es die ist: er soll davon kommen! Nein! Er soll sie behalten, er soll glühen wie Austernkalk; aber Schmerzen soll er haben […]. Kein Mittel soll helfen; die Pein allein soll Stärkung und Mittel sein. (MA, XX, S. 781)

Die Devise lautet also: Heilung durch Selbstheilung. Eines der Mittel hatte der Patient bereits selbst produziert, auf Velinpapier kalligrafiert, in einen

Umschlag aus rotem Maroquin geheftet und wie eine Reliquie hoch und heilig gehalten. Bei Kerzenlicht rezitierte er daraus. Zelter, der den arcanischen Wert der *Elegie* für den Autor richtig eingeschätzt haben wird, las Goethe u. a. am 30. November und am 11. Dezember wieder und wieder daraus vor, vermutlich auf dessen eigenen Wunsch. Ob es dann wirklich die Kunst war, die ihn wieder auf die Beine brachte, oder Zelters robustes, erdgebundenes Wesen oder beides zusammen oder einfach nur der elementare Überlebenswille, muss man dahingestellt sein lassen. Bereits am 9. Januar dankte der Rekonvaleszent dem inzwischen wieder nach Berlin Abgereisten mit den Worten:

> Deine liebe Gegenwart [war mir] in meinem peinlichen Zustand abermals höchst erquickend [...] es war doch eigen, daß Du lesen und wieder lesen mochtest, mir durch Dein gefühlvolles sanftes Organ mehrmals vernehmen ließest, was mir in einem Grade lieb ist den ich mir selbst nicht gestehen mag [...]. (MA, XX.1, S. 775)

Die Krise war damit überstanden. Eine seiner *Maximen* schien sich bewahrheitet zu haben: »Man weicht der Welt nicht sicherer aus als durch die Kunst, und man verknüpft sich nicht sicherer mit ihr als durch die Kunst.« (HA 12, S. 469, Nr. 737) Hätte diese Krise ihn unmittelbar nach Karlsbad in solchen »peinlichen Zustand« versetzt, wäre das an der Gesundung beteiligte Remedium, die *Elegie*, wohl niemals geschrieben worden. Eine der schönsten Urhandschriften der Literaturgeschichte, größtenteils während der Kutschenfahrt von Karlsbad nach Jena mit Blei in den *Großherz. Weimarischen Schreib Calender für das Jahr 1822* gekritzelt – das poetischste Kardiogramm der Welt! –, gäbe heute nicht Auskunft über den Zustand der Goethe'schen Seele (und der böhmischen Landstraßen!) [3]. In diesem Fall wären wohl auch der *Faust II* und die autobiografischen Schriften nicht vollendet worden neben vielem anderen, was er noch mit neuer Tatkraft anpackte, bevor er etwas über acht Jahre später am 22. März 1832 mit den Worten starb: »Seht den schönen weiblichen Kopf – mit schwarzen Locken – in prächtigem Kolorit – auf dunklem Hintergrunde.« (zit. n. Friedenthal 1996, S. 629)

Denkt man bei diesem »schönen weiblichen Kopf« nicht gerade an Käthchen Schönkopf, mit welcher der 18-jährige Jurastudent in Leipzig geliebäugelt hatte, dann könnte diese Imaginierte noch einmal die – in Wirklichkeit allerdings blonde – Ulrike von Levetzow gewesen sein in Überblendung mit einer Schwarzhaarigen, z. B. Maximiliane La Roche, dem äußeren Lotte-Vorbild. Vielleicht sah er sie in der Pose vor sich, wie sie sich am 5. September 1823 vor dem *Goldenen Strauß* in Karlsbad von ihm verabschiedet hatte, als sie noch einmal die Treppe hinaufsprang und »Selbst nach dem letzten Kuss mich noch ereilte,|Den letztesten mir auf die Lippen drückte« (51f.) – oder so, wie sie auf einem Pastellbild von 1821 mit weißem Schwanenhals in der Tat »auf dunklem Hintergrunde« abgebildet ist[4].

Man glaubt jener Siebzehnjährigen an ihrem gütigen, etwas altklugen Frauenlächeln anzusehen, dass sie der Weimarer Berühmtheit zwei Jahre später nötigenfalls, wie sie im Rückblick sagte, »nützlich« geworden wäre. »Keine Liebschaft war es nicht«, schrieb sie als Neunzigjährige lapidar und machte verständlicherweise nicht den Mangel an Sexus als Haupteinwand gegen die Ehe geltend, sondern Rücksichten auf Goethes Familie. War sie nicht gewohnt, bei wichtigen Entscheidungen ihre Gefühle zu Rate zu ziehen? Oder betrachtete sie die Sache deshalb nicht unter emotionalen Gesichtspunkten, weil die Angelegenheit erst gar nicht ernsthaft an sie herangetragen wurde? Dafür spricht, dass der vermittelte Antrag doch wohl eher als ›Politikum‹ gehandhabt wurde denn als persönliche Angelegenheit. Glaubt man Ulrike, dann hatte Goethe weder zu ihr noch zu ihrer Mutter selbst ein Wort je über seine Eheabsichten geäußert. Offenbar waren ihm die intimeren Seiten der Angelegenheit selbst unklar oder doch etwas zu delikat. Als die Familie den Aufenthalt in Marienbad abbrach, um das ›Politikum‹ diplomatisch aus der Welt zu schaffen, lag darin ein Ausdruck von bestimmter Endgültigkeit. Einen Interessenskonflikt auf Seiten Ulrikes wird man wohl kaum vermuten wollen.

Dass dieses Mädchen, das früh seinen Vater verloren hatte, dem alten Goethe wie eine Tochter oder Enkelin zugetan war, nimmt nicht wunder. Sie kannte ihn seit zwei Jahren; er widmete ihr besondere Aufmerksamkeit. Schließlich wird man auch den Beitrag der Eitelkeit nicht unterschätzen dürfen, denn die Freundschaft des berühmten Mannes war natürlich schmeichelhaft und ehrenvoll. Was aber bedeutete ihm diese Beziehung? Brachte ihn diese Liebelei beim Promenieren und Pfänderspiel tatsächlich an den Rand des Abgrunds? War es dann (nur) Ulrike, um die er trauerte?

Dass der 74-Jährige nach dem »tumultuarische[n] Abschied« in Karlsbad (HA 1, S. 760) in wahrscheinlich nur zwei, höchstens aber sieben Tagen während der Rückreise nach Jena vom 5. bis 12. September die 23 Strophen der *Elegie* verfasste, überrascht nur, wenn man sich den Autor nach Marienbad einem Klischee zufolge als gebrochenen Mann vorstellt. Das hätte indessen nicht nur das künstlerische Bravourstück verhindert, sondern auch die euphorische Korrespondenz jener Tage undenkbar gemacht, wenn es auch in seinem – überwiegend diktierten – Tagebuch vermutlich keine Spuren hinterlassen hätte. Dagegen ist er wie immer rastlos beschäftigt und vielseitig interessiert, reist über Zwotau nach Schloss Hartenberg, besucht dort den Grafen, dann weiter nach Eger, schließlich Hof, Gefell, Schleiz, Pößneck, Jena, von wo aus er am 17. September nach Weimar fährt.

An Amalie von Levetzow schreibt er am 9. September von Eger aus: »Alle Leute berufen mich über meine Gesunde Heiterkeit.« Daraus wird man kaum eine rhetorische Kaschierung des Gegenteils lesen können. Einige Tage später, am 14., meldet er an Carl Friedrich Reinhard aus Jena Ähnliches: »Sie finden mich ganz frey und nach einer glücklichen Kur heiter und thätig.« (Witte 1996, S. 488) Zieht man zu solchen Äußerungen noch die Tagebucheintragungen hinzu, macht er den Eindruck eines beschwingten Geschäftsreisenden mit vollem Terminkalender, der sich die verbleibende Zeit mit poetischer Routine vertreibt und sich im Übrigen wohl befindet:

> (Eger, Sonntag, 7.9.23) Nach Tische Rath Grüner. Die Altalbenreuter Feuerprodukte ordnend und fünf Folgen zurechtlegend. Von 4. Uhr an für mich. Briefe geheftet, Papier geordnet. NB: gleich nach der Ankunft Abschrift der neusten Strophen. Gegen Abend Briefe dictiert. (Goethe 1991, S. 103)

Auch wenn er also keineswegs den Eindruck eines vom Liebeskummer Gebrochenen oder auch nur Gebeugten macht, wird man deshalb noch nicht annehmen können, die Affäre sei gar keine gewesen – oder: Liebe sei nicht im Spiel. Dagegen spricht als Erstes die *Elegie* selbst, deren Verfasser nach einem Wort Max Kommerells (1985, S. 157) zu den »Todeskandidaten der Liebe« gehört. Dagegen spricht auch die diplomatische Umsicht der Levetzows, das diffuse Nachspiel des seelisch-körperlichen Zusammenbruchs, schließlich die Gesamtkomposition der *Trilogie* selbst mit ihrem Werther-Auftakt und manches mehr, z. B. auch die eben erwähnte Heiterkeit des Reisenden, die den narzisstischen Triumph verrät. Ebenso wenig wird man wie Richard Friedenthal (1996, S. 122) behaupten können: »Goethes Herz ist gänzlich unzerbrechlich.« Eine solche Feststellung lässt sich, wenn überhaupt, nur sinnvoll auf jemanden anwenden, dessen Herz gebrochen *ist*, etwa auf Grund einer emotionalen Deprivation durch schweren Verlustschock etc. Realistischer ist Kommerells (1985, S. 149) Einschätzung, wenn er den Eindruck eines trotz aller Entwurzelung gefassten Geistes auf die »greise Sehart des Dichters, die sich von der unbewegten Mitte dieses Wirbels aus betätigt«, zurückführt. Friedrich Sengles (1993, S. 467ff.) Vermutung, Goethe habe sein Verhältnis zu Ulrike als eine Art »Minnedienst« verstanden und das durch den Herzog vermittelte »Heiratsangebot« sei eine impulsive Intervention und ein Gesellschaftsspiel Carl Augusts im eigenen Interesse gewesen, mag der Wahrheit nahe kommen, sagt aber nichts über die Intensität der Gefühle aus, die ein solches ›Kavalierspiel‹ entzünden mag.

Auch wenn hier noch genug zu spekulieren übrig bleibt, so gibt es doch vor allem zu staunen über die Wucht dieser kreativen Entladung, die Goethe so unmittelbar und so schnell zur künstlerischen Objektivierung des Konflikts in Form eines fulminanten Meisterwerks befähigt. Da einerseits kaum anzunehmen ist, dass poetische Abstraktionen dieser Breite und Konzentration im frischen Andrang der Gefühle entstehen, andererseits aber an der Aktualität solcher Gefühle im Gedicht kein Zweifel bestehen kann, stellt sich die Frage von selbst: War der Text schon fertig, bevor es geschrieben wurde? Benutzte der Autor die Emotionalisierung durch Ulrike als kreativen ›Motor‹, um sich ›Altlasten‹ von der Seele zu schreiben? Worauf dann geht die zugrunde liegende Ikonografie zurück?

Wenn Typik und Konstellation lange davor präfiguriert waren, kann das die spontane Entstehung eines so formstrengen Kunstwerks wie der *Elegie* erklären helfen. Da Goethe Ende März 1824, als er das Triptychon komplettierte, der *Elegie* das neu verfasste Gedicht *An Werther* voranstellte, ist eine Leitmarke gegeben, die das Werk biografisch perspektiviert. 50 Jahre danach, so sieht er es selbst, hat das böhmische *tête-à-tête* noch einmal das *Werther*-Szenario abgerufen und jenen »vielbeweinte[n] Schatten« in ihm heraufzitiert (HA 1, S. 380). Er brauchte also keinen Abstand mehr, um das Ganze seines Zustands vor sich zu sehen. Es lag, um mit einem Goethe nahen Bild zu sprechen, in kristalliner Form bereits vor und musste nur noch ans Tageslicht gefördert werden. Der scharfsinnige Humboldt erkannte das sofort, nachdem ihm Goethe die Elegie zu lesen gegeben hatte. Am 19. November berichtete er seiner Frau,

> daß Goethe noch sehr mit den Marienbader Bildern beschäftigt ist, allein mehr, wie ich ihn kenne, mit der Stimmung, die dadurch in ihm aufgegangen ist, und mit der Poesie, mit der er sie umsponnen hat, als mit dem Gegenstand selbst. Was man also vom Heiraten und selbst von Verliebtheit sagt, ist teils ganz falsch, teils auf die rechte Weise zu verstehen. (Sydow 1916, S. 188f.)

Von diesem »Gegenstand selbst« schreibt er:

> die Person wurde nie genannt, aber es war eigentlich immer von ihr die Rede, und sei es nun, daß sie noch so sehr, wie ich glaube, in seiner Seele herrsche oder nicht, so ist gewiß, daß ohne sie diese wirklich himmlischen Verse nie entstanden wären […]. (Sydow 1916, S. 187f.)

Die »Person« Ulrike von Levetzows ist nicht nur als schöpferisches Stimulans, sondern insgesamt in ihrer persönlichen Bedeutung für »Göthe« ebenso wenig zu unterschätzen, wie man sie als »Gegenstand« der *Elegie* überschätzen darf. Persönlich hatte sie ihm, wie wiederum Humboldt angesichts »diese[r] Jugendlichkeit des Talents und des Gefühls« bemerkte (Sydow 1916, S. 188), eine Verjüngung eingebracht. Goethes ganzes Naturell ließ ihn immer wieder nach solcher Regeneration suchen. In den *Maximen und Reflexionen* schreibt er:

> Einem bejahrten Manne verdachte man, daß er sich noch um junge Frauenzimmer bemühte. »Es ist das einzige Mittel, versetzte er, »sich zu verjüngen, und das will doch jedermann. (HA 12, S. 534f., Nr. 1263)

Es ist diese energetische und psychische Verjüngung, es ist aber auch das erfahrene Alter, dem sich die spezifische Form dieses Gedichts verdankt.

3.

»Vis superba formae!«[5]
Trauerarbeit und Sublimation

Die *Elegie* spiegelt in ihrer nervösen Bildfluktuation und Stilfarbigkeit konfligierende Bewusstseinsmomente und -schichten des Autors wider, die sich
heute tiefenpsychologisch beschreiben lassen. In ihrer oszillierenden Dynamik
(und wenn man ihren spontanen Entstehungsprozess in Betracht zieht: Behrens
1991, S. 87–99) genügt sie dem paradoxen Anspruch an eine Kunst des
Unbewussten, das Unkontrollierbare zu kontrollieren und das Unprotokol-
lierbare aufzuschreiben. Es hat seit je überrascht, dass der frische Andrang
der Gefühle sich in solch massive Form ergießt (138 Zeilen in 23 Strophen).
Dies und der maximal 7-tägige Entstehungszeitraum lassen auf eine aus-
geprägte sublimatorische Verarbeitungsroutine als produktives Prinzip
schließen. Die lyrische Monumentalform verrät in Pensum, Ton und Tektonik
die Intensität der Trauerarbeit (der Akzent liegt, wie Irmgard Wagner richtig
bemerkt hat, auf *Arbeit*), aber auch das Bedürfnis nach Rationalisierung,
Dauer, Ausdehnung in Raum und Zeit. In Modulation, Atem und innovativer
Ausdruckskraft schlägt sich die zu bändigende jugendliche Vitalität nieder,
die das Ulrike-Erlebnis mobilisierte. »Wo Tod und Leben grausend sich
bekämpfen« (118), griff der Autor zu einer poetischen Steinmetzarbeit, die
ihm ›außen‹ ersetzen sollte, was ihm ›innen‹ schwand: Struktur – und die ihm
gleichzeitig eine moderierende Stimme für das frisch Lebendige verlieh.

Goethe kürzte die kanonische italienische Stanze, in der Dante seine
Divina Commedia verfasst hatte, um zwei Zeilen und erreichte damit eine
stärkere strophische Wechseldynamik und tonale Wendigkeit. Auf diesem
»starken Wechsel wohlgeschiedener Tonarten« (Kommerell 1985, S. 158)
beruht der Eindruck von intellektueller und psychischer Unruhe, den das
Gedicht macht. Es scheint, »als müsse der Dichter jeweils geradezu springen
zu der sei es beseligenden, sei es verzweifelnden Zusammenfassung der
beiden Schlussverse« (Kraft 1982, S. 220). Das elegische Register als solches
gibt ein kontemplatives Milieu vor, das Lyrismen ausfiltert. Der Litotes-
Effekt: »daß nämlich im hohen inneren Pathos bewusst die geringere Ton-
stärke gewählt wird« (Kommerell 1985, S. 157), ist ein Stilmittel, um das *in*

actu gerungen wird. Der zuweilen hymnische Andachtston verlangt nach umgangssprachlichen Gegengewichten: »Du hast gut reden« (103) – »Was ziemt denn der?« (110) Ob man dabei wie Irmgard Wagner von »Stilbruch« sprechen will oder nicht: Offensichtlich finden hier intermediäre Perspektivierungen auf ein *Anderes* hin statt, über welches Alterität (wie sie zur Trauerarbeit unerlässlich ist) zustande kommen kann. Gerade in den heterogenen Stilelementen drückt sich »das singuläre Anderssein der Verlorenen« aus (Wagner 2001, S. 251f.).

Doch noch einen anderen Effekt haben solche projektiven Identifizierungen, die das andere des Objekts zum Teil des Subjekts machen: Sakralisierende oder allgemein idealisierende Ausdruckshöhen werden durch Gegenspannung nicht nur (ästhetisch) tragbar, sondern erscheinen als Aspekte *eines* konfligierenden Bewusstseins. Der Leser wird so zum Zeugen einer Bewältigungsdynamik, die ihm von Episoden eigener Trauerarbeit vielleicht bekannt sind. Wenn Georg Simmel (1913, S. 208) den Verdacht hegt, Goethe scheitere am Sprachmaterial, weil er für seine Gefühle »nur die erstarrten, resultathaften, sentenziösen Formen vorfindet, die aus einem ganzen langen Leben auskristallisiert sind«, dann scheint mir das aus den genannten Gründen abwegig, es sei denn, man fasst diese Problematik generell als sprachliche Ausdrucksnot angesichts des Emotionalen auf. Es sind im Gegenteil die vertrauten Formen, die Intellekt und Psyche in der Seelennot eine stabilisierende Stütze bieten. Indem die akute »Quaal« sich ins lebensgeschichtliche Kontinuum projiziert, wird sie sagbar und erträglich. Zur Trauerarbeit gehört die Versicherung von Dauer und Stetigkeit, in ihrer höchsten Form ist das eine ewige Konstante – »ein Gott«:

> Und wenn der Mensch in seiner Quaal verstummt
> Gab mir ein Gott zu sagen was ich leide. (S. 67)

Nicht umsonst schlägt daher dieses *Tasso*-Zitat (3432f.), mit dem Goethe im Motto zur *Elegie* an den »gesteigerten Werther« erinnert (HA 5, S. 504), eine Brücke zur Vergangenheit. Es geht jedoch nicht darum, »wie ich leide« (so heißt es im Tasso), sondern »was ich leide«. Nicht das Maß also, sondern der Grund liegt im Verarbeitungshorizont der Trauer. Letzterer führt ins Zentrum des eigenen Selbst, mit dem das verlorene Objekt über den Abschied hinweg verbunden ist.

Hier bereits wird der Therapieweg sichtbar: Der Verlust der Geliebten ist nur durch eine Stärkung des Selbst zu verwinden. Zu diesem Zweck tritt an die Stelle des Objekts ein gestaltetes Übergangsobjekt, das den Verlust symbolisch aufhält. Carl Pietzcker (2003, S. 172f.) hat das für die *Elegie* umfassend im psychoanalytischen Theorierahmen beschrieben. Mit Bernd Witte (1996, S. 483), der in der *Elegie* das exemplarische Scheitern einer poetischen Kompensation sieht, stimme ich nicht überein. Die Schlussfolgerung: »Dichtung bewährt sich nicht mehr als Bewältigung des Leidens«, wird gerade durch dieses Meisterwerk Lügen gestraft[6].

4.

»Indien des Herzens«
Orchestrierung des Bewusstseins

Wie so oft in Goethes Werken geht es auch in diesem Großgedicht um alles oder nichts. Mit den Extremen »Paradies« und »Hölle« sind die exotischen Zonen in einem wahren »Indien des Herzens« (Kommerell 1985, S. 148) abgesteckt. Die Zeile: »Das Paradies, die Hölle steht dir offen« (3) bildet zusammen mit den Zeilen 1, 5 und 6 der ersten Strophe die entstehungsgeschichtliche Keimzelle der Elegie. Goethe hatte diesen Vierzeiler in deutscher Schrift auf die vorletzte Seite seines Schreibkalenders eingetragen. Die Schrift ist unverwackelt, der Text wurde also nicht während der Kutschenfahrt verfasst wie die übrigen sieben Strophen oder Strophenteile, die in lateinischer Handschrift geschrieben sind. Die Zeilen waren vermutlich nicht vor dem 23. oder 24. August, spätestens aber am 25. August (vor oder nach der Reise) entstanden, dem Tag, als er der Levetzow-Familie nachreiste und in Erwartung des Wiedersehens nach Karlsbad fuhr:

> *Was soll ich nun vom Wiedersehen hoffen?*
> Von dieses Tages noch geschlossner Blüte?
> *Das Paradies, die Hölle steht dir offen,*
> Wie wanckelsinnig regt sich's im Gemüthe! –
> *Kein Zweifeln mehr! Sie tritt an's Himmelsthor,*
> *Zu Ihren Armen hebt Sie dich empor.*
> (1–6, Hervorhebungen v. Vf.)

Das Szenario ist zunächst eher mystisch als biblisch. Der Himmel, der sich auftut, ist vorerst noch ein antikisches Elysium, das dem Tartarus gegenüberliegt, bevor dann mit der Frauenfigur am »Himmelsthor« eine Madonnengestalt sichtbar wird, die einem Altarbild gleicht. Die Interpretation des Topos im Sinne von Genesis 3, wie Mathias Mayer (1986, S. 240f.) sie vorschlug, scheint mir daher problematisch. Die synkretistisch vielfältige Bildausstattung lässt vielmehr darauf schließen, dass Goethe hier auf eine andere christliche Bildtradition zurückgreift, umso mehr als dieser Topos in der 15.

Strophe mit dem marianischen Sonnenvergleich untermauert wird und in der 1., 4. und 9. Strophe mit der Pfortensymbolik assoziiert ist.

In der letzten (14.) Strophe des frühmittelhochdeutschen *Melker-Marien-lieds*, das zu einem einflussreichen Vorbild für den Minnesang wurde, heißt es analog:

> Chuniginne des himeles,
> porte des paradyses,
> du irweltez gotes hûs,
> sacrarium sancti spiritus,
> du wis uns allen wegunte
> ze jungiste an dem ente,
> Sancta Maria! (Strobl 1870)

Nicht allein die Sakralisierung als solche, sondern die Ikonografie der *Jungfrau mit dem Jesuskind* machen Goethes Bild bemerkenswert. Dazu kommt die Auswanderung der Perspektive vom Sprechenden zur imaginierten Frau, die ihn »Zu ihren Armen [...] empor[hebt]«. Subjekt und Objekt verschmelzen also perspektivisch in eins, wobei die Rollen klar verteilt sind: Das Subjekt ist das Kind; das Objekt ist die archetypische Mutter. Das geliebte Kind sieht aus den Augen der Mutter auf sich selbst, wird sich also selbst zum Liebesobjekt.

In dieser im Winnecott'schen Sinn wahrhaft »intermediären« Struktur – ein durchaus surrealistisches Textmoment wie die oben erwähnten Stilkontraste auch – erkennt man leicht die Größenfantasie. Das ›Emporheben‹ steht für eine Erlösungsapotheose, deren Essenz die Wiedergutmachung für den Objektverlust und die Aufhebung der damit verbundenen Erniedrigung ist. Dass der Selbstwert »wanckelsinnig« in Zweifel stand, will eben der Ausruf »Kein Zweifel mehr!« ausräumen. Wie ›tief‹ (im wahrsten Sinne) dieser Zweifel saß, indiziert die Fallhöhe. Wenn das Idealziel der Himmel ist, dann ist die »Hölle« der psychische *status quo* (und psychodynamische Utopieantrieb)[7].

In der 2. Strophe wird noch klarer als zuvor, dass eine Selbstwertirritation im Zentrum des Konflikts steht und von einer wirklichen Objektbeziehung ablenkt:

> So warst du denn im Paradies empfangen
> Als wärst du werth des ewig schoenen Lebens;
> Dir blieb kein Wunsch, kein Hoffen, kein Verlangen,
> Hier war das Ziel des innigsten Bestrebens,

Und in dem Anschaun dieses einzig Schoenen
Versiegte gleich der Quell sehnsüchtiger Thränen. (7–12)

Dass die Ersehnte sich dem Sprecher zuwendet, geschieht offenbar entgegen seiner Befürchtung, er sei gar nicht »werth des ewig schoenen Lebens«. Dabei scheint die Zuwendung – sie ist, *sub specie mortis*, als Zuwendung des »Lebens« generalisiert – diese Befürchtung nicht einmal Lügen zu strafen, sondern erst recht zu bestätigen. Hier prallt das Inferioritätsgefühl mit dem Utopieszenario zusammen, *actio* und *reactio* verraten ihr dynamisches Zusammenspiel im Bewusstsein. Die Spannung spitzt sich zum Widerspruch zwischen Sein und Schein zu: zwischen *seiner* Wertlosigkeit (als subjektiv feststehender Tatsache) und *ihrer* Wertschätzung (als beschämendem Irrtum). Der Kontrast wird durch einen Parallelismus unterstrichen, der im geringen lautlichen Abstand die Riesenkluft zwischen Realem und Irrealem kontrapunktiert: »So *warst* [...] empfangen|Als *wärst* du werth des ewig schoenen Lebens.« (Hervorhebung v. Vf.)

In Goethes Straßburger Gedicht *Willkommen und Abschied* (1771) findet sich bereits eine vergleichbare Struktur, was gewissermaßen bestätigt, dass es sich hier um ein Goethe'sches ›*identity theme*‹ handelt:

Ein rosenfarbnes Frühlingswetter
Umgab das liebliche Gesicht,
Und Zärtlichkeit für mich – ihr Götter!
Ich hofft' es, ich verdient' es nicht!
(HA 1, S. 28, Hervorhebung v. Vf.)

Während die 2. Strophe zunächst in wiederholten Formulierungsanläufen bis zum Elativ das Wiedersehen rühmt, überrascht die eigentliche Quintessenz am Strophenende durch ihre Nüchternheit. Statt von Szenen erfüllter Liebe ist vom »Anschaun dieses einzig Schoenen« die Rede, als sei das Glück ausschließlich in der kontemplativen Betrachtung zu finden.

In der Depersonalisierung, ja Neutralisierung des Objekts zum (klassisch) »Schoenen« *par excellence* ist zu erkennen, dass es sich bei dem Vereinigungsziel nicht um einen herbeigesehnten Beziehungspartner, sondern um ein idealisiertes Selbstobjekt handelt. Die Wohltat, die »das Ziel des innigsten Bestrebens« ausgeben soll, wird dementsprechend nicht in erwachsener Sicht als Seligkeit, Glück, Rausch, Entgrenzung etc. beschrieben, sondern – ganz kindlich – als Trocknung der Tränen, die aus Sehnsucht, eigentlich aus Verlassenheit, vergossen wurden.

Hier soll also ein negativer Zustand (der Trennung) beendet, weniger ein positiver (der Beziehung) begonnen werden: ein Indiz für psychische ›Altlasten‹, deren Entbürdung nur eine Mutter übernehmen kann. Nach und nach stellt sich die Existenz einer psychischen Wunde heraus und das Selbstheilungsziel eines Ich, das nicht liebestoll oder liebeskrank, auch nicht abschiedswund, sondern *sehnsuchtskrank* ist.

Dem Mangel an wirklichem Leben in der Liebe scheint dann die 3. Strophe ein Ende machen zu wollen, wenn sie sich, wie sonst nur noch die 9., dem Versuch der (flüchtigen) Erlebniskonkretion widmet, während alle weiteren Strophen den psychischen Zustand des Sprechenden bespiegeln, durcharbeiten, bewältigen wollen und dazu periodisch die Imago der Geliebten rekapitulieren. So thematisiert diese Strophe auch als einzige das Bedürfnis nach Dauer und Kontinuität im Konflikt mit dem »*tempus fugit*«, der ›verfliegenden‹ Zeit:

> Wie regte nicht der Tag die raschen Flügel,
> Schien die Minuten vor sich her zu treiben!
> Der Abendkuss, ein treu verbindlich Siegel
> So wird es auch der nächsten Sonne bleiben.
> Die Stunden glichen sich in zartem Wandern
> Wie Schwestern zwar doch keine ganz den andern. (13–18)

Das Stetige, zyklisch Wiederholte zählt in der Liebe, aber auch der Reichtum an periodischer Abwechslung: Alles muss dem Fluss der Zeit abgerungen und ausgekostet werden. Aber diesem ›carpe diem‹ ist nicht viel Raum gegönnt. Das kurze *da capo* in der 9. Strophe fasst die gesamte Episode in eine halbe, subordinierte Satzperiode zusammen und drängt diese in vier Zeilen zusammen, die sich zu gleichen Teilen in Willkommen und Abschied aufteilen lassen:

> Wie zum Empfang Sie an den Pforten weilte
> Und mich von dannauf stufenweis beglückte;
> Selbst nach dem letzten Kuss mich noch ereilte,
> Den letztesten mir auf die Lippen drückte […]. (49–52)

Hier scheinen also Anfang und Ende paradox aufeinander (und auseinander) zu folgen, ein Rahmen ohne (darstellbaren) Inhalt: das gleiche absurde Ordnungsmuster wie in der Sukzession der *Maximen* 1256 und 1257 (HA 1, S. 739) oder, lange davor, wiederum in *Willkommen und Abschied*, wo es heißt:

Dich sah ich, und die milde Freude
Floß von dem süßen Blick auf mich;
Ganz war mein Herz an deiner Seite
Und jeder Atemzug für dich.

[...]
Doch ach, schon mit der Morgensonne
Verengt der Abschied mir das Herz [...].« (HA 1, S. 28)

Dort allerdings schließt die narrative Balladenstruktur mit den Zeitmarken »Abend« und »Morgensonne« wie bei einem diskreten Filmschnitt die Liebesnacht als unerzählt-unerzählbaren Kairos ein, während im imaginären Milieu der *Elegie* der gelebte Augenblick überhaupt ungewiss ist. Dieser »Kuss«, dem der »Abendkuss« (15) in Strophe 3 vorausging, bildet den Auftakt der 4. Strophe, mit der dann bereits der gesamte Episodenteil endet. Nicht nur das Oxymoron »grausam süss« kennzeichnet die absurde Kontiguität von Anfang und Ende, sondern die ausgefallene Assoziationsreihe Kuss – Flammenschwert – Paradies – Vertreibung.

Der Kuss der letzte, grausam süss, zerschneidend
Ein herrliches Geflecht verschlungner Minnen;
Nun eilt, nun stockt der Fuss die Schwelle meidend,
Als trieb ein Cherub flammend ihn von hinnen;
Das Auge starrt auf düstrem Pfad verdrossen,
Es blickt zurück die Pforte steht verschlossen. (19–24)

Alles dreht sich um die »Pforte«, die in Verbindung mit den platonischen »Minnen« und dem marianischen Mutterideal die archetypische (und anatomische) Essenz des Weiblichen erkennen lässt. Aus Elysium wird das biblische Eden, aus dem ›Seraph‹, mit dem die Geliebte in der 7. Strophe verglichen wird, der »Cherub«, der die mythologische Vertreibung aus dem Paradies mit dem Flammenschwert entscheidet.

Dass ausgerechnet der Kuss, das organische gewachsene Band (»Geflecht«) der Liebe »zerschneidend«, die Rolle des Trennend-Vertreibenden spielt, ist eine paradoxe Bildverknüpfung, die über die Lesart von ›Abschiedskuss‹ als *contradictio in adjecto* hinausgeht. Hier liegt eine psychische Interpretation vor, welche die Liebe mit immanenter Trennung und Schuld assoziiert, Elementen, die ihr an sich nicht inhärent sind. Das führt zu der Frage: Weshalb diese Verlagerung der Szene in den Kontext des biblischen Sündenfalls bzw. die synkretistische Umdeutung der eher antikischen Paradies-Metapher? Hier ist schon angedeutet, was in der folgenden Strophe auf die Begriffe »Mismuth, Reue, Vorwurf, Sorgenschweere« (29) gebracht wird: der psychische Anteil am eigenen Schicksal. Ein Verstoß, ein Versehen oder Vergehen ist sowohl im biblischen Bild als auch im Begriff der »Reue« impliziert. Welcher Art dieses Vergehen ist, wird in der letzten, der 23. Strophe der Elegie, klar. Dort klingt, paradoxerweise bei der Beteuerung des Gegenteils, die Einräumung eines Unbewussten an, das die Geschicke mitsteuert:

> Mir ist das All, ich bin mir selbst verlohren,
> Der ich noch erst den Göttern Liebling war;
> Sie prüften mich verliehen mir Pandoren,
> So reich an Gütern, reicher an Gefahr;
> Sie drängten mich zum gabeseligen Munde,
> Sie trennen mich, und richten mich zu Grunde. (133–38)

Dass der lyrische Sprecher die »Götter« dafür verantwortlich macht, ihn, der doch ihr »Liebling« war, mit dem Verlust der Geliebten zu strafen, geht über den antiken Topos hinaus. Damit ist eine wichtige Spur zum Verständnis des psychischen Leidens gelegt, das sich hier ausspricht. Das Ich klagt nicht über die Trennung als solche, sondern nimmt sie als ein scheinbar ferngelenktes Schicksal hin. Das ganze Spiel der Liebe wird damit in ein und dieselbe Hand gelegt, womit gleichzeitig gesagt ist, dass es ein und dieselbe Macht sei, die die Fäden zieht, dass also Bindung und Trennung dem gleichen Regiewillen unterliegen. Dies ist ein Indiz der Unbewusstheit bezüglich der seelischen Mechanismen, die durch Tabu und Verdrängung abgedunkelt sind. Die wirkliche Aussage ist also: Was mich an die Geliebte band, trennt mich auch wieder von ihr. Das Schicksal, das »Pandoren« (metonymisch: die Gaben der Pandora, der ›Allesspendenden‹) schickt, hat seinen Ursprung nicht im Äußeren, sondern im Inneren.

In der mythologischen Umschreibung, aber auch ausdrücklich in den »Göttern«, wird damit ein *deus ex machina* (als Pantheon) für das Geschehen verantwortlich gemacht. Er steht für das Unbewusste, dessen dunkle Macht in der göttlichen Allmacht seinen projektiven Ausdruck findet, während der Sprechende seine Ohnmacht bekundet. Wer »verstrickt in solche Qualen« ist, das gesteht das Gedicht *An Werther* zu, der ist »halbverschuldet« (HA 1, S. 381), trägt also einen Teil der Verantwortung selbst.

Beklagt wird in diesen Zeilen nichts weniger als die Unfähigkeit zur Bin-

dung, die auf eine zugrunde liegende Mangelstruktur verweist. Das »un-
bezwinglich Sehnen« der 19. Strophe (113) bezeichnet das Antriebsaggregat,
das unter solchen psychischen Umständen jede Beziehung zur Selbstbeziehung
verurteilt, indem es jede Erfüllung vereitelt. Deuten wir es im Sinne der
Selbstpsychologie, so ist der zur ›Paradiesvertreibung‹ nötige ›Sündenfall‹ im
ätiologischen Wurzelgrund dieses Sehnens zu suchen, nämlich in der
Erschütterung des (archaischen) Symbiosewunsches, die das Selbst auf sein
eigenes Ungenügen zurückführt. So erscheint die Vertreibung letztlich
selbstverschuldet, und »Reue, Vorwurf, Sorgenschweere« verraten einen
Schuldkomplex, in dessen Mitte das eigene Beziehungsversagen steht. Hier
könnte der tiefenpsychologische Grund für die Wahl des Eden-Topos liegen.
Diese Lesart wäre Marianne Wünsch (1991, S. 183) entgegenzuhalten, wenn
sie schreibt: »Signifikant ist die Nicht-Erwähnung jener Schuld, die im biblischen Sündenfallmythos Voraussetzung der Austreibung ist, was impliziert,
daß die Weltstruktur selbst, unabhängig vom Verhalten des Subjekts, den
idealen Paradieszustand nicht zulässt.«

Gerade im Verhältnis der *Elegie* zur vorausgegangenen biografischen Episode zeigt sich, wie das Scheitern der Ulrike-Episode doch unbewusst insze-
niert wurde, wie also die Unmöglichkeit der Beziehung zum Kalkül der Beziehung werden konnte. (Vgl. Pietzcker 2003, S. 177) In Marienbad wählte
Goethe angesichts der kaum überwindlichen Hindernisse, darunter des
unzumutbaren Altersabstands von 55 Jahren, einen besonders bizarren Weg
der Selbstsabotage, der wiederum künstlerisch ›gefeiert‹ werden wollte: »Wir
feierten dein kläglich Mißgeschick«, heißt es in Bezug auf Werther in *An
Werther* (HA 1, S. 381). Besonders bizarr, ja brisant ist dieser Weg auch deswegen, weil sein Heiratsantrag, obschon unpersönlich, keineswegs ohne
Gewicht war und weil der Typ Kindfrau, um den es sich bei der 19-jährigen
Ulrike handelte, zur Kategorie der Lotte-Frauen gehörte, deren Eigenschafts-
spektrum Goethe tief ansprach. Von Ulrikes mütterlichen Eigenschaften
wird er fasziniert gewesen sein, denselben, die schon Werther zu Lotte hin-
zogen, da nur die Mutter eine optimale emotionale Versorgung verspricht,
ohne selbst Ansprüche zu stellen[8].

In der dramatischen Schluss-Strophe, besonders der Zeile »Mir ist das All,
ich bin mir selbst verlohren« artikuliert sich die Angst vor der psychischen
Destruktion, wie sie durch eine Trennung allein nicht ohne Weiteres ausgelöst werden kann. Der ausgesprochene Selbstverlust lässt keinen Zweifel
daran, dass der Partner als Selbstobjekt gesucht und benötigt wurde, dass
somit der entscheidende Beziehungsaspekt narzisstisch war. Die Bezie-
hungsbrücke führte über den andern zum Selbst zurück, eine selbstreferen-

tielle und naturgemäß iterative Konstruktion, der kein Glück beschieden ist. Deshalb ist nun, mit dem Verlust des Partners, auch das Selbst verloren. Nicht zufällig lautet die Formulierung: »ich bin mir selbst verlohren«. Der Schauplatz der Beziehung ist damit als der eigene psychische Raum gekennzeichnet.

Die Wertherfigur sprach ein halbes Jahrhundert davor nicht von Verlust, sondern nannte nur dessen Ergebnis, das ›Fehlen‹ von etwas: »Wenn wir uns selbst fehlen, fehlt uns doch alles.« (Goethe 2001, S. 68) Auch hier die Totalität einer echten Deprivation: »alles [fehlt]« – »Mir ist das All [...] verlohren«. Mit der entstandenen »Lükke« (S. 104), die jener »Werther« in sich entdeckt, bricht die gesamte psychische Konstruktion seines Selbst in sich zusammen, was freilich nur möglich ist, weil sie nie richtig gefügt war, so dass man auch hier einen Hinweis auf einen gestalteten Strukturmangel, eine Selbstpathologie hat. Die Funktion der Liebesbeziehung als Mangelausgleich und personale Vervollständigung lässt Goethe auch in mehreren seiner *Maximen* anklingen:

> Wer in sich recht ernstlich hinabsteigt, wird sich immer nur als Hälfte finden; er fasse nachher ein Mädchen oder eine Welt, um sich zum Ganzen zu konstituieren, das ist einerlei. (HA 12, S. 532)

> Das höchste Glück ist das, welches unsere Mängel verbessert und unsere Fehler ausgleicht. (HA 12, S. 533)

> Alle Leidenschaften sind Mängel oder Tugenden, nur gesteigerte. (HA 12, S. 533)

Wie vor dem Wiedersehen am Anfang des Gedichts die Alternative noch »Paradies« oder »Hölle« war, so bleibt jetzt nach der Trennung nur die völlige Leere, das Nichts, eine suizidale Situation. Bei der Wertherfigur, deren »ganzes Wesen zwischen Seyn und Nichtseyn zittert« (HA 6, S. 68), führte sie zum tatsächlichen Selbstmord, und auch in der Elegie klingt dieser vermeintliche Ausweg an, wenn es heißt: »Wohl Kräuter gaeb's des Körpers Quaal zu stillen« (119). Der Faust'sche Griff nach der Phiole ist also noch immer eine Option. Im Zusammenhang dieser Kausalität lässt sich die Schlussfolgerung von Wünsch (2001, S. 181ff.) stützen, dass »der Verlust von Liebe gleichbedeutend mit dem totalen Sinn- und Wertverlust« sei. Allerdings resümiert diese Feststellung dort keinen psychischen, sondern einen denkkategorialen Prozess, an dessen Ende »das goethezeitliche Lebenslaufmodell seine teleologische Orientierung verloren« habe. Auch die »Infragestellung der Theodizee«, wie sie hier vorliege, halte ich für eine im Prinzip richtige Beobachtung, aber die Gründe – es geht um Affekte – liegen wiederum in den psychischen Tatsachen des Objektverlusts begründet und nicht in einem abstrakten, diskursiven Ideenstreit, den die *Elegie* widerspiegele: »Der Versuch der Goethezeit, eine durchorganisierte harmonische, gerechte Weltordnung zu konstruieren und zu postulieren, wird also in unserem Text vollständig in Frage gestellt.«

Wie so oft in Goethes Werk scheint es in dieser Situation für das Ich des Gedichts in der Tat keinen anderen Ausweg als den Selbstmord zu geben. Auch der Versuch, einen tröstlichen Gegensatz zwischen zerstörter Innenwelt und heiler Außenwelt zu konstruieren, scheitert, weil das Außen eine Funktion des Innen ist. Der Volksmund weiß seit je, dass bei einem schweren Objektverlust ›die Welt untergeht‹, und tröstet sich mit der Beteuerung des Gegenteils. Wenn das Liebesobjekt »alles« war (also die gesamte Objektwelt, aber auch das Selbst umfasste, weil wiederum das Selbst nur an einem Objekt haftet, das ihm »alles« ist), bleibt nach seinem Verlust ›nichts‹ »übrig«. Also ist auch die Natur, so schön und modellhaft regenerativ sie sein mag, kein Maßstab für Kontinuität.

Die 6. Strophe mit ihrer Mahnung: »Ist denn die Welt nicht übrig?« (31) ist ein Versuch, dem regredierenden Selbst einen neuen Grund anzubieten, an dem es haften kann. Aber schon das »übrig« drückt aus, dass die Szenerie einem Schlachtfeld gleicht. Die fünf rhetorischen Fragen schaffen eine Szene der beschwörenden Selbstbeschwichtigung. Das fünffache »Nein« repetiert die Endgültigkeit des Verlusts im Horizont des Jetztbewusstseins:

> Ist denn die Welt nicht übrig? – Felsenwände
> Sind sie nicht mehr gekrönt von heiligen Schatten?
> Die Erndte reift sie nicht? Ein grün Gelände
> Zieht sich's nicht hin am Fluss durch Busch und Matten?
> Und wölbt sich nicht das überweltlich Grosse,
> Gestaltet bald und bald gestaltenlose? (31–36)

Die Dynamik der objektdeprivierten Psyche gestalten dann die 7. und 8. Strophe. Der Blick des Klagenden konfiguriert aus dem sommerlichen Wolkenbild das ätherische Bild der tanzenden Geliebten, um sich diese Aktivität in der darauf folgenden Strophe zu untersagen:

> Doch nur Momente darfst dich unterwinden
> Ein Luftgebild statt Ihrer fest zu halten;
> In's Herz zurück! dort wirst du's besser finden,
> Dort regt Sie Sich in wechselnden Gestalten;

Zu Vielen bildet Eine Sich hinüber,
So tausendfach, und immer immer lieber. (43–48)

Hier ist man zunächst verblüfft, weshalb das »Luftgebild statt Ihrer« ein Problem sei, die innere Vorstellung »in wechselnden Gestalten« dagegen nicht. Dafür gibt es aber eine tiefenpsychologische Erklärung. Die Projektion in die äußere Realität verleiht dem Bild einen Objektcharakter, der in diesem Stadium dem Vergleich mit der (inneren) Wirklichkeit der »lieblichste[n] der lieblichsten Gestalten« (42) nicht mehr standhält. Die Vorstellung eines ›objektiven‹ Phänomens scheint unwahr oder uneigentlich, das kommt auch in diesem rhetorischen (nicht mehr logischen) »Super-Superlativ« (Butzlaff 2000, S. 163) zum Ausdruck.

Aber nicht nur der Widerstand gegen das Trügerische des projektiven »Luftgebild[s]« meldet sich hier zu Wort, sondern das problematische Verhältnis zur äußeren Realität überhaupt. Enttäuschend, wie sie sich erwiesen hat – das Deprivationsmuster (und damit der Objektentzug) wurde wieder und wieder erfahren –, scheint das Wirkliche keine geistige Heimat mehr zu bieten. Im Grunde wird hier genau der gleiche Weg nach innen beschrieben, der sich bei jedem Objektverlust, am meisten natürlich bei dem Verlust des Primärobjekts ereignet. »In's Herz zurück!« heißt es nun, und auf dieses Stichwort reagieren die Strophen 8 bis 10 – zunächst mit einer erstaunlichen Einsicht in die Wirkungsweise des Unbewussten.

Der Leser wird Zeuge, wie die poetische Typisierung und psychische Archaisierung dieser Frauengestalt zustande kommt, wenn der Autor die Methode der dichterischen Abstraktion auf die Formel bringt: »Zu Vielen bildet Eine Sich hinüber, | So tausendfach, und immer immer lieber.« In dieser ›Vervielfachung‹ verrät sich aber nicht nur das Gesetz der symbolischen Generalisierung und Musterbildung – nicht zuletzt ist die endlose Vergegenwärtigung des Andenkenbildes ein Ausdruck des Verliebtseins: »Er wiederholt ihr Bild zu tausend malen« (122) –, sondern vor allem auch die Verspiegelung des Inneren, das Verlangen nach Reflex und Verstärkung, eben nach einem tragenden Selbstobjekt. Wenn der Mann im Gedicht über die ikonografische Frau spricht, öffnet sich sogleich das Spiegelkabinett seines Inneren, spricht er somit vor allem über sich selbst und kommuniziert seinen mütterlichen Archetyp. Weil es intrinsisch aus ihm selbst kommt und seiner Redaktion und Kontrolle unterliegt, empfindet er dieses beliebig zu vervielfachende und zu gestaltende Innenbild als authentischer. Als Erinnerung ist es ihm »Mit FlammenSchrift in's treue Herz geschrieben« (54)[9], und in dieser für einen Vertreter der schreibenden Zunft kaum überraschenden Eigenschaft erlaubt es ihm die Fiktion des in mütterlicher Ergebenheit hingegebenen Eros:

> Wie zum Empfang Sie an den Pforten weilte
> Und mich von dannauf stufenweis beglückte;
> Selbst nach dem letzten Kuss mich noch ereilte,
> Den letztesten mir auf die Lippen drückte;
> So klar beweglich bleibt das Bild der Lieben,
> Mit FlammenSchrift in's treue Herz geschrieben. (49–54)

Das ist eine pronominal auf das eigene Selbst zentrierte fiktive Inszenierung, unschwer in der übermütigen Steigerung bis zum ungrammatikalischen Superlativ des »letztesten« als hyperbolische Fantasieblüte zu erkennen. Auch wenn das episodische Residuum womöglich ein Abschiedsszenario in zwei Bildern ist, zu dem die Geliebte das lyrische Ich empfängt, stellt sich dem Leser die absurde Sukzession von *Willkommen und Abschied* vor Augen, von der bereits die Rede war – ein Antagonismus, der hier jedoch durch die fantasierte Wohltat der offenbar alles verbindenden Küsse überwunden scheint.

Es ist dann die zehnte Strophe, die das Thema »Herz« zum dritten Mal variiert, und zwar als Auftakt von 3 weiteren Strophen, die diesem Motiv (2 davon wörtlich) gewidmet sind. Es geht um die balsamische Wirkung der Liebe auf dieses ausgezehrte Organ, das sich erst fühlt, seit sie darin »bewahret« ist. Das in diesen 6 Zeilen beschriebene Ineinander von Subjekt und Objekt zeigt vielleicht am deutlichsten die narzisstische (Selbst-)Beziehungsabhängigkeit des Sprechers und enthüllt dabei die zugrunde liegende Psychodynamik. Eine »zinnenhohe Mauer« ist darin die aufschlussreichste Vergleichsbrücke zur Qualität des Fühlens:

> In's Herz das fest wie zinnenhohe Mauer
> Sich Ihr bewahrt und Sie in sich bewahret,
> Für Sie sich freut an seiner eignen Dauer,
> Nur weis von sich wenn Sie Sich offenbaret;
> Sich freyer fühlt in so geliebten Schrancken
> Und nur noch schlägt für alles Ihr zu dancken. (55–60)

Allein die Fantasie des Herzens als eine Art Burg – ich lese »Mauer« synekdochisch – ist bemerkenswert, weil sie auf die übliche (in der 15. Strophe dann nachgeholte) Weichheits- und Wärmemetaphorik verzichtet und damit die Bewusstseinsdynamik in einen agonalen Abwehrzusammenhang stellt. Wenn das Herz eine Burg ist, gibt es eine Geschichte der Bedrohung, vielleicht des Kampfes, der Verteidigung, des Rückzugs, der Umzingelung, der Angst vor Eindringlingen usw.

Goethes Emotionalität zeigt sich hier, obschon indirekt, in recht klarer Charakteristik. Klar wird nicht nur, dass die Geliebte den Schutzwall durchbrochen hat und ins Innere dieser Burg vorgedrungen ist, sondern auch, dass sie eine Eroberung ist, die diese Mauern nicht mehr freigeben werden. In fast absurder Spannung dazu heißt es dann, dass dieses Herz »Sich freyer fühlt in so geliebten Schrancken«, womit die Rollen jetzt sozusagen vertauscht sind: Die Freiheit ›intra muros‹ nimmt zu, indem ihr »Schrancken« auferlegt sind. Natürlich kündet es auch von einem Zustand der Unfreiheit davor, der aber nicht durch Widerstände oder Hindernisse, sondern gerade durch deren Abwesenheit erzeugt wurde. Im Motiv der Abwesenheit von »Schrancken« haben wir den Kern dieser metaphorischen Aussage zu sehen, führt sie doch zu dem bereits eruierten Objektverlust zurück, der nun kompensiert scheint.

Tatsächlich ist es dieser Objektverlust, der die Abwehrmechanik in Gang gesetzt hat, so dass nun auch die Liebe nur in einem Abwehrszenario erlebt werden kann. Zur Strategie der Abwehr des Selbstverlusts gehört ganz wesentlich die Funktionalisierung des Liebesobjekts, das jetzt dazu da scheint, dem Selbst eine ganzheitliche Existenzprothese zu sein. Drei elementare Vitalfunktionen wären ohne dieses Objekt nicht denkbar: 1) Freude an sich selbst (als einer Einheit in Zeit und Raum); 2) Wissen von sich selbst; 3) sich selbst (frei und dankbar) fühlen. Nimmt man die bereits ermittelte Funktion der Selbstaufwertung hinzu, wie ich sie im Zusammenhang der 2. Strophe aufgewiesen habe, sind es bis dahin 4 lebenswichtige Funktionen, die die Geliebte übernehmen muss – eine denkbar abhängige Konstellation. Unmittelbar verständlich wird an dieser Stelle die vorübergehende Wohltat der Beziehungsillusion, der narzisstische Ertrag aus der Liebesepisode, der nicht am Verlauf der Beziehung, nicht an der Weise ihrer Verwirklichung, ja nicht einmal an der Identität oder Persönlichkeit des Partners zu messen ist. Entscheidend allein ist die jederzeit aufrufbare Archaisierung der Wunschfantasien. Deshalb auch erscheint der *status quo ante* aus der jetzigen Perspektive immer wieder in düsterstem Licht. Dies ist ein weiterer Grund, den Abschied zu fürchten, ja ihn als heimtückisch auflauernden Gegenspieler in einem Entzugsszenario zu begreifen, von dem es in *An Werther* heißt: »Doch tückisch harrt das Lebewohl zuletzt.« (HA 1, S. 381) Man soll verstehen, was die Liebe an ihm »geleistet« hat:

> War Fähigkeit zu lieben, war Bedürfen
> Von Gegenliebe weggelöscht, verschwunden;
> Ist Hoffnungslust zu freudigen Entwürfen,
> Entschlüssen, rascher That sogleich gefunden!
> Wenn Liebe je den Liebenden begeistet
> Ward es an mir auf's lieblichste geleistet.
>
> Und zwar durch Sie! – Wie lag ein innres Bangen
> Auf Geist und Körper, unwillkommner Schweere;
> Von Schauerbildern rings der Blick umfangen
> Im wüsten Raum beklommner Herzensleere;
> Nun dämmert Hoffnung von bekannter Schwelle,
> Sie selbst erscheint in milder Sonnenhelle. (67–72)

Nun schon anachronistisch, steht sie noch einmal in »bekannter« Pose vor dem Auge der Psyche, allein aus dem Kontrast erwachsen, den sein vorgängiger Seelenzustand zur jetzigen ›Leistung‹ der Liebe bildet. Hier ist das »Bangen« beim Wort genannt, das oben im Kontext der Mauer-Metaphorik zu extrapolieren war. Der Zusammenhang mit den »Schauerbildern« des Unbewussten wird erahnbar als Projektion der inneren Gefährdung und des psychischen Vakuums auf die äußere Kulisse, die zum gefahrenreichen »wüsten Raum« wird – demselben, den Goethe dann in Marienbad hinter sich zu lassen glaubt, wenn er schreibt, dass ihm der Ort »zur vollkommnen Wüste geworden ist« (Goethe 1901, S. 93). Keines der hier beschriebenen Zustandselemente versteht sich von selbst. Sichtbar ist das sprechende Ich bemüht, eine schwer bestimmbare Konfliktlage so präzise wie möglich zu beschreiben. Die dargestellte Depression trägt die Merkmale pathologischer Zustände, wie wir sie in der Narzissmus- und Borderline-Kasuistik immer wieder finden[10].

Nicht einmal das paulinische Bibelzitat, das Goethe in die nun folgende 13. Strophe einarbeitet und mit dem ein über eine weitere Strophentriade anhaltende religiöse Stimmung aufkommt, überrascht an dieser Stelle: »Und der Friede Gottes, welcher höher ist denn alle Vernunft, bewahre eure Herzen und Sinne in Christo Jesus.« (Philipper 4.7) Nun ›vergleicht‹ er den »Frieden Gottes« mit »der Liebe heitern Frieden|in Gegenwart des allgeliebten Wesens« (75f.), und man sieht hier schon, dass der Vergleich nur durch die grandiose Göttlichkeit der Geliebten möglich wird, die wenig später wiederum mit der alles erweichenden (und begütigenden) Sonne verglichen wird. Nun wird Frömmigkeit poetisch als Lauterkeit, Dankbarkeit und Selbstentäußerung bestimmbar, ja als Selbstverzicht, ein weiterer

Hinweis auf die zugrunde liegende Konfliktlage. Das Selbst will im Objekt aufgehen, es will sich ›aufheben‹:

> In unsers Busens Reine wogt ein Streben
> Sich einem höhern, reinern, unbekannten,
> Aus Danckbarkeit freywillig hinzugeben
> Enträthselnd sich den ewig ungenannten;
> Wir heißen's: fromm seyn! – Solcher seligen Höhe
> Fühl ich mich theilhaft wenn ich vor Ihr stehe. (79–84)

Hier stellt sich dar, wie psychische Abhängigkeit, die aus einer narzisstischen Mangelstruktur mündet, die Sensibilität für die Fantasie mystischer Vereinigungen weckt. Der Drang »sich einem höhern, reinern, unbekannten, | [...] hinzugeben« korreliert direkt mit der Erfahrung der psychischen Minderwertigkeit, die das Syndrom charakterisiert. Tautologisch listet dann die nächstfolgende 15. Strophe die Eigenschaften auf, die das mangelgeprägte Selbst zur doch nötigen Abwehr formiert und nun ausgerechnet gegen sich selbst moralisierend ins Feld führt: »Selbstsinn«, »Eigennutz«, »Eigenwille«.

Auch wenn die Geliebte jetzt an die Stelle Gottes und die buchstäbliche Verschmelzung an die Stelle der ›unio mystica‹ tritt, bleiben diese nun ›wegzuschauernden‹ Eigenschaften religiös kodiert, und die durch Schuld unterminierte Selbst-Verfassung erscheint als Ausfluss der durch das Verlassenwerden bewirkten Selbstaggression. Die Liebe hat somit die unmögliche Aufgabe, den Glauben des Liebenden an sich selbst durch Selbstaufgabe und Diskreditierung der zum Überleben nötigen Abwehrmaßnahmen zu fördern. Die Selbstzerstörung kann hier umso virulenter werden, als der Narzissmus einer moralischen Zensur unterliegt, ohne dass er deswegen wirklich zum Stillstand kommt. Mit anderen Worten: Das Subjekt handelt gerade in der unbedingten Hingabe erst recht im Namen von »Selbstsinn«, »Eigennutz« und »Eigenwille«, will dieses jedoch moralisierend wegkaschieren. Dahinter steht freilich der Appell zur liebenden Annahme in der imaginären Verschmelzung, die in der Tat den »Selbstsinn« befriedigen könnte, so dass er ein für allemal gestillt wäre. Die positive Verbalisierung macht deutlich, dass der lyrische Sprecher dieses archaische Szenario in sich bewegt, noch ohne sich der Gefahr der Selbstzerstörung bewusst zu sein:

> Vor ihrem Blick, wie vor der Sonne Walten,
> Vor ihrem Athem, wie vor Frühlingslüften
> Zerschmilzt, so längst sich eisig starr gehalten,

Der Selbstsinn tief in winterlichen Grüften;
Kein Eigennutz, kein Eigenwille dauert;
Vor Ihrem Kommen sind sie weggeschauert. (85–90)

Vielleicht erklärt sich der Bruch nach dieser Strophe (und vor dem Beginn einer neuen Triade) mit der zurückkehrenden Besinnung nach diesem (psychotischen) Absturz in die den ιερος γαμος variierende erotische Religionsmystik. Der Vergleich der Geliebten mit der Sonne, wie er hier an hymnische Marienlieder anlehnt, aber auch in der Essenz des Lobpreises an den Sonnengesang des Hl. Franziscus, soll nicht nur wiederum die ›Leistungen‹ der Liebe hyperbolisch veranschaulichen, sondern auch am Beispiel der Jahreszeiten-Rhythmik eine Einbettung des als inneres Chaos Erfahrenen in die Naturordnung ermöglichen. In der vorletzten (13.) Strophe des *Melker-Marienlieds* heißt es:

Chint gebære du magedîn,
aller werlte edilîn.
du bist glîch deme sunnen,
von Nazareth irrunnen,
Hierusalem gloria,
Israhel leticia,
Sancta Maria. (Strobl 1870)

Die 2. Strophe des *Canticum Fratris Solis Vel Laudes Creaturarum* des Franziskus v. Assisi lautet:

Laudatu|si mi signore| cum tuctel le tue creature| spetialmente messer| lu frate sole| lu quale| lu iorno| allumeni per nui| e ellu è bellu| e radiante| cum grande| splendore:| de te altissimu| porta significatione. (Brenni 1980)

Im Gegenspiel dazu freilich ist der mythologische Sonnen-Topos unterlegt, wie Goethe ihn dann analog dem Ikarus-Motiv mit dem Scheitern des erotomanischen Faust-Sohns Euphorion im *Zweiten Teil* des *Faust* verbindet oder wie er auch anklingt, wenn der verliebte »Jüngling« im Gedicht *An Werther* in seinem »Flug gehemmt« (HA 1, S. 381) wird und untergeht.

Gerade bei diesem Hiat zwischen der 15. und 16. Strophe handelt es sich um das eigentliche Scharnier des Gedichts. Der psychische Bewusstseinskampf mit seinen bizarren Seiten ist nun vorbei. Die Dramaturgie des Unbewussten geht darauf zunächst in einen fiktiven Dialog, dann in die bewusste Auseinandersetzung mit der Realität der Trennung über. Der fiktive Dialog, ein Selbstgespräch, wo das lyrische Ich über 2 Strophen hinweg den Part der Geliebten übernimmt und im 3. Teil erwidert, findet bereits in einer kontrollierten Bewusstseinsdimension statt, der man anmerkt, dass die Trennung als *fait accompli* begriffen ist. Die Botschaft des Augenblicks, die der Geliebten als resoluter Lebensberaterin in den Mund gelegt wird, ist jetzt sogar eine weisheitsphilosophische: das ›*carpe diem*‹, dem eine Ermahnung zur geistigen und seelischen Identität und Originalität zur Seite gestellt wird. In diesen Zeilen wird, bezeichnenderweise aus dem Mund einer Frau, Goethes halb stoische, halb epikureische Lebensmaxime des intensiv gelebten Augenblicks erkennbar, dem weder die Gegenwart noch die Zukunft etwas anhaben können. Erinnert sei an *Faust II* (9381ff.): »FAUST. Nun schaut der Geist nicht vorwärts nicht zurück,| Die Gegenwart allein –|| HELENA. Ist unser Glück.«:

> Drum thu wie Ich und schaue, froh verständig,
> Dem Augenblick in's Auge! Kein Verschieben!
> Begegn' ihm schnell, wohlwollend wie lebendig,
> Im Handeln sey's, zur Freude, sey's dem Lieben;
> Nur wo du bist sey alles, immer kindlich,
> So bist du alles, bist unüberwindlich. (97–102)

Der letzte 5-strophige Abschnitt beginnt mit einem selbstverantworteten, klar bestimmten: »Nun bin ich fern!« und der Feststellung, dass es unmöglich sei, die »hohe Weisheit« (des Epikur und der Stoa) auf den jetzigen Augenblick anzuwenden. Das Schöne könne nicht wahrgenommen werden, denn das »unbezwinglich Sehnen« treibe »gränzenlose Thraenen« (113f.) hervor. Die darauffolgende 20. Strophe spricht von »innre[r] Glut«, die »nicht zu dämpfen« (116) sei und beschreibt den inneren Kampf von Tod und Leben, wie wir ihn aus Fausts Replik aus der Szene *Vor dem Tor* kennen: »Zwei Seelen wohnen, ach! in meiner Brust« (1112). Wird der Selbstmord hier aus zwei Gründen: dem Mangel an Willens- und Entschlusskraft ausgeschlossen, wartet die nächste Strophe mit einem überraschenden dritten Argument auf: dem Geist »Fehlt's am Begriff: wie sollt er Sie vermissen?| Er wiederholt Ihr Bild zu tausend malen.« (121f.) Die Geliebte scheint also subjektiv präsent zu sein, die Realität der Imagination vermag die der Wirklichkeit zu ersetzen, so dass ein realistischer »Begriff« des Verlusts bewusstseinspsychologisch noch nicht oder nicht mehr gebildet ist. Allerdings ist auch diese Welt des Irrealen nicht unangefochten. Die Bilder kommen und gehen und erweisen sich als unstetige Trostmittel:

> Das [Bild der Geliebten, Vf.] zaudert bald, bald wird es weggerissen,
> Undeutlich jetzt und jetzt im reinsten Stralen;
> Wie könnte dies geringstem Troste frommen?
> Die Ebb' und Flut, das Gehen wie das Kommen! (123–26)

Hier ist der Mechanismus eines Übergangsobjekts benannt, wie ihn Pietzcker (2003) im Hinblick auf die ganze *Elegie* beschrieben hat: das Symbol ersetzt die Wirklichkeit des Verlorenen und macht den Verlust verschmerzbar bzw. hilft dabei, die endgültige Realität des Abschieds wahrzuhaben und zu bewältigen. Wenn sich im Prozess der Trauerarbeit seine symbolische Kraft verliert, ist das Faktum des Verlusts zwar nüchtern, aber noch trostlos angenommen. Diese trostlose Nüchternheit gestaltet nun der zweistrophige Schluss des Gedichts, den Goethe in der Reinschrift durch eine Volute abgetrennt hat, so dass er mit der auf die gleiche Weise abgesetzten 1. Strophe einen Rahmen bildet. Hier wird zunächst die Größe der Natur der Beschränktheit des forschenden Geistes gegenübergestellt und die »Welt« der Objekte als Qualität apostrophiert, die den anderen »erschlossen«, dem lyrischen Subjekt dagegen verschlossen ist:

> Verlasst mich hier, getreue Weggenossen!
> Lasst mich allein am Fels, in Moor und Moos;
> Nur immer zu! euch ist die Welt erschlossen.
> Die Erde weit, der Himmel hehr und gros;
> Betrachtet, forscht, die Einzelheiten sammelt,
> Naturgeheimniss werde nachgestammelt. (127–132)

Dass hier, wie der Erstrezipient Humboldt am 19. November 1823 an seine Frau Caroline schreibt, »die Betrachtung der Natur, die Anschauung des Weltalls, also das, was Goethes innerste Beschäftigung ausmacht«, in eher pejorativer Wertung erscheint, erinnert an Fausts Erkenntnisskepsis und die Karikatur des Famulus Wagner, der »Mit gier'ger Hand nach Schätzen gräbt, | Und froh ist wenn er Regenwürmer findet!« (604 f.) Gleichwohl zeugt die Zuwendung zur Objektwelt von einem Realitätssinn, der dem Trauernden in seiner eskapistischen Innenwelt noch abgeht und der deshalb, hier hat Humboldt Recht, »der Geliebten gleichsam entgegengesetzt« ist (Sydow 1916, S. 187). Wenn es daher am Beginn der Schlussstrophe bilanzierend heißt: »Mir ist das All, ich bin mir selbst verlohren« (133), werden hier zwei Pole verknüpft: das Selbst und das Objekt, die einander bedingen, so dass mit dem Verlust des Objekts unausweichlich der Selbstverlust verbunden ist.

Indem dieses sagbar ist, ist jedoch eine Stufe der Trauerarbeit erreicht, die radikale Ernüchterung und ungeschützte Konfrontation ermöglicht – ohne Zweifel der entscheidendste Fortschritt, zu dem die *Elegie* verhelfen konnte, indem sie kompositionell den ›Abstieg‹ von der Imagination zur Realität vollzog. Dabei hat das Eingeständnis des psychischen Totalverlusts, zu dem die »Totalkatastrophe des Sinnes« gehört, in der Altersperspektive noch eine zusätzliche Brisanz: »Das Gedicht ist Goethes Abschied von der Liebe – und vom Leben und von sich selbst, sofern dies Leben und dies Ich Liebe sind. Das ist nicht gesagt, und steht doch im Gedicht« (Kommerell 1985, S. 159).

Schon bald nach den Ereignissen in Marienbad und Karlsbad, am 16. November 1823, sagte Goethe zu Eckermann im Hinblick auf den »höchst leidenschaftlichen Zustand«, den er für überwunden glaubte: »als ich darin befangen war, hätte ich ihn um alles in der Welt nicht entbehren mögen, und jetzt möchte ich um keinen Preis wieder hineingeraten«. Noch ahnte er nicht, dass ihn sein Unbewusstes einholen und ihn körperlich wie seelisch noch einmal elend machen würde, eine seiner eigenen pessimistischsten *Reflexionen* bestätigend, in denen er sein tragisches Beziehungsdefizit auf den Punkt brachte: »Große Leidenschaften sind Krankheiten ohne Hoffnung. Was sie heilen könnte, macht sie erst recht gefährlich.« (HA 12, S. 533) Nach seiner Genesung im Januar 1824 aber weiß er dann, was zu tun ist. Das Leben scheint ihm hinfort dazu geholfen zu haben, dieser bitteren Einsicht gemäß zu handeln: »Ein gebranntes Kind scheut das Feuer, ein oft versengter Greis scheut, sich zu wärmen.« (HA 12, S. 521)

Literatur

1. Siglen

HA: Goethe, Johann Wolfgang (1981): Werke, Kommentare und Register. Hamburger Ausgabe in 14 Bänden. Hrsg. v. Erich Trunz. München (C.H. Beck).

NA: Schiller, Friedrich (1943–): Werke. Nationalausgabe (43 Bände). Hrsg. v. Julius Petersen, Lieselotte Blumenthal, Benno von Wiese, Siegfried Seidel et al. Stuttgart (Böhlau).

SW: Schiller, Friedrich (1997): Sämtliche Werke in 5 Bänden. Nach den Ausgaben letzter Hand unter Hinzuziehung der Erstdrucke und Handschriften. Anmerkungen und Zeittafel von Helmut Koopmann. Düsseldorf, Zürich (Artemis & Winkler).

MA: Goethe, Johann Wolfgang (1986): Sämtliche Werke nach Epochen seines Schaffens. 20 Bände. Hrsg. v. Karl Richter, Herbert G. Göpfert, Norbert Miller. Münchner Ausgabe. München (Hanser).

GW: Freud, Sigmund (1961): Gesammelte Werke (18 Bände). Frankfurt/M. (S. Fischer).

SA: Freud, Sigmund (1982): Studienausgabe in 10 Bänden. Mit einem Ergänzungsband. Hrsg. v. A. Mitscherlich et al. Frankfurt/M. (S. Fischer).

Seitenzahlen ohne weitere Angaben in den Werkkapiteln beziehen sich auf:

Die Leiden des jungen Werthers: Goethe, Johann Wolfgang (2001): Die Leiden des jungen Werthers. Leipzig 1774. Nachdruck der Erstausgabe von 1774. Hrsg. v. Joseph Kiermeier-Debre. München (dtv).

Faust I: Goethe, Johann Wolfgang (2000): Faust. Der Tragödie Erster Teil. Stuttgart (Reclam).

Elegie: Goethe, Johann Wolfgang (1991): Elegie von Marienbad. Urschrift. September 1823. Hrsg. v. Jürgen Behrens und Christoph Michel, mit einem Geleitwort von Arthur Henkel. Frankfurt/M. (Insel).

2. Literatur in alphabetischer Reihenfolge

Adler, Hans (1988): Fundus Animae – der Grund der Seele. Zur Gnoseologie des Dunklen in der Aufklärung. In: Deutsche Vierteljahresschrift für Literaturwissenschaft und Geistesgeschichte 62, S. 197–220.

Adorno, Theodor W. (1970): Ästhetische Theorie. Gesammelte Schriften. Erste Auflage. Bd. 7. Frankfurt/M. (Suhrkamp).

Akhtar, Salman (1996): Deskriptive Merkmale und Differentialdiagnose der narzisstischen Persönlichkeitsstörung. In: Kernberg 1996, S. 1–29.

Alexander, Franz Gabriel. et al. (1946): Psychoanalytic Therapy: Principles and Application. New York (Bison Books in Clinical Psychology).

Alt, Peter André (2000): Schiller. Leben – Werk – Zeit. 2 Bde. München (Beck).

Anders, Günther (1988): Wir Eichmannsöhne. Offener Brief an Klaus Eichmann [1964]. München (Beck).

Anz, Thomas [in Zusammenarbeit mit Christine Kanz] (Hg.) (1999): Psychoanalyse in der modernen Literatur. Kooperation und Konkurrenz. Würzburg (Königshausen & Neumann).

Assmann, Aleida (1977): Traumhieroglyphen von der Renaissance bis zur Romantik. In: Benedetti, Gaetano; Hornung, Erik (Hg.): Die Wahrheit der Träume. München (Fink), S. 119–144.

Assmann, Aleida (1997): Ex oriente nox. Ägypten als das kulturelle Unbewußte der abendländischen Tradition. In: Steahelin, Elisabeth; Jaeger Bertrand (Hg.): Ägypten-Bilder. Akten des ›Symposions zur Ägypten-Rezeption‹, Augst bei Basel, 9.–11. September 1993. Freiburg/CH, Göttingen (Univ.-Verl. Freiburg), S. 173–186.

Assmann, Aleida (2001): Fond aus der Urzeit. Bilder als Speicher des Unbewußten in Diskursen der Romantik. In: Oesterle, Günter (Hg.): Erinnern und Vergessen in der europäischen Romantik. Würzburg (Königshausen & Neumann), S. 145–158.

Auden, Wystan H. (1963): The Dyer's Hand and Other Essays. London (Faber and Faber).

Auden, Wystan H. (1973): Werther and Novella. In: Ders.: Forewords and Afterwords. Selected by Edward Mendelson. London (Faber and Faber), S. 125–130.

Auer, Elisabeth (1999): Selbstmord begehen zu wollen ist wie ein Gedicht zu schreiben. Eine psychoanalytische Studie zu Goethes Briefroman ›Die Leiden des jungen Werther‹. Stockholm (Almqvist & Wiksell Intl.).

Balint, Michael (1957/58): Die drei seelischen Bereiche. Psyche 11. Stuttgart (Klett-Cotta) S. 321–344.

Balint, Michael (1973): Therapeutische Aspekte der Regression. Die Theorie der Grundstörung. Reinbek bei Hamburg (Rowohlt).

Balint, Michael (1988): Die Urformen der Liebe und die Technik der Psychoanalyse. München (dtv).

Balint, Michael (1994): Angstlust und Regression. Stuttgart (Klett-Cotta).

Bartels, Martin (1981): Traum und Witz bei Freud. Die Paradigmen psychoanalytischer Dichtungstheorie. In: Bohnen et al. 1981, S. 10–29.

Battegay, Raymond (1991): Narzißmus und Objektbeziehungen. Über das Selbst zum Objekt. Bern, Stuttgart, Toronto (Huber).

Baumgart, Wolfgang (1988): Mephistopheles und die Emanzipation des Bösen. In: Adam, Wolfgang (Hg.): Das 18. Jahrhundert: Facetten einer Epoche. Festschrift für Rainer Gruenter. Heidelberg (Carl Winter Univ.-Verl. Winter), S. 93–111.

Baumgarten, Alexander Gottlieb (1739): Metaphysica. Halea Magdeburgicae (Hemmerde).

Bazaine, Jean (1959): Notizen zur Malerei der Gegenwart. Deutsch von Paul Celan. Frankfurt/M. (S. Fischer).

Behrens, Jürgen (1991): Biografischer Hintergrund. Marienbad 1821–1823. In: Goethe 1991, S. 87–99.

Behrens, Rudolf (1994): Die Spur des Körpers. Zur Kartographie des Unbewußten in der französischen Frühaufklärung. In: Schings 1994, S. 561–583.

Bell, Matthew (Hg.) (2005): The German Tradition of Psychology in Literature and Thought, 1700–1840. Cambridge, New York (Cambridge University Press).

Bergmann, Jörg; Leggewie, Claus (1993): Die Täter sind unter uns – Beobachtungen aus der Mitte Deutschlands. Kursbuch 113 (»Deutsche Jugend«). Berlin.

Beutler, Ernst (1994): Wertherfragen. In: Herrmann, Hans Peter (Hg.) (1994): Goethes ›Werther‹. Kritik und Forschung. Darmstadt (Wiss. Buchgesellschaft), S. 102–127.

Biedermann Freiherr von, Flodoard (Hg.) (1909–11): Goethes Gespräche. Gesamtausgabe, 2. durchges. u. stark verm. Aufl., 5 Bde. Leipzig (Biedermann).

Binder, Hartmut (1983): Kafka. Der Schaffensprozess. Frankfurt/M. (Suhrkamp).

Bloch, Ernst (1959): Das Prinzip Hoffnung. Frankfurt/M. (Suhrkamp).

Bloch, Ernst (1967): Der junge Goethe, Nicht-Entsagung, Ariel. In: Mayer, Hans (Hg.): Goethe im XX. Jahrhundert. Spiegelungen und Deutungen. Hamburg (Wegner).

Bohm, Arnd (1987): Possessive Individualism in Schiller's ›Die Räuber‹. In: Mosaic. A Journal for the Interdisciplinary Study of Literature 20 (1), 31–42.

Bohnen, Klaus; Jorgensen, Sven-Aage & Schmöe, Friedrich (Hg.) (1981): Literatur und Psychoanalyse. Vorträge des Kolloquiums am 6. und 7. Oktober 1980. Kopenhagener Kolloquien zur deutschen Literatur. Bd. 3 (= TEXT & KONTEXT Sonderreihe, Bd. 10). Kopenhagen, München (edition text + kontext).

Böhme, Hartmut (1981): Romantische Adoleszenzkrisen. Zur Psychodynamik der Venuskult-Novellen von Tieck, Eichendorff und E. T.A. Hoffmann. In: Bohnen et al. 1981, S. 133–176.

Bollas, Christopher (1997): Being a Character. Psychoanalysis and Self-Experience. London (Hill & Wang).

Booth, Wayne C. (1983): The Rhetoric of Fiction [1961]. Chicago, London (The University of Chicago Press).

Borchmeyer, Dieter (1989): Kritik der Aufklärung im Geiste der Aufklärung. Friedrich Schiller. In: Schmidt 1989, S. 361–376.

Braun, Julius W. (Hg.) (1969): Goethe im Urtheile seiner Zeitgenossen. Zeitungskritiken, Berichte, Notizen, Goethe und seine Werke betreffend [1883]. Bd. 1: 1773–1786. Berlin. Reprograf. Nachdruck. Hildesheim u. a. (Olms-Weidmann).

Breton, André (1993): Die Manifeste des Surrealismus. Reinbek bei Hamburg (Rowohlt).

Britton, Ronald (2001): Der Narzissmus des Glaubens. In: Britton et al. 2001, S. 81–109.

Britton, Ronald; Feldman, Michael & Steiner, John (2001): Narzissmus, Allmacht und psychische Realität. Beiträge der Westlodge-Konferenz III. Hrsg. v. Claudia Frank und Heinz Weiß. Unter Mitarbeit von Richard Rusbridger. Tübingen (edition diskord).

Brod, Max (1966): Über Franz Kafka. Frankfurt/M. (Fischer)

Bub, Douglas F. (1968): The ›Hexenkueche‹ and the ›Mothers‹ in Goethe's Faust. In: Modern Language Notes. Vol. 83. Baltimore (Hopkins), S. 775–779.

Buchholz, Michael B.; Dümpelmann, Michael (2002): Dysmorphophobie: Biographie, Metapher und Psychodynamik. In: Seidler 2002, S. 176–201.

Büchner, Georg (1998): Lenz. Neu hergestellt, kommentiert und mit zahlreichen Materialien versehen von Burghard Dedner. Frankfurt/M. (Suhrkamp).

Burger, Hermann (1986): Die allmähliche Verfertigung der Idee beim Schreiben. Frankfurter Poetik-Vorlesung. Frankfurt/M. (Fischer).

Burton, Robert (1988): Anatomie der Melancholie. Über die Allgegenwart der Schwermut, ihre Ursachen und Symptome sowie die Kunst, es mit ihr auszuhalten [1621]. München, Zürich (Artemis).

Butzlaff, Wolfgang (2000): »Trostlos zu sein ist Liebenden der schönste Trost«. Neue Beiträge zur Interpretation der Marienbader Elegie. In: Ders.: Goethe. »Trostlos zu sein ist Liebenden der schönste Trost«. Gesammelte Studien zu Werk und Rezeption. Hildesheim u. a. (Olms-Weidmann), S. 154–177.

Cardinal, Roger (1981): André Breton. Wahnsinn und Poesie. In: Urban et al. 1981, S. 300–320.

Chasseguet-Smirgel, Janine (1981): Das Ich-Ideal. Frankfurt/M. (Suhrkamp).

Chasseguet-Smirgel, Janine (1987): Das Ich-Ideal. Psychoanalytischer Essay über die ›Krankheit der Idealität‹. Frankfurt/M. (Suhrkamp).

Chatman, Seymour (1978): Story and Discourse: Narrative Structure in Fiction and Film. Ithaca (Cornell University Press).

Colpe, Carsten; Schmidt-Biggemann, Wilhelm (Hg.) (1993): Das Böse: eine historische Phänomenologie des Unerklärlichen. Frankfurt/M. (Suhrkamp).

Damm, Sigrid (2004): Das Leben des Friedrich Schiller. Eine Wanderung. Frankfurt/M., Leipzig (Insel).

Dawson, John (1987): ›Pater Absconditus‹: Delving into Werther's Neuroses. In: AUMLA 68, 251–260.

Dettmering, Peter (1998): »Wie eine große Schwammfamilie [...]«. Psychoanalytische Anmerkungen zu Goethes »Faust«. In: Ders.: Formen des Grandiosen: literaturanalytische Arbeiten 1985–1995. Eschborn b. Frankfurt/M. (D. Klotz), S. 18–34.

Dischner, Gisela (1979): Gedanken-Spiele zum orphischen Narzissmus. In: Dischner, Gisela; Faber Richard: Romantische Utopie – utopische Romantik. Hildesheim (Gerd Seifert).

Doke, Tadamichi (1974): Zur literarischen Methode der »Leiden des jungen Werther«. In: Goethe-Jahrbuch 91, S. 11–23.

Dollinger, Roland (2000): The Self-inflicted Suffering of Young Werther: An Example of Masochism in the 18th Century. In: Finke, Michael C.; Niekerk Carl (Hg.): One Hundred Years of Masochism. Amsterdam, Atlanta (Rodopi), S. 91–108.

Dornes, Martin (2003): Die frühe Kindheit. Entwicklungspsychologie der ersten Lebensjahre. Frankfurt/M. (Fischer).

Dornes, Martin (2004a): Der kompetente Säugling. Die präverbale Entwicklung des Menschen. Frankfurt/M. (Fischer).

Dornes, Martin (2004b): Die emotionale Welt des Kindes. Frankfurt/M. (Fischer).

Dumont, Altrud (1999): Faust – ein Urenkel Hiobs? Zum Verhältnis von Transformation und Abstoßung. In: Jacobsen, Fietmar (Hg.): Kreuzwege. Transformationen des Mythischen in der Literatur. Frankfurt/M. u. a. (Lang), S. 123–144.

Eco, Umberto (1987): Lector in fabula. München (Hanser).

Ehrenzweig, Anton (1967): The Hidden Order of Art. A Study on the Psychology of Artistic Imagination. London (Weidenfeld & Nicholson).

Eikenloff, Peter (2003): Der verlassene Sohn. Generationenkonflikt und Bindungsverluste in den ›Leiden des jungen Werthers‹ (1774). In: Wirkendes Wort 53. Trier (WVT Wiss. Verl.), S. 181–199.

Eissler, Kurt R. (1981): Wette, Vertrag und Prophetie in Goethes ›Faust‹. In: Jahrbuch der Psychoanalyse 12. Stuttgart-Bad Canstatt (Frommann), S. 29–72.

Ellenberger, Henry F. (1973): Die Entdeckung des Unbewußten. Bern u. a. (Huber).

Erhart, Walter (1994): Beziehungsexperimente: Goethes ›Werther‹ und Wielands ›Musarion‹. In: Herrmann 1994, S. 403–428.

Erikson, Erik H. (1981): Jugend und Krise. Die Psychodynamik im sozialen Wandel. Berlin (Klett-Cotta).

Faber, Melvin D. (1973): The Suicide of Young Werther. In: Psychoanalytic Review 60, 239–276.

Feise, Ernst (1989): Goethes Werther als nervöser Charakter. In: Schmiedt 1989, S. 35–68.

Ferguson, Adam (1787): Grundsätze der Moralphilosophie. Übersetzt und mit einigen Anmerkungen versehen von Christian Garve. Frankfurt, Leipzig.

Fietz, Lothar (1989): »Though, Nature, Art my Goddess« – Der Aufklärer als Bösewicht im Drama der Shakespeare-Zeit. In: Schmidt 1989, S. 184–205.

Fischer, Peter (1986): Familienauftritte. Goethes Fantasiewelt und die Konstruktion des ›Werther‹-Romans. In: Psyche 40 (6), 527–556.

Fischer-Lamberg, Hanna (1956): Das Bibelzitat beim jungen Goethe. In: Bischoff, Karl (Hg.): Gedenkschrift für Ferdinand Josef Schneider: 1879–1954. Weimar (Boehlau).

Fischer-Lamberg, Hanna (Hg.) (1963ff.): Der junge Goethe. Berlin, New York (de Gruyter).

Flaschka, Horst (1987): Goethes ›Werther‹. Werkkontextuelle Deskription und Analyse. München (Fink).

Foucault, Michel (1969): Wahnsinn und Gesellschaft. Frankfurt/M. (Suhrkamp).

Freud, Sigmund (1955): Briefe an Arthur Schnitzler: In: Neue Rundschau 66, 95–106.

Freud, Sigmund (1982): Studienausgabe in 10 Bänden. Hrsg. v. Alexander Mitscherlich, Angela Richards und James Strachey. Frankfurt/M. (S. Fischer).

Friedenthal, Richard (1996): Goethe. Sein Leben und seine Zeit [1963]. München, Zürich (Piper).

Fülleborn, Ulrich; Engel, Manfred (Hg.) (1988): Das neuzeitliche Ich in der Literatur des 18. und 20. Jahrhunderts. Zur Dialektik der Moderne. Ein internationales Symposion. München (W. Fink).

Gaier, Ulrich (1989): Gegenaufklärung im Namen des Logos: Hamann und Herder. In: Schmidt 1989, S. 261–276.

Glatzel, Johann (1999): Melancholie – Literarischer Topos und psychiatrischer Krankheitsbegriff. In: Walther, Lutz (Hg.): Melancholie. Leipzig (Reclam), S. 200–215.

Goethe, Johann Wolfgang (1964ff.): Goethes Briefe. Hamburger Ausgabe in 4 Bänden, textkritisch durchgesehen und mit Anmerkungen versehen von K.R. Mandelkow. Hamburg (Wegner).

Goethe, Johann Wolfgang (1981): Werke, Kommentare und Register. Hamburger Ausgabe in 14 Bänden. Hrsg. v. Erich Trunz. München (C.H. Beck).

Goethe, Johann Wolfgang (1986): Sämtliche Werke nach Epochen seines Schaffens. 20 Bände. Hrsg. v. Karl Richter, Herbert G. Göpfert, Norbert Miller. Münchner Ausgabe. München (Hanser).

Goethe, Johann Wolfgang (1991): Elegie von Marienbad. Urschrift. September 1823. Hrsg. v. Jürgen Behrens und Christoph Michel. Mit einem Geleitwort von Arthur Henkel. Frankfurt/M. (Insel).

Goethe, Johann Wolfgang (2000): Faust. Der Tragödie Erster Teil. Stuttgart (Reclam).

Goethe, Johann Wolfgang (2001): Die Leiden des jungen Werthers. Leipzig 1774. Nachdruck der Erstausgabe von 1774. Hrsg. v. Joseph Kiermeier-Debre. München (dtv).

Graber, Gustav Hans (1989): Goethes Werther. Versuch einer tiefenpsychologischen Pathographie. In: Schmiedt 1989, S. 69–84.

Gräf, Hans Gerhard (1919): Nachträge zu Goethes Gesprächen. 1. Johann Kaspar Lavater. In: Jahrbuch der Goethe-Gesellschaft. Bd. 6. Weimar (Goethe-Ges.), S. 283–285.

Graefe, Johanna (1958): Die Religion in den ›Leiden des jungen Werther‹. Eine Untersuchung auf Grund des Wortbestandes. In: Goethe-Jahrbuch 20. Weimar (Böhlaus Nachf.), S. 72–98.

Grathoff, Dirk (1994): Der Pflug, die Nussbäume und der Bauerbursche: Natur im thematischen Gefüge des ›Werther‹-Romans. In: Herrmann 1994, S. 382–402.

Green, André (2003): Geheime Verrücktheit. Grenzfälle der psychoanalytischen Praxis. Gießen (Psychosozial-Verlag).

Greimas, Algirdas Julien (1971): Strukturale Semantik. Braunschweig (Friedrich Vieweg u. Sohn).

Groddeck, Georg (1964): Faust. In: Ders.: Psychoanalytische Schriften zur Literatur und Kunst. Hrsg. v. Roeder von Diersburg, Egenolf. Wiesbaden (Limes), S. 192–228.

Groddeck, Wolfram; Stadtler, Ulrich (1994): Physiognomie und Pathognomie. Zur literarischen Darstellung von Individualität. Festschrift für Karl Pestalozzi zum 65. Geburtstag. Berlin, New York (de Gruyter), S. 153–168.

Grunberger, Bela (2001): Vom Narzissmus zum Objekt. Gießen (Psychosozial-Verlag).

Guillaumin, Jean (1976): Das poetische Schaffen und die bewußte Bearbeitung des Unbewußten. In: Curtius, Mechthild (Hg.) (1976): Seminar. Theorien der künstlerischen Produktivität. Frankfurt/M. (Suhrkamp), S. 176–190.

Habermas, Jürgen (1973): Erkenntnis und Interesse [1968]. Frankfurt/M. (Suhrkamp).

Hadot, Pierre (2002): Philosophie als Lebensform. Antike und moderne Exerzitien der Weisheit. Frankfurt/M. (Fischer).

Hagestedt, Jens (1988): Die Entzifferung des Unbewussten. Zur Hermeneutik psychoanalytischer Textinterpretation. Frankfurt/M. (Lang).

Hansen, Uffe (1981): Die unvermeidliche Inkohärenz des Kunstwerks. Literatur als Kompromissbildung zwischen Primär- und Sekundärprozess. Strukturelle oder inhaltliche Verdrängung? In: Bohnen et al. 1981, S. 177–209.

Hansen, Uffe (1994): Der Aufklärer in extremis. Heinrich von Kleists ›Die Marquise von O …‹ und die Psychologie des Unbewußten im Jahre 1807. In: Bohnen, Klaus; Øhrgaard, Per (Hg.): Aufklärung als Aufgabe. Festschrift für Sven Aage Jørgensen. München, Kopenhagen (TEXT & KONTEXT, Sonderreihe Bd. 33), S. 217–234.

Hauser, Arnold (1964): Der Ursprung der modernen Kunst. Die Entwicklung des Manierismus seit der Krise der Renaissance. Ungek. Sonderausgabe nach der Originalausgabe. München (dtv).

Haider, Frithjof (2003): Verkörperungen des Selbst. Das bucklige Männlein als Übergangsphänomen bei Clemens Brentano, Thomas Mann, Walter Benjamin. Frankfurt/M. (Peter Lang).

Hegel, Georg Wilhelm Friedrich (1986): Vorlesungen über die Ästhetik. In: Werke in 20 Bänden. Bd. 13. Frankfurt/M. (Suhrkamp).

Henninger, Peter (1981): Der Text als Kompromiss. Versuch einer psychoanalytischen Textanalyse von Musils Erzählung ›Tonka‹ mit Rücksicht auf Jacques Lacan. In: Urban et al. 1981, S. 398–420.

Herbertz, Richard (1905): Die Lehre vom Unbewußten im System des Leibniz. Halle (Karras).

Herrmann, Helene (1904): Die psychologischen Anschauungen des jungen Goethe und seiner Zeit. Berlin (Imberg & Lefson).

Herrmann, Hans Peter (Hg.) (1994): Goethes ›Werther‹. Kritik und Forschung. Darmstadt (Wiss. Buchgesellschaft).

Hesse, Hermann (1970): Künstler und Psychoanalyse [1918]. In: Ders.: Gesammelte Werke in 10 Bänden. Bd. 10. Frankfurt/M. (Suhrkamp), S. 47–53.

Heyn, Gisa (1966): Der junge Schiller als Psychologe. Zürich (Juris).

Hinderer, Walter (1992): Die Räuber. In: Ders. (Hg.): Interpretationen. Schillers Dramen. Stuttgart (Reclam).

Hinderer, Walter (1998): Von der Idee des Menschen. Über Friedrich Schiller. Würzburg (Königshausen & Neumann).

Hinske, Norbert (Hg.) (1981): Was ist Aufklärung? Beiträge aus der Berlinischen Monatsschrift. Darmstadt (Wiss. Buchgesellschaft).

Hölderlin, Friedrich (1992–94): Sämtliche Werke und Briefe. 3 Bände. Hrsg. v. Jochen Schmidt. Frankfurt/M. (Deutscher Klassiker Verl.).

Hofmann, Michael (1996): Schillers ›Räuber‹ und die Pathogenese moderner Subjektivität. In: ZfdPh. Sonderheft: Klassik, modern. Für Norbert Oellers zum 60. Geburtstag. 115. Band, S. 3–15.

Hofmann, Michael (2003): Schiller. Epoche – Werke – Wirkung. München (C.H. Beck).

Horkheimer, Max; Adorno, Theodor W. (1969): Dialektik der Aufklärung. Philosophische Fragmente. Frankfurt/M. (Fischer).

Ingen, Ferdinand van (1976): »Faust – homo melancholicus«. In: Bormann, Alexander (Hg.): Wissen aus Erfahrung. Festschrift für Herman Meyer zum 65. Geburtstag. Tübingen (Niemeyer), S. 256–281.

Jacob, Alexander (1992): De naturae natura. A Study of Idealistic Conceptions of Nature and the Unconscious. Stuttgart (Steiner), S. 41–81.

Jacobson, Edith (1973): Das Selbst und die Welt der Objekte. Frankfurt/M. (Suhrkamp).

Jacoby, Mario (1985): Individuation und Narzissmus. Die Psychologie des Selbst bei C.G. Jung und H. Kohut. München (Pfeiffer).

Jäger, Georg (1994): Die Wertherwirkung. Ein rezeptionsästhetischer Modellfall. In: Herrmann 1994, S. 223–231.

Jeziorkowski, Klaus (1995): Der Text und seine Rückseite. Bielefeld (Aisthesis).

Johnson, Stephen M. (1988): Der narzisstische Persönlichkeitsstil. Köln (Edit. Humanist. Psychologie).

Jones, Ernest (1987): Die Theorie der Symbolik [1916]. In: Ders.: Die Theorie der Symbolik und andere Aufsätze. Frankfurt/M. (Athenäum), S. 50–114.

Jung, Carl Gustav (1950): Gestaltungen des Unbewußten. Zürich (Rascher).

Jung, Carl Gustav (1973): Wandlungen und Symbole der Libido. In: Ders: Symbole der Wandlung. Analyse des Vorspiels zu einer Schizophrenie. Gesammelte Werke (20 Bde.). Bd. 5. Düsseldorf, Zürich (Walter).

Jung, Carl Gustav (1976): The Visions Seminars. Zürich (Spring Publ.).

Jung, Carl Gustav (2003): Archetypen. C.G. Jung-Taschenbuchausgabe in 11 Bänden. Hrsg. v. Lorenz Jung auf der Grundlage der Ausgabe ›Gesammelte Werke‹. München (dtv).

Kafka, Franz (1958): Briefe 1902–1924. Hrsg. v. Max Brod. Frankfurt/M. (Fischer).

Kafka, Franz (1966): Hochzeitsvorbereitungen auf dem Lande und andere Prosa aus dem Nachlass. New York, Frankfurt/M. (Fischer)

Kafka, Franz (1967a): Tagebücher. 1910–1923. Hrsg. v. Max Brod. New York (Fischer).

Kafka, Franz (1967b): Briefe an Felice und andere Korrespondenz aus der Verlobungszeit. Frankfurt/M. (Fischer).

Kaiser, Gerhard: Vision und Kritik der Moderne in Goethes ›Faust II‹. In: Merkur 7 (48). Stuttgart (Klett-Cotta), S. 594–604.

Kant, Immanuel (1959): Was heißt: Sich am Denken orientieren? [1786] In: Ders.: Werke in 6 Bänden. Hrsg. v. Wilhelm Weischedel. Bd. III, Darmstadt (Wiss. Buchgesellschaft), S. 267–283.

Kant, Immanuel (1902ff.): Beantwortung der Frage: Was ist Aufklärung? In: Ders: Gesammelte Schriften. Hrsg. v. d. Königlich Preußischen (später: Deutschen) Akademie der Wissenschaften. Bd. 8. Berlin.

Kaplan, Morton; Kloss, Robert (1973): The Unspoken Motive. A Guide to Psychoanalytic Literary Criticism. New York (The Free Press).

Kassel, Norbert (1969): Das Groteske bei Franz Kafka. München (Fink).

Kayser, Wolfgang (1994): Die Entstehung von Goethes ›Werther‹ [1941]. In: Herrmann 1994, S. 128–157.

Kernberg, Otto F. (1983): Borderline-Störungen und pathologischer Narzißmus. Frankfurt/M. (Suhrkamp).

Kernberg, Otto F. (Hg.) (1996): Narzisstische Persönlichkeitsstörungen. Stuttgart, New York (Schattauer).

Klein, George Stuart (1976): Psychoanalytic Theory. An Exploration of Essentials. New York (Intern. University Press Inc.).

Kleist, Heinrich v. (1993): Sämtliche Werke und Briefe. Hrsg. v. Helmut Sembdner. Bd. 2. München (Hanser).

Klibansky, Raymond et al. (1999): Die Lehre von den ›quattuor humores‹. In: Walther, Lutz: Melancholie. Leipzig (Reclam), S. 29–48.

Koc, Richard (1986): Fathers and Sons: Ambivalence Doubled in Schiller's ›Räuber‹. In: The Germanic Review 3 (61), 91–104.

Kohut, Heinz (1973): Überlegungen zum Narzissmus und zur narzisstischen Wut. In: Psyche 27, 513–554.

Kohut, Heinz (1976): Narzissmus. Eine Theorie der psychoanalytischen Behandlung narzisstischer Persönlichkeitsstörungen. Frankfurt/M. (Suhrkamp).

Kohut, Heinz (1981): Die Heilung des Selbst. Frankfurt/M. (Suhrkamp).

Kommerell, Max (1985): Gedanken über Gedichte [1943]. Frankfurt/M. (Klostermann).

Korff, Hermann August (1940): Geist der Goethezeit. Teil III: Frühromantik. Leipzig (Weber).

Kraepelin, Emil (1909–15): Psychiatrie. Ein Lehrbuch für Studierende und Ärzte. 8. vollständig umgearb. Aufl. Leipzig (J. A. Barth).

Kraft, Hartmut (Hg.) (1984): Psychoanalyse, Kunst und Kreativität heute. Die Entwicklung der analytischen Kunstpsychologie seit Freud. Ostfildern (DuMont Reiseverl.).

Kraft, Werner (1982): Zur »Marienbader Elegie«. In: Arnold, Heinz Ludwig (Hg.): Johann Wolfgang von Goethe. Sonderband aus der Reihe TEXT & KRITIK. München (edition text + kritik), S. 215–221.

Krüger, Johann Gottlieb (1756): Versuch einer Experimental-Seelenlehre. Halle, Helmstedt (Hemmerde).

Kuzniar, Alice A. (1989): The Misrepresentation of Self. Werther versus Goethe. In: Mosaic 2 (22), 15–28.

Kyora, Sabine (1999): ›Das ganze Unterbewußtsein läuft einem davon ...‹ Ästhetische Verfahren und psychoanalytische Theorie in der westlichen Literatur. In: Anz 1999, S. 169–181.

Lacan, Jacques (1973): Schriften I. Berlin (Quadriga).

Lange, Victor (1994): Die Sprache als Erzählform in Goethes ›Werther‹. In: Herrmann 1994, S. 193–206.

Langer, Susanne K. (1984): Philosophie auf neuem Wege. Das Symbol im Denken, im Ritus und in der Kunst. Frankfurt/M. (Fischer).

Lakotta, Beate (2005): Die Natur der Seele. In: Der Spiegel 16, 176–189.

Lavater, Johann Caspar (1781): Vermischte Schriften. Bd. 2. Winterthur (Heinrich Steiner).

Leipniz, God. Guil. (1840): Essais de Théodicée sur la Bonté de Dieu, la Liberté de l'Homme et l'Origine du Mal. Berlin (Nouv. Edition).

Liebsch, Burkhard; Rüsen, Jörn (Hg.) (2001): Trauer und Geschichte. Köln, Weimar u.a. (Böhlau) (= Beiträge zur Kulturgeschichte, Bd. 22).

Linder-Beroud, Waltraud (1982/83): »Das Theater glich einem Irrenhause«. 200 Jahre Rezeptionsgeschichte der »Räuber« und des »Räuberliedes«. In: Brednich, Rolf W.; Wittmar, Jürgen (Hg.): Jahrbuch für Volksliedforschung, im Auftrag des Deutschen Volksliedarchivs. Festschrift für Lutz Röhrich zum 60. Geburtstag. 27./28. Jg. (E. Schmidt), S. 148–161.

Lorenzer, Alfred (1970): Kritik des psychoanalytischen Symbolbegriffs. Frankfurt/M. (Suhrkamp).

Lorenzer, Alfred (1986): Tiefenhermeneutische Kulturanalyse. In: König, Hans-Dieter; Lorenzer, Alfred et al. (Hg.): Kultur-Analysen. Psychoanalytische Studien zur Kultur. Frankfurt/M. (Suhrkamp), S. 11–98.

Lütkehaus, Ludger (Hg.) (1995): Texte zur Entdeckung des Unbewussten vor Freud. Hamburg (Europäische Verlagsanstalt).

Lützeler, Paul Michael; McLeod, James E. (Hg.) (1985): Goethes Erzählwerk. Interpretationen. Stuttgart (Reclam).

Mann, Thomas (1967): Goethes ›Werther‹. In: Mayer 1967, S. 7–18.

Mann, Thomas (1974): Einführung in den Zauberberg für Studenten der Universität Princeton. In: Ders.: Gesammelte Werke. 13 Bde. Bd. XI. Frankfurt/M. (Fischer), S. 602–617.

Marcuse, Herbert (1971): Triebstruktur und Gesellschaft. Ein philosophischer Beitrag zu Sigmund Freud. Frankfurt/M. (Suhrkamp).

Marquard, Odo (1987): Transzendentaler Idealismus, Romantische Naturphilosophie, Psychoanalyse [= Schriftenreihe zur Philosophischen Praxis, Bd. 3]. Köln (Verl. für Philosophie Dinter).

Marquard, Odo (1989): Zur Bedeutung der Theorie des Unbewußten für eine Theorie der nicht mehr schönen Kunst. In: Ders.: Aesthetica und Anaesthetica. Philosophische Überlegungen. Paderborn (Schöningh).

Matt, Peter v. (1972): Literaturwissenschaft und Psychoanalyse. Freiburg (Rombach).

Matt, Peter v. (1979): Die Opus-Phantasie. Das phantasierte Werk als Metaphantasie im kreativen Prozeß. In: Psyche 33, 193–212.

Mattenklott, Gerd (1985): Melancholie in der Dramatik des Sturm und Drang. Erweiterte und durchgesehene Auflage. Königstein/T. (Athenäum).

Mayer, Hans (Hg.) (1967): Goethe im XX. Jahrhundert. Spiegelungen und Deutungen. Hamburg (Wegner).

Mayer, Hans (1981): Außenseiter. Frankfurt/M. (Suhrkamp).

Mayer, Hans (1986): Das unglückliche Bewusstsein. Zur deutschen Literaturgeschichte von Lessing bis Heine. Frankfurt/M. (Suhrkamp).

Mayer, Hans (1987): Versuche über Schiller. Frankfurt/M. (Suhrkamp).

Mayer, Mathias (1986): Dichten zwischen Paradies und Hölle. Anmerkungen zur poetologischen Struktur von Goethes Elegie von Marienbad. In: ZfdPh 105, 234–256.

Meltzer, Donald (1988): Traumleben. Eine Überprüfung der psychoanalytischen Theorie und Technik. München, Wien (BeltzPVU).

Mertens, Wolfgang; Waldvogel, Bruno (Hg.) (2002): Handbuch psychoanalytischer Grundbegriffe. Stuttgart, Berlin, Köln (Kohlhammer).

Meyer-Kalkus, Reinhart (1989): Werthers Krankheit zum Tode. Pathologie und Familie in der Empfindsamkeit. In: Schmiedt 1989, S. 85–146.

Michelsen, Peter (1979): Der Bruch mit der Vaterwelt. Studien zu Schillers ›Räubern‹. Beiheft zum Euphorion 16. Heidelberg (Winter).

Michelsen, Peter (1993): Mephistos ›eigentliches Element‹. Vom Bösen in Goethes ›Faust‹. In: Colpe et al. 1993, S. 229–255.

Miller, Alice (1983): Am Anfang war Erziehung. Frankfurt/M. (Suhrkamp).

Mitscherlich, Alexander (1963): Auf dem Weg zur vaterlosen Gesellschaft. Ideen zur Sozialpsychologie. München (Piper).

Mittelstraß, Jürgen (1989): Kant und die Dialektik der Aufklärung. In: Schmidt 1989, S. 341–360.

Moritz, Karl Philipp (1981): Götterlehre und Mythologische Dichtungen der Alten [1791]. In: Werke. Hrsg. v. Horst Günther. Band 2. Frankfurt/M. (Insel-Verlag).

Müller, Christoph (1989): Faust – ein Frühgestörter? Rede eines Amerikaners an ein deutsches Publikum. In: Psyche 43, 335–357.

Musil, Robert (1978): Psychologie und Literatur. In: Ders.: Gesammelte Werke. 9 Bde. Hrsg. v. Adolf Frisé. Bd. 8. Reinbek bei Hamburg (Rowohlt).

Nagel, Bert (1983): Kafka und die Weltliteratur. München (Winkler).

Neumann, Christian (2001): Die unhörbare Stimme des Autors. Über das Subjekt des Unbewussten im narrativen Text. In: Literatur in Wissenschaft und Unterricht 34, 359–377.

Neumann, Gerhard (2001): ›Heut ist mein Geburtstag‹. Liebe und Identität in Goethes ›Werther‹. In: Wiethölter 2001, S. 117–143.

Noy, Pinchas (1990): Form Creation in Art: An Ego Psychological Approach to Creativity [1979]. In: Psychoanalytic Explorations in Music. First Series. Edited by Stuart Feder, Richard L. Karmel, Georg H. Pollock. Madison, Conn. (Internat. Univers. Press) 1990, S. 209–231.

Noy, Pinchas (1984): Die formale Gestaltung in der Kunst. Ein ich-psychologischer Ansatz kreativen Gestaltens. In: Kraft 1984, S. 180–205.

Noy, Pinchas (1984/85): Orginality and creativity. In: The annual of psychoanalysis, XII/XIII. New York (International Universities Press), S. 421–449.

Noy, Pinchas (1993): How Music Conveys Emotion. In: Psychoanalytic explorations in music. Second series. Edited by Stuart Feder, Richard L. Karmel, Georg H. Pollock. Madison, Conn. (Intern. Univers. Press), S. 125–149.

Nyborg, Eigil (1981): Zur Theorie einer tiefenpsychologischen Literaturanalyse. In: Bohnen et al. 1981, S. 53–66.

Oberhoffer, Magdalene (1949): Goethes Krankengeschichte. Hannover (Schmorl & von Seefeld).

Oberlin, Gerhard (2005a): Der Mann ohne Schatten: Szenario eines Seelenverlusts. Adelbert von Chamissos ›Peter Schlemihl‹. In: Analytische Psychologie. Zeitschrift für Psychotherapie und Psychoanalyse 142 (4), 319–341.

Oberlin, Gerhard (2005b): Die Grenzen der Zivilisation. Franz Kafkas Erzählungen ›Beim Bau der chinesischen Mauer‹ und ›Ein altes Blatt‹. In: Orbis Litterarum 60, 1–19.

Oberlin, Gerhard (2007a): Modernität und Bewusstsein. Heinrich von Kleists letzte Erzählungen. Eine literaturpsychologische Studie. Mit einer Begründung der intermediären Hermeneutik. Gießen (Psychosozial-Verlag), [im Druck].

Oberlin, Gerhard (2007b): Imagines als Doppelgänger. Die Gestaltung des Unbewussten in E. T. A. Hoffmanns Märchen »Der goldne Topf«. In: Analytische Psychologie. Zeitschrift für Psychotherapie und Psychoanalyse 38 (2), 96–117.

Orlowsky Ursula; Orlowsky, Rebekka (1992): Narziss und Narzissmus im Spiegel von Literatur, Bildender Kunst und Psychoanalyse. München (Fink).

Otto, Regine; Witte, Bernd; Buck, Theo & Dahnke, Hans-Dietrich (Hg.) (1996): Goethe-Handbuch (4 Bde.). Bd. 1. Gedichte. Stuttgart, Weimar (Metzler).

Overbeck, Annegret (2002): »Der Vater stinkt«. Von der kulturellen Entwertung der Vaterrolle und dem Verlust der väterlichen Dimension in der Erziehung. In: Seidler 2002, S. 45–68.

Paul, Jean (1959–1985): Werke. 6 Bde. Hrsg. v. Norbert Miller. München (Hanser).

Perels, Christoph (1998): Auf der Suche nach dem verlorenen Vater. Das ›Werther‹-Evangelium noch einmal. In: Ders.: Goethe in seiner Epoche. Zwölf Versuche. Tübingen (Niemeyer), S. 49–64.

Pfeiffer, Joachim (Hg.) (1989). Literaturpsychologie 1945–1987. Eine systematische und annotierte Bibliographie. Hg. in Verbindung mit Wolfram Mauser und Bernd Urban. Würzburg (Königshausen & Neumann).

Pichler, Anton (1879): Chronik des Hof- und Nationaltheaters in Mannheim. Zitiert nach: Linder-Beroud 1982/83.

Pietzcker, Carl (1985): Trauma, Wunsch und Abwehr. Psychoanalytische Studien zu Goethe, Jean Paul, Brecht, zur Atomliteratur und zur literarischen Form. Würzburg (Königshausen & Neumann).

Pietzcker, Carl (1990): Überblick über die psychoanalytische Forschung zur literarischen Form. In: Freiburger literaturpsychologische Gespräche. Bd. 9. Die Psychoanalyse der literarischen Form(en). Hrsg. v. Johannes Cremerius, Wolfram Mauser, Carl Pietzcker, Frederick Wyatt. Würzburg (Königshausen & Neumann), S. 9–32.

Pietzcker, Carl (1992): Lesend interpretieren. Zur psychoanalytischen Deutung literarischer Texte. Würzburg (Königshausen & Neumann).

Pietzcker, Carl (2003): »Wenn der Dichter singt,| Den Tod zu meiden den das Scheiden bringt«. Zum Verhältnis von Trauer und Kreativität: Goethes »Trilogie der Leidenschaft«. In: Freiburger Literaturpsychologische Gespräche. Jahrbuch für Literatur und Psychoanalyse 22. Würzburg (Königshausen & Neumann), S. 157–177.

Platner, Ernst (1998): Anthropologie für Aertzte und Weltweise: erster Teil [1772]. Mit einem Nachwort von Alexander Kosenina. Hildesheim (Olms), Repr. Leipzig 1772.

Pütz, Peter (1983): Werthers Leiden an der Literatur. In: Goethe's Narrative Fiction. The Irvine Goethe Symposium. Hrsg. v. W.J. Lillyman. Berlin (de Gruyter), S. 55–68.

Rapaport, David (1954): Buchbesprechung: Kris, Ernst: Psychoanalytic Explorations in Art. New York 1952. In: Int. J. Psychoanal. 35, 362–364.

Reuchlein, Georg (1986): Bürgerliche Gesellschaft, Psychiatrie und Literatur. Zur Entwicklung der Wahnsinnsthematik in der deutschen Literatur des späten 18. und frühen 19. Jahrhunderts. München (Fink).

Revers, Wilhelm J. (1949): Die Psychologie der Langeweile. Meisenheim a. G. (Westkulturverl.).

Richter, Horst-Eberhard (1979): Der Gotteskomplex. Reinbek bei Hamburg (Rowohlt).

Richter, Karl; Schönert, Jörg & Titzmann, Michael (1997): Literatur – Wissen – Wissenschaft. Überlegungen zu einer komplexen Relation. In: Ders. et al. (Hg.): Die Literatur und die Wissenschaften 1770–1930. Stuttgart (Metzler), S. 9–36.

Riedel, Wolfgang (1985): Die Anthropologie des jungen Schiller: Zur Ideengeschichte der medizinischen Schriften und der ›Philosophischen Briefe‹. Würzburg (Königshausen & Neumann).

Riedel, Wolfgang (1993): Die Aufklärung und das Unbewusste. Die Inversionen des Franz Moor. In: Jahrbuch der Schillergesellschaft. Hrsg. v. Wilfried Barner, Walter Müller-Seidel, Ulrich Ott. 3. Jg. 1993. S. 198–220.

Riedel, Wolfgang (1995): Weltweisheit als Menschenlehre. Das philosophische Profil von Schillers Lehrer Abel. In: Ders. (Hg.): Jacob Friedrich Abel. Eine Quellenedition zum Philosophieunterricht an der Stuttgarter Karlsschule (1773–1782). Mit Einleitung, Übersetzung, Kommentar und Bibliografie. Würzburg (Königshausen & Neumann), S. 377–450.

Rilke, Rainer Maria (1933–1935): Briefe 1899–1926. Hrsg. v. Ruth Sieber-Rilke und Carl Sieber. Bd. 4. Leipzig (Insel).

Roch, Anneliese (1960): Die Personalität in Schillers Theorien und Dramen. Essen (ohne Verl.)

Rockwood, Heide M. (1989): Jungs Typenlehre und Goethes ›Die Leiden des jungen Werthers‹. In: Schmiedt 1989, S. 173–188.

Roeder von Diersburg, Egenolf (Hg.) (1964): Psychoanalytische Schriften zur Literatur und Kunst. Wiesbaden (Limes).

Rose, Gilbert J. (1964): Creative Imagination. In: Int. J. Psychoanal. 45, 75–84.

Saße, Günter (1999): Woran leidet Werther? Zum Zwiespalt zwischen idealistischer Schwärmerei und sinnlichem Begehren. In: Goethe-Jahrbuch 116. Weimar (Böhlaus Nachf.), S. 245–258.

Safranski, Rüdiger (2004): Schiller oder die Erfindung des deutschen Idealismus. München, Wien (Hanser).

Sahlberg, Oskar (1980): Die Wechselwirkung zwischen Gesellschaft und Psyche als Kern von Freuds Literaturtheorie. Lendemains 5, 84–108.

Sauder, Gerhard (1974): Empfindsamkeit. Bd. I: Voraussetzungen und Elemente. Stuttgart (Reclam).

Sautermeister, Gert (1991): »Die Seele bei ihren geheimsten Operationen ertappen«. Unbotmäßiges zu den Brüdern Moor in Schillers ›Räubern‹. In: Metscher, Thomas; Marzahn, Christian (Hg.): Kulturelles Erbe zwischen Tradition und Avantgarde. Ein Bremer Symposium. Köln, Weimar (Böhlaus Nachf.), Wien (Böhlau) S. 311–340.

Saxl, Fritz (1932): Die Ausdrucksgebärden der bildenden Kunst. In: Warburg, Aby: Gesammelte Schriften. Berlin (Akademie Verl.).

Schärer, Hans-Rudolf (1990): Narzißmus und Utopismus. Eine literaturpsychologische Untersuchung zu Robert Musils Roman ›Der Mann ohne Eigenschaften‹. München (Fink).

Scherpe, Klaus R. (1979): Die Räuber. In: Hinderer, Walter (1979): Schillers Dramen. Neue Interpretationen. Stuttgart (Reclam), S. 9–36.

Schiller, Friedrich (1943–): Werke. Nationalausgabe. 43 Bände in 55 Teilbänden. Hrsg. v. Julius Petersen, Lieselotte Blumenthal, Benno von Wiese et al. Stuttgart (Böhlau).

Schiller, Friedrich (1997): Sämtliche Werke in 5 Bänden. Nach den Ausgaben letzter Hand unter Hinzuziehung der Erstdrucke und Handschriften. Anmerkungen und Zeittafel von Helmut Koopmann. Düsseldorf, Zürich (Artemis & Winkler).

Schiller, Friedrich (2004): Sämtliche Werke in 5 Bänden. Auf der Grundlage der Textedition von Herbert G. Göpfert Hrsg. v. Peter-André Alt, Albert Meier und Wolfgang Riedel. München, Wien (Hanser).

Schings, Hans-Jürgen (Hg.) (1994): Der ganze Mensch. Anthropologie und Literatur im 18. Jahrhundert. Stuttgart (Metzler).

Schings, Hans-Jürgen (1998): Fausts Verzweiflung. In: Goethe-Jahrbuch Bd. 115, Weimar (Böhlaus Nachf.), S. 97–123.

Schmidt, Arno (1985): Sitara und der Weg dorthin. Eine Studie über Wesen, Werk und Wirkung Karl Mays. Frankfurt/M. (Fischer).

Schmidt, Jochen (1985): Die Geschichte des Genie-Gedankens in der deutschen Literatur, Philosophie und Politik 1750–1945. Bd. 1: Von der Aufklärung bis zum Idealismus. Darmstadt (Wiss. Buchgesellschaft).

Schmidt, Jochen (Hg.) (1989): Aufklärung und Gegenaufklärung in der europäischen Literatur, Philosophie und Politik von der Antike bis zur Gegenwart. Darmstadt (Wiss. Buchgesellschaft).

Schmidt, Jochen (1990): Die ›katholische Mythologie‹ und ihre mystische Entmythologisierung in der Schluss-Szene des ›Faust II‹. In: Jahrbuch der Schillergesellschaft 34. Stuttgart (Kröner), S. 230–256.

Schmidt, Jochen (1993): Gesellschaftliche Unvernunft und Französische Revolution in Goethes ›Faust‹. Zu den Szenen ›Auerbachs Keller‹ und ›Hexenküche‹. In: Gutjahr, Ortrud; Kühlmann, Wilhelm & Wucherpfennig, Wolf (Hg.): Gesellige Vernunft. Zur Kultur der literarischen Aufklärung. Festschrift für Wolfram Mauser zum 65. Geburtstag. Würzburg (Königshausen & Neumann), S. 297–310.

Schmidt, Jochen (1997): Faust als Melancholiker und Melancholie als strukturbildendes Element bis zum Teufelspakt. In: Jahrbuch der Deutschen Schillergesellschaft 41, 125–139.

Schmidt, Jochen (2001): Goethes Faust. Erster und Zweiter Teil. Grundlagen – Werk – Wirkung. München (C.H. Beck).

Schmidt, Jochen (2004): Die Geschichte des Genie-Gedankens in der deutschen Literatur, Philosophie und Politik 1750–1945. Bd. 1: Von der Aufklärung bis zum Idealismus. 3. verbesserte Auflage. Heidelberg (Univ. Verl. Winter).

Schmiedt, Helmut (1987): Regression als Utopie: psychoanalytische Untersuchung zur Form des Dramas. Würzburg (Königshausen & Neumann).

Schmiedt, Helmut (1989): Woran scheitert Werther? In: Schmiedt 1989, S. 147–172.

Schmiedt, Helmut (Hg.) (1989): »Wie froh bin ich, dass ich weg bin!« Goethes Roman ›Die

Leiden des jungen Werther‹ in literaturpsychologischer Sicht. Würzburg (Königshausen & Neumann).

Schmiedt, Helmut (1989): ›Werther‹ und die Geschichte der Literaturpsychologie. In: Schmiedt 1989, S. 7–29.

Schöffler, Herbert (1994): Die Leiden des jungen Werther. Ihr ideengeschichtlicher Hintergrund [1938]. In: Herrmann 1994, S. 58–87.

Schönau, Walter (1999): Die Bedeutung psychoanalytischen Wissens für den kreativen Prozess literarischen Schreibens. In: Anz 1999, S. 219–231.

Schönau, Walter; Pfeiffer, Joachim (2003): Einführung in die psychoanalytische Literaturwissenschaft. Stuttgart (Metzler).

Schrey, Gisela (1975): Literaturästhetik der Psychoanalyse und ihre Rezeption in der deutschen Germanistik vor 1933. Frankfurt/M. (Koch Buchverlag).

Schubert, Gotthilf Heinrich (1968): Die Symbolik des Traumes. Faksimile nach der Ausgabe von 1814 mit einem Nachwort von Gerhard Sauder. Heidelberg (Schneider).

Schülein, Johann A. (1998): Psychoanalyse und Soziologie oder: Das Unbehagen am Diskurs. In: Bayer, Eckhardt et al. (Hg.): Psychoanalyse und andere Wissenschaften. Frühjahrstagung der Deutschen Psychoanalytischen Vereinigung in Gießen vom 11.–14. März 1998. Frankfurt/M. (Congress-Organisation Geber & Reusch).

Schuller, Marianne (1994): Körper. Fieber. Räuber. Medizinischer Diskurs und literarische Figur beim jungen Schiller. In: Groddeck et al. 1994, S. 153–168.

Schulz, Gerhard (1988): Faust und der Fortschritt. In: Fülleborn et al. 1988, S. 173–191.

Seidel, Siegfried (Hg.) (1984): Der Briefwechsel zwischen Schiller und Goethe 1794–1805. München (C.H. Beck).

Seidler, Günter H. (Hg.) (2002): Das Ich und das Fremde. Klinische und sozialpsychologische Analysen des destruktiven Narzissmus. Gießen (Psychosozial-Verlag).

Semprun, Jorge (1994): Das Böse und die Humanität. Frankfurter Rundschau v. 8. Okt. 1994.

Sengle, Friedrich (1993): Das Genie und sein Fürst. Die Geschichte der Lebensgemeinschaft Goethes mit dem Herzog Carl August von Sachsen-Weimar-Eisenach. Stuttgart (Metzler), S. 467–474.

Simmel, Georg (1913): Goethe. Leipzig (Klinkhardt & Biermann).

Slochower, Harry (1975): Selbstmord als Selbstbestimmung. Zur Ichfunktion des Selbstmords in der Literatur. In: Psyche 12 (81), 1077–1102.

Sloterdijk, Peter (1998): Sphären I. Blasen. Frankfurt/M. (Suhrkamp).

Sørensen, Bengt Algot (1984): Herrschaft und Zärtlichkeit. Der Patriarchalismus und das Drama im 18. Jahrhundert. München (C.H. Beck).

Sørensen, Bengt Algot (1985): Schillers Jugenddramen und das familiale Wertsystem seiner Zeit. In: GIP 42. Odense (Univ.druck).

Sørensen, Bengt Algot (1997): Über die Familie in Goethes ›Werther‹ und ›Wilhelm Meister‹. In: Ders.: Funde und Forschungen. Odense (University Press), S. 115–134.

Staiger, Emil (1962): Das große Ich in Schillers ›Räubern‹. In: Theater – Wahrheit und Wirklichkeit. Freundesgabe zum 60. Geburtstag von Kurt Hirschfeld am 10. März 1962. Zürich (Oprecht), S. 90–103.

Starobinski, Jean (1973): Psychoanalyse und Literaturwissenschaft [1966]. In: Psychoanalyse und Literatur. Frankfurt/M. (Suhrkamp), S. 83–109.

Steinhagen, Harald (1982): Der junge Schiller zwischen Marquis de Sade und Kant. Aufklärung und Idealismus. In: Deutsche Vierteljahrsschrift für Literaturwissenschaft und Geistesgeschichte 65, 135–157.

Sulzer, Johann Georg (1759): Kurzer Begriff aller Wißenschaften und andern Theile der Gelehrsamkeit, worin jeder nach seinem Inhalt, Nuzen und Vollkommenheit kürzlich beschrieben wird, zweyte ganz veränderte und vermehrte Auflage.

Sulzer, Johann Georg (1967): Allgemeine Theorie der Schönen Künste. Reprographischer Nachdruck der 2., verm. Auflage, Bd. 3, Leipzig 1973. Hildesheim.

Sydow, Anna von (Hg.) (1916): Wilhelm und Caroline von Humboldt in ihren Briefen. Bd. 7. Berlin (Mittler & Sohn).

Tárnoi, László (1987): Schillers »Räuberlied« und seine Varianten auf fliegenden Blättern. In: Brandt, Helmut (Hg.): Friedrich Schiller – Angebot und Diskurs. Berlin, Weimar (Aufbau Verlag), S. 410–429.

Tobol, Carol; Washington, Ida (1977): Werther's Selective Reading of Homer. In: Modern Language Notes 92, 596–601.

Urban, Bernd; Kudszus, Winfried (Hg.) (1981): Psychoanalytische und psychopathologische Literaturinterpretation. Darmstadt (Wiss. Buchgesellschaft).

Vaget, Hans Rudolf (1985): ›Die Leiden des jungen Werthers‹ und seine Leser. In: Lützeler, Paul Michael; McLeod, James E. (Hg.): Goethes Erzählwerk. Interpretationen. Stuttgart (Reclam), S. 37–72.

Valk, Thorsten (2002): Melancholie im Werk Goethes. Genese – Symptomatik – Therapie. Tübingen (Niemeyer).

Wagenknecht, Christian (1977): Werthers Leiden. Der Roman als Krankheitsgeschichte. In: Text & Kontext 5 (2). München (Fink), S. 3–14.

Wagner, Irmgard (2001): Trauer und Alterität: Von Goethes Marienbader Elegie zur Helena im »Faust«. In: Liebsch et al., S. 245–258.

Waldeck, Peter B. (1979): The Split Self from Goethe to Broch. London (Bucknell Univ. Press), S. 78–98.

Walther, Lutz (Hg.) (1999): Melancholie. Leipzig (Reclam).

Widmer, Peter (1994): Subversion des Begehrens. Eine Einführung in Jacques Lacans Werk. Wien (Turia & Kant).

Wieland, Christoph Martin (1774): Die Leiden des jungen Werthers. In: Der Deutsche Merkur.

Wiethölter, Waltraud (1982): Legenden. Zur Mythologie von Goethes ›Wahlverwandtschaften‹. In: Deutsche Vierteljahresschrift für Literaturwissenschaft und Geistesgeschichte 56, 1–64.

Wiethölter, Waltraud (Hg.) (2001): Der junge Goethe: Genese und Konstruktion einer Autorschaft. Tübingen u. a. (Francke).

Winnicott, Donald W. (2002): Vom Spiel zur Kreativität [1971]. Stuttgart (Klett-Cotta).

Witte, Bernd (1996): Trilogie der Leidenschaft. In: Otto et al., S. 481–490.

Wünsch, Marianne (1977): Zur Kritik der psychoanalytischen Textanalyse. In: Klein, Wolfgang (Hg.): Methoden der Textanalyse. Wiesbaden (Quelle), S. 45–60.

Wünsch, Marianne (1990): Die Erfahrung des Fremden im Selbst. Der Kampf mit dem ›Unbewußten‹ in der Literatur zwischen Goethezeit und Jahrhundertwende. In: Iwasaki, Eijiró; Shichiji, Yoshinori (Hg.): Begegnung mit dem ›Fremden‹. Grenzen – Traditionen – Vergleiche. Bd. 11 (Akten des VIII. Internationalen Germanisten-Kongresses, Tokyo 1990). München (Judicium), S. 169–176.

Wünsch, Marianne (1991): Zeichen – Bedeutung – Sinn. Zu den Problemen der späten Lyrik Goethes am Beispiel der »Trilogie der Leidenschaft«. In: Goethe-Jahrbuch 108, Weimar (Böhlaus Nachf.), S. 179–190.

Wulffen, Erich (1907): Kriminalpsychologie und Psychopathologie in Schillers ›Räubern‹. Halle (Marhold).

Würker, Achim (1993): Das Verhängnis der Wünsche. Unbewusste Lebensentwürfe in Erzählungen

E.T.A. Hoffmanns. Mit Überlegungen zu einer Erneuerung der psychoanalytischen Literaturinterpretation. Frankfurt/M. (Fischer Taschenbuchverl.).

Wysling, Hans (1995): Narzissmus und illusionäre Existenzform. Zu den Bekenntnissen des Hochstaplers Felix Krull. Frankfurt/M. (Klostermann).

Zanasi, Giusi (1999): Das Fremde und das Glück. Otto Gross im Expressionismus. In: Anz 1999, S. 85–96.

Zimmermann, Johann Georg (1763–64): Von der Erfahrung in der Arzneykunst. 2 Bde. Zürich (bey Heidegger u. Compagnie).

Zückert, Johann Friedrich (1774): Von den Leidenschaften. 3. Aufl. Berlin (Mylius).

Anmerkungen

I. Einleitung

1 Ein Beispiel ist Wolfgang Kaysers (1994, S. 132) staunendes Herantreten an den *Werther*-Roman mit der Frage, »wie ein Mensch [Goethe oder Werther? Vf.], der aus den tiefsten Schichten der Seele lebt, zugleich dem Untergang verfallen sein kann«.

2 SW: Schiller, Friedrich (1997): Sämtliche Werke in 5 Bänden. Nach den Ausgaben letzter Hand unter Hinzuziehung der Erstdrucke und Handschriften. Düsseldorf, Zürich (Artemis & Winkler).

II. Die Literatur und das Unbewusste

1 Zuerst veröffentlicht in Harofe Haivri 1 (1940).

2 Zum Thema ›psychoanalytische Literaturrezeption‹ allgemein: vgl.: Schönau et al. 2003; Bartels 1981.

3 Freud zählt an gleicher Stelle noch zwei weitere verbindende Merkmale auf: »die nämlichen Voraussetzungen, Interessen und Ergebnisse« sowie »Zersetzung der kulturell-konventionellen Sicherheiten«.

4 Freud machte 1925 in einem Zusatz zur Traumdeutung noch einmal klar, dass nicht einmal der latente »Traumgedanke« (i.e. der generative Ursprung des Traums), geschweige denn der »Trauminhalt« (i.e. der beschreibbare Traum) mit dem Unbewussten ganz identisch sei. (SA II, S. 486)

5 Die Theorie, dass Träume eine kompensatorische Reaktion auf eine unbefriedigende Wirklichkeit sind, wird neuerdings von einer Hypothese der Neurowissenschaft unterstützt, die einen Dopamin-Schaltkreis im Mittelhirn, eine Art Belohnungs- oder Suchsystem, neurophysiologisch für die Traumerzeugung verantwortlich macht.

6 Dass Verdrängung in solchen Fehlurteilen eine Rolle spielt, exemplifiziert erst recht die Notwendigkeit ihrer Entdeckung. Auch die ideologisch formierte Ablehnung des »Kranken« in der Kunst geht letztlich auf nichts anderes zurück als das unbewusste Wiedererkennen von abgespaltenen oder verdrängten Selbstaspekten, die das Ich-Ideal bzw. das Über-Ich nicht zulässt. Nicht zufällig z.B. waren die öffentlichen Reaktionen auf die »entartete Kunst« eines Max Beckmann oder George Groszs anlässlich der berüchtigten Ausstellung im Münchner Haus der Kunst im Jahre 1937 ungleich heftiger und folgenreicher als die von Grünewalds Zeitgenossen auf dessen Altarpräsentation in Isenheim bei Colmar mehr als 400 Jahre davor. Mit den im Prozess der Zivilisation ständig wachsenden Verdrängungsleistungen, so scheint es, hatte das Unbewusste seine Domäne ausgedehnt.

7 Freud schreibt im Hinblick auf die Kommunikation zwischen Patient und Arzt, in der »geheime Motive« als Ausdruck des Unbewussten bestimmen sein können und entsprechend dechiffriert werden müssen: »Wir dürfen also solche geheime Motive überall dort vermuten, wo ein solcher Sprung im Zusammenhange, eine Überschreitung des Maßes normal berechtigter Motivierung nachzuweisen ist.« (GW I, S. 298)

8 Wünsch (1990, S. 169) skizziert treffend die Berührungsscheu des Realismus vor der Tiefenpsychologie. Die undifferenzierte Übertragung dieser Scheu auf die Goethezeit scheint mir

jedoch unhaltbar: »Im Literatur- und Denksystem der Goethezeit ging es noch darum, die systemlogisch eigentlich nötig gewordene Annahme eines individuellen Unbewußten gleichwohl strikt zu vermeiden […].«

9 Ich lehne hier an Susanne Langers (1984) Unterscheidung zwischen diskursiven und präsentativen Symbolsystemen an.

10 Ich verwende den Begriff Psychologie-Diskurs hier im Sinne von Richter et al. (1997, S. 21): »Ein Diskurs ›Psychologie‹ kann sich erst konstituieren, wenn ein Objektbereich ›menschliche Psyche‹, losgelöst von der ›Seele‹ im theologischen Sinne, als weltimmanenter, beobachtbarer, beobachtungswürdiger Realitätsbereich unterschieden wird, d.h. im wesentlichen im Verlauf der Aufklärung […].«

11 Erinnert sei hier am Rande auch an Alfred Lorenzers (1986, S. 50f.) Theorie, nach der das Unbewusste weniger das Verdrängte ist als vielmehr die im Zuge der Spracherlernung nicht kodifizierten Interaktionsformen und Verhaltensoptionen.

III. Goethe 1774: *Die Leiden des jungen Werthers*. Eine psychische Inszenierung

1 Die Seitenzahlen nach dem Zitat verweisen auf: Goethe 2001.

2 Als Paradebeispiel für diese »Zeitgesinnung« war im 14. Buch des *Dritten Teils* bereits Jakob Michael Reinhold Lenz genannt worden (HA 10, S. 7f.).

3 Goethe kannte die Galatheafigur u.a. aus Rousseaus Monodrama »Pygmalion«. Die Lektüre im Januar 1773 wird bestätigt durch Heinz Nicolai. (Vgl. HA 14, S. 396.)

4 Ich übernehme einige wichtige Gedanken aus Umberto Ecos (1987) Konzept des »Modell-Autors«, allerdings erweitere ich dieses insofern, als ich die aus hermeneutischen Gründen nötige hypothetische Autorposition nicht nur als ›Subjekt des Unbewussten des Texts‹, sondern als Subjekt des *Gesamtbewusstseins* des Texts betrachte. Auch aus diesem Grunde ziehe ich den Begriff des auktorialen Subjekts gegenüber Ecos »Modell-Autor« oder dem ursprünglich von Wayne C. Booth (1961, S. 73f.) stammenden, von Seymour Chatman (1978, S. 151f.) und Christian Neumann (2001, S. 373f.) revidierten Begriff des »impliziten Autors« vor. Ausführlicher darüber in Oberlin (2007a).

5 Mit dem ›intermediären Raum« bezeichnet Winnicott (2002) zunächst das für die psychische Entwicklung des Säuglings entscheidende Stadium, in der die primäre Bezugsperson durch empathische Einstimmung (Holding) diesem die Illusion der subjektiven Kontrolle der Objektrealität ermöglicht. Das Gelingen dieser Illusion bedingt u.a. die Fähigkeit zur allmählichen Anerkennung der Realität, welche im Kern die Realität der Trennung des Selbst vom Objekt ist. Einen wichtigen Beitrag zum Gelingen der Subjekt-Objekt-Differenzierung leistet das »Übergangsobjekt«, das die primäre Bezugsperson, ohne Verlustängste hervorzurufen, vorübergehend durch Dinge oder andere Personen ersetzen kann. Auf dem Prinzip der Realitätsbewältigung durch die Illusion subjektiver (symbolischer) Objektkontrolle beruht so nach Meinung Winnicotts auch der künstlerische Schaffensvorgang, der deshalb analog zu den kindlichen Übergangsphänomenen gedeutet werden kann. In ihm bilden sich wie im psychischen Entwicklungsprozess verschiedene Stufen der Realitätsnäherungen ab, denen verschiedene Intensitäten von illusionserhaltender Subjektivität entsprechen. Die Stufen spiegeln den emotionalen Abstand zum Primärobjekt einerseits und die Distanz zur äußeren Realität andererseits.

6 »abarbeiten« wird von Goethe pejorativ verwendet: sich müde oder kaputt arbeiten (heute reflexiv). Der heute auch mögliche transitive Gebrauch liegt hier nicht vor. An dieser Stelle spricht er von der Sturm-und-Drang-Generation, insbesondere von Lenz, der früh seelisch erkrankte.

7 Ähnlich formuliert Kuzniar (1989, S. 17): »Werther serves as an exemplary study in cultural pathology.«

8 Vgl. hierzu Kapitel VI dieser Arbeit.

9 Als psychologischer Roman wurde der *Werther* Christian Wagenknecht (1977, S. 13) zufolge bereits von Max Herrmann in seiner Einleitung zu Band 16 der Jubiläumsausgabe interpretiert. Dieser lehnte sich wiederum an die Dissertation von Helene Herrmann (1904) an. Das vielfältig »Neue« in diesem Roman wurde von Erich Trunz im ›Nachwort‹ der ›Quellen und Daten‹ zum *Werther* in der Hamburger Ausgabe ausführlich gewürdigt. Das Bahnbrechende zeige sich in dem »ersten Auftreten hoher und edler Leidenschaft«, vor allem in der Auffassung der Liebe als Phänomen »psychophysischer Ganzheit«. Alles in allem sei der *Werther* »der erste große tragische Roman, nicht nur für Deutschland, sondern auch für Europa« und »in allen seinen entscheidenden Zügen etwas Neues«. (HA 6, S. 557f.) Die begründete Meinung: »In Goethes Werther ereignet sich exemplarisch, was man die Geburt des modernen Romans nennen könnte«, vertritt Gerhard Neumann (2001, S. 142).

10 Zu den Mitteln der Distanzierung und Ironisierung im *Werther* hat Grathoff (1994, S. 387f.) das Nötige gesagt. Hinzugefügt sei, dass ein Roman wie *Werther* ohne eine distanzierende Erzählkonstruktion überhaupt nicht möglich wäre, weil ein Stoff solcher Brisanz naturgemäß im selben Maße weggerückt wird, wie er auf das auktoriale Subjekt zukommt. Gerade das Ineinanderspiel von Chaos/Unberechenbarkeit und Bändigung macht die künstlerische Domestizierung zur integrativen und objektivierenden Therapieform.

11 Der Begriff geht ursprünglich auf Carl Gustav Jung zurück, in dessen Sinn ich ihn – allerdings hypothetisch – verwende. Jung hebt hervor, dass die autonomen Vorstellungsinhalte, welche die Imago in Bezug auf ein Objekt ausmachen, sich mit der archetypischen Schicht des kollektiven Unbewussten verbinden können. Der aufgerufene Archetyp ist hier z.B. die christliche Gottesmutter Maria, die Madonna in katholischer Verehrungstradition.

12 Stilistische Ähnlichkeiten mit dem vorausgehenden Briefroman sind unverkennbar, das reicht bis zu wörtlichen Wiederholungen, z.B. wenn der Herausgeber Lotte eine Formulierung in den Mund legt, die Werther zuvor selbst gebrauchte.: »O er [Albert, Vf.] ist nicht der Mensch, die Wünsche dieses Herzens alle zu füllen.« (98) – »Und sollte denn in der weiten Welt kein Mädgen seyn, das die Wünsche Ihres Herzens erfüllte.« (124)

13 Es grenzt deshalb an Ironie (und eröffnet den Reigen der Deutungsmissverständnisse), wenn Johann Christian Kestner, der Mann Charlotte Buffs, nach Erscheinen des Buches an seinen Freund berichtet: »Lottens Porträt ist im Ganzen das von meiner Frau.« (HA 6, S. 527)

14 Im Sinne einer psychischen Abhängigkeit könnte man sagen, dass »Werther praktisch nur eine Funktion von ihr« ist. Fischer (1986, S. 531) formuliert seine These allerdings global und kann sie nicht plausibel machen. Rockwood (1989, S. 182) lässt dahingestellt, ob die Lotte-Figur »Werthers *Doppelgänger* oder sein Gegenstück darstellt«. Ihrer gegenbildlichen Spiegelfunktion gemäß stellt indes Lotte beides dar, insofern sich in ihrer Idealisierung Werthers Mangellage ausdrückt.

15 »Diese Lektüre ist, wie jede Lektüre Werthers im Roman, identifikatorisch, und ihre Fortsetzung in Lottes Gegenwart als ›Werthers Gesang‹ führt zur emotionalen Identität der beiden, die ›ihr eigenes Elend in dem Schicksal der Edlen‹ fühlen: die Totenklage des Mädchens um den im Kampf der Familien gefallenen Geliebten, die der Väter über ihre dabei oder aus Gram untergegangenen Kinder, Rivalenkonflikt, Unbehaustheit, abbrechende

Geschlechterfolge – und wie Ossians Figuren unter einem götterlosen Himmel als einzige religiöse Bindung das Gedenken der Ahnen bleibt, findet sich auch Werther gottverlassen, allein mit der Hoffnung auf Familienbindung nach dem Tod.« (Eikenloff 2003, S. 196)

16 Auch Walter Erhart (1994, S. 417) beschäftigt sich mit dem Motiv der »Lükke« und deutet es als »Verlust jener Medien, mit denen Werther zuvor sein Inneres auszustaffieren glaubte«. Diese »Medien« bezeichnen bei Erhart, wenn ich ihn recht verstehe, vor allem konventionalisierte Denk- und Kulturgewohnheiten, also Ich-Eigenschaften, die freilich in der Tat zur Selbststabilisierung beitragen. Wenn sie ›fehlen‹, tut sich zwar eine ›Lücke‹ auf, die allerdings in meiner Deutung jetzt nicht erst entsteht, sondern als bereits vorhandene lediglich zum Vorschein kommt.

17 Das daraus resultierende Verlassenheitsgefühl beschreibt Kernberg (1983, S. 245) als »ein Gefühl der Leere, Nichtigkeit und Sinnlosigkeit des Lebens, eine chronische Rastlosigkeit und Langeweile und ein Verlust der normalen Fähigkeit, Alleinsein auszuhalten und Einsamkeit zu überwinden«.

18 Das Pronomen »selbst« bezeichnet nach dem damaligen Sprachgebrauch das besondere Individuelle, das (häufig innere) Wesen eines Menschen, auch die Gesamtidentität, wobei häufig ein Akzent auf dem Unverwechselbaren im Sinne eines persönlichen Schatzes liegt. Das Selbst ist dann oft ein Ausdruck für refugiale Innerlichkeit. Das Grimm'sche Wörterbuch (Bd. 16, S. 453) belegt den zeitüblichen Sprachgebrauch umfänglich, hier nur einige Beispiele: »mir wieder selbst, von allen menschen fern,| wie bad' ich mich in euren düften gern! GÖTHE (Ilmenau). da ihr die that geschehn lieszt, wart ihr nicht| ihr selbst, gehörtet euch nicht selbst. SCHILLER M. Stuart 1, 4. SCHILLER (räuber, schauspiel); sei wie du willt namenloses jenseits — bleibt mir nur dieses mein selbst getreu — sei wie du willt, wenn ich nur mich selbst mit hinübernehme; was der ganzen menschheit zugeteilt ist,| will ich in meinem innern selbst genieszen, …| und so mein eigen selbst zu ihrem selbst erweitern. GÖTHE.«

19 Auf die Herkunft der Formel »Krankheit zum Todte« von einem Passus des Johannesevangeliums ist häufig hingewiesen worden, erstmals von Herbert Schöffler (1938, S. 70). Hier der Wortlaut des Bibeltexts: »Es lag aber einer krank, Lazarus aus Betanien, dem Dorf Marias und ihrer Schwester Marta.| Maria aber war es, die den Herrn mit Salböl gesalbt und seine Füße mit ihrem Haar getrocknet hatte. Deren Bruder Lazarus war krank.| Da sandten die Schwestern zu Jesus und ließen ihm sagen: Herr, siehe, der, den du liebhast, liegt krank.| Als Jesus das hörte, sprach er: Diese Krankheit ist nicht zum Tode, sondern zur Verherrlichung Gottes, damit der Sohn Gottes dadurch verherrlicht werde.« (Joh. 11,1–4) Vor dem Hintergrund der Wundererweckung des Lazarus erscheint Werther als ein Anti-Lazarus, der am Heils- und Erlösungsgeschehen nicht teilnimmt, indem er sich selbst als absolute Instanz einsetzt und damit eine falsche, eine angemaßte Erlöserfigur verkörpert. Hier ist letztlich der Geniegedanke zu Ende gedacht. »Werthers Verhängnis ist die Verabsolutierung der Subjektivität. Als melancholischer Narziss kultiviert er nur die eigene Innerlichkeit.« (Schmidt 1985, S. 326.)

20 Noch bevor er Lotte kennen lernt und lange bevor seine Krise beginnt, die dann zum Selbstmord führt, sagt er: »Ach ihre Jahre, die sie voraus hatte, führten sie früher an's Grab als mich.« (15) Wenn das kein von Goethe übersehenes Werkstattrelikt oder ein ominöses Selbstorakel ist, kann das nur heißen, dass diese Frau bereits deutlich ›in den Jahren‹ war.

21 Hervorhebungen v. Vf. Auch Fischer (1986, S. 539) liest »Werther« als einen sprechenden Namen: »Werther versteht sich als derjenige, der leidet, mehr als jemals ein anderer Mensch; somit ist er auch ›werther‹ als alle anderen Menschen.« Die hier nachgewiesenen Textbezüge sieht er allerdings nicht explizit.

22 Zu dieser Textstelle ausführlich: Tobol, Carol; Washington, Ida (1977): Werther's Selective Reading of Homer. In: Modern Language Notes 92, 596–601.

23 An Feise (1989) schließen viele Analysen bis heute an, von denen noch die Rede sein wird. Graber (1958, S. 71) deutete eine narzisstische Symptomatik zwar an, als er schrieb: »Nur das wiederholende gefühlsmäßige Wiedererleben dieser Einheit [der Ur-Einheit mit der Mutter, Vf.] macht Werther das Leben lebenswert.« Jedoch ging daraus noch keine Pathogenese hervor. Das Wiedererleben-Wollen der einstmals erfahrenen Einheit ist ›Entwicklungsstandard‹ und an sich noch keine Weichenstellung für eine Selbstpathologie.

24 »Meine Exzesse, daß ich mich manchmal von einem Glas Wein verleiten lasse, eine Bouteille zu trinken […].«

25 Über die tiefenpsychologische Rolle kreativer Produkte und Prozesse als Übergangsobjekte bzw. Übergangsprozesse schreiben u. a. Susan Deri, James W. Hamilton und (besonders erhellend) Gilbert J. Rose. Eine relativ aktuelle Forschungsübersicht bietet Haider (2003, S. 53ff.). – Den Forschungsstand bis 1990 stellt ausführlich Pietzcker (1990, S. 21ff.) dar. – Eine Übersicht nebst Neuansatz enthält auch Oberlin (2007a).

26 Ob Heinz Lichtenstein, der Erfinder dieses Identitätskonzepts, Goethes Wahlspruch »Semper idem et alter« kannte, entzieht sich meiner Kenntnis. Die Parallelen zu seinem Konzept nach dem Muster ›Thema und Variation‹ sind offensichtlich.

27 In den bisherigen psychoanalytischen und psychologisch orientierten Deutungen des Goethe'schen Romanerstlings ist das psychische Valeur der Wertherfigur, insbesondere die (Selbst-)Beziehungsproblematik unterschiedlich interpretiert und gewichtet worden. Carl Pietzcker (1985) umreißt eine Psychologie der Wertherfigur im Exkurs seiner Interpretation der im selben Zeitraum entstandenen Prometheus-Ode und des Ganymed-Gedichts. In Anlehnung an Robert Eissler versucht er dabei die Autorpositionen aus dem biografischen Hintergrund von Goethes Kindheit und dann vor allem des Zeitraums zwischen 1773 und 1775 zu konstruieren, in dem die Trennung von der angeblich inzestuös geliebten Schwester Cornelia Anfang November 1773 – sie heiratete Johann Georg Schlosser und zog mit ihm ins badische Emmendingen – einen entscheidenden Einschnitt dargestellt habe. Pietzcker (1985, S. 22) analysiert teilweise mit dem Kohut'schen Theorievokabular und zieht Margret Mahlers Modell der Wiederannäherungskrise hinzu. Für ihn steht die Wertherfigur im Spannungsfeld zwischen Prometheus und Ganymed, die er als psychische Positionen des jungen Goethe liest: ödipale Empörung und Konfliktvermeidung auf der einen Seite und präödipale Verschmelzungssehnsucht auf der anderen Seite, beide in zyklischer Schaukeldialektik, die er als »Perpetuum mobile« veranschaulicht. In dieser Sichtweise gehört die Wertherfigur zu einer Fantasie, die die Ambivalenz von Emanzipation und Bindung auf der Regressionsseite pointiert, also eine subjektzentrierte Symbolbildung. – Thorsten Valk (2002, S. 70) geht in seinem pathologiegeschichtlichen Ansatz davon aus, dass die »Beziehung zu Lotte […] Werthers Melancholie ins hochgradig Pathologische [steigert], da keinerlei Aussicht auf Erfüllung seines sinnlichen Begehrens besteht«. Akzeptiert man die historische Melancholiediagnose, dann ist diese Feststellung insofern richtig, als die dargestellte Pseudo-Beziehung die durch die Figur repräsentierte Symptomatik in der Tat akut zur Krise treibt. Unscharf ist sie deshalb – der historische Ansatz berücksichtigt naturgemäß kein wissenschaftliches psychologisches Bezugssystem für ätiologische Erklärungen (erlaubt sich jedoch Wertungen auf diesem Gebiet) –, weil die Ursache dieser Dynamik nicht die fehlende Aussicht darauf ist, Lotte zur Frau zu bekommen, sondern die Kernsymptomatik selbst, die auf ein narzisstisches Persönlichkeitsprofil hindeutet. – Wenn Günter Saße (1999, S. 250ff.) den Werther'schen Konflikt auf die unüberbrückbare Kluft zwischen Idealität und (gestörter) Sexualität zurückführt und, wie übrigens auch Graber (1989), glaubhaft macht, dass Werther eine

wirkliche Beziehung gar nicht anstreben kann, dann ist das auf der Symptomebene durchaus richtig, macht aber ebenfalls die Tiefendynamik nicht verständlich, ohne die die infantile Ambivalenz des Charakters bestenfalls beim Wort genannt werden kann. Da sich Valk mit Saßes These kritisch auseinandersetzt, soll ihm hier entgegnet werden, dass es zum Beweis der Annahme einer sexuellen Störung bei Werther der Goethe'schen *Briefe aus der Schweiz*, auf die Saße rekurriert, gar nicht bedurft hätte. Bereits Werthers ›ganymedische‹ Verschmelzungsfantasien (bei gleichzeitiger Tabuisierung des Inzestwunsches) lassen die Annahme einer gestalteten Sexualstörung berechtigt erscheinen. Saßes Aufsatz hat das Verdienst, den beziehungsfeindlichen Charakter von Werthers Narzissmus gezeigt zu haben, eines »Narzissmus, der aus dem Ungenügen an der eigenen Person die Geliebte idealisiert, um sich so in deren Spiegel der eigenen Vollkommenheit kompensatorisch zu vergewissern«. »Als positiver Gegenentwurf seiner eigenen Existenz« ist die Lottefigur zwar richtig analysiert und ihre idealistische »Verklärung« als »Selbstverklärung« durchschaut, doch kann Saße die »Gegensätze, die Werther gerade nicht in sich zu vermitteln weiß« und deren »personale Aufhebung« er in Lotte sucht, nicht erklären. Nicht daran zerbricht die Wertherfigur, dass »der Idealismus der Seele, der sich als sakralisierende Schwärmerei äußert, unterlaufen wird vom Materialismus des Körpers, der sich als sexuelles Begehren manifestiert«, sondern sie zerbricht, wie an anderer Stelle dann klar auf den Punkt gebracht, an »solipsistischer Selbstverfallenheit«. Nun freilich ist diese so wenig wie »die Labilität seines Ich« einfach ›da‹, sondern hat Ursachen, nach denen zu fragen ist. Das Problem auch dieses die Werther-Lotte-Dynamik psychologisch beschreibenden Aufsatzes ist neben der alltagssprachlich verflachten Fachterminologie das Fehlen einer psychologischen oder psychoanalytischen Bezugstheorie. Fehlt aber die Tiefendimension, kommt es an der Oberfläche leicht zu Zirkeln oder zu logischen Verschiebungen im Verhältnis von Ursache und Wirkung. Beispielsweise kann die psychologisch richtige Antwort auf die Frage: »Was sind die Gründe für Werthers Liebesidealismus?« nicht heißen: »Bedingung hierfür ist der sexuelle Verzicht« oder: »Bei ihm sind Liebe und Verzicht keine geschiedenen Momente, sondern Elemente eines sich wechselseitig steigernden Bedingungsgefüges, das die Liebe in die Sphäre der Idealität hebt.« Eine entwicklungsdynamisch plausible und theoretisch fundierte Antwort wäre, dass das megalomane Größenselbst, das bei einem frühen Verlust oder Rückzug des primären Selbstobjekts dieses substituieren und gleichzeitig idealisieren muss, um sich darin imaginär zu bespiegeln (eine Abwehrmaßnahme), sich in einem Selbstbeziehungskreislauf verfängt. Da es grundsätzlich keine Möglichkeit einer »corrective emotional experience« gibt, wie wir seit Franz Gabriel Alexander (1946) wissen, wird jedes weitere Beziehungsobjekt zum archaischen Nachfolger des Selbstobjekts und damit einer erneuten spiegelungsintensiven Idealisierung unterzogen. Über die im *Werther* konkretisierten Ursachen dieser Selbstpathologie werde ich mich weiter unten äußern.

28 Carl Pietzcker (1985, S. 23) unterlegt dem Konfliktzusammenhang zwischen (a) idealisierter Mutter-Imago, (b) »ganymedisch-narzisstischen Vereinigungsfantasien« und (c) ödipaler Konfrontation ein Szenario, das an der normalen Entwicklungschronologie ausgerichtet ist: »Für Werther, der die geliebte Lotte in diese Fantasie einwebt, stößt die spiegelnde Einheit auf die ödipale Konstellation. So wird er im Zusammenprall von Einheitsfantasie und Objektwelt narzisstisch verletzt. Die Einheit zerreißt.«

29 Weitere Belege: »Ich weis nimmer wie mir ist, wenn ich bey ihr bin, es ist als wenn die Seele sich in mir in allen Nerven umkehrte.« (49) – »Ich soll, ich soll nicht zu mir selbst kommen […]!« (110)

30 Feise (1989, S. 63) führt diese Textstelle als einen Beleg für die »Allmacht der Gedanken« in der psychoanalytischen Neurosenlehre Alfred Adlers an. In der Tat drückt sich hier der

Wunsch nach vollständiger Beherrschung des Selbstobjekts aus. Da Werther mit dem Versagen dieses Wunsches konfrontiert ist, zeichnen sich in diesem Stoßseufzer neben den Depressionen bereits die Aggressionen ab, die sich gegen Lotte und gegen sich selbst richten werden. – Kohut (1981, S. 118) skizziert diesen Mechanismus wie folgt: »Wenn das Selbst die Kontrolle über das Selbstobjekt verliert, kommt es zum Zerfall der freudvollen Selbstbehauptung und in der weiteren Entwicklung zum Aufsteigen und zur Verschanzung chronischer narzisstischer Wut.«

31 Allerdings hat das nichts mit dem »ewigen Kind im Manne« zu tun, wie Graber (1989, S. 72) schreibt, handelt es sich doch um ein pathologisches Phänomen, das Graber doch auch selbst aus der Ödipussituation ableitet.

32 Goethes eigenes enges Verhältnis zu Kindern wird z. B. in zwei Episoden deutlich, die Kestner in seinem Tagebuch vermerkt: Als Goethe am 11.09.72 Wetzlar in aller Frühe unangekündigt verlassen hatte, »[sagte] unter den Kindern im Deutschen Hause […] jedes: ›Doktor Goethe ist fort!‹« Anderntags erzählt Kestner von einer Bauersfrau, die »des Dr. Goethe Freundin in Garbenheim« sei und deren drei Kindern »Dr. Goethe oft etwas mitbrachte, daher sie ihn lieb hatten«. (HA 6, S. 518)

33 Als »Spiegelübertragung« bezeichnet Heinz Kohut (1976, S. 140ff.) ursprünglich die Erwartung des Analysanden an den Analytiker, narzisstische Bespiegelung zu leisten.

34 Auch Gerhard Neumann (2001, S. 130ff.) hat diese Zusammenhänge im Detail gezeigt und weist vor allem auf die strukturtragende »Kontamination dieser beiden Identitätsszenen, des Geburtstages und des Weihnachtsfestes«, hin.

35 Auch Jerusalem starb nach Kestners Bericht »gegen 12 Uhr«. Er hatte zuvor verlauten lassen, »daß es doch eine dumme Sache sei, wenn das Erschießen mißriete […].« (HA 6, S. 522f.) Werther lässt diese Furcht nun als durchaus berechtigt erscheinen.

36 Auch wenn die Schuldproblematik im Gegensatz zur traditionellen Ichpsychologie Freuds in Kohuts Selbstpsychologie für sekundär gilt, sollte man sie für eine differenzierte literaturpsychologische Deutung des *Werther* auch im Rahmen eines selbstpsychologischen Erklärungsansatzes heranziehen. Werther schuldet sich in erster Linie sich selbst, da ihm ein starkes Selbst- und Selbstwertgefühl mangelt. Da diese Schuld letztlich eine absolute ist, da sich in der vermeintlichen Bringschuld (gegenüber dem Objekt) eine veritable Seinsschuld zu manifestieren scheint, kann niemand und nichts sie ihm abnehmen, auch wenn er bisweilen Lottes Zuwendung als Generalabsolution erfährt. Die Schuldigkeit endet erst mit dem Tod, der, wird er durch ihn selbst herbeigeführt, nicht nur die scheinbar angemessene, die ›gerechte‹ Strafe, sondern auch die Begleichung im Sinne einer Entschuldung ist.

37 Auch aus Grabers (1989, S. 79f.) Sicht »kostet [Werther, Vf.] wie der echte Masochist seine Selbstquälerei bis zum Äußersten aus«, doch hier nicht vornehmlich aus narzisstischer Mangelschuld, sondern im Sinne der Freud'schen Neurosenlehre ausschließlich deshalb, weil er im Dreieck Werther-Lotte-Albert Inzest- und Tötungswünsche ausleben möchte, die »wie bei Oedipus zur schwersten Selbstbestrafung mit dem Tode führen[]«. Dafür spricht sicherlich Werthers Bilanz: »eins von uns dreyen muß hinweg, und das will ich seyn« (126), nachdem er alle Tötungsvarianten erwogen hat: »in diesem zerrissenen Herzen ist es wüthend herum geschlichen, oft – Deinen Mann zu ermorden! – Dich! – mich! – So sey's denn!« (126) Vollends erklärbar wird die suizidale ›Spirale‹, wenn man in der Zurückweisung durch Lotte eine symbolische Deprivation sieht, bei der zur Abwehr der Imago des ›bösen Selbstobjekts‹ dessen Idealisierung forciert werden muss. Dadurch erst kann sich die psychische Struktur der Selbstschuld etablieren, die die Deprivation auf das eigene Versagen zurückführt. Werthers Opfermotiv wurzelt hier: »Es ist nicht Verzweiflung, es ist Gewißheit, daß ich ausgetragen habe, und daß ich mich opfere für Dich« (126). Selbst auf die Gefahr hin, die Deutung

dieser Textstelle zu überziehen, sehe ich hier innerhalb des symbiotischen Urszenarios den Rollentausch mit der das Kind ›austragenden‹ Mutter, die diesem die nötige narzisstische Zufuhr versagt. Wenn, wie ich oben sagte, selbst das Nehmen in diesem Szenario aus der Sicht dessen, dem genommen wird, als Geben verstanden werden muss, dann bleibt dem Kind keine andere Wahl, als sich als Selbstverursacher seines Defizits zu sehen. Indem es sich selbst das ›Böse‹ ›gibt‹, *gibt* es der Mutter die Freiheit aus der Symbiose. Das Nehmen wird zur Selbstzufügung, die Selbstzufügung zum Geben und so letztlich zur Opferhandlung, die das Problem der Deprivation auf Kosten des Selbst scheinbar löst. Soll in der Dyade oder der Partnerbeziehung der Nehmende zugleich der Gebende sein, mithin der Liebesentzug als Gabe, ja als Geschenk verstanden werden können, dann ist das nur über die Konstruktion des freudigen (und lustvollen) Selbstopfers möglich.

38 Zu Rolle und Weisen der wörtlichen oder stilistischen Bibelübernahmen und -paraphrasen vgl.: Fischer-Lamberg 1956, S. 201ff.; Graefe 1958, S. 72ff.; Perels 1998, S. 55ff.

39 Der Ausdruck »passion narcissique« ist nachgewiesen als »Begriffsprägung von J. Lacan, ›L'agressivité en psychoanalyse‹. In: ›Ecrits‹, S. 116« (Meyer-Kalkus 1989, S. 100).

40 Kuzniar (1989) hat im Hinblick auf verharmlosende Deutungen des *Werther* in ihrem Aufsatz *Werther versus Goethe* unterstrichen, dass ein krankes oder gar mangelndes Selbst kein korrigierbarer Entwicklungsnotstand ist oder gar ein einholbarer Reiferückstand, sondern eine Pathologie mit ungünstiger Prognose. Dies soll auch an dieser Stelle noch einmal hervorgehoben werden, wo es den Anschein haben mag, es gehe hier nur um eine Art extremen Mutterkults, wie er in der Suche des »ozeanischen Gefühls« (Freud GW, XIV, S. 422) mit dem Phänomen der ›Naturminne‹ eine verbreitete Zeitmode gewesen ist. »Wenn wir uns selbst fehlen«, um den Satz Werthers zu variieren, dann sind wir nicht lebenstüchtig, manchmal auch nicht lebensfähig. Der pathologische Narzissmus kennt verschiedene Schweregrade, je nach Größe und Art der Grundstörung, des Bindungsverlusts, der weiteren Krankheitsgeschichte, der Lebenssituation und späterer Traumen usw. Zuweilen gibt es Übergänge zur Borderline-Symptomatik, wie sie ja auch für Werther, allerdings, soweit ich sehe, nur von Auer (1999) geltend gemacht wurden. Der pathologische Narzissmus ist eine Störung mit einer lebenslangen, stark devitalisierenden und destabilisierenden, oft suizidalen Tendenz, die dem Kranken wenig erfreuliche Alternativen und ein Leben in und mit kompensatorischen und oft obsessiven Fantasiegebilden beschert.

41 Kohut sieht den strukturellen Defekt als Folge des Verlusts der idealisierten Eltern-Imago.

42 Vagets (1985, S. 68; vgl. S. 49) Aufsatz mündet in die These, Goethe initiiere mit dem *Werther* »die Kritik des Dilettantismus, die im Grunde ein Feldzug gegen die Inthronisation der Subjektivität als dem entscheidenden Faktor des Kunstschönen werden sollte«.

43 Kohut rekonstruiert die ätiologischen Zusammenhänge für einen solchen Fall wie folgt: »In dem besonderen Fall des traumatischen Verlusts der idealisierten Elternimago (Verlust des idealisierten Selbstobjektes oder Enttäuschung von ihm) [...] entstehen Störungen in spezifischen narzisstischen Sektoren der Persönlichkeit. [...] Das Kind erwirbt nicht die benötigte Struktur, seine Psyche bleibt an ein archaisches Selbst-Objekt fixiert, und die Persönlichkeit bleibt das ganze Leben hindurch in einer Weise von gewissen Objekten abhängig, die man als intensive Form von *Objekthunger* bezeichnen könnte. Die Intensität der Suche nach und die Abhängigkeit von diesem Objekten kommt daher, dass sie als Ersatz für fehlende Segmente der psychischen Struktur gesucht werden.« (Kohut 1976, S. 65f., Hervorhebung v. Vf.)

44 Danach erscheinen Werthers Leiden »als Folge der Verwerfung des ›symbolischen Vaters‹, die von dessen realer Abwesenheit durch seinen frühen Tod unabhängig ist. Im Unterschied zu den geläufigsten Formen der Psychose hat die Verwerfung in Werthers Hominisation vor

allem den Sinn einer Abwehr der Kastrationsfurcht und die Aufrechterhaltung der narzisstischen Spiegelwelten und Allmachtsfantasien.« (Meyer-Kalkus 1989, S. 130f.) Meines Erachtens zwingt der poststrukturalistische Erklärungsansatz auch zur Übernahme der Lacan'schen Psychosesymptome, die dann am Text nachzuweisen wären, was ich für eine hermeneutisch keineswegs gelöste Aufgabe halte: »Die Verwerfung führt zu einer narzisstischen Regression in das Spiegelstadium und zu einer Triebentmischung. Dabei nehmen die oralen und skoptischen [visuellen, Vf.] Triebe überhand. Die Verwerfung manifestiert sich in einer übermäßigen Abhängigkeit von andern, in einem Sprachzerfall. Dieser zeigt sich als Delirium, Wahn, Konkretismus, Halluzinationen, oder in Form abgebrochener Sätze.« (Widmer 1994, S. 127) Allerdings darf man nicht vergessen, dass Lacans Prämissen in seiner Theorie des Spiegelstadiums eher philosophischer Natur sind und sich mit der empirischen psychoanalytischen Säuglings- und Kleinkindforschung schon seit längerem nicht mehr vereinbaren lassen, vielleicht auch gar nicht vereinbaren lassen wollen. Für eine literaturpsychologische Anwendung scheinen sie mir jedenfalls nicht selbstverständlich und aus heutiger empirischer Sicht sogar obsolet. Die Annahme eines »manque primordial« oder »manque-à-être« ist zwar eine auch im Hinblick auf die Werther-Deutung faszinierende Hypothese, wie Meyer-Kalkus (1989) und auch Alice Kuzniar (1989) das beispielhaft gezeigt haben, letztere vor allem, indem sie das Spiegelstadium für die Lotte-Werther-Dynamik geltend machte; doch läuft das präödipalen Verlusttheorem auf eine ontologische Universalisierung hinaus, die im Grunde eine psychotische Grundfassung des Menschen voraussetzt. Für eine ›Kulturpathologie‹, wie Kuzniar sie konstatiert, scheint mir hier jedenfalls weiterer Argumentationsbedarf, so sehr die zum Beleg herangezogenen Texte z.B. aus Anton Reiser der These recht geben. Geht man von einem ›Grundmangel‹ und nicht wie beispielsweise Balint (1973) von einer »Grundstörung« aus, dann geht die ätiologische Dimension der narzisstischen Protoverletzung zu einem Gutteil in der anthropologischen Prämisse auf. Ich schließe mich daher der Kritik Peter Sloterdijks (1998, S. 546f.) aus der philosophischen Ecke und im Übrigen der ›Korrektur‹ der Kinderanalytikerin Françoise Dolto an, die das Erbe Lacans in Frankreich angetreten hat. Beide sehen im Kohärenzmangel des frühkindlichen Selbst und der daraus folgenden Ich-Idealisierung im Spiegelstadium nicht ein universalmenschliches Defizit mit dem Resultat der endlosen Identitätsverfehlung, sondern einen »pathologischen Grenzwert« bzw. eine pathologische Entwicklung; sie gehen also vom ›Normalfall‹ einer gesunden Selbstentwicklung aus, wie sie durch Befriedigung der primärnarzisstischen Bedürfnisse bzw. ausreichende Bespiegelung durch die mütterliche Bezugsperson und somit positive Erstbeziehungserfahrungen gewährleistet ist.Meyer-Kalkus (1989, S. 132) sieht von all den Leiden des jungen Werthers, die später im Roman als »Leiden seiner Seele« (113) apostrophiert sind, lediglich diejenigen als distinkt an, die auf die »Schwächung der väterlichen Rolle« durch die Mutter und damit die psychische Marginalisierung des Vaters zurückgehen. Zum selbstpathologischen Urschicksal kommt in dieser Lesart das vom Vater bzw. Ehemann auf den Sohn umgeleitete Begehren der Mutter. Es »kehrt wieder in Gestalt des Narzissmus des Sohnes«, der nun also neben einer endogen-primären auch eine sekundäre Ätiologie besitzt, in der »nicht die Eigentümlichkeit einer Veranlagung oder Gesinnung, sondern die diskursive Ordnung der empfindsamen, konjugalen Kleinfamilie durchschlägt«. – Eine kurze Darstellung der Diskussion dieser Problematik aus der Sicht der klinischen Psychologie gibt Dornes (2004b, S. 217–226). Zur literaturwissenschaftlichen Anwendung der Lacan'schen Theoreme vgl. Hagestedt (1988).

45 Erinnert sei hier an die Position Herbert Marcuses (1971, S. 158ff.). Für ihn ist der Narziss im Verhältnis zum Kulturhelden Prometheus ein Antiheld, der der technisch dominierten Welt Schönheit und Kontemplation entgegensetzt und damit zu den subversiven Verweigerern

zählt. Narzissmus ist für Marcuse offenbar keine Krankheit, sondern eine Art Naturzustand. Goethe, wie man sieht, widerstand dieser psychologischen Simplifikation, die nicht zuletzt auf einer eigenwilligen Lesart des Mythos beruht. Bei Arnold Hauser (1964, S. 115f.) findet sich eine ähnliche Interpretation. Hauser unterscheidet dann bereits klar zwischen »Narziss« und »Narzisst«.

46 Auch Faber (1973, S. 259f.) sieht unter anderem das Element der Wut gegen den Vater (»rage at his father«) in Werthers Selbstmordhandlung.

47 Novalis scheint sie im Sinn gehabt zu haben, als er nach dem Tod seiner 15-jährigen Braut Sophie von Kühn und 4 Jahre vor seinem eigenen Ende ganz im Wertherduktus schrieb: »Sie allein hat mich an das Leben, an das Land, an meine Beschäftigungen gefesselt. Mit ihr bin ich von allem getrennt, denn ich habe mich selbst fast nicht mehr.« (Brief vom 22. März 1797)

48 Für den Goethe von *Dichtung und Wahrheit* war Schlosser in der Erinnerung »gewissermaßen das Gegenteil von mir«. »Dieser junge, edle, den besten Willen hegende Mann, der sich einer vollkommenen Reinigkeit der Sitten befliß«, zeichnete sich u.a. »durch eine gewisse trockene Strenge« aus. (HA 9, S. 266f.)

49 Meyer-Kalkus (1989, S. 110) glaubt, dass hiermit die ältere Freundin seiner Jugend gemeint ist. Der Bezug zu jener »arme[n] Leonore« (9), derentwegen er die Stadt verließ, scheint mir indes offensichtlich, umso mehr, als beide Textstellen um die Schuldfrage kreisen.

50 Diese Äußerung Goethes zitiert Johann Caspar Lavater (1781, S. 127f.) in einem Brief vom 10.07.1777. Gräf zufolge fand das Gespräch zwischen Lavater und Goethe im Sommer 1774 statt.

51 Zur Bedeutung des Magazins u.a. für Goethe vgl. Bell (2005, S. 85ff.).

52 Zimmermann (1763–64) hatte ein Werk verfasst, das Goethe vermutlich bekannt war. Der affektpathologische Standpunkt wurde auch von Johann Friedrich Zükkert (1774) vertreten.

53 Im Hinblick auf den »pathologischen Zustand«, der nach Goethes eigenen Worten zur Entstehung des Romans führte, bringt Robert Eissler (1963, S. 32ff., S. 112) Goethes eigene Selbstmordimpulse mit inzestuösen Gefühlen für seine Schwester Cornelia in Verbindung. (Vgl. auch Slochower 1975, S. 1091f.)

IV. Schiller 1781: *Die Räuber*. Die Zivilisiertheit des Bösen

1 Green spielt im französischen Original mit den Begriffen: ›la maladie‹ (die Krankheit), ›le mal‹ (das Böse), ›le mal de l'âme‹ (das Seelenleid).

2 Gisa Heyns (1966) Arbeit ist zwar *avant la lettre*, hat aber große, um nicht zu sagen entscheidende Lücken. So fehlt z.B. ein Kapitel über Johann Georg Sulzer.

3 »Als eine Art Kryptophilosophie« bezeichnet Dornes (2004b, S. 11) die aktuelle psychoanalytische Kleinkindforschung wegen ihres empirischen wie epistemischen Methodenansatzes.

4 Das Problem solcher Aussagen ist nicht, dass sie gänzlich falsch wären; auch gewiss nicht, dass sie nicht in die Nähe eines unhistorischen psychologischen Reduktionismus kommen wollen (und stattdessen trotzdem ›reduzieren‹), sondern dass sie *en passant* erfolgen und nicht hermeneutisch gegründet sind. Die Textoberfläche, das ist das hier übersehene Fakt, ist um vieles rissiger und feingegliederter, als solche Befunde es erahnen lassen. Historizität verlangt gewiss nicht, die Feinauflösung eines Textes in ein Grobpanorama zu verwandeln, wie es dann dem diskursiven Bewusstsein des Autors und seinem geschichtlichen Standpunkt entsprochen haben soll. Es nicht möglich, ohne hermeneutische Grundlagen zu Deutungs-

sätzen zu gelangen. Das sollte auch eine historische Untersuchung beherzigen, zumal dann, wenn sie eine psychologische Vertiefung nicht aus methodischen Gründen, sondern nur deshalb nicht vorzunehmen vorgibt, weil sich Freuds Theorien nicht bewahrheitet hätten (»shown to be true«). (Bell 2005, S. 3)

5 Ich beziehe mich auf den internationalen Referenzrahmen der American Psychiatric Association *DSM-III* und *DSM–III–R* (Diagnostic and Statistical Manual of Mental Disorders 1986).

6 Zur Soziogenese des Narzißmus: Kohut 1981, S. 265–275; Kernberg (1983, S. 256f.; Battegay, 1991, S. 52f. Desgleichen: Franz Stimmer, Narzißmus. Zur Psychogenese und Soziogenese narzißtischen Verhaltens, Berlin 1987 (= Sozialwissenschaftliche Abhandlungen der Görres-Gesellschaft 16). – Martin Wangh, Narzißmus in unserer Zeit. Einige psychoanalytisch-soziologische Überlegungen zu seiner Genese. In: Psyche 37 (1983), S. 16–40. – Christopher Lasch, Das Zeitalter des Narzißmus, München 1986. – Richard Sennett, Verfall und Ende des öffentlichen Lebens. Die Tyrannei der Intimität, Frankfurt/M. 1983. Eine gute Übersicht der Positionen bei Schärer 1990, S. 135ff. Dort auch ein ausführliches Literaturverzeichnis (S. 223ff.).

7 Der Begriff ›Kultur‹ wird hier weitgehend im Sinne der Kultursysteme Wilhelm Diltheys verwendet, d.h. er bezeichnet die besonderen Sitten und Bräuche, das jeweilige Bildungs- und Erziehungssystem, Wissenschaft und Technik, Religion, Sprache und Schrift, Kunst, Kleidung, Siedlungs- und Bauwesen sowie das politische, das wirtschaftliche und das Rechtssystem. In all diesen »Systemen« konstituiert und manifestiert sich das Wertespektrum einer Gesellschaft, so dass es naheliegend wäre, zusätzlich von einem Wertesystem zu sprechen.

8 Vgl. Anmerkung 12.

9 Mayer (1986, S. 170) erinnert an Schillers spätere handschriftliche Skizze zur Fortsetzung der *Räuber*, wo er »die blutigsten und daher schönsten Möglichkeiten ab[handelt]«.

10 Lessings Prinzip aus der Hamburgischen Dramaturgie von 1767–69 war für Schiller eine *conditio sine qua non* der dramatischen Dichtkunst, allerdings noch nicht das letzte Wort. Schiller drängte es früh nach einer eigenen Dramentheorie. Den Mannheimer Theaterintendanten Dalberg versucht er 1784 mit der Aussicht auf eine sozusagen hauseigene ›Mannheimer Dramaturgie‹ zu locken.

11 Über die Schwierigkeit, z.B. Shakespeares *Macbeth* tiefenpsychologisch zu analysieren, spricht André Green (2003, S. 285). Er kommt dabei zu dem Schluss, dieses Stück erweise sich »mit seiner tragischen Dichte und Tiefe als das widerstandsfähigste gegen jegliches psychologische Eindringen«.

12 Psychoanalytische Überlegungen zur Edmund-Figur finden sich bei Green (2003, S. 283ff.). Lothar Fietz (1989, S. 195f.) beschreibt die Figur unter dem Aspekt »Der Aufklärer als Bösewicht« in seinem vorzüglichen Aufsatz über Shakespeare.

13 Das *Räuberlied* verrät in seinem ungeschminkten Verbalsadismus den masochistischen Kern, der wiederum auf das Reifealter des spätpubertären Autors schließen lässt. Es gehört zur Antriebstruktur des Sadisten, dass er den anzurichtenden Schaden als einen begreift, der ihm selbst gilt, aber anderen zusteht. Da er im Grunde ihm gilt, ist ihm sogar eine Solidarisierung mit dem Opfer möglich, schließlich sieht er in jedem Opfer unbewusst sich selbst, wie er sich selbst als das Opfer *par excellence* begreift. Dass der Schaden dem Geschädigten zusteht, bestätigt auf diesem Weg scheinbar den initialen Täter, der ihm selbst (als Kind) Schaden zufügte, indem er ihn um seinen narzisstischen Anteil durch ein Zuwenig (oder aber ein egoistisches Zuviel) an Liebe betrog. Das Gefühl, die Hoheitsgrenzen seines Körpers dabei nie wirklich zu verlassen – das Psychodrama spielt sich ja nur in ihm selbst ab –,

entlastet ihn vor Selbstvorwürfen. Der Täter wird zwar außen gesucht und bestraft, ist aber stets nur innen auffindbar, wo er mit dem Opfer verschmilzt. Die Tiefenpsychologie des Sadismus geht, vereinfacht gesagt, von einer Polarisierung der Persönlichkeit durch Abspaltung der leidenden Selbstaspekte aus und erklärt das Gewaltpotential aus der hohen Selbstwertrelevanz der verdrängten Bewusstseinsinhalte (sog. Selbstrepräsentanzen), deren Negativität auf die Gesamtbilanz durchschlägt und das Selbstbild bestimmt. Dabei bedeutet die Abwehr durch Abspaltung das Scheitern der Entwicklung zu einem integralen Selbst und stellt eine Aggressionsquelle *eo ipso* dar. Heinz Kohuts Narzissmustheorie bietet hier einen von mehreren theoretischen Schlüsseln der Selbstpsychologie zum besseren Konfliktverständnis. Sie setzt die Entstehung der Störung in der frühesten Kindheit an (was spätere Schädigungen, etwa auch in der Adoleszenz, nicht ausschließt) und erklärt sie durch die Qualität der Erstbindung. Ein Mangel an mütterlicher Empathie im frühen Säuglingsalter, im Extremfall durch traumatisierende Deprivation verursacht, führt über eine unter- oder auch überstimulierende Bespiegelungscharakteristik zu Selbstkonflikten, aus denen narzisstische und andere Pathologien entstehen können. Die Qualität der Bindung ist dabei unter anderem eine Funktion der mentalen Gesundheit der Eltern und der das Eltern-Kind-Verhalten steuernden Wert- und Rollenregulative der Lebensumwelt. Bei einem massenhaften Auftreten narzisstischer Mangelsymptome liegt es nahe, von einer kulturellen Konstellation auszugehen, die über solche Regulative indirekt Einfluss auf die Responsivität der Mutter und damit die Entwicklung des Kindes nimmt. Kohut (1981, S. 267ff.) weist allerdings darauf hin, dass »die Beziehung zwischen psychotropen sozialen Faktoren und der Veränderung in den vorherrschenden Persönlichkeitsmustern und der überwiegenden Psychopathologie, die unter ihrem Einfluss stattfindet, indirekt und komplex ist«. Er ruft zu einer interdisziplinären Erforschung der Zusammenhänge auf: »Der Analytiker hat ohne Hilfe von benachbarten Disziplinen beispielsweise keine Möglichkeit, die Antwort auf die wichtige Frage nach dem Zeitraum zu finden, der gewöhnlich zwischen dem Aufkommen gewisser sozialer Faktoren (man könnte sie psychotrope soziale Faktoren nennen) – wie Industrialisierung, wachsende Beschäftigung von Frauen, die Verschwommenheit gewisser Sektoren der Vater-Imago [...] – einerseits und den Veränderungen in der Psychologie des Individuums andererseits liegt, die von diesen psychotropen Faktoren hervorgerufen wird [...].«

14 Der Ausdruck wird im unterdrückten Druckbogen *B* Karl Moor in den Mund gelegt, in der Druckfassung heißt es dann »Narrenstreiche«. (Zit. n. Hinderer 1998, S. 180)

15 Bezüge zu *Paradise Lost* finden sich in einer früheren Fassung und wurden ihrer Offensichtlichkeit wegen gestrichen. Dort geht es um die gefallenen Engel Satan und Adramelech, deren kosmischer Aufruhr das Böse in Franz illustrieren soll.

16 Schiller verfällt z.B. immer wieder in Rührstückprosa, etwa wenn er Franz versuchen lässt, Amalia zu überzeugen, Karl habe sie ihm vor seiner Abreise nach Leipzig als eine Art Vermächtnis versprochen, und das in Worten, die einem Gartenlaubenroman den Rang streitig machen könnten: »verlaß sie nicht, Bruder! Sei ihr Freund – ihr Karl – wenn Karl – nimmer – wiederkehrt« (I, 2).

17 Schiller will ausdrücklich keine Karikatur dargestellt haben. U.a. schreibt er in der unterdrückten Vorrede zu den Räubern: »Ich wünschte zur Ehre der Menschheit, daß ich hier nichts denn Karikaturen geliefert hätte, muß aber gestehen, so fruchtbarer meine Weltkenntnis wird, so ärmer wird mein Karikaturenregister.« (SW V, S. 730)

18 Wie lange ist Karl von zu Hause weg? Er selbst sagt, 18 Jahre, was aber angesichts von Amalias Jugend nicht gut sein kann. Die Zeitangabe wirkt wie eine Untermauerung der dramaturgischen Notwendigkeit, dass der Heimkehrer Karl von Amalia in der Begegnungsszene äußerlich nicht erkannt werden darf. Im Stück ist Amalia 21 Jahre alt. Karl, der es wissen

muss, fragt sie: »Noch können Sie nicht zweiundzwanzig Jahr alt sein.« (IV, 1) Die auch später nicht bereinigte ›Unebenheit‹ unterstreicht, dass Amalia eine ›Fiktion in der Fiktion‹ ist. Indem auf der Ebene des Textsubjekts, also werkpsychologisch, ihr infantiler Objektcharakter deutlich wird, erscheint sie als psychisches Produkt Karls. Auch Amalia ist somit als imaginative Projektionsfigur erkennbar. Wenn Karl von ihr nicht ›erkannt‹ werden darf, zeigt sich allein darin der unbewusste Urheberanteil an dieser Figur. In Wirklichkeit will Karl sich in seinem (verdrängten) Konstrukt nicht ›wiedererkennen‹.

19 Der vollständige, die Problematik der Gefühlsextreme illustrierende Text von Goethes Gedicht aus dem 3. Akt des Egmont lautet: »Freudvoll| Und leidvoll,| Gedankenvoll sein,| Hangen| Und bangen| in schwebender Pein,| Himmelhoch jauchzend,| zum Tode betrübt –| Glücklich allein| Ist die Seele, die liebt.«

20 Hier sei zur Illustration an die katastrophale Wirtschaftsführung des jungen Schiller erinnert, seine chronische Verschuldung, seine Vorliebe für Kartenspiel und Luxusgüter, seine selbstgerechten Geld- und Sachforderungen an die Eltern, seine Verschwendungs- und Nikotinsucht, wie sie Sigrid Damm (2004, S. 29–42) anekdotisch dargestellt hat.

21 Manchmal geschieht das allerdings auch bloß dem Psychologenjargon zuliebe, z. B. bei Hinderer (1992, S. 45), der Karl Moor ein »offensichtlich manisch-depressives Temperament« bescheinigt, oder bei Hofmann (1996, S. 9), der von einer »manisch-depressiven Bewusstseinsstruktur« spricht. Beide verwenden die Begriffe ohne klinischen oder theoretischen Bezugsrahmen.

22 Freud weist wiederholt auf den Zusammenhang zwischen melancholischen Depressionen und Über-Ich-Schwankungen hin. Einen durch die schwache Vaterfigur bedingten Über-Ich-Mangel attestiert u. a. Hinderer (1992, S. 48f.) beiden Moor-Brüdern, wobei er mit Bezug auf Mitscherlich bei beiden »nicht die Symptome einer ›vaterlosen Gesellschaft‹« für gegeben hält.

23 Vgl. hierzu: Buchholz/Dümpelmann 2002.

24 U. a. von Helmut Schmiedt (1987, S. 65), der Franz als Zwangsneurotiker mit einem »Ekel vor allem Physischen« darstellt.

25 »Sapere aude! Habe Mut dich deines eigenen Verstandes zu bedienen!« Immanuel Kant: *Beantwortung der Frage: Was ist Aufklärung?* (Zit. nach Hinske 1981, S. 452)

26 André Green (2003, S. 279ff.) kommentiert das unter der Überschrift »Warum Böses?«: »Der Masochismus kann als Zeichen ›invertierten‹ Machtwillens gedeutet werden, wobei hinzuzufügen wäre, dass dieser im Gegensatz zum allgemeinen Willen zur Macht sein Ziel in jedem Fall erreicht. Der invertierte Machtwille kennt keine Niederlage, denn was für die anderen Ursache von Niedergeschlagenheit, enttäuschter Hoffnung oder ein Zeichen der Missgunst des Schicksals ist, wird ihm zu allerhöchster Apotheose: Je tiefer der Fall, desto größer der Sieg. Bei dem Spiel ›wer verliert, hat gewonnen‹ ist es leicht unbesiegbar zu sein, und dies umso mehr, als der gewöhnliche Machtwille entweder Unterwerfung oder aber Zustimmung des Objekts erfordert, womit ja ein gewisses Abhängigkeitsverhältnis hergestellt ist.« In diesem Kapitel kommt Green auch auf literarische »Illustrationen des Bösen« zu sprechen, darunter drei Figuren Shakespeares, die Schiller als Quelle oder Anregung dienten: Richard III, Jago und Edmund. Allen dreien bescheinigt er einen »Bruderkomplex« (neben einem Vaterkomplex). – Eine für die Problematik des destruktiven Narzissmus überaus interessante Brücke von Milton zu Blake schlägt Britton (2001, S. 81–109).

27 Es liegt angesichts dieser Überlegung und der Textbefunde nahe, eine Geschichte der narzisstischen Ausbeutung zu rekonstruieren und die Abhängigkeit des Vaters als Versuch zu deuten, sich selbst in seinem Lieblingssohn widerzuspiegeln, während Franz der Leidtragende dieser scheinbaren Bevorzugung und damit Opfer einer groben Unterstimulierung

ist. Die Ursache für Karls seelische Leiden läge dann in der Tat in einer aus Werbungsgründen beständig überstimulierenden »Verzärtelung«. Heinz Kohut (1981, S. 269f.) schreibt dazu: »Die Überstimulierung durch übergroße elterliche Nähe, die ein entscheidender Faktor in der Genese struktureller Störungen ist, ist die Manifestation einer strukturellen Neurose der Eltern, ein Ausagieren eines neurotischen Konflikts mit Hilfe des Kindes.« Um den »pathogenen Effekt der Eltern« zu illustrieren, zitiert er August Aichhorn aus einem Brief an Ruth S. Eissler: »Das innerfamiliäre Gleichgewicht wird auf Kosten des Kindes aufrechterhalten, das überlastet [...] sich zum Delinquenten oder Neurotiker entwickelt.« An dieser Stelle beschreibt er dann, welche vernichtende Wirkung die Aufsprengung der »libidinösen Überlastung« auf das narzisstisch ausbeutende Elternteil hat und spricht von »der daraus folgenden manifesten schweren Selbst-Pathologie, wenn die Verschmelzung zerbricht«. Gewisse Parallelen zum wiederholten regressiven Zusammenbruch der Vater-Figur im Stück sind nicht von der Hand zu weisen.

28 Zu den Faktoren, welche eine narzisstische Mangelkonstellation verstärken, wenn auch nicht notwendig hervorbringen, gehört auch die ›Aussparung‹ der Mutter in diesem Stück, die die Ödipusproblematik gewissermaßen aussetzt. Eine Reifung im Konflikt kann in dieser Situation nicht ohne weiteres stattfinden. Gerade am Beziehungspol der Frau/Mutter scheiden sich ja, vereinfacht gesagt, die männlichen Geister, der Sohn geht die ersten, entscheidenden Schritte in Richtung Unabhängigkeit und erkennt die Realität des Vaters als normgebende, verbindliche und damit als die Realität par excellence an. Findet diese erste Lösung nicht oder nicht vollständig statt, bleibt die Bindung an archaische Objekte bestehen und damit auch die präödipalen Vereinigungswünsche der frühen Entwicklungsphase, die ein Maximum an narzisstischer Sättigung versprechen, aber ein Minimum an autonomer Selbst- und individuierter Bewusstseinsstruktur bedeuten. Unter den zuletzt genannten Voraussetzungen bleibt die narzisstische Besetzung von Liebesobjekten ein dauerhafter, unter Umständen pathologischer Grundzug, ebenso wie die Regressionsneigung und der damit verbundene Strukturzerfall, zu dem ein Überwiegen des Lust-/Unlustprinzips im Gegensatz zum Realitätsprinzip gehört. »Dieser Defekt [i.e. der grundlegenden triebregulierenden Struktur der Psyche, Vf.] ist die Folge eines chronischen Mangels an strukturbildenden Erfahrungen der »optimalen Versagung« in der präödipalen Phase. Es ist kein großer Unterschied, ob dieser Mangel an Grundstruktur das Ergebnis psychischer Störungen der Eltern (dies ist die häufigste Ursache) oder anderer Umstände ist (wie das Fehlen von Elternfiguren). Entscheidend ist der Mangel an Möglichkeiten für den allmählichen Besetzungsentzug der präödipalen Objekte des Kindes und somit das Fehlen strukturbildender Verinnerlichungen; die Fähigkeit des Kindes, seine Triebwünsche zu desexualisieren und zu neutralisieren, bleibt deshalb unvollkommen. Auf einer anderen Begriffsebene ausgedrückt: Bei solchen Menschen erstreckt sich der Sekundärvorgang nur auf eine dünne, oberflächliche Schicht der psychischen Struktur, er ermöglicht keine stabile psychische Verarbeitung triebnaher psychischer Prozesse, er ist brüchig und [...] unter dem Einfluss verschiedener Spannungen leicht vom Primärvorgang zu überfluten.« (Kohut 1976, S. 200f.) Man könnte in diesem Zusammenhang davon ausgehen, dass die Figur der Amalia in diesem Modell, als Verwandte im näheren Gesichtskreis der Söhne, die im Haus des Onkels aufwuchs, die Funktion *der* Frau innehat und damit (an Mutter statt) ein solches primärbesetztes Objekt darstellt, dem inzestuöse Vereinigungswünsche gelten. Dafür spricht nicht nur die Verwandtschaftskonstellation, sondern auch die starke Idealisierung durch Karl, nicht zuletzt die bei Franz zu beobachtende Sexualisierung, wenn es ihm darum geht, sie als Sexualobjekt zu unterwerfen. Ihre Gesichtslosigkeit ist vielleicht der Ausdruck der männlichen Verschmelzungsfantasien, die letztlich ja die psychotische Selbst-Aufhebung zum Ziel haben.

29 Overbeck (2002, S. 58) hat bei der Analyse der Rolle des als schwach charakterisierten Vaters in der Gesellschaft der 90er Jahre des 20. Jahrhunderts einen Sozialcharakter ausgemacht, der »gerade mit den Armen, Schwachen und Kranken identifiziert [ist]. Die Ausgebeuteten und Opfer überall auf der Welt und die mit ihnen verbündeten Helfer sind das virtuelle Kollektiv, dem er sich selbst zurechnet. Das narzisstisch gestörte, labile Selbst profitiert von dem moralischen Gewinn, den die Opferdefinition beinhaltet.«

30 Overbeck (2002, S. 51) beschreibt dazu zwei Tätertypen. Den einen – und diese Beschreibung lässt besonders an Karl denken – charakterisiert sie so: »Im Unterschied zu diesen impulsgesteuerten Tätern gelingt es jedoch einem anderen Tätertyp, sich relativ stabil mit kriminellen Vorbildern in der Außenwelt zu identifizieren und in dieser dissozialen Identifikation ein ausgestanztes aggressives Feindintrojekt unterzubringen. Sie reißen dann die Führung von Cliquen und Kollektiven an sich und setzen alles daran, eine rigide hierarchische Struktur und einen eigenen Ehrenkodex aufzurichten und dem Kollektiv aufzupressen. Sie haben damit einen Ausweg aus haltloser Auslieferung und narzisstischer Ohnmacht gefunden.«

31 »Die mit der väterlichen Rollenposition verbundene Autorität war gesellschaftlich-empirisch immer noch eine befehlende, an Gehorsam gewöhnte und ohne Zögern strafende Autorität. Die bürgerliche Gesellschaft hatte die ›paternistische Struktur‹ beibehalten, gegenüber der feudalen Gesellschaft jedoch eine beträchtliche innere Mobilität gewonnen. Die Beziehungen im Gesellschaftsraum waren hierarchisch organisiert, zugleich jedoch durch Konkurrenz und Leistung dynamisiert. Initiative *und* Unterordnung galten in gleichem Maße als Vorbedingung des wirtschaftlichen Erfolgs und des gesellschaftlichen Aufstiegs.« (Overbeck 2002, S. 55)

32 Ähnlich Kohut (1981, S. 279f.), wenn er sagt, »dass der Künstler – jedenfalls der große Künstler – durch seine Konzentration auf die psychologischen Kernprobleme seiner Epoche [...] seiner Zeit voraus ist. Dieser Hypothese zufolge spiegelt das Werk des großen Künstlers die dominierenden psychologischen Gegebenheiten seiner Epoche. [...] So wie das unterstimulierte Kind, das Kind, das nicht genügend Widerhall findet [...] nun zum Paradigma für das zentrale Problem des Menschen in unserer westlichen Welt geworden ist, so ist das zerbröckelnde, sich auflösende, fragmentierende, geschwächte Selbst dieses Kindes und später das zerbrechliche, verwundbare, leere Selbst des Erwachsenen das, was die großen Künstler der Zeit beschreiben – in Ton und Wort, auf Leinwand und in Stein – und zu heilen versuchen.«

V. Goethe 1772–1832: *Faust*. Der Teufelskomplex

1 *Faust I* wird nach der Reclam-Ausgabe zitiert: Goethe 2000; Faust II nach der Hamburger Ausgabe. Die Ziffern entsprechen der dortigen Verszählung.

2 Vgl. HA 3, S. 423, S. 458, S. 462; HA 14, S. 397. Zum ersten Mal überhaupt wird »Faust« im Sommer 1773 in einem Brief von Friedrich Wilhem Gotter an Goethe erwähnt, daher könnte der »Urfaust« oder einige Szenen daraus 1772/1773 entstanden sein. Die Konzeption jedenfalls datiert vor 1772, wenn Goethes Erinnerung nicht trügt. Am 1. Juni 1831 teilt er Zelter mit, *Faust* sei »im zwanzigsten Jahr konzipiert« worden, das wäre also bereits 1769/70 gewesen. Und in seinem berühmten letzten Brief schreibt er an Wilhelm v. Humboldt am 17. März 1832: Es sind über sechzig Jahre, dass die Konzeption des ›Faust‹ bei mir jugendlich von vorne herein klar [...] vorlag. Baumgart (1988, S. 109) sieht den Keim der – ethischen –

Grundkonzeption in Goethes Ansprache *Zum Schäkespears Tag* am 14.10.1771, wo dieser sagt: »das, was wir bös nennen, ist nur die andre Seite vom Guten«.

3 Diese Äußerung Goethes zitiert Johann Caspar Lavater in einem Brief vom 10.07.1777. Gräf (1919, S. 283) zufolge fand das Gespräch zwischen Lavater und Goethe im Sommer 1774 statt.

4 Die historische Melancholiediagnostik noch einmal für die klinische Psychologie oder Psychiatrie reaktivieren zu wollen, wie Glatzel (1999, S. 203–212) das im Hinblick auf eine »anthropologische Psychopathologie« gefordert hat, dürfte an der Tendenz scheitern, zur diagnostischen Vereinheitlichung und Standardisierung immer feinere Differenzierungsraster für seelische Krankheiten festzuschreiben. Angesichts der Tatsache, »dass wesentliche Aspekte dessen, was früher Melancholie hieß, in den letzten hundert Jahren psychiatrischer Wissenschaftsgeschichte verlorengingen«, müsste nicht nur der alte Facettenreichtum restituiert, sondern auch um heutige psychologische und psychoanalytische Theorien ergänzt werden, die sich der ›Melancholie‹ widmen. Das Melancholiephänomen spielt in den verschiedensten psychoanalytischen Schulen von S. Freud über Melanie Klein (1935) und Paul Federn (1978) bis Jacques Lacan (1975) und Julia Kristeva (1987) eine wichtige und wissenschaftsheuristisch außerordentlich ergiebige Rolle, die hier nur in einzelnen Verweisen anklingen kann. Es wäre eine lohnende Aufgabe, den *Faust* einmal im Licht *all* dieser Theorien zu deuten.

5 Im *Faust* bezeichnet Mephisto sich selbst als »das nordische Phantom« (3497).

6 So z. B. wenn er im Brief an Wilhelm v. Humboldt vom 17.03.1832 über den Schaffensprozess schreibt: »Hier treten nun die mannigfachsten Bezüge ein zwischen dem Bewußten und Unbewußten [...] Bewußtsein und Bewußtlosigkeit werden sich verhalten wie Zettel und Einschlag, ein Gleichnis, das ich so gerne brauche. Die Organe des Menschen [...] verknüpfen ohne Bewußtsein in einer freien Tätigkeit das Erworbene mit dem Angeborenen, so daß es eine Einheit hervorbringt, welche die Welt in Erstaunen versetzt.«

7 Bei dieser Formulierung aus seinem Gedicht *Eins und alles* (1821) scheint sich die Utopisierung gleichsam programmatisch direkt in der ästhetischen Form zu ereignen, ein Paradebeleg für eine am Grunde wirkende archaische Verschmelzungsfantasie, die in der Psychose und letztlich in der physischen Selbstzerstörung enden kann. Die erste Strophe lautet: »Im Grenzenlosen sich zu finden,| Wird gern der Einzelne verschwinden,| Da löst sich aller Überdruß;| Statt heißem Wünschen, wildem Wollen,| Statt läst'gem Fordern, strengem Sollen,| Sich aufzugeben ist Genuß.« (HA 1, S. 368.)

8 Zur geglückten mystischen Versenkung gehört nach Eckhart (1260?–1328?) die Einsicht der Seele in ihre Nichtigkeit. Auch wenn damit die Entledigung von kontingenten Eigenschaften gemeint ist, die der *unio mystica* entgegensteht, so birgt doch dieses ›Entwerden‹ die Gefahr eines Missverständnisses, die besonders bei Menschen mit einer Selbstpathologie virulent werden könnte. Der Aufruf zur Nichtigkeit bietet allen Selbstverächtern die Gelegenheit zur Veredelung ihrer Autoaggression – eine Sache, die beiden Seiten schadet: Religion wie Individuum.

9 Eig. Hervorhebung, Vf. Die Pronomina müssen betont werden.

10 »wie gelbes Wachs im milden Feuer und der Tau am frühen Morgen, wenn die Sonne warm scheint, langsam schmelzen, so vergeht er [Narzissus], geschwächt durch Liebe, und wird allmählich vom verborgenen Feuer verzehrt [...].« (Orlowsky 1992, S. 70 u. S. 75)

11 »Ich werde verzehrt von der Liebe zu mir, und die Flammen errege und erleide ich [...].« (Orlowsky 1992, S. 74f.)

12 »Und der Tod ist für mich nicht schwer [zu ertragen], da ich ja im Tod meine Schmerzen ablegen werde.« (Orlowsky 1992, S. 74f.)

13 Aufführungen wie die historische Gründgens-Inszenierung, bei denen in diesem Spiegel tatsächlich eine allen sichtbare Frauengestalt erscheint, folgen zwar dem Wortlaut und lehnen an das traditionelle Motiv des Zauberspiegels oder auch der magischen Kristallkugel an, doch ist es damit dem Zuschauer verwehrt, das Schwebespiel zwischen Autophilie und Objektliebe selbst auszufantasieren. Tiefenpsychologisch ist es doch so, dass das Liebesobjekt um der Bespiegelung willen als archaisches Selbstobjekt gesucht wird. Der Spiegel sollte am besten gar nicht frontal zu sehen sein oder als gewöhnlicher Spiegel mit Fausts erkennbarem Spiegelbild *coram publico* stehen, freilich auf die Gefahr hin, dass dies nur als komisch empfunden wird. Goethe hätte Faust kaum vor einen Spiegel gestellt, damit dieser dort, ungeachtet seiner Worte, *objektiv* jemanden anderen zu sehen bekommt als sich selbst. Was er subjektiv sieht, ist eine andere Sache.

14 »[...] und während er trinkt, hingerissen von dem Schattenbild der gesehenen Schönheit, liebt er den Gegenstand der Hoffnung, der ohne Körper ist: für Körper hält er, was Welle ist. Er staunt sich selbst an und verharrt regungslos mit demselben Gesichtsausdruck wie ein aus parischem Marmor geschaffenes Bildnis. [...] Was er sieht, weiß er nicht; aber zu jenem, was er sieht, ist er in glühender Leidenschaft entbrannt, und derselbe Irrtum, der seine Augen täuscht, erregt sie. Leichtgläubiger, was greifst du vergeblich nach flüchtigen Trugbildern? Was du zu erreichen suchst, ist nirgends; wende dich ab! Du wirst zugrunderichten, was du liebst. Das, was du da siehst, ist der leere Schein eines widergespiegelten Abbildes.« (Orlowsky 1992, S. 73)

15 »[...] und trübte die Wasser mit Tränen, und die Gestalt wurde undeutlich von der Bewegung des Wassers wiedergegeben [...].« (Orlowsky 1992, S. 75)

16 Dem Aufsatz von Douglas F. Bub (1968) verdanke ich einige Anregungen zu den hier folgenden Ausführungen.

17 In gewisser Weise spielt dieser Mechanismus in jeder Beziehung eine Rolle, vor allem in der Adoleszenz (weshalb, wie die Gretchenfigur zeigt, der Liebeskummer hier in besonders extremer Form erlebt werden kann). Bei pathologischer Konstellation wie der beschriebenen bleibt die Beziehung eine Selbstbeziehung. Auch Schmidt (2001, S. 172) weist darauf hin: »Faust ist unfähig zu dauerhafter Bindung. Er empfindet dies als Schuld, aber sie erscheint nicht als eine triviale Verfehlung, vielmehr als ein Fehlverhalten, das in seinem Wesen begründet liegt.«

18 Tiefenpsychologisch handelt es sich hier um Fixierungen, d.h. um nicht integrierte, nicht entwickelte Triebwünsche, die, da sie nicht verinnerlicht oder, wie Kohut sagt, »wiederverinnerlicht« werden und sich so an der Realität des Objekts ›abarbeiten‹ konnten, »isolierte, sexualisierte exhibitionistische Beschäftigungen mit einzelnen Größensymbolen« nach sich ziehen. Die ›Umdeutung‹ dieser Symbole (z.B. Phallus, Vulva) in sakralisierende Ikonografie entspricht einer Ich-Ideal-Maßnahme oder Über-Ich-Forderung, die die als extrem vulgär empfundene Triebsphäre sozial angepasst erscheinen lassen soll. (Kohut 1981, S. 150; Kohut 1976, S. 129.)

19 Doppelbelege beziehen sich 1. auf den ›Urfaust‹, 2. auf *Faust*. Sie werden nur ausgewiesen, wenn die Nähe zum *Werther* werkgeschichtlich gewichtig erscheint.

20 Wenn Dettmering in diesem Zusammenhang Susan Sontag mit dem Satz aus ihrem Saturn-Essay zitiert: »Tendenziell läuft alle sexuelle Erfahrung letztlich auf Schändung, auf Blasphemie hinaus«, dann nivelliert er den Unterschied zwischen Krankheit und Gesundheit.

21 »Leichtgläubiger, was greifst du vergeblich nach flüchtigen Trugbildern?« (Orlowsky 1992, S. 73)

22 »[...] so vergeht er [Narzissus], geschwächt durch Liebe, und wird allmählich vom verborgenen Feuer verzehrt [...].« (Orlowsky, S. 75)

23 »[…] wie gelbes Wachs im milden Feuer und der Tau am frühen Morgen, wenn die Sonne warm scheint, langsam schmelzen, so vergeht er [Narzissus], geschwächt durch Liebe, und wird allmählich vom verborgenen Feuer verzehrt […].« (Orlowsky 1992, S. 75)

24 Georg Groddeck (1964) nimmt einige meiner Überlegungen vorweg. Er hat die Sphäre Mephistos als die des Unbewussten im *Faust* meines Wissens als erster aufgedeckt. Dabei wird das Unbewusste mit dem Sexualtrieb gleichgesetzt. Auf die Darlegung psychodynamischer Mechanismen wird weitgehend verzichtet. Insgesamt fehlen psychoanalytische Theoreme, die über anthropologische Generalaussagen hinausgingen (so z.B. sind für ihn die in Faust zu beobachtenden Selbstbeziehungsstrukturen keine narzisstischen Aberrationen, sondern ein Aspekt normalen menschlichen Beziehungsverhaltens). Die Verdienste dieses Vortrags liegen in seinen innovativen Erklärungsansätzen, somit einer Lesart, die der glorifizierenden *Faust*-Rezeption den Rücken kehrt. Das recht pauschal angewandte Freud'sche Paradigma birgt hier den Vorteil einer ›unverbildeten‹ Lesart des reichhaltigen erotischen bzw. sexuellen Symbolinventars.

25 Den entsprechenden Mythologieinhalt kannte Goethe aus Carl Philipp Moritz' *Götterlehre der Alten* (1791). In einer Zusammenstellung mythologischer Vorstellungen findet sich auch dieser Passus:»Die Nacht vermählt sich mit dem Erebus, dem alten Sitze der Finsternis, und gebiert den Äther und den Tag. Die Nacht ist reich an mannigfaltigen Geburten, denn sie hüllt alle die Gestalten in sich ein, welche das Licht des Tages vor unserm Blick entfaltet. Das Finstere, Irdische und Tiefe ist die Mutter des Himmlischen, Hohen und Leuchtenden.« (Moritz 1981, S. 616f.)

26 Die Flugmetaphorik ist von Fausts Todesfantasien in der Selbstmordszene über die lange Replik beim Osterspaziergang »O glücklich! wer noch hoffen kann« (1064–99) bis zu Euphorions Ikarusschicksal extensiv in das ganze Drama eingearbeitet und bildet eine starke leitmotivische Klammer. Fausts einziger Sohn, der virtuelle Euphorion, ist ein Flugwesen, das exemplarisch an seiner Unrast scheitert. Schmidt (2001, S. 253ff.) charakterisiert die Figur in ihrem »Subjektivismus« und ihrer »Egozentrik« als Allegorie der Romantik und schlägt eine Brücke zu Tiecks *Blondem Eckbert* und *Runenberg* sowie zu E.T.A. Hoffmanns *Sandmann*. Eine Darstellung der Flugmotivik auch bei Schings (1998, S. 109ff.) Schings zitiert u.a. aus Goethes *Briefen aus der Schweiz. Erste Abtheilung*, die 1796 entstanden, eine extensive Flugfantasie aus dem Munde Werthers. Träume vom Fliegen und Fallen werden in der Psychoanalyse gemeinhin als Fiktionen des narzisstischen Größenselbst gedeutet. (Vgl. u.a. Kohut 1976, S. 21f.)

27 HA 3, S. 434. Goethe in einer Inhaltsskizze zum *Faust II* aus dem Jahre 1816.

28 Vgl. die Ausführungen zu ›religiöser Schwermuth‹ bzw. religiöser Melancholie in: Büchner 1998, S. 148 bzw. S. 48–52.

29 Es ist nicht unbedingt richtig, wenn W.H. Auden (1963), den Dettmering in diesem Zusammenhang zitiert, sagt: »In einer idealen Aufführung müssten Faust und Mephisto von eineiigen Zwillingen verkörpert werden.« Das betont zwar die Einheit des Kopfes, lässt aber die Geschiedenheit des Bewusstseins aus dem Blick geraten. Ich würde z.B. auch einen eher femininen Faust und einen eher maskulinen Mephisto in signifikant gleiche Kostüme stecken; je gegensätzlicher die beiden sind, umso besser.

30 »Ich wollte, daß fern wäre, was ich liebe!« (Orlowsky 1992, S. 74f.)

31 »Der Überfluss hat mich arm gemacht.« (Orlowsky 1992, S. 75)

32 »[…] Goethe selbst war in seiner Art, der Gegenwart zu leben, ›halb Stoiker und halb Epikureer‹. Er genoß den gegenwärtigen Augenblick wie ein Epikureer und wollte ihn mit aller Intensität wie ein Stoiker.« (Hadot 2002, S. 117)

33 Für eine psychologische Deutung der Szene plädiert auch Schmidt (1990, S. 250f.), wenn er

über die allegorische Konstruktion der »seligen Kinder« und den Vorgang der »Verinnerli-chung« bzw. »Erinnerung« beim Pater Seraphicus schreibt: »Ihre einsehbare Bedeutung erhält diese Konstruktion nur als mythologische Figuration eines psychologischen Vor-gangs. Erst durch die psychologische Auflösung auch lässt sich absichern, dass das Mytho-logische immer schon entmythologisiert zu verstehen ist. Dem bildhaft-mythologisch chif-frierten psychologischen Vorgang liegt die Einsicht zugrunde, dass der Mensch, soll er sich auf ein ideales Vorstellungsziel hin entwickeln, einer vorgängigen existentiellen Vergewisse-rung bedarf. […] Und nur aufgrund dieser eigenen inneren Vergewisserungsmöglichkeit gewinnt der Pater Seraphicus die Perspektive in die ideale, höhere Sphäre, die er den seligen Knaben anweist.«

VI. Goethe 1823: *Elegie.* »Indien des Herzens«

1 Der maßgebende Text ist die persönliche Reinschrift Goethes vom 17.–19. September 1823 (Reinschrift H 153), abgedruckt in: Goethe 1991, S. 67–85. Dieser Text wurde wegen der größeren Nähe zum Entstehungsvorgang gewählt. Auf ihn beziehen sich die Vers- und Sei-tenangaben hinter dem Zitat. Die Versangaben sind mit der Zählung der Ausgabe letzter Hand in HA 1, S. 381–385 identisch.

2 Die in gewissem Maße natürliche Regression in der Liebe ist an sich schon eine Annäherung an die Zeit der vor-ödipalen Verschmelzung. Im Fall einer traumatisierenden Proto-Verlet-zung, auf die solche fundamentalen Verlassenheitsfantasien hinweisen, nimmt sie jedoch u. U. noch erheblich zu.

3 Eine eingehende Darstellung der Textgeschichte bietet Christoph Michel in: Goethe 1991, S. 101–120. Zum Vergleich: Erich Trunz in: HA 1, S. 760ff.

4 Abgedruckt als Frontispiz in: Goethe 1991.

5 »›Vis superba formae‹. Ein schönes Wort von Johannes Secundus.« (HA 12, S. 471, Nr. 755.)

6 Witte (1996) ist sein unzureichendes Konzept der Kompensation bzw. des Ausagierens vor-zuhalten. Denn natürlich gehört zum symbolischen Ausagieren die Inszenierung des Unbe-wussten in einem darstellenden Medium ungeachtet der gedanklichen Bilanz (die in der Elegie freilich negativ ist).

7 Wie wichtig gerade bei solchen Bildern die literaturpsychologische Assistenz bei der Text-deutung ist, beweist *ex negativo* z. B. Bernd Witte (1996, S. 484), wenn er ausgerechnet dieser archetypisierenden Wunschfantasie von der Geliebten am »Himmelsthor« unterstellt, der Autor imaginiere hier »die Geliebte als abgeschiedene«: »Die Geliebte als Tote, nicht die 19-jährige Ulrike von Levetzow erweist sich so von Anfang an als der eigentliche Gegenstand des dichterischen Textes.«

8 Wenn ihre eigene Mutter später die 25-Jährige beschreibt, dann stellt sich einem eine wahre Lotte-Replika vor Augen, so sehr vermittelt sie das Bild einer in sich ruhenden, noch kind-lich-heilen, reifen Persönlichkeit. Goethe wird gerade dies als besonderes Stimulans emp-funden haben. Zeit seines Lebens fühlte er ja auch eine affine Nähe zu Kindern: »Ulrike ist, wie sie war, gut, sanft, häuslich, sorgt für ihre Schwester und deren Kinder, dabei heiter, ohne lustig zu sein. Ihre immer gleichbleibende Laune, ihr gefälliges anspruchsloses Wesen macht ihr fast alles aus Bekannten Freunde, was ja als ein Glück anzusehen ist.« (Goethe 1991, S. 96)

9 Die »FlammenSchrift« wie Witte (1996, S. 484) als »Menetekel« zu deuten, »in dem einer-seits das Schmerzhafte des Schreibvorgangs, andererseits seine Vergeblichkeit zum Aus-

druck kommen«, halte ich für nicht recht plausibel, weil das Bild mit der (rundweg positiven!) Sonnenmetaphorik der 12. und 15. Strophe zusammenklingt. »Menetekel« meinetwegen, aber dann im Horizont des für Goethe typischen Topos der Liebes-Flammen, in denen man sich verzehrt. In der Deutung von Mayer (1986, S. 244) stellt das Flammenmotiv die Beziehung zwischen »der Vertreibung aus dem Paradies durch den *flammenden* Cherub (22) und dadurch möglich gewordenem Dichten (als *Schrift*)« her.

10 »[...] so treten quälende pathologische Erlebnisweisen auf, insbesondere ein Gefühl der Leere, Nichtigkeit und Sinnlosigkeit des Lebens, eine chronische Rastlosigkeit und Langeweile und ein Verlust der normalen Fähigkeit, Alleinsein auszuhalten und Einsamkeit zu überwinden. [...] Oft haben diese Patienten das Gefühl, niemanden mehr lieben zu können und auch selbst für niemanden mehr liebenswert zu sein; die menschliche Welt erscheint ihnen als entleert von jeglichen sinnvollen persönlichen Beziehungen [...].« (Kernberg 1983, S. 245f).

2005 · 175 Seiten · Broschur
EUR (D) 19,90 · SFr 34,90
ISBN 3-89806-476-X

2005 · 149 Seiten · Broschur
EUR (D) 19,90 · SFr 34,90
ISBN 3-89806-483-2

Sebastian Leikert entwickelt in diesem Buch eine umfassende psychoanalytische Theorie der Musik. Elemente der Musik wie Stimme, Rhythmus und Melodie werden in genetischer und linguistischer Perspektive befragt. Der Orpheusmythos bildet die Grundlage einer Interpretation dessen, was sich in der Musik vollzieht. In detaillierten Untersuchungen zum »Wohltemperierten Klavier« von J. S. Bach, zum Schlusssatz der »9. Sinfonie« von Beethoven und zu Verdis »La Traviata« werden nun Tiefendimensionen erkennbar, die bisher verschlossen blieben. Kapitel zur Musik der Sprache runden das Buch ab. Mit Bezügen zu Lacan zeigt Leikert mit seinen Untersuchungen, dass es möglich ist, unbewusste Sinnstrukturen musikalischer Werke bis ins Detail offenzulegen.

Wir sagen »Scheiße«, Engländer »fuck«, Spanier »joder«. Warum schöpfen wir Deutsche aus dem analen Lexikon, andere Völker hingegen meist aus dem sexuellen? Ob man zur einen oder anderen Seite neigt, ist aus psychoanalytischer Sicht ein gravierender Unterschied. Gibt es hier einen deutschen Sonderweg? Und war das schon immer so?

Jerouschek widmet der Tatsache, dass die Deutschen sich zur Schmähung eines Dritten unter anderem des Götz-Zitates bedienen, erstmals größere wissenschaftliche Aufmerksamkeit. Ausgehend von den Unterschieden des Schimpfens, versucht er zu klären, ob die Deutschen schon immer eine besondere Vorliebe für das Anale hatten, oder ob diese sprachliche Eigenheit das Ergebnis einer historischen Entwicklung ist.

P🔲V
Psychosozial-Verlag

Goethestr. 29 · 35390 Gießen · Tel. 06 41/9716903 · Fax 77742
bestellung@psychosozial-verlag.de
www.psychosozial-verlag.de

Juni 2007 · ca. 250 Seiten · gebunden
EUR (D) 24,90 · SFr 43,–
ISBN 3-89806-457-3

2006 · 185 Seiten · Broschur
EUR (D) 19,90 · SFr 34,90
ISBN 3-89806-497-2

Die Psychoanalyse als etablierte Wissenschaft und weltweit anerkanntes therapeutisches Verfahren kann auf eine lange Erfolgsgeschichte zurückblicken, ist heute kaum noch wegzudenken. Sie steckt jedoch in einer tiefen Krise, wie z. B. die weltweit sinkende Zahl der Ausbildungskandidaten zeigt. Wirth arbeitet Freuds Bedeutung für das Bewusstsein der Moderne heraus und deutet die Identitätskrise der Psychoanalyse als Chance für den Entwurf eines modernen Menschenbildes, zu dem eine kulturkritisch versierte Psychoanalyse Entscheidendes beizutragen hat.

Eine kritische und anregende Würdigung zum 150. Geburtstag von Sigmund Freud! Gut und lebendig geschrieben liefert Wirth nicht nur eine aktuelle Bestandsaufnahme der Psychoanalyse, sondern auch für Interessierte einen verständlichen Einstieg.

Fromm weist die seiner Meinung nach wichtigsten Entdeckungen Freuds im Einzelnen auf. Er zeigt, wo und in welcher Weise das für Freud charakteristische bürgerliche Denken seine Entdeckungen eingeschränkt und manchmal wieder verdeckt hat. Diese wissenschaftstheoretisch brisante Auseinandersetzung Fromms mit Freud zeigt die Tragweite der psychoanalytischen Entdeckungen und würdigt gerade darin die Psychoanalyse. Zugleich ist sie eine hervorragende Einführung in Fromms eigenes psychoanalytisches Denken.

P⬚V Goethestr. 29 · 35390 Gießen
Psychosozial-Verlag

Wir haben Ihr Interesse geweckt? Das freut uns!
Sie erhalten unsere Bücher in jeder Buchhandlung oder direkt unter www.psychosozial-verlag.de

2006 · 243 Seiten · Broschur
EUR (D) 24,90 · SFr 43,90
ISBN 3-89806-560-X · 978-3-89806-560-3

2006 · 304 Seiten · Broschur
EUR (D) 29,90 · SFr 52,–
ISBN 3-89806-565-0 · 978-3-89806-565-8

Thomas Köhler stellt die wichtigsten Schriften Sigmund Freuds zu Kultur, Gesellschaft und Religion knapp dar und arbeitet die zentralen Thesen heraus. Diese Arbeiten nehmen vor allem im Spätwerk Freuds eine wichtige Stellung ein und belegen die Brauchbarkeit der psychoanalytischen Konzepte nicht nur zur Erklärung klinischer Befunde und allgemeinpsychologischer Beobachtungen, sondern auch zur Verständlichmachung gesellschaftlicher Prozesse.

Das vorliegende Buch ist eine viel beachtete stilkritische Untersuchung von Freuds Prosa und ihren literarisch-rhetorischen Aspekten. Walter Schönau zeigt, welche Rolle die Berücksichtigung des Lesers als Gestaltungsprinzip spielt, und geht den Übereinstimmungen zwischen dem Stil Freuds und dessen Vorbild Lessing nach; er analysiert die Bedeutung der Mottos, denen Freud so große Aufmerksamkeit widmete, verfolgt die oft kunstvolle Art der Zitatverwendung, behandelt den Aphoristiker Freud und untersucht besonders eingehend die Bildlichkeit der Sprache und die bevorzugten Bildbereiche, etwa den der Archäologie oder der Entdeckungsreise, und die als Kompositionsprinzip wirksame Spaziergangs-Vorstellung. Einzelinterpretationen dreier Texte vergegenwärtigen Freuds Leistung als Essayist und Redner.

P V

Psychosozial-Verlag

Goethestr. 29 · 35390 Gießen · Tel. 06 41/ 9716903 · Fax 77742
bestellung@psychosozial-verlag.de
www.psychosozial-verlag.de

2005 · 232 Seiten · Broschur
EUR (D) 19,90 · SFr 34,90
ISBN 3-89806-394-1

2004 · 231 Seiten · gebunden
EUR (D) 29,90 · SFr 52,20
ISBN 3-89806-349-6

Was ist Liebe? Was hat eine Affäre mit der eigenen Beziehung zu tun? Lohnt es sich zu kämpfen? Kann eine Therapie helfen? War die Beziehung nicht von Anfang an zum Scheitern verurteilt? Ist die Ehe gar der Friedhof jeder Liebe?

Wolfgang Hantel-Quitmann widmet sich diesen Fragen und kreiert daraus eine »Psychologie der Liebesaffären«, entwickelt an Beispielen aus der paartherapeutischen Praxis, großen Werken der Weltliteratur und den Liebesaffären berühmter Paare.

Für alle, die sich aus psychologischem, literarischem oder rein menschlichem Interesse mit dem Thema beschäftigen – bevor die nächste Liebesaffäre als Ende aller Liebe, moralisch verwerflich oder schicksalhaft missgedeutet werden könnte. Eine vergnügliche und erhellende Lektüre.

Warum fasziniert uns die romantische Liebe? Warum macht sie uns aber zugleich Angst? Mitchell befasst sich – gut lesbar und mit zahlreichen Beispielen aus seiner 30-jährigen klinischen Erfahrung – in seiner wegweisenden Studie mit dem Schicksal der romantischen Liebe im Verlauf der Zeit.

Laut gängiger Meinung ist die Liebe zerbrechlich und vergänglich. Mitchell hingegen behauptet, dass in langfristigen Beziehungen die Romantik nicht abnimmt, sondern zunehmend gefährlicher wird. Nicht Gewohnheit tötet die Liebe, sondern unsere Angst vor Abhängigkeit. Mitchell veranschaulicht das ganze Spektrum romantischer Erfahrungen und zeigt, dass die Liebe Bestand haben kann, wenn wir uns unserer eigenen selbstdestruktiven Tendenzen und tiefen Angst vor der Liebe bewusst werden.

P🔲V
Psychosozial-Verlag

Goethestr. 29 · 35390 Gießen · Tel. 06 41/ 9716903 · Fax 77742
bestellung@psychosozial-verlag.de
www.psychosozial-verlag.de